"十四五"职业教育国家规划教材

# 大学生创新创业基础教程
## ——"玩"创未来

### （慕课版）

主　编　李　红　杨荣芳

副主编　李映松　白　宇　马春雨

　　　　任旭庆　明文钦　李艳萍

科学出版社

北　京

# 内 容 简 介

本书围绕大学生创新创业需要具备的基础知识、基本理论、基本方法和基本流程,以创业过程为主线,紧扣课程内容,根据教学实际进行拓展。书中尽可能减少过多的理论内容,用通俗易懂的语言描述创业知识,注重与案例结合,选取贴近当代大学生的创业案例加深学生对理论知识的理解。

全书共7章,包括新时代的创新与创业、创业与创业者、创业机会、创业团队与创业资源、创业计划、新企业的开办及创新创业职业规划、创新创业教育与思政教育。

本书可作为普通高等学校及职业院校开设的创新创业课程教材、各类创新创业培训教材,也可作为创业者的学习参考资料。

图书在版编目(CIP)数据

大学生创新创业基础教程:"玩"创未来:慕课版/李红,杨荣芳主编. —北京:科学出版社,2023.8
("十四五"职业教育国家规划教材)
ISBN 978-7-03-076154-5

Ⅰ.①大… Ⅱ.①李… ②杨… Ⅲ.①大学生 创业 职业教育-教材
Ⅳ.①G647.38

中国国家版本馆CIP数据核字(2023)第145656号

责任编辑:吕燕新 杨 昕 / 责任校对:马英菊
责任印制:吕春珉 / 封面设计:东方人华平面设计部

科 学 出 版 社 出版
北京东黄城根北街16号
邮政编码:100717
http://www.sciencep.com

天津市新科印刷有限公司印刷
科学出版社发行 各地新华书店经销
*
2023年8月第 一 版 开本:787×1092 1/16
2024年12月第五次印刷 印张:21
字数:498 000
定价:65.00元
(如有印装质量问题,我社负责调换)
销售部电话 010-62136230 编辑部电话 010-62135397-2032

# 前　言

2015年5月，国务院办公厅下发《关于深化高等学校创新创业教育改革的实施意见》（国办发〔2015〕36号），该文件要求把解决高校创新创业教育存在的突出问题作为深化高校创新创业教育改革的着力点，融入人才培养体系；健全创新创业教育课程体系。

本书以习近平新时代中国特色社会主义思想为指导，以"坚持为党育人、为国育才，全面提高人才自主培养质量，着力造就拔尖创新人才，聚天下英才而用之"为原则，精选思政案例，将自主创新、责任担当、奉献精神、职业素养和工匠精神等的培育融入全书，通过凝练案例的思政教育映射点，将思政元素与教学内容有机结合，达到潜移默化的育人效果，培养德智体美劳全面发展的社会主义建设者和接班人。

创新创业通识教育属于创业教育的第一个层次，即"了解"创业，其教学目的并非让所有的学生去创业，而是培养学生的创新精神和创业能力，帮助学生开辟新的就业渠道，缓解就业压力，有助于从长远和根本上解决大学生的就业问题。为了满足高等学校创新创业通识课程的教学需求，本书依据教育部办公厅印发的《普通本科学校创业教育教学基本要求（试行）》（教高厅〔2012〕4号），以及本书课题组自建的共享课程——"玩"创未来进行编写，根据创业过程重构教材目录，紧扣课程内容；根据创新创业通识课程教学实际进行拓展，内容针对性强，通俗易懂，让教师讲解轻松、易于解释，使学生听得懂、看得懂，能自主参与学习。

本书采用模块化结构设计，在结构上有以下几部分。

本章导读：以一句名人名言、一段话过渡到该章内容提要，引导学生了解该章内容。

关键术语：用关键词提炼该章关键内容，让学生提前了解该章的关键知识点。

导入案例：根据每章主题，用与主题相关的案例做铺垫，引入正文内容。

拓展阅读：根据正文内容，补充相关资料，帮助学生拓宽视野，加深记忆，巩固知识要点，同时增加内容的可读性和趣味性。

案例评析：插入与内容相关的案例，并针对该章的知识点对案例进行点评，帮助学生理解相关知识。

小测试：互动练习，可用于课堂教学，增加课堂的趣味性。

本章小结：结合章节内容，提炼知识要点，帮助学生加深记忆。

讨论案例：设置案例供学生课后讨论，巩固教学内容，同时启发学生勤思考、多沟通。

课后习题：包括单项选择题、多项选择题和讨论题，用于学生课后练习，巩固课堂所学。

本书由李红、杨荣芳担任主编，李映松、白宇、马春雨、任旭庆、明文钦、李艳萍担任副主编，经全体编者反复讨论、修改，最终由李红统筹，杨荣芳定稿。具体编写分工如下：第1章由李红编写；第2章由明文钦编写；第3章3.1、3.2节由任旭庆编写，3.3节由李艳萍编写，3.4、3.5节由李映松编写；第4章4.1、4.2节由白宇编写，4.3节由杨荣芳编写；第 5 章由马春雨编写；第 6、7 章由李红、杨荣芳共同编写；李飞雄、刘莹和杞梅负责全书审核工作。

2018 年 11 月，由本书课题组主讲的创新创业共享课程——"玩"创未来在智慧树平台上线，截至 2023 年 5 月已运行 10 学期，累计 148 所高校选课，累计选课 9.61 万人次，线上师生互动累计 126.57 万次。很多高校面临着创新创业课程课时紧张的问题，可以借助这门课程实行混合教学模式来解决，学生课外自主学习共享课程，课堂上巩固重难点知识和翻转课堂教学，以提高学生的学习积极性，同时提升课程教学质量。

本书在编写过程中，参阅、吸纳了很多优秀教材和论著，引用了部分书籍、报刊及网络资料，在此谨向原作者致以诚挚的谢意。感谢全国高等学校学生信息咨询与就业指导中心，他们为本书的编写提供了立项和经费支持，为本书的出版提供了许多帮助。感谢云南省大中专毕业生就业服务中心，他们牵头申报了省编教材课题，并在教材建设过程中担任联系人，督促课题研究并多方组织协调，为本书的编写提供了大力支持。感谢云南省高等学校教师教育联盟高校，他们是课题组强有力的后援，为本书的编写提供了很多资源。感谢课题组全体人员一直以来的辛勤付出与努力。

由于编者水平有限，书中难免有疏漏之处，敬请各位读者指正。

编　者

云南师范大学

# 目　　录

# 第 1 章

## 新时代的创新与创业

### 本章导读

一个人想做点事业，非得走自己的路。要开创新路子，最关键的是你会不会自己提出问题，能正确地提出问题就是迈开了创新的第一步。

——李政道

2020 年 5 月 8 日，我国新一代载人飞船试验船返回舱成功着陆。新一代载人飞船试验船身上有着诸多第一：第一次采用新型防热材料，第一次采用国际上推力最大的新型单组元无毒推进系统，第一次采用群伞气动减速和气囊着陆缓冲技术……从我国开始载人航天领域的研究到 2003 年首次完成载人航天壮举，再到新一代载人飞船试验船的成功着陆，经历了几代中国航天人的努力与创新。我国航天事业飞速发展的同时也让我们明白一个道理：关键核心技术是换不来也买不到的，中国要发展必须坚定走好独立发展、自主创新之路。创新是生命力的标记，是发展进步的动力，更是破解困局、拯救经济以使之走上振兴和新一轮发展之路的关键力量。

通过本章的学习，要了解我国正处在一个改革创新的时代，理解创新的重要意义，明白科技创新对于国家经济发展的重要作用，同时了解创新创业教育的目的和意义，积极融入创新创业浪潮。当代大学生应当以时代使命为己任，增强创新创造的本领和能力，勇做改革创新的实践者，将弘扬改革创新精神贯穿于实践中、体现在行动上。

### 关键术语

新时代　创新　创业　改革创新　科技创新　使命　创新创业教育

### 导入案例

#### 金属切割艺术的艰难历程

泰勒在米德维尔公司工作时，为了解决工人的怠工问题，进行了金属切削实验。他自己具备一些金属切削的作业知识，于是开始对车床的效率问题进行研究。当使用车床、钻床、刨床等操作时，需要决定用什么样的刀具、多大的速度等来获得最佳的加工效率。这项实验非常复杂和困难，最初预定用 6 个月完成的实验，实际上用了

26 个年头，花费了巨额资金，耗用了 80 多万吨钢材。最后在巴斯和怀特等十几名专家的帮助下取得了重大进展。这项实验的成果形成了金属加工方面的工作规范，还获得了一个重要的副产品——高速钢，并取得了发明专利。1906 年，泰勒向美国机械师协会递交了题为《金属切割艺术》的论文，这是他进行了 26 年实验的结果。为了研究这些规律，他在实验中用工具将重达 80 万磅的钢和生铁切制成片，实验记录大约为 3 万次，写出报告 300 多份，总费用高达 15 万美元。同时，他还积极参加工程教育促进会的活动，强烈支持钢铁大王卡内基所倡议的大学教育应当包括一年的工业实践的观点。

（资料来源：蔡剑，吴戈，王陈慧子，2015. 创业基础与创新实践[M]. 北京：北京大学出版社.）

# 1.1  我国处在一个改革创新时代

我国的创新思维发展历史悠久绵长，最早可以追溯到商朝的历史文化中，我们平日耳熟能详的"苟日新，日日新，又日新"就是很好的证明和例子。在世界科技创新的历史上，我国曾取得辉煌成就，培根、马克思等思想家都指出正是来自中国的火药、指南针、造纸术和印刷术等科技发明推动了世界近代历史的进程。但是"四大发明"远远不能展现中国古代科技文明的全貌，科举制度就曾被英国借鉴并改良为英国本土的 civil service（文官体制），从对世界文明的影响来说，科举制度可称为"中国的第五大发明"。

我国真正意义上的大规模工业化进程是在新中国成立之后开启的。改革开放以后，我国的工业化进程进入到中国特色社会主义工业化建设时期，经济保持不断增长。改革开放之初至 20 世纪 80 年代末，农村居民收入水平增幅较大，乡镇企业快速发展，家庭联产承包责任制促进了农村经济体制改革，释放了农村的经济活力；同时，国有企业不断改革，劳动效率和生产力明显提高。80 年代末到 90 年代末，继经济保持高速增长之后，农村经济、乡镇企业、国有企业发展遇到瓶颈，我国经济由此转入通货紧缩阶段。为了进一步刺激消费、刺激经济增长，国家出台了教育扩展、延长假期等一系列扩大消费的政策，采取降息、征收利息税等财税措施进一步扩大消费。从 21 世纪初我国加入世界贸易组织到 2011 年，对外贸易、对外投资迅速发展，廉价劳动力红利、进出口优惠政策等因素多方影响，带动了新一轮经济高速增长。2012 年至今，我国经济发展逐渐步入新常态，调结构、促改革成为主基调。受到人口老龄化加重、国外进口需求减退等多重因素影响，经济由高速增长逐渐转变为中高速增长。

创新是改革开放的生命。无论是"日新之谓盛德"还是"苟日新，日日新，又日新"，都说明变革是时代潮流，创新是时代品格。只有顺应历史潮流，积极应变，主动求变，勇于创新，才能与时代同行，进而引领时代。习近平在庆祝改革开放 40 周年大会上的讲话中指出："改革开放 40 年的实践启示我们：创新是改革开放的生命。"一部改革开放的历史就是一部中国社会创新的历史。改革开放以创新为魂、伴创新而生，因创新而盛、靠创新而强。视中国改革开放为奇迹，感叹中国改革开放不可思议，已经是很多外国学者和媒体相当普遍的认识，从费正清、科斯到马丁·雅克、罗伯特·库恩，这样的名字可以列出长长一串。2017 年年底，奥地利《趋势》杂志网站刊登了一篇名为《中国：龙的世纪》

的文章，论述中国改革开放奇迹的立论主题词，一个是"史无前例"，一个是"绝无仅有"。改革开放初期我国人均 GDP 只有 156 美元。但 40 年后，中国成为世界第二大经济体，建立了全世界最完整的现代工业体系，国内生产总值占世界生产总值的比重由改革开放之初的 1.8%上升到 18%。

党的二十大报告指出，"必须坚持科技是第一生产力、人才是第一资源、创新是第一动力，深入实施科教兴国战略、人才强国战略、创新驱动发展战略，开辟发展新领域新赛道，不断塑造发展新动能新优势"。"提升国家创新体系整体效能"，要坚持系统观念，坚持科技创新和制度创新"双轮驱动"，加快实现高水平科技自强自立。科技自强自立，重在坚持独立自主、开拓创新。新时代新征程，大学生要坚持把国家和民族发展放在自己力量的基点上，充分认识自主创新对增强我国发展竞争力和持续力的决定性意义，胸怀祖国，脚踏实地，把握世界创新大势、追求真理、勇攀高峰，努力成长为德才兼备、创新思维活跃、敢闯"无人区"的青年才俊。

2035 年，我国要基本实现社会主义现代化。经济实力、科技实力、综合国力要大幅跃升，经济总量和城乡居民人均收入要再迈上新的大台阶，关键核心技术实现重大突破，进入创新型国家前列。

**拓展阅读**

### 中国古代四大发明

我国古代四大发明是指南针、造纸术、火药和印刷术，如图 1.1 所示。四大发明对我国古代的政治、经济、文化的发展产生了巨大的推动作用，经各种途径传至西方，对世界文明发展史产生巨大的影响力。

（a）指南针

（b）造纸术

（c）火药

（d）印刷术

图 1.1　中国古代四大发明

**1. 指南针**

指南针是指示方位的仪器，它的主要部件是一根装在轴上可以自由转动的磁针。早在战国时期，我国劳动人民就已发现磁石指示南北的特性，并发明了最早的指南工具"司南"。根据史籍记载：战国以前司南已被运用在车辆（即指南车）上，指南车最早发明于洛阳。宋朝航海者首先将指南针装到了船上，到宋朝的后半期，海船上已普遍装有原始的罗盘导航"针盘"。这是世界海运史上空前的进步，标志着人类从此获得了在海洋中全天候、远距离航行的能力，对发展海上交通、推进世界各地人民的交往起到了巨大的作用。

**2. 造纸术**

纸是用来书写、印刷、绘画或包装等的片状纤维制品。西汉时期，我国就已经有了麻质纤维纸，这种纸质地粗糙、数量少、成本高，不普及。东汉时期，蔡伦总结前人经验，改进了造纸术，以树皮、麻头、破布、旧渔网等为原料造纸，大幅提高了纸张的质量和生产效率，降低了成本，为纸张取代竹帛奠定了基础。

**3. 火药**

火药是我国古代炼丹家在炼丹过程中发明的。唐代医药学家孙思邈在研究医学的过程中，把硫磺、硝石、木炭混合制成粉，用来发火炼丹，这是我国现存文献中最早的关于火药的配方。他在所著《丹经内伏硫磺法》一文中记述了伏火硫磺法的制作方法。在军事上，火药主要用作枪弹、炮弹的发射药和火箭、导弹的推进剂及其他驱动装置的能源，是弹药的重要组成部分。唐朝末年，火药已被用于军事。英法各国直到14世纪中叶，才有应用火药和火器的记载。火药对人类社会文明的进步、对经济和科学文化的发展有着积极的推动作用。

**4. 印刷术**

雕版印刷术发明于唐朝，并在唐朝中后期普遍使用。宋仁宗时毕昇发明了胶泥活字印刷术，标志着活字印刷术的诞生，比德国人约翰内斯·谷登堡的铅活字印刷术早约400年。这一重大发明，不但使书籍的社会生产跨进了一个新的时代，也使人类文明跨进了一个新的时代。

（资料来源：作者根据网络资料整理。）

# 1.2　创新的力量

## 1.2.1　创新的作用

瑞典直到19世纪初时还是一个贫穷落后的农业国家，仅仅在一个世纪后，便迅速发展成为一个现代工业化国家。当人们找寻瑞典奇迹背后的奥秘时不难发现，这种成功与瑞典人对教育、科学和创新的推崇密不可分。近些年来，我国各领域快速发展，创新扮演了极为重要的角色。例如，国防实力的提升、教育水平的提高、科研成果的不断问世、航天事业的快速发展、农业现代化的不断进步等，都是以创新作为中坚力量的。

创新对于一个国家和民族而言有着非常重要的作用，它是一个国家和民族赖以生存和进步的灵魂。2018年5月，习近平在北京大学考察时指出："创新是引领发展的第一动力，是国家综合国力和核心竞争力的最关键因素"；"自主创新是推动高质量发展、动能转换的迫切要求和重要支撑"；"重大科技创新成果是国之重器、国之利器，必须牢牢掌握在自己手上，必须依靠自力更生、自主创新"。新时代十年，在长期努力的基础上，我国国家创新体系整体效能持续提升，国家创新体系建设处于历史最好时期。在规模方面，研发经费、研发人员、基础设施等的规模已处于世界前列；在结构方面，国家实验室、国家科研机构、高水平研究型大学、科技领军企业等国家战略科技力量不断发展壮大，呈现出多样性的结构特征；在能力方面，我国已成功进入创新型国家行列，全球创新指数排名从2012年的第34位上升至2022年的第11位。

党的二十大报告指出，"加快实施创新驱动发展战略"；"以国家战略需求为导向，集聚力量进行原创性引领性科技攻关，坚决打赢关键核心技术攻坚战。加快实施一批具有战略性全局性前瞻性的国家重大科技项目，增强自主创新能力。加强基础研究，突出原创，鼓励自由探索"；"强化企业科技创新主体地位，发挥科技型骨干企业引领支撑作用"。创新驱动发展战略有三层含义：个人层面，创新可以激发个人创造的积极性，激发潜能，促进个人发展；社会层面，鼓励创新能够促进社会经济高速、高质量发展，促进科学技术发展，激发企业活力，促进社会和谐稳定发展；国家层面，鼓励创新可以提升我国综合国力，将更多的中国制造带向世界，提升中华民族自信心与自豪感。

创新的作用主要体现在以下三点。

### 1. 创新推动生产力的发展

科学技术的每一步都是通过创新实现的。生产力是人类社会发展的最终决定力量，而科技是第一生产力，对当代社会生产力发展和经济发展起着第一位的变革作用。科学技术的发展可以更新生产工具和生产技术，提高劳动者的素质并开辟更广阔的劳动对象，从而推动社会生产力的发展。例如，计算机的发明，极大地提高了劳动生产率。

### 2. 创新推动生产关系和社会制度的变革

理论创新是社会发展和变革的先导，通过理论创新可以推动制度创新、科技创新、文化创新及其他各方面的创新。以宪法和基本法为基础的"一国两制"是中国特色社会主义制度创新的重要成果，它既维护了国家的统一和领土完整，又充分考虑香港、澳门的历史和现实，体现了高度的灵活性，符合港澳居民利益，符合港澳繁荣稳定实际需要，符合国家根本利益，符合全国人民共同意愿。

### 3. 创新推动人类思维和文化的发展

思维方式的变化，归根到底是由人的实践方式决定的。实践基础上的理论创新和理论指导下的实践创新，使得人类思维的性质和水平不断更新和提高。在改革开放前，我们没有竞争意识、效率意识、平等意识、开放意识和维权意识，通过改革开放的实践活动，人们的思维方式发生了很大的变化，新的思维观念形成了，思考问题的角度和水平都发生了变化，人们认识的对象和范围日趋广泛。创新推动人类文化的发展。当代中国的先进文化，是面向现代化、面向世界、面向未来的，是民族的、科学的、大众的社会主义文化，它的形成离不开理论创新、文化创新、内容创新和形式创新。例如，装修中的新中式风格就是思维和文化的创新，将中华优秀传统文化融入现代人的生活方式中，使之既能传达中式的传统神韵，又能符合现代人的生活和审美需求，兼容并蓄。

**拓展阅读**

### 全球五大顶尖的"三发达"创新力强国

在世界知识产权组织发布的《2021年全球创新指数报告》中，瑞士连续第11年位居榜首，瑞典、美国、英国、韩国分列第2位至5位；中国排名第12位，比2020年上升2位，超过日本、以色列、加拿大等发达经济体；韩国由2020年的第10位跃身2021年的第5位。

**1. 瑞士**

瑞士创新指数曾连续11年位居全球榜首。瑞士突出的表现是国家具有强烈的创新精神，尤其是人均诺贝尔奖获得数量世界排名第一，是名副其实的"创新之国"。自20世纪50年代以来，其人均GDP和国民收入就一直领先于世界各国，成为世界上工业化程度高、经济发达、科技领先的屈指可数的几个国家之一。作为总人口仅有880万的国家，之所以能够成为世界第一创新强国，是因为瑞士在专利申请、知识产权收入和高端技术产品生产方面都处于领先地位，创新成果转化率极高。

**2. 瑞典**

瑞典在创新指数全球排名中具有十分亮眼的表现。瑞典发达的创新依据"教育—研究—创新"的"知识三角"框架，特别注重发挥教育尤其是高等教育在创新中的重要作用。中小企业拥有较高的合作意愿、完善的信息技术基础设施以及高水平的教育质量。在促进学生与企业互动方面，瑞典的评估绩点达到7.3，欧盟总体绩点为6.5；在为学生提供创业教育方面，瑞典的评估绩点达到7.3，欧盟总体绩点为6.3。

**3. 美国**

美国在世界经济中的霸主地位，很大程度上取决于其科技创新实力。美国的基础研究能力非常强，尤其是科技论文产出世界领先；企业创新能力强，技术创新成果大量涌现。美国政府非常重视创新，不断出台新政策促进创新，提高对创新基础要素的投资，支持创新的商业环境，并且产、学、政结合紧密。美国在科研开发方面的投入占全球的40%，70%的诺贝尔奖获得者在美国受到聘用，全世界排名前40的大学有3/4在美国。在获得美国大学博士学位的外国科学家和工程师中，约有70%的人选择留在美国。

**4. 英国**

在世界排名前十的大学里，英国是唯一一个能与美国相提并论的国家，包括牛津大学、剑桥大学、伦敦大学学院、帝国理工学院等。1901—2020年，英国一共有132位诺贝尔奖获得者，总量是世界第二，仅次于美国。英国科研曾经在八国首脑会议（又称八国集团）中保持高产高效，尤其是临床科学、健康科学、生物科学、环境和社会科学，覆盖领域仅次于美国。

**5. 韩国**

韩国的创新是国家的核心资产，如三星、LG 和现代等企业进一步提升了"韩国制造"品牌。韩国是全球典型的以政府主导推动创新驱动发展为模式的亚洲国家，政府主要通过宏观战略指导与协调、税收优惠政策支持、技术研发资金支持、成果推广支持等手段推进和完善国家创新系统。

（资料来源：作者根据网络资料整理。）

### 1.2.2 科技创新的重要性

党的二十大报告指出，"加快实现高水平科技自立自强"。科技是国家强盛之基，创新是民族进步之魂。2021 年 1 月 11 日，习近平在省部级主要领导干部学习贯彻党的十九届五中全会精神专题研讨班开班式上指出："构建新发展格局最本质的特征是实现高水平的自立自强，必须更强调自主创新，全面加强对科技创新的部署。"进入 21 世纪，世界多极化、经济全球化，科技进步日新月异，科技创新能力已经成为综合国力竞争的决定性因素。无论是创新企业、团体、个人，都要以坚定的使命感和自主创新能力，在国家科技创新的发展道路上贡献自己的一份力量。

科技创新是原创性科学研究和技术创新的总称，是指创造和应用新知识、新技术和新工艺，采用新的生产方式和经营管理模式，开发新产品，提高产品质量，提供新服务的过程。科技创新可以分成三种类型：知识创新、技术创新和现代科技引领的管理创新。

**1. 知识创新**

知识创新是指通过科学研究，包括基础研究和应用研究，获得新的基础科学和技术科学知识的过程。知识创新的目的是追求新发现、探索新规律、创立新学说、创造新方法、积累新知识。知识创新是技术创新的基础，是新技术和新发明的源泉，是促进科技进步和经济增长的革命性力量。知识创新为人类认识世界、改造世界提供新理论和新方法，为人类文明进步和社会发展提供不竭动力。教育是知识创新、传播和应用的主要基地，也是培育创新精神和创新人才的摇篮。近年来，我国知识创新的整体质量取得了较明显的进步，与发达国家的"质量鸿沟"正在不断缩小，论文发表和专利申请数量快速上升。

**2. 技术创新**

技术创新是以创造新技术为目的的创新或以科学技术知识及其创造的资源为基础的创新。前者如创造一种新的激光技术，后者如以现有的激光技术为基础开发一种新产品或新服务。技术创新是企业竞争优势的重要来源、企业可持续发展的重要保障。认识技术创新的本质、特点和规律，是技术创新有效管理的重要前提。同济大学医学院左为教授团队在国际上率先利用成年人体肺干细胞移植技术，在临床上成功实现了人类肺脏再生；海尔集团把企业技术创新作为企业核心创新，创建具有海尔特色的企业技术创新网络系统，科研成果基本上与国际先进水平保持同步，为海尔的持续高速发展提供了源源不断的动力。

### 3. 管理创新

管理创新是指在特定的时空条件下，通过计划、组织、指挥、协调、控制、反馈等手段，对系统所拥有的生物、非生物、资本、信息、能量等资源要素进行再优化配置，并实现人们新诉求的生物流、非生物流、资本流、信息流、能量流目标。企业管理创新，重要的是在组织的高层管理者层面有完善的计划与实施步骤，对可能出现的障碍与阻力有清醒认识，帮助企业主塑造这一方面的领导能力，使创新与变革成为可能。例如，汽车制造行业零部件多，自己采购费时费力，上海通用汽车公司将物流外包给专业的第三方物流公司——中国远洋运输集团，使上海通用汽车公司的生产线基本做到了零库存，包装成本也大幅下降。

科技是第一生产力，科技创新能力是一个国家综合国力竞争的决定性因素。在经济价值转化大循环中，科技创新具有标志意义且容易得到社会的关注，是四层创新金字塔的塔尖（图1.2）。从结构变迁的角度来看，如果没有新技术就不会有新的、附加价值比较高的产品、产业。工业革命以后，新产业不断出现，如汽车行业是原有产业，因为有技术变革，新能源汽车的能源效率更高，如果把资本、劳动力转移到新能源汽车设计生产上来，附加值就比较高。又如电子、通信、互联网、新媒体等，都是新技术引发的结果。因此，判断一个社会的经济发展或生产力发展的潜力，其科技创新是关键。

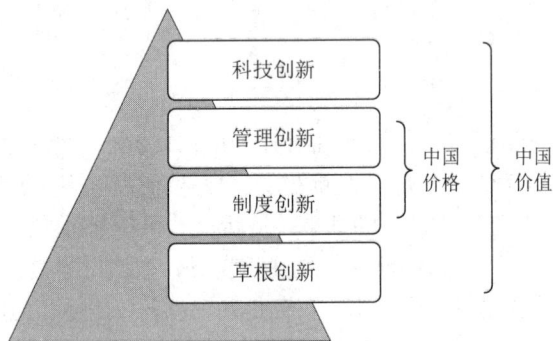

图 1.2 四层创新金字塔模型

**拓展阅读**

### 吉利：创新为魂

从台州一隅的小工厂到中国汽车工业的旗手，浙江吉利控股集团（以下简称吉利）始终坚持以技术立足。吉利紧盯战略目标的落地，以技术立品牌，不断打基础、练内功，打造"科技新吉利"的核心竞争力。

吉利汽车一直致力于把能掌握的最强、最新的技术展现给消费者，这种技术品牌的基因，不会因为市场的波动而改变。在进军中国汽车市场之时，汽车核心技术基本掌握在国外汽车企业手里，这些企业同时也掌握着核心技术的定价权。"我一开始就提出要造老百姓买得起的好车。"吉利董事长李书福说，"就是因为把汽车拆开了研究以后发现，很多零部件如果我们自己掌握技术，人家不可能卖那么贵。"

不过，一家从零开始的车企要突破技术壁垒绝非易事。1997 年，李书福费尽心思招来 80 多名大学生，不到一年走得只剩下 1 人。迫不得已，李书福自己办学培养汽车专业人才，1998 年在浙江台州创办了第一所技术学校。2007 年，李书福决定战略转型，放弃市场成熟的车型，以新车型取而代之，推动吉利的自主创新。

吉利汽车抓住 2008 年金融和经济危机的机会，于 2010 年成功收购心仪已久的沃尔沃轿车，成为吉利汽车实现赶超发展、跃升自主汽车品牌第一名的关键一步。通过人才整合、管理整合、文化整合和市场整合四个维度的探索，吉利将自己对本土市场的熟稔嫁接到沃尔沃上，把沃尔沃在技术、研发和质量管理方面的经验嫁接到吉利上，实现优势互补。既尊重各品牌的独立性，又重视协同发展，这样的并购整合模式最终促成了吉利收购沃尔沃后"1+1>2"的重大成效，吉利也由此成为真正意义上的首家中国汽车跨国公司（图 1.3）。

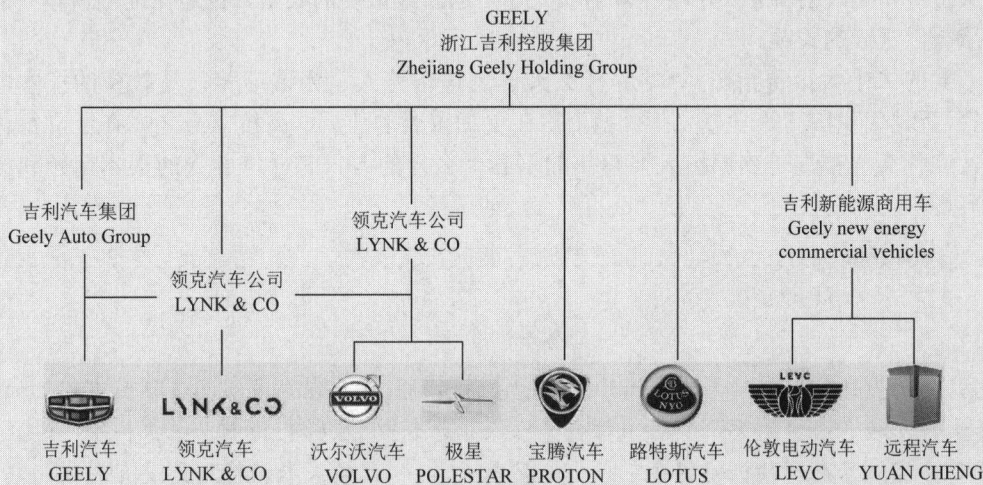

图 1.3　吉利品牌分布

2017 年，吉利和沃尔沃联合协同打造的全新高端合资品牌领克汽车上市，并创下 137 秒 6 201 台订单的骄人成绩。这一款新车型即是在 CMA 平台（由沃尔沃汽车主导，吉利汽车与沃尔沃汽车联合开发的新架构）开发，从诞生之初就由吉利汽车集团设计执行副总裁彼得·霍布里（Peter Horbury）亲自设计，并搭载中欧汽车技术中心（China Euro Vehicle Technology，CEVT）的研发成果，CEVT 还为研发车辆进行一系列极为严苛的测试，累计达到百万公里总里程的品质验证，经过上千种试验来保证领克的绝佳品质。

一句"让吉利汽车走遍世界"道出了李书福真正的"汽车梦"。吉利汽车正着手向全球开发、全球采购、全球制造、全球营销进行战略布局，目前吉利汽车已经出口20多个国家，在海外拥有400多个服务网点，在全球有5大研发中心。未来，吉利将不断在产品协同研发上加大投入，在无人驾驶、车载芯片、操作系统、激光通信等前沿技术方面继续提升技术能力。

（资料来源：作者根据网络资料整理.）

# 1.3 大学的职责和创新创业教育的任务

## 1.3.1 大学的职责

中世纪欧洲大学的主要职能是人才培养，现代大学的职能拓展为人才培养、科学研究和社会服务。

在创新时代，我国大学教育的职责主要有两方面：一是开展主导社会经济发展的基础科学研究和建设创新应用技术体系，包括已有知识和创新思想精神的传承；二是创新型（思辨和实践创新）人才培养，创新人才是创新最重要的要素，也是保证创新本身的传承得以延续的关键。

党的二十大报告指出，"培养什么人、怎样培养人、为谁培养人是教育的根本问题"。新时代我国高等学校要把"德"摆在更加重要的位置，高校立身之本在于立德树人，立什么"德"是立德树人要解决的培养什么样的人、怎样培养人的根本问题和核心问题。

**拓展阅读**

### 大学的本质

从历史角度来看，大学风范，也就是它的精神气质，在很多层面实际上有密切的传承、发展、演变的关系。法国社会学家涂尔干说："在所有的中世纪机构中，时至今日，显然只有一种机构留存下来……就是大学。"大学基本的特质是没有变化的，如教书育人这个最本质的功能，然而它也不是完全不变的。关于大学特质的变化，有几段很形象的描述：19世纪中期，大学被看成是教士的村庄；19世纪末，大学被看成是学术垄断组织的工业化城镇；到20世纪六七十年代，大学是具有无限多样与变化的知识之城。这也说明大学本质虽然没有变化，但是还能看到从宗教人士的培养到学术人才的培养，再到多样性的人才培养，其功能的演变显而易见。

大学的本质还可以从另一个角度看。哈佛大学是备受关注的，它既是古典大学的典型，又在现代仍然保持着非常强劲的活力。2001年哈佛大学新任校长在就职典礼上拿到的是两把银钥匙，象征开启知识和信仰之门；1650年颁发的哈佛大学特许状，证明学校在法律上的合法性；两枚哈佛大学的印章，代表大学是一个社会组织。

现代大学要有魂、有根、有骨干。大学的魂就是它的使命，能够彰显出其精神气质和核心使命。大学的根就是大学的章程，构建了其法律合法性的基础。大学的骨架就是现代大学保持运转的行政效率和行政职责。我们应当特别重视大学的魂，也就是它的使命。

（资料来源：作者根据网络资料整理。）

### 1.3.2　创新创业教育的任务

**1. 创新创业教育的本质**

创新创业教育作为一种新的教育理念，并不是将创业教育与创新教育进行简单相加，其本质是一项面向全体学生的、为其终身可持续发展奠定坚实基础的素质教育，旨在培养大学生的批判性和创造性思维，激发其创新创业的意识，增强其创业就业的能力。它的终极目标是提升大学生以创新能力和创造能力为核心的综合素质，培育大学生勇于创新和敢于创业的职业精神，提高社会适应能力。作为一种育人模式，它是一个循序渐进的过程，不可能一蹴而就。

深刻理解创新创业基本概念是开展创新创业教育实践的基础。创新从哲学上说是一种人的创造性实践活动。人类通过对物质世界的利用和再创造，形成新的物质形态。创业是一种劳动方式，是一种需要创业者运营、组织、运用服务、技术、器物作业的思考、推理和判断的行为。创新创业是基于创新基础上的创业活动，既不同于单纯的创新，也不同于单纯的创业。创新强调的是开拓性与原创性，而创业强调的是通过实际行动获取正当利益的行为。因此，在创新创业这一概念中，创新是创业的基础和前提，创业是创新的体现和延伸。

近年来，各高校大力开展创新创业教育，鼓励和引导在校大学生创新实践和自主创业，深入实施创新创业教育改革，有力地促进了高校人才培养能力的全面提升，以此为基础，各院校制定了本、专科专业类教课质量标准，推动了我国高等教育的综合改革向纵深发展，服务了国家驱动创新创业战略。

**2. 创新创业教育的体系**

创新型企业家的基础是创新教育和创新人才的培养。

创新教育是全民教育的体系，既包括创新创业的科学体系的创建与传承，也包括新创业的价值观文化环境与氛围的培育，更包括从小开始的创新创业人才的培养。

因此，创新创业人才的教育不仅是高等教育，也不仅是培育科技和商业领袖、精英和尖端人才，还应包括创新创业的独立探索，自由思辨的人格，个性养成的关键时期的幼儿教育和中小学教育、职业教育和继续教育以及高等教育，而高等学校的创新创业教育则是一个国家的"代表队"。

国务院办公厅《关于深化高等学校创新创业教育改革的实施意见》指出，高校应当以"学生的创新精神、创业意识和创新创业能力明显增强，投身创业实践的学生显著增加"为目标，从制度、载体、方法、服务创新等方面着力构建创新创业教育新体系。

### 3. 创新创业教育的主要任务

开展新时代大学生创新创业教育，要适应新时代创新创业实践发展的新需求。大学生是最具创新、创业潜力的群体之一，是大众创业、万众创新的生力军。中国特色社会主义进入新时代，对我国创新创业教育既注入了新的时代内涵，又提出了新的工作要求。因此，开展新时代大学生创新创业教育，既要着眼于培养服务国家创新驱动发展战略的人才需要，又要着眼于促进大学生创新创业素质的全面提高，更要着眼于努力实现大学生更充分、更高质量就业。所以，开展新时代大学生创新创业教育，就是指高校要面向全体学生，紧紧围绕立德树人的根本任务，以社会主义核心价值观为统领，全面贯彻党的教育方针，按照"大众创业、万众创新"的要求，以素质教育为主题，以转变教育思想、更新教育观念为先导，以提升学生的社会责任感、创新精神、创业意识和创业能力为核心，以改革人才培养模式和课程体系为重点，强化对大学生创新创业理念、价值、精神、能力等知识的灌输和传授，提升大学生创新创业本领和综合素质，最终实现充分就业并为社会主义现代化建设服务的一种教育实践活动。

高校创新创业教育的价值在于以创新创业促进大学生的全面发展，实现大学毕业生高质量就业。高校应紧紧围绕"培养什么人、怎样培养人、为谁培养人"这个根本问题，坚持把创新创业教育摆在重要位置，统筹协调推进创新创业教育与德育、智育、体育、美育、劳育全面发展，承担好"为党育人、为国育才"的神圣使命，办好人民满意的大学生创新创业教育，为国家深入实施创新驱动发展战略提供重要人才支撑。

### 拓展阅读

### 清华大学的创新教育

清华大学国家双创基地 iCenter 聚合学校创新资源，积极探索并逐步形成了"三位一体，三创融合"的双创训练体系，同时，与华为公司合作开展人工智能物联网（artificial intelligence+internet of things，AIoT）创新训练营，培养创新型人才。

清华 iCenter 是服务于双创教育的跨学科创客实践平台，也是清华大学国家级双创示范基地。作为校内最大的工程实践和创新教育基地，iCenter 是基于工业（industry）、学科交叉（interdisciplinary）、创新（innovation）、国际化（international）等"i"内涵，聚合相关创新教育资源而建设的创客交叉融合空间。在双创的教育教学中，iCenter 以价值塑造、能力培养、知识传授"三位一体"的创新创业教育理念作为人才培养的新思路，将创意、创新、创业"三创融合"，以团队培养和组织支持辅助个人培养的全过程，设计并重组了课程、竞赛、实践、国际交流等环节，形成了"本研协同"的培养体系，并设计出针对学生、教师、团队、组织的评价体系，以对各环节进行监督、评价和反馈。通过不断地迭代完善，目前，清华 iCenter 已形成完整的高校创新创业人才培养体系。

清华大学依据基于学习产出的教育模式（outcomes-based education，OBE）理念，"三位一体，三创融合"体系形成"基础要求"、"训练体系"、"评价标准"及"示范应用"4 个模块。其中，"基础要求"的研究是起点，支撑"训练体系"设计，设计的结果需要在实践中通过"示范应用"进行检验，检验的依据需要依靠合理的"评价标准"做出的判断反馈于"训练体系"，从而形成持续完善的良好态势。

清华大学与华为公司合作开展的 AIoT 创新训练营就是一项极具意义的创新教育活动。活动以招募的形式召集有兴趣的学生，通过项目式学习，以小组为单位完成一项创新产品。活动信息一经发布，学生踊跃报名，来自不同专业、不同年级的学生汇聚到一起，相互激发创新力，互相学习非本学科或专业的知识和内容，不仅拓宽了视野，也为构建更完整和合理的知识体系奠定了基础。活动中，围绕项目或产品构建出的"训练体系"开展专业知识的学习，在小组的创新活动中进行实践，最后依据特定的"评价标准"来对小组作品进行评判。

在以"三位一体，三创融合"为教育理念的教学实践中，iCenter 以激发学生创造力、培养创新力为宗旨，多方位、立体式地开展了各类创新教育课程和创新活动，以期达到培养创新人才的目标。

（资料来源：作者根据网络资料整理.）

## 本 章 小 结

创新是改革开放的生命。

党坚持实施创新驱动发展战略，把科技自立自强作为国家发展的战略支撑，加快建设创新型国家和世界科技强国。

创新是引领发展的第一动力，是国家综合国力和核心竞争力的最关键因素，重大科技创新成果是国之重器、国之利器。

创新的作用主要体现在：创新推动生产力的发展、创新推动生产关系和社会制度的变革，创新推动人类思维和文化的发展。

科技创新是指创造和应用新知识、新技术和新工艺，采用新的生产方式和经营管理模式，开发新产品，提高产品质量，提供新服务的过程，可分为知识创新、技术创新和管理创新三种类型。

在创新时代，我国大学教育的职责主要有两方面：一是开展主导社会经济发展的基础科学研究和建设创新应用技术体系；二是创新型（思辨和实践创新）人才培养。

创业是创新的体现和延伸，创新创业教育旨在培养大学生的批判性和创造性思维，激发其创新创业的意识，增强其创业就业的能力。

高等学校创新创业教育的价值在于以创新创业促进大学生的全面发展，实现大学毕业生高质量就业。

## 讨论案例

### 防霾口罩的两难问题

北京等中国大城市遭受的因自然环境被破坏而引起的沙尘、工业粉尘和矿物燃料造成的霾已成常态。口罩成为日常生活必备用品。

但是，佩戴舒适、呼吸顺畅、防霾效果好却成为不能兼顾的难题：为了防尘效果好，就要加厚层数、加密织物、缩小孔隙。但是，这会使呼吸不顺畅，过细密的孔隙也容易被堵塞。因此，从织物材料上做改进近乎无解。尽管厂家仍在纤维表面的物理特征上不断改进，但是效果有限。

转变视角和思路，可以通过改变口罩形状——从平面改为折页或立体，从而增加表面积，提高透气性能；或者安装一个呼气单向阀，至少可以使呼气不受阻碍；或者设计一个主动式吸气泵等。还有其他方法吗？

当然，一旦霾问题没有了，这些努力显然就失去了意义。不过，既要工业化，又要低碳以减少粉尘，这是一个更大的两难问题。

（资料来源：顾庆良，2016. 企业家和创新创业精神[M]. 北京：北京大学出版社.）

**讨论问题：**

防尘防霾口罩既要挡住微小颗粒，又要能使人呼吸顺畅，有何办法？采用什么技术？如何设计？选用什么材料？

## 课 后 习 题

### 1. 单项选择题

（1）党坚持实施（　　）发展战略，把科技自立自强作为国家发展的战略支撑。

  A. 创新驱动        B. 科技创新

  C. 科教兴国        D. 人才强国

（2）（　　）能力是一个国家综合国力竞争的决定性因素。

  A. 创新创业        B. 经济发展

  C. 可持续发展       D. 科技创新

### 2. 多项选择题

（1）科技创新包括（　　）三种类型。

  A. 知识创新        B. 制度创新

  C. 科技创新        D. 管理创新

（2）创新的作用主要体现在（　　）。

  A. 创新具有价值引领作用

    B. 创新推动生产力的发展
    C. 创新推动生产关系和社会制度的变革
    D. 创新推动人类思维和文化的发展

## 3. 讨论题

废弃的农作物秸秆常被农民焚烧，造成严重污染。对这些秸秆可做何处理？

### 参 考 文 献

蔡剑，吴戈，王陈慧子，2015. 创业基础与创新实践[M]. 北京：北京大学出版社.

王洪才，2021. 创新创业教育的意义、本质及其实现[J]. 创新创业教育，11(6)：1-9.

# 第 2 章

## 创业与创业者

### 本章导读

创业需要你去做一件你喜欢、擅长而且能够坚忍不拔长期去做的事情。

——李彦宏

创业是许多大学生的梦想，也是就业的最高境界，它是一项艰苦的实践活动。选择创业，也是选择了一条人生道路，这条路上有鲜花也有荆棘。要想顺利踏上创业之路，必须了解创业，了解创业精神，了解创业者和自己，判断自己是否适合创业，分析自己与成功创业者的差距，提升自己的创业素质和能力，正确认识并理性对待创业。

通过本章的学习，学生应了解创业的概念和创业精神的本质并形成对创业者的理性认识，了解创业者应具备什么样的能力，哪些能力既具有先天属性，又可以通过后天习得。

### 关键术语

创业　创业精神　创业要素　创业类型　创业过程　创业阶段　创业能力　职业生涯发展　创业者　创业驱动力

### 导入案例

#### 陈堃源：退伍"兵哥"借互联网实现创业梦

"当兵保家卫国，退役服务民生。"陈堃源，江西兵哥送菜实业有限公司创始人，曾服役于武警江西总队南昌支队，2010 年退役。

从名不见经传的求职者到全国工商业联合会代表，陈堃源始终秉承着不忘初心的理念，通过自己的努力，帮助更多的退役军人及军属就业、创业。

2002 年 12 月，陈堃源参军入伍。8 年间，他从战士、班长到代理排长，从优秀士兵、优秀共产党员到 3 次荣立个人三等功，逐渐成长为同龄兵中的佼佼者。8 年的军旅生涯，铸就了他艰苦奋斗、敢想擅闯的军人品质，也成为他退役后通过创业拼出一片天地的力量源泉。

2010 年，退役后的陈堃源陷入迷茫，由于没有一技之长和工作经验，他在求职的道路上一次次碰壁，在部队积累的优越感被打击得支离破碎。

最后，在战友的建议和鼓励之下，陈堃源走上了创业的道路。结合部队后勤兵的经历，他决定从自己熟悉的农副产品配送开始做起。他和两名战友在南昌市青云谱区一个大型农产品批发市场附近开启了他们的创业之路。

创业初期，由于人手不足，3人既是采购员又是分拣员，还要跑营销，每天晚上十点到次日凌晨两点去采购产品，凌晨三点多开始分拣，五六点装车，通宵达旦，日复一日。"那时候买不起汽车，只能骑着三轮车去送货。夏天，常常晒脱一层皮；冬天，往往冻裂一道道口子。"陈堃源说。

源于始终坚持"诚实，勤劳，不走捷径，有爱心"的"兵哥"精神，陈堃源的业务越做越大。2014年，陈堃源成立了江西兵哥送菜实业有限公司。公司员工80%为退役军人、军人家属，整个公司实行全面军事化管理，打造了一支效率高、执行力强、退役不褪色的高素质兵哥团队。他们以线上订购、线下配送的模式开启了新的征程，并逐渐在生鲜配送领域站稳了脚跟。

2015年，陈堃源对公司进行大刀阔斧的改革，自主研发了平台管理系统——兵哥智慧供应系统，将公司成功转型为"互联网+平台管理"的电商企业，通过线上与线下相结合，打通配送服务"最后一公里"，并发挥"兵哥"优势，免费提供修理水电、清扫垃圾等便民服务。

2016年，"兵哥送菜"继续推出创新之举，实现"互联网+农产品"大流通，成为一家真正的"退役军人+互联网"的电商企业。

"兵哥送菜"已在江西、浙江、福建、四川、上海四省一市成立了14家分公司，员工规模从3个人发展到280人，营业额也从200万元突破到5亿元。

（资料来源：作者根据网络资料整理.）

## 2.1 创新、创业与创业精神

### 2.1.1 创新的定义与要素

#### 1. 创新的定义

英文"创新"一词源于拉丁语，最初的三层含义分别是创造新的东西、更新（对原有的东西进行替换）、改变（对原有的东西进行发展和改造）。

美籍奥地利经济学家约瑟夫·阿洛伊斯·熊彼特（Joseph Alois Schumpeter）在1912年出版的《经济发展理论》一书中首次使用了"创新"一词。他认为，创新是指建立一种新的生产函数，也就是企业家把一种从来没有过的关于生产要素和生产条件的"新组合"引入生产体系，包括引进新产品、引用新技术、开辟新市场、控制原材料的新供应来源、实现企业的新组织等五种情况。他提出的创新理论影响了后来的经济、管理及工程等领域的创新研究和实践。

创新是一个综合性概念，是指以现有的思维模式提出新思路、新见解，在特定的环境中，为满足个人或社会需求而改进或创造新的事物、方法、元素、路径、关系、环境，并能获得一定社会价值的行为，包括理论创新、制度创新、科技创新、文化创新及其他各类创新。其中，理论创新是指导，制度创新是保障，科技创新是动力，文化创新是智力支持，它们相互促进，密不可分。

### 2. 创新的要素

创新的基本要素是创新主体、创新客体和创新手段。从这个方面来说，创新是创新主体通过创新手段作用于创新客体而获得某方面价值的创造性活动。创新的三大要素包括以下三点：一是在特定的领域具有专长和本领。创新是以新思维、新发明和新描述为特征的一种概念化过程，无论是新思维还是新发明，都需要有前期基础，根据自己的专业或特长来选择创新领域，更容易在积累的基础上实现突破。二是要有创新思维技巧。创新思维是创造性实践的前提，是企业竞争的法宝，对培养高素质人才有非常重要的作用。正所谓思路决定出路，格局决定结局。通过创新思维能够突破常规思维的界限，以超常规甚至反常规的方法、视角去思考问题，提出与众不同的解决方案，从而产生新颖的、独到的、有社会意义的思维成果。三是要有内在的热情。工作热情是创新意识的萌芽。黑格尔说过："要是没有热情，世界上任何伟大的事业都不会成功。"所有个人行为的动力，都要通过他的头脑转变为他的愿望，才能使之付诸行动。

在现实生活中，创新可以按照不同的标准进行分类，具体如下。

1）按照创新主体分类，有政府创新、企业创新、团体创新、大学创新、科研机构创新和个人创新等。

2）按照创新表现形式分类，有知识创新、技术创新、产品创新、服务创新、工艺（流程）创新、业态创新、制度创新、组织创新、管理创新和商业模式创新等。

3）按照创新领域分类，有教育创新、金融创新、工业创新、农业创新、国防创新、社会创新、文化创新等。

4）按照创新的影响程度分类，有渐进式创新、突破性创新和革命性创新。

5）按照创新的连续性程度分类，有连续性创新和非连续性创新。

6）按照创新过程的开放性程度分类，有开放式创新和封闭式创新。

7）按照创新的来源分类，有原始创新（原创）、集成创新和消化吸收再创新，或者自主型创新、模仿型创新和引进型创新。

8）按照创新的性质分类，有计划性创新、偶发性创新和演变性创新。

9）按照创新方式分类，有独立创新和合作创新等。

10）按照创新的效果分类，有有价值的创新、无价值的创新（没有市场需求的新产品）和负效应创新（如污染环境的新产品）等。

创新有三个层次，即基础性创新、支撑性创新和应用性创新。在上述分类中，文化创新和制度创新等属于基础性创新；技术创新和组织创新等属于支撑性创新；产品创新、商业模式创新和管理创新等属于应用性创新。

### 2.1.2 创业的定义与功能

#### 1. 创业的定义

"创业"一词最早出现于《孟子·梁惠王下》："君子创业垂统，为可继也。"故《辞海》将创业解释为"创立基业"。狭义上，我们把创业定义为不拘泥于当前的资源约束，寻求机会进行价值创造的行为过程。作为一个行为过程，创业的概念可以从以下三个方面进行分析和理解。

1）创业需要面对资源问题，并试图打破资源的限制。许多创业实践表明，在创业起步阶段乃至全过程，大多数创业者会遇到资源约束和"白手起家"的情况。这是因为创业活动通常是创业者在深受资源制约的情况下，从零到一、从无到有创造财富的过程。所以，创业者往往需通过技术创新和商业模式创新整合资源，实现自己的创业目标。

2）创业需要找到有效的机会。机会一般是指具有时间性的有利情况，有效机会就是在时间之流中最好的一刹那。创业往往离不开创业者的有效活动，以发现机会，抓住机遇，从而实现自我价值。创业初期，创业者需要结合人生经历和知识储备，努力寻找商机，只有发现商机，才能够更有效地整合资源和进行价值创造。因此人们普遍认为，产生创业活动的先决条件是寻找有效的机会。

3）创业必须是一个创造价值的过程。人类劳动需要产生劳动成果，然而创业作为人类的劳动形式之一，也需要进行劳动价值的创造。创业的本质是创新，与普通劳动相比，创业更强调创新性价值的创造。如今，在信息化时代，典型的创业往往需要创新带来新的价值，这些新价值通过技术、产品和服务的更新，极大地促进了社会的发展和进步，更好地为消费者服务。值得关注的是，相对于一般劳动力而言，创业需要付出更多的成本，如资金、劳动力、赚钱的点子等，同时，也需要承担更多的风险，还需要百折不挠、坚持不懈的努力。当然，创业的渐进和成功也会带来成就感。

#### 2. 创业的功能

创业是推动经济发展、促进社会进步的动力源泉。目前，在"大众创业、万众创新"的浪潮推动下，全球范围内催生出一种新的经济形势，这种经济形式突出强调创新创业对于社会经济发展的重要作用，即通过创新和创业寻求市场差距，丰富市场供求，引导人们消费，更好地满足需求的深度和多样性，进而促进消费结构升级和市场繁荣发展。正是借助创业型经济的优势，许多发达国家在全球市场上抢占了先机。根据全球创业观察（Global Entrepreneurship Monitor，GEM）报道，中国作为全球创业氛围最活跃的国家之一，创业环境正不断地得到改善。

创业的功能主要体现在以下几个方面（图 2.1）。

```
        ┌─ ┌────────────────────────┐
        │  │  促进科技进步和繁荣市场      │
 创      │  └────────────────────────┘
 业      │  ┌────────────────────────┐
 的      ┤  │  缓解就业压力              │
 功      │  └────────────────────────┘
 能      │  ┌────────────────────────┐
        │  │  调节社会资源配置          │
        │  └────────────────────────┘
        │  ┌────────────────────────┐
        └─ │  实现人生价值              │
           └────────────────────────┘
```

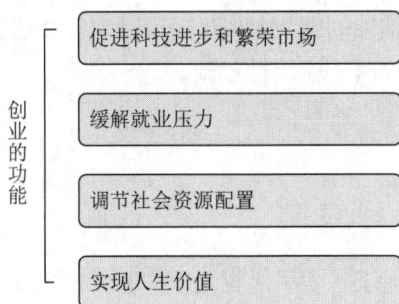

图 2.1　创业的功能

（1）创业具有促进科技进步和繁荣市场的功能

创业通常伴随着新技术、新产品、新工艺、新方法进入市场，催生了大量的科研成果转化企业。因此，创业可以促进社会科技进步，促使经济结构升级，提高我国科学技术综合水平，增强综合国力。

目前，我国技术创新总体水平不高，市场发展还不够充分，在国际分工上没有明显的优势。要改变这种被动状态，必须发展创业型经济，而发展创业型经济的根本，就在于团队中所具备的创新创业才能。大学生作为社会未来的精英，提高自身素养，掌握创新和创业技能，是实现我国创业经济发展的重要途径，将为我国创业型经济的发展提供根本的支撑。

（2）创业具有缓解就业压力的社会功能

作为世界上人口最多的国家，我国有着庞大的就业人群。在推进城镇化和经济结构转型升级的过程中，必然伴随着诸多就业矛盾的产生。多年来，我国就业人数持续增加，就业总量压力也随之不断增大，大量的农业剩余劳动力需要转移就业。另外，就业的结构性矛盾更加突出：一方面，传统行业中出现大批下岗失业人员，许多人再就业困难；另一方面，新兴产业、行业和技术性职业对于素质较高的人才需求又求过于供，从而加剧了不同地区、不同行业劳动力供需之间的矛盾，同时导致劳动力素质与不能适应岗位需求的矛盾也变得更加突出。

需要特别关注的是，随着高等院校数量和规模的扩大，大学毕业生的就业问题也日益突出。教育部的统计数据显示，近年来，我国高校应届毕业生人数持续增长，不断创造历史新高，就业形势十分严峻。因此，大学生提高自身创业精神和创业技能，通过自主创业来解决就业问题，无疑是一种可行且有效的途径。实际结果表明，一个大学生创业的成功，往往可以带动几个甚至一群大学生或其他失业人员的就业。如果社会上形成了良好的大学生创业氛围，将能够有效地缓解大学毕业生的就业压力。

（3）创业具有调节社会资源配置的功能

创业企业只有具备了一定的竞争力，才能够得以生存并实现可持续发展。从行业发展的角度来看，创业企业的成功将会影响行业现有的经营格局，加剧该行业经营的竞争，形成适者生存的局面，激发市场的活力，有利于资源流向经营良好、生产效率较高的企业，促进社会资源的合理配置，产生更高的社会效益。

（4）创业具有帮助创业者实现人生价值的功能

创业伴随着大量新价值的产生，它是促进就业质量提升、改善人们生活质量、调整社会生产关系的有效途径之一。创业可以使社会资源在竞争状态下达到有效配置，从而实现人、经济与社会的科学、可持续、和谐发展。以我国电商为例，目前电商经济的创业者们已经彻底改变了人们的生活方式，创造出前所未有的巨大价值，推动了整个社会经济、高科技产业和创新体系的蓬勃发展。创业为个人的发展创造了机会、为增加个人的财富提供了可能性。对于众多有着创业梦想的人来说，创业不仅能够提供充分实现自我价值的机会，同时也有利于挖掘创业者自身潜能。

## 案例评析

### 何永群：和豪猪"杠上"的女孩

"我叫何永群，是云南省迪庆藏族自治州香格里拉市的一名创业青年……"在 5 月 13 日的全国就业创业工作暨普通高等学校毕业生就业创业工作电视电话会议上，何永群作为高校毕业生就业创业代表，在云南昆明分会场介绍她一路走来的创业历程。

**1. "回乡创业"——人生最坚定的选择**

2010 年，何永群从云南师范大学外语学院本科毕业，正好有一个回迪庆藏族自治州民族中学当英语老师、端上"铁饭碗"的机会摆在她面前。但是，如果选择当老师，工资收入不足以供弟弟妹妹读大学。作为家里的大姐，何永群得挣钱养家。为了担负起家庭的开销，她选择留在昆明，用在大学期间积累的为中小学生开展课外辅导和拓展训练的培训经验，开办达拉培训学校，开始了第一次创业。创业期间，何永群发现自己的知识储备不够用，于是选择了考研。

2014 年，父亲癫痫病复发，情况危急，何永群意识到父母年迈，体弱多病，身边需要有人照顾，于是转让了昆明的培训学校，回到了香格里拉，在老师的支持和鼓励下开启了回乡创业之路。

**2. "豪猪浑身都是宝"——精心计划综合考虑**

香格里拉，藏语意为"心中的日月"。这里宁静美丽，但是工业不发达、气候寒冷、交通不便。要在高原上创业，不是一件容易的事情。

到底干些什么好？这个现实的问题摆在何永群的面前。她的外教老师迈克尔提出了一个建议——养殖豪猪。豪猪的肉可以食用，刺可以泡酒，而香格里拉的气候条件和自然资源都适合豪猪养殖。何永群接受了老师的建议，开始查阅豪猪养殖的资料，跑到四川实地考察豪猪养殖。经过分析后，她认为这个项目可行，随即回到村里盖起了猪场。

2015 年，何永群投入了自己的所有积蓄，申请了 10 万元创业担保贷款，又向亲戚们借钱，注册成立了迪庆香格里拉沃夫农林开发有限责任公司。

**3. 从"别人家的孩子"变成"养豪猪的傻子"——吹尽狂沙始到金**

何永群的弟弟何俊江从西北农林科技大学动物科学学院动物防疫专业毕业后，义无反顾地回到家乡陪着姐姐一起创业。最初他们引进了一批种猪，每头花了 3 000 多元。豪猪有一个月的适应期，在一个月内不死亡，后续养殖就不会出现大问题。为了养好豪猪，何永群的弟弟在猪圈里整整住了一个月。

政入万山围子里，一山放出一山拦。除了资金的短缺，何永群还面对着村里人的质疑。在大家的眼里，何永群从一个"别人家的孩子"变成了一个"养豪猪的傻子"。最困难的时候，何永群也曾怀疑当初的梦想和选择。但是，当地政府的支持、父母的期盼、合作养殖农户的充分信任，鼓励着她含泪咬牙坚持下来。香格里拉市尼西乡政府在多次了解豪猪养殖项目后，觉得极具潜力，做了何永群的第一个大客户，签下了 20 万元的订单。这一个订单，让何永群的养殖场得以"生存"。在各方的努力下，何永群的公司逐渐走上正轨。

2016 年，何永群带着她的豪猪养殖项目参加了第三届中国青年创新创业大赛，获得了现代农业初创组银奖，同时也得到了 490 万元的天使投资支持。迪庆藏族自治州人力资源和社会保障局也给何永群的公司提供了创业园的办公场地，公司可以免费入驻两年，水电费全免。

**4. 助困群众增加收入——让理想信念在创业奋斗中升华**

从小生活在经济困难地区的何永群，一直有着一颗初心：改变家乡的面貌，为家乡做一些有意义的事情。初心不变，方有恒心。何永群通过销售仔猪、提供技术、回收成猪的方式，带领农户们一起打拼，逐步形成了"公司+基地+合作社+养殖户"的经营模式，将豪猪养殖发展成了当地的产业。农户每养一组豪猪，一年可产 4～8 只猪崽，就可以有 5 000 多元收入。豪猪的寿命是 15 年，产崽时间是 7 年，也就是每组豪猪可以带来的长期收益是 3.5 万～8 万元。

截至 2019 年 6 月，何永群的公司已经带动 106 人就业，与 14 个乡镇签订了豪猪产业扶贫合同，培训并带动 1 465 户建档立卡，3 400 多人通过养殖豪猪实现了脱贫增收。

（资料来源：作者根据网络资料整理。）

**评析**：创业路上没有一马平川的坦途，一个来自经济困难地区的女孩子，通过自己的努力克服了种种困难，秉承着不忘初心的信念，帮助家乡人民实现脱贫增收。创业最大的魅力在于，创业者在提升个人财富的同时还能实现个人的人生价值和社会价值。

### 2.1.3 创业的要素与类型

**1. 创业的要素**

到目前为止，在人们对创业要素的认知和分析中，创业要素模型中典型和被认可的为蒂蒙斯模型。

如图 2.2 所示，蒂蒙斯（Timmons）在长期工作中归纳总结出了创业要素模型。蒂蒙斯认为，创业关键的三大要素是创业机会、创业者及其创业团队、创业资源。人们普遍认为，这三个核心要素是创业活动中不可缺少的。

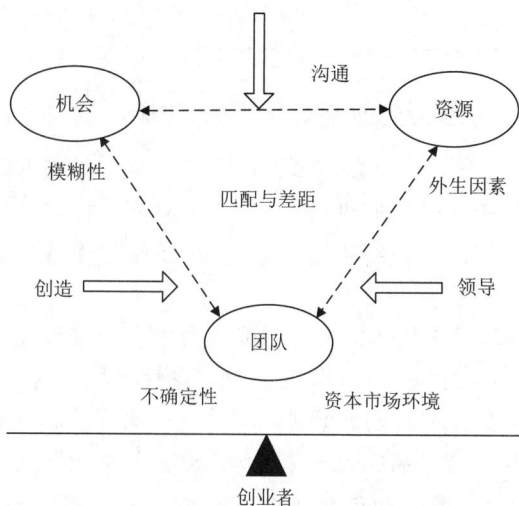

图 2.2 蒂蒙斯创业要素模型

蒂蒙斯模型的含义主要有以下三个方面。

1）创业机会是创业过程的核心驱动力，创业者或创业团队是创业过程的主导者，创业资源是创业成功的必要保证。创业过程始于创业机会，而不是资金、战略、网络、团队或商业计划。开始创业时，创业机会比团队的能力和资源更重要。在创业过程中，资源与商机之间经历着一个动态过程，即适应→差距→适应。一个成功的创业者和投资者应该知道，一个好的思路不一定是一个好的商机。实际上，以商业计划或商业建议等形式呈送给投资者的每 100 个思路中，通常仅有一两个会成为投资对象。因此，对创业者和投资者来说，学会快速估计是否存在真正的商业潜力，以及决定该在上面花费多少时间和精力是一项重要的技能。

2）创业过程是创业机会、创业资源和创业者三个要素匹配与平衡的结果。处于模型底部的创业者或创业团队要善于配置和平衡，借此推进创业过程。因此，对商机的理性分析和把握，对风险的正确认识和规避，对资源的最合理的利用和配置，对创业团队适应性的准确分析和认识，是他们必须做到的。

3）创业过程是一个连续不断地寻求平衡的行为组合。在这三个要素之中没有绝对的平衡，但企业只有追求一种动态的平衡，才能实现可持续发展。在以保持平衡的观念展望企业未来时，创业者必须思量的问题是目前的团队是否能领导公司未来的成长、资源状况、下一阶段所面临的陷阱。这些问题在不同的阶段以不同的形式出现，牵涉企业的可持续发展。

总之，创业者或创业团队必须在模糊、不确定的动态创业环境中，具备创造性地抓住机遇、整合资源、制定策略、解决问题的能力，在推进企业的过程中要勤奋工作，勇于牺牲。在创业过程中，创业者就像一个杂技演员，为了保持平衡，在平衡线上跳上跳下，同时还要在动荡的环境中进行各种各样的表演。

**拓展阅读**

### 从创业到创业成功，要关注什么

在 2008 年，创新创业还是一件新鲜事。那年年末，万学教育创始人张锐在中国各大高校展开了名为"始于大学的理想职业之路"的巡讲。张锐通过讲座，将自己在大学期间培养职业能力的方法传授给校园里的大学生们，旨在帮助他们在毕业后快速成长。

十几年过去了，创业环境有何不同？如何能让大学生在校园期间提升创业能力？

一系列关于大学生"双创"政策文件的出台、持续开展中国"互联网+"大学生创新创业大赛、创建万名优秀创新创业导师人才库……大学生创新创业环境，正悄然改变。对此，作为一线创业者，张锐的感受更加深切。他指出，近年来，国家提出的"双创"政策为创业者营造了良好的创业环境，但要让这些政策落实、落小、落细，能够真正推动青年创业者走上创业之路，还有很多工作要做。

"我们也希望成为一个平台，青年创业者来到这里，能够得到各种创业政策的及时解读，可以及时获取创业政策所对应的社会资源，进而提升自己的创业成功率。"张锐说。

在张锐看来，从创业到创业成功，是一段艰难而漫长的路程。"创业是一个很复杂的过程，创业者首先要有创意，并制订创业计划，然后一步步拓展，找到客户和投资人。这些步骤看似容易，但真正实践后，你会发现，每一步都不容易，一步步顺利走到底，更是难上加难。"

"青年人创业，需要依靠很多关键要素。第一，要有优秀的创业导师，他们是有成功创业经验的人，可以给青年创业者传递知识和有益经验。第二，找到初始客户群体。创业者需要及时找到初始客户，获得收入，同时还要能够让产品得到锤炼。第三，要建立自己的核心团队。第四，要及时找到投资人。如果创业者能够及时把这四个要素很好地整合，那么创业成功的概率会提升很多。"张锐说。

为此，万学教育近年来不断开拓对外合作。例如，与著名创业合作交流平台"车库咖啡"进行合作，创立了创业项目孵化基地，与中国人民大学创业学院等一百余所高校建立了校企合作等。

"教育的本质过程，是研究某种能力的拥有者，并解析提取对应能力的生成原理，再将这些原理传递给需要的人，并帮助其生成能力。"张锐认为，教育的过程涉及许多环节，每个环节都为最终的教育效果创造了特定的价值。传统的教育只驱动几个环节，如果将这些环节形成一个有机的、集成的、紧密的链条，就会驱动每个环节释放更大的价值。

张锐认为，大学生最终都要步入社会走上工作岗位，而在走上工作岗位前培养自己的职业能力，对未来的发展意义重大。因此，大学生需要加强职业能力的培养。

（资料来源：作者根据网络资料整理。）

**2. 创业的类型**

创业涉及人类活动中的方方面面，不同行业的创业者的创业动机也不尽相同。基于创业项目涉及领域的多样性，可以从不同角度将创业分成不同的类型。

1）基于创业动机不同的分类，可以将创业分为生存型创业与机会型创业。生存型创业和机会型创业的概念最早是在 2001 年的全球创业观察报告中提出的。随着社会的发展和进步，生存型创业和机会型创业的概念也在不断地被丰富和完善。生存型创业是指创业者为了谋生而进行相对被动的创业，其主要特征为创业者受生活所迫，物质资源贫乏，在现有市场中捕捉机会，从事低成本、低门槛、低风险、低利润的创业。从国内情况来看，在所有创业活动中，生存型创业的占比比较大，约在 90%以上。例如，下岗职工的创业行为以及餐饮副食行业和百货等微利行业大多属于这种类型，仅仅是为了养家糊口或补贴家用。机会型创业是指创业者为了追求商业机会，谋求更多发展而从事的创业活动。例如，百度公司的创办就是典型的机会型创业。创始人李彦宏舍弃在美国硅谷的优厚待遇毅然回国创业，其主要原因是他发现在当时中国所处的环境下，中文搜索引擎存在巨大商机，同时，期望自己实现人生的更大发展。

2）基于不同的创业起点分类，可以将创业分为创建新企业和企业内创业。创建新企业是指创业者或创业团队从零开始创建一个新的商业组织，整个过程充满机遇，同时也存在很大的风险和挑战。企业内创业是指在现有的企业内进行创新创造的过程，如企业核心技术创新。正是通过一次又一次连续不断地创新创业，企业的生命周期才能不断地在循环创造中延伸。

3）基于创业者数量不同分类，可以将创业分为独立创业和合伙创业。独立创业是指创业者个人独立创办自己的企业。特点在于产权归创业者个人所有，企业由创业者自由掌控，决策迅速，但创业者要独自承担风险，创业资源整合比较困难，并且受个人才能限制。合伙创业是指两个或两个以上的创业者通过签订合伙协议，共同出资、合伙经营、同担风险、共享收益，其优势和劣势正好与独立创业相反。

4）基于创业项目性质不同分类，可以将创业分为传统技能型创业、高新技术型创业和知识服务型创业。传统技能型创业是指使用传统手工业技术、工艺的创业项目。例如，酿酒、饮料、中药、工艺美术品、服装与食品等。这些独特的传统技能项目在市场上体现出经久不衰的竞争力。高新技术型创业是指具有极高的知识密度和前沿研发性质的新技术、新产品创业项目。例如，微电子和电子信息技术、虚拟现实技术、人工智能、生命科学、生态科学等。知识服务型创业是指为人们提供知识、信息的创业项目，如律师事务所、心理咨询中心、教育培训辅导机构、广告公司等。随着社会的进步和发展，人们对各类知识性咨询服务的需求不断增加，这类项目投资少、见效快、市场前景广阔。

## 2.1.4 创业的过程与阶段

**1. 创业的过程**

创业过程包括一系列的活动，其中包括创业者从产生创业想法到创办新企业或开创新事业并获得回报的过程，还涉及机会识别、团队组建、寻求融资等活动流程。通常分为以下六个主要环节，流程如图2.3所示。

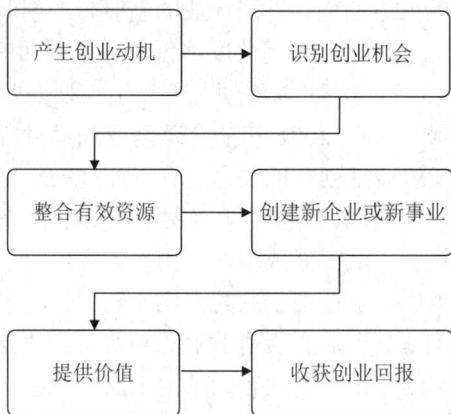

```
产生创业动机  →  识别创业机会
                    ↓
整合有效资源  →  创建新企业或新事业
                    ↓
提供价值      →  收获创业回报
```

图 2.3　创业过程流程图

（1）产生创业动机

创业的前提是产生创业动机。创业动机是创业的驱动力，在激烈的市场竞争中，它促进创业者发现和识别市场机会。创业者是创业活动的主体，创业活动首先取决于个人是否有意愿创业。当然，很多人是因为看到了创业机会和潜在利润的诱惑之后才成为创业者或创业团队的成员的。创业动机的强度是不尽相同的，强度的大小往往受遗传因素和环境因素的影响。例如，浙江温州人的创业意愿相对较强，其中环境发挥了很大的作用，能够从事稳定的高收入的工作并且需求能够得到满足的人，就不太愿意创业。

（2）识别创业机会

创业过程的核心环节是识别创业机会。创业机会识别包括发现机会的来源和评估机会的价值。总的来说，识别创业机会有四个基本问题需要澄清。第一，机会在哪？这意味着创业者需要弄清楚机会的来源在哪里。第二，影响因素是什么？这意味着创业者应该找到影响创业机会的有关因素。第三，它的价值是什么？这意味着创业者应该找到可以进行评估的创业机会价值。第四，如何实现？这意味着创业者应该了解创业机会如何或以何种方式、途径转化为真正的价值。结合这些问题，创业者在寻求创业机会时需要采取行动，多沟通、多观察、勤于思考、善于分析，从而抓住创业机会。

（3）整合有效资源

整合有效资源是创业者开发机会的重要手段。一般来说，可被创业者直接控制的可用资源很少，创业往往是一个从零开始，从无到有的过程。对新创企业来说，整合资源通常可以看作创业者需要借船出海，而且必须善于设法整合他人所拥有的资源来帮助和实现自己创业的开端。创业活动所必需的基本生产要素包括人、财、物。所以，创业者首先需要整合的资源是创业团队的组建，将志同道合的人聚集在一起；其次是能够有效进行创业融资；最后是要有创业的基础设施，包括创业活动的硬件和软件（场地和平台）。创业是在创业者面对资源制约时所进行的创造性工作，同时也会面临很大的不确定性，因此，创业者在创业初期甚至是企业成长的长期阶段，都要把工作重心放在资源的获取上，从而解决企业的生存问题。此外，创业者还需要结合创业机会设计出清晰的且具有吸引力的商业模式，同时还需要制订详细的商业计划，这些计划可以向潜在的资源提供者陈述或展示，从而获取更多的资源支持。

（4）创建新企业或新事业

创业行为最直接的标志是创业者创建新的企业。新企业的创建包括选择公司地址、注册企业、制定公司制度、确定进入市场的方式，还包括是选择完全新建企业，还是采取加入或收购现有企业等方式。需要注意的是，许多创业者迫于创业初期生存的压力、对未来也没有准确预期，往往很容易忽视这部分工作，从而导致给未来的发展留下了很大的隐患。

（5）提供市场价值

创业者为了实现自己的创业目标而寻求创业机会、整合有效资源、开创新企业等，但真正推动这一目标并最终实现的是创业者是否能够提供市场价值，这是创业过程中的一个重要环节，对新企业的生存和发展至关重要。因此，为了充分实现企业的市场价值，让客户满意，并且实现企业的可持续发展，创业者必须采取有效措施，积极应对挑战。

（6）收获创业回报

创业活动的主要目的是获取回报，因而创业者所获取的回报能够有效促进其事业的发展。回报可以是多种多样的，而创业者的创业动机决定了其对创业回报的满意程度。据调查发现，创业动机不同的创业者，面对创业带来的回报也有不尽相同的态度和想法。对于大多数年轻的创业者来说，一个获取回报最理想的方式，就是将自己创建的公司迅速发展壮大，并成功上市。简而言之，就是快速把自己所创办的公司做好、做大、做强。

**2. 创业的阶段**

根据公司发展的性质，创业阶段可划分为四个较大的基本阶段，具体如下。

1）生存阶段。通过产品、技术和服务来占领市场，有想法（点子）和善于推销（销售）是重点。

2）公司化阶段。通过标准化管理来增加企业的效益，同时需要创业者提高思维的层次，从基本概念提升到企业战略思维的高度，而第一阶段的推销就相应地转变成一个个渠道的建设，通过这些渠道来实现公司产品的销售，同时，团队也在这个阶段初步形成。

3）集团化阶段。以产业化的核心竞争力作为硬实力，依托各个团队的合作，建立子公司和整个集团的系统平台，集团的管理可以通过系统平台来实现，将销售变为营销，分析统计关联区域性渠道，最终将其转变为地区性网络。

4）总部阶段。以一种无国界的经营方式构建集团总部，依靠一种无边界的核心竞争力，跨越行业边界，实现企业发展的最高水平。

**拓展阅读**

## 如何测试、验证你的创业想法

如果你想创建一家成功的公司，首先要做的一项工作，就是构建一款最低可行性产品。基本上，最低可行性产品不仅可以验证你的潜在市场以及未来是否能够吸引付费用户，还可以帮助你找到早期用户，了解他们会因为什么愿意付费。

因此，最低可行性产品不需要具备太多功能，只需提供一些能够引发早期用户共鸣的功能，有些用户会给你提供反馈，有些用户则愿意为自己需要的服务付费、买单。

但是，绝大多数创业者并没有好好思考过如何开发一款最低可行性产品，也不了解开发最低可行性产品的流程。事实上，开发最低可行性产品的过程可以验证你的创业想法是否能提供一个真正让用户愿意付费的解决方案。相反，如果用户给出错误的反馈，或者给予一些有偏见的回复，那么最终很可能会导致创业者遭遇滑铁卢。

当要验证一个创业想法是否适合继续走下去时，你会发现，有些方法存在明显的缺陷；有些方法在一定条件下比较实际；还有些方法，如果你能掌握一些技巧或拥有一定资源，则会非常受用。但是，有一个验证方法貌似屡试不爽，那就是去与你的"市场"进行"交流"。

通过最低可行性产品验证你的创业想法，可以分为几个不同的层级，包括缺陷型、情景型和理想型。

**1. 缺陷的测试方法**

（1）向好朋友调研

向好朋友调研并咨询自己的创业想法，通常会让创业者开发一些实物产品原型。因为向好朋友进行调研，他们肯定会存有一些"偏见"，继而让创业者得到不准确的反馈。你可能会觉得，"谁会去这么做呢？"但现实可能和你想象的有很大差距。人们往往害怕给出（或收到）诚实的反馈，这是因为许多第一次创业的人通常会执迷于自己的创业想法，就算自己听到很多反对的声音，一样会义无反顾地走下去。如果你向好朋友询问自己的创业想法，不管你问他们什么问题，他们很可能都会给出正面的回复，身为创业者的你，也会尽可能地寻找一些"借口"，为你的创业梦想自圆其说。

（2）快速构建一款完整的产品

当你有了一个完整的想法之后，就快速构建出一款成品，让人觉得你的执行力非常强，可以快速完成产品的开发。但实际上，你的产品并不可靠，因为它没有经过实际验证，所以这么做是非常危险的。20世纪90年代末到21世纪初，很多科技初创公司的失败就因为此。

现在我们知道，"不管怎样，先开发产品，用户自然会来"的想法并不靠谱，它很可能将创业者逼上绝路，"开发一款人们想要的产品"不过是忽悠创业者的噱头罢了。很多不了解"精益创业"的工程师往往会觉得自己很厉害，能快速开发出一款产品，但最终却以失败告终。甚至有时候，即使面对失败，他们也会说，"你们只是不理解我而已"。

**2. 根据实际环境的测试方法**

（1）依靠用户群

通过微博或电子邮件订阅服务可以预先构建一个用户群。如果你想在某个特殊行业中创建公司，或者想要更好地了解你身处的市场，这会是个不错的方法。如果你是一个没有技术背景的创始人，利用这个方法可以进行概念验证。

此外，依靠用户群还能让你有机会进入某一个市场，通过加强与市场交流沟通，让你成为一个专家，可以了解到用户的"痛点"，而这些"痛点"就是你需要提供的解决方案，用户也会因此愿意付费、买单。

（2）与大量潜在用户交流

除了理论上的方法外，你还需要与客户进行实际交流。但是，进行过度的市场调研之后再去开发产品也不一定是明智之举，因为一旦发现出现方向性错误，绝大多数创业者并不会选择重新开发一个最低可行性产品，重新进行一轮验证。

如果你觉得自己属于那种"首席执行官（chief executive officer，CEO）类型"的创业者，可能会不停地追逐"下一件大事"，在经过三四次尝试之后，找到真正对自己有意义的东西，但这同样会有问题，因为你很可能总是会被"下一个大问题"所困扰，继而导致自己无法专注当前要解决的问题。

此外，除了发现问题外，了解人们究竟是否愿意为你"买单"也非常重要。如果你真的为了构建最低可行性产品做了"数以万计"的客户访谈，建议可以把它作为一个"咨询"性质的调研。如果你能听到有些人的"抱怨"，或者他们愿意为某些功能/服务付费的诉求，这就是真正的机会。

（3）立即构建一款简单的产品

如果你已经对市场有了深刻的了解，并且进行了大量的市场调研，此时尽快开发一款原型产品并不会有什么问题。但对于绝大多数人，特别是首次创业的公司创始人，他们总是觉得自己知道用户想要什么。

立即构建出一款简单的产品，意味着你甚至不知道问题出在哪里，只是根据自己的经验或专业知识发现的，它甚至都不能算作是一个创业想法。问题在于，这种自我意识会一直伴随着你的创业道路，最终导致你只是开发了一个自己想要的解决方案，而不是其他绝大多数人想要的。事实上，这种方法非常危险，因为它会让创始人陷入某些"陷阱"之中，无视潜在用户的实际反馈而贸然开发产品。只有根据用户的产品使用反馈，快速实现产品迭代，才是比较正确的方法。

（4）众筹

在 KICKSTARTER 以及其他众筹网站上，用户可以预先"购买"你的产品，这的确是募集资金的好方法。但如果用众筹的方式构建最低可行性产品，你可能会陷入长期的产品迭代周期之中，同样也意味着你可能需要花上一个月甚至更长时间才能锁定产品原型。之所以要推出最低可行性产品，目的在于它可以不断地进行更新，而众筹平台却和这一目的相悖。

但是，众筹平台对某些类型的市场产品还是非常有帮助的，现阶段最典型的例子就是鹅卵石（pebble），而其他较为成功的众筹产品类型基本上都是硬件设备。换句话说，如果你需要生产一款实实在在的产品，众筹则是个不错的平台，但其他服务或应用就不太适合。

**3. 理想的测试方法**

（1）着陆页

如果你想要盈利，在着陆页上下功夫是个不错的选择。尽管你不向用户推出产品，无法赚到钱，但至少，你可以询问。那么，怎么问呢？其实也非常简单，你可以在网页上做些"手脚"，用户一旦单击"购买"就显示产品"售罄"，这样就能从后台看到用户单击了哪些商品，就能知道用户真正想买的是什么。如果你能在短时间内提供那些商品（理想情况下要少于两周时间），那么你就可以正式推出该业务了。这几乎是最好的概念验证方法，也非常强大。

如果人们发出了微妙的信号，你必须做好收听这些信号的准备，领悟言外之意。寻求资金，因为这是获取有用信息最好的方法，而不是真正去要钱。

（2）空心最低可行性产品

一款"空心产品"表面上看会让人感觉像是成品，但其实都是由后端伪造的。如果你是一个没有技术背景的公司创始人，那么这种方式可以用于概念认证。下面举例说明：

ZeroCater 是一家由知名孵化器 YC 培育的初创公司，他们一开始是用最简单的电子制表格为企业员工提供订餐服务的；高朋（Groupon）起步的时候只是一个基于 WordPress 的博客，而且他们的首个抵用券是通过手工发送的 PDF 文件；Grouper 也是一家 YC 孵化器培育的初创公司，他们帮助用户配对约会，一开始使用的也是最简单的电子制表格。

（3）快速反馈/开发

如果你本身是一个技术创始人，那么这项工作就是你应该且最有可能去做的。此方法的关键就是要对市场内用户的问题做到充分理解，然后开发一款产品，让你的早期用户愿意为这款产品付费。事实上，在所谓"工作产品"和"满意产品"之间很难找到一个平衡点（但同样非常重要）。

"最低满意产品"是最简单的必要体验，向用户证明这是一个高价值，满意度较高的产品体验。

（4）从小做起，从最低可行性产品做起

创建一款产品，可以先把它看作一种服务，事实上，网飞（Netflix）就是这样起步的。

Netflix 是由加利福尼亚州的两个小伙儿创立的，一个名叫 Reed Hastings，另一个叫 Marc Randolph。Hastings 每次都忘记归还自己租的电影录像带，最终导致产生了很多滞纳金。之后他们便想到了一个主意，可以邮寄出租的电影录像带，这样就不会有滞纳金产生了。紧接着，他们开始把自己收藏的电影出租给他们的朋友，这就是 Netflix 的前身。这件事貌似是水到渠成的，但是如果你询问当今的创业者该如何创建一家类似 Netflix 的公司，绝大多数人可能给出非常详细且更为专业的解决方案，但实际上，这一套根本没用。你需要做的就是，先把手头上能做的做好，否则你根本没有办法扩大规模，正所谓"不积跬步，无以至千里。不积小流，无以成江海"。

（5）盈利和转型

这种方法有助于创业者积累专业知识和专业技能，而创业者在产品开发前就知道会有一个强大且成熟的市场出现。创业者可以先构建一个用户群，如果可以正确地进行品牌营销，那么就能轻松测试出自己的创业想法。接下来，不管他们之前是否有产品销售经验，都可以做到成功转型，实现盈利。

（资料来源：作者根据网络资料整理.）

■ **案例评析**

### 谋事在车，成事在人

朱水旺，筷子旅行创始人兼首席执行官，大家常为他的跨界创业感到惊讶。他先后就读于兰州大学、北京大学和长江商学院，拥有华三通信公司 9 年营销实战经验，随后在云计算和互联网行业有多次创业经历，如今终于开始了旅游行业的创业之旅，而他的本科专业是中国古代史。

**1. 总得成一个事吧**

朱水旺是一个从不会被困难击垮的人，从上次创业失败后，他一直在寻找新的机会和方向。因此，朱水旺的好友对其未来满怀信心，一直认为朱水旺总会成一事。

2014 年 5 月，朱水旺与筷子旅行不期而遇。

在一次西宁之旅——去贵德的途中，朱水旺不仅没找到结伴的驴友，甚至连车都找不到，最后在一家青年旅行社碰到了一位同样想去贵德的小姑娘。于是两人结伴蹲守在客运站，终于有位司机答应带他们前往贵德。两人以 700 元一天的价格上了一辆连车门都关不严实的小轿车。幸运的是，热情的司机一路上为他们讲解沿途风景，告诉他们什么地方适合拍照，哪里有特色餐馆，他们也可以随时叫司机停车驻留。这段以艰辛开头的包车旅行，在司机的感染下变得无比愉悦。

在青海和西藏待了近一个月后，朱水旺发现了旅行中的共性问题。他沿途找了百名游客进行调研，发现包车不仅仅是旅行的刚需，更是绝对的痛点。"我问他们我提供这么一个平台，你们会不会用？他们说'太好了，你有的话我们肯定用'。"旅行结束后朱水旺回到北京，找到投资人咨询并通过相关资料进行验证，发现这个市场可行。

"唯一能够把吃、喝、玩、乐、购等所有体验连接在一起的就是车，所以市场容量是非常好的。"朱水旺有些兴奋，总算为"成一个事"找准了方向。2014 年国家旅游局公布的数据显示，2013 年我国整个旅游市场规模达到 2.9 万亿元，在线旅游仅占 2 200 亿元，不及总规模的 10%。这一切都为朱水旺的选择提供了宏观层面的支撑。后来的事实也初步证明，他的想法是可行的，筷子旅行的微信公众号上线不久就积累了几万的用户量。

**2. 失败了再来呗**

朱水旺在经历了一个个失败之后仍然保持着乐观向上的心态。"失败了再来呗，前面都失败几次了，还有什么可怕的。我只会想筷子旅行明天会怎样，但我不会规划三五年以后的事情。我不想给投资人和创业团队画饼。我跟投资人讲的时候，就说，我能把自己清空，全力以赴来做这个事情，然后来看我们大家一起到底能做成什么。"他毫不忌讳地谈论着这个尚未出生的第三个"孩子"的命运，好像在谈论别人的事情一样。

急功近利是朱水旺创业路上最大的障碍，在经历失败之前他对成功怀有迫切的渴望，甚至狂热。他在20多岁时便有了一定的财富积累，但创业却并不顺利，"那段日子过得有点飘，事业上总是很不顺"，朱水旺总结说。

意识到问题所在，朱水旺在这次旅行的过程中不断积淀和感悟，他的合伙人也被他心态上的转变所感染。"这哥们已经失败两次了，再失败了我们就再来一次呗，失败过的人心态比较好。"作为筷子旅行联合创始人的唐家意曾对朱水旺如此调侃。唐家意此前在腾讯工作了5年，主导过腾讯街景、腾讯地图和微博商业化等项目的开发，被朱水旺挖了过来，成了他向人"炫耀"的资本。创始团队的另一位负责境外产品资源整合的合伙人，也来自一家知名的出境游旅游公司。创始团队成员之一的王东则擅长资本运作。"我们的创始团队应该说是很不错的，假以时日你会看到一个非常棒的产品。"朱水旺如是说。

**3. 去做就好了**

"努力去做你认为对的事情，当你没有刻意关注这个世界的时候，这个世界就会关注你。也不要想着向这个世界索取什么，你就去做吧，去做就好了。我们在心态上不要急切地想要去获取成功，但是从战术的执行层面而言，我们要严谨而快速。"朱水旺从西藏回来后对创业有了更加深刻的感悟。

11月27日，筷子旅行正式发布上线，同时上线国内接近100个城市，国外接近200个城市的旅游包车服务。"我会很诚实地告诉大家，我现在能做到的是交付，还没有办法在当下做到服务标准的统一。这个统一还需要点时间，但我觉得半年内能够做到这一点。"在朱水旺看来，能够在短时间内把团队搭建起来，并具备在全球近300个城市的交付能力已实属不易。

根据朱水旺的设想，筷子旅行第一步解决交付的问题，"让司机和游客能够对接"；第二步是服务标准化的问题，"不管你是在希腊还是伦敦，服务的标准都是统一的"；第三步是以车为支点向餐饮、酒店等其他旅游产品切入。

"车只是我撬动目的地旅游的一个支点，你以后在目的地的所有的行为，包括你的门票、住宿、吃饭，未来可能都会去涉及，因为我们具备这样的能力。但是在前面两步没有做好之前，我们永远只做一件事情：找到靠谱的司机，找到安全舒适的车，带你玩爽。"显然，即使筷子旅行起源于西藏包车旅游，但朱水旺并没有将业务停留在西藏和包车市场，而是以发散的眼光去开拓更大的市场。

（资料来源：作者根据网络资料整理.）

　　**评析：** 奥古斯特·罗丹说过："世界上并不缺少美，而是缺少一双发现美的眼睛。"正是因为拥有一双善于发现"美"的眼睛，改变了朱水旺的一生乃至整个旅游行业。朱水旺在旅行的过程中，从自身经历中萌发了整合旅行者、出租车、出租车驾驶员和导游资源的创业项目，形成了本项目的合理资源。由此可以看出，在整个创业过程中，创业者应具有敏锐的洞察力，能够抓住商机，通过商业模式创新对资源进行有效整合，从而实现创业目标。

## 2.1.5　创新与创业的关系

### 1. 两者是"双生关系"，具有直接的"同一性"

　　从广义上看，创新与创业是"双生关系"，两者天然地联系在一起，是不可分割的有机整体。从总体上看，创新和创业具有直接的"同一性"，即没有创新就没有创业；同样，没有创业也就没有创新。成功的创业离不开创新，成功的创新也往往在创业过程中产生。

### 2. 两者是相互依赖、相互制约、相互促进的关系

　　一方面，创新是创业的基础和手段，也是创业的引领和推动力。首先，创新是创业的源泉。创业过程中，新产品的开发、新材料的采用、新市场的开拓、新管理模式的推行等，都必须有创新的思维做先导，这样创业才能成功。经济学家熊彼特曾提出，创业包括创新和未曾尝试过的技术。创业者只有在创业的过程中具有持续不断的创新思维和创新意识，才可能产生新的富有创意的想法和方案，才可能不断寻求新的模式、新的思路，取得竞争优势并最终获得创业的成功。其次，创新是创业的本质和手段。创业的本质是创新，创新是创业的主旋律，创业过程是一个不断创新的过程。审视当今那些成功的创业者，如吉利集团的李书福、华为的任正非，还有李彦宏、马化腾、雷军等，无一不是"创新基础上的创业者"。缺乏创新的创业，即仅仅停留在传统的创业中，是没有出路的。从某种意义上来说，只有包含"创新"的创业，才算真正的"创业"，或者说这种创业才具有潜力和希望。最后，创新是创业的引领。"创业"前面加"创新"二字，实质是全面引领了创业的方向性，是创新型创业、机会型创业、精益型创业和高增长型创业。创新能够推动创业，为创业提质增效，并提高创业的层次和水平。

　　另一方面，创业是创新的载体和表现形式，同时也是创新的实践来源和检验标准。首先，创业是实现创新的载体，创新的价值在于创业。从一定程度上讲，创新的价值在于将潜在的知识、技术和市场机会转变为现实生产力，实现社会财富的增长，造福于人类社会，实现这种转化的根本途径就是创业。创业者是创新活动的倡导者和实现者，创业者可能不是创新者或发明家，但必须具有能发现潜在商机的能力和敢于冒险的精神。创新者也并不一定是创业者或企业家，但是创新成果必须经由创业者推向市场，使其潜在的价值市场化，才能最终转化为现实生产力。其次，创业是创新的实践源泉。大量的创新行为本质就是创业实践和经验积累基础上的一种"临界点爆发"。这个"临界点爆发"既是科学研究、技术发明以及企业家的冒险精神等发挥作用的结果，更是成千上万

创业者的实践和探索的结果。从这一点来说，大众创业也是一切创新的实践来源和思想基础。同时，创业又可以创造出新的创新或者深化创新。最后，创业是创新的服务面向。在"创新"之后加上"创业"一词，内在地规定了创新的应用属性，即面向创业的创新、重在应用的创新，旨在促进创新成果的市场化和产业化。若不能通过市场化、产业化实现创新带动的生产力进步，创新也就失去了意义。

### 2.1.6　创业精神

**1. 创业精神的特点**

创业精神是创业过程中创业者所具备的创新思维、创业观念、创业个性、创业意志、创业风格和创业品质等重要行为特征的高度浓缩的一种形式，主要体现在勇于创新、敢于承担风险、团结合作、自强不息、坚持不懈等方面。

（1）创新是创业精神的灵魂

创业活动中的创新一般包括从产品的创新到技术创新、市场创新、商业模式创新等。创新被认为是创业者创业精神的体现。只有创业者具备创新精神，才可能创建出独特新颖的企业，并保持一个企业的独特性和可持续性。

（2）冒险是创业精神的本质

没有冒险的勇气和承担风险的魄力，就不可能成为一名成功的创业者。无数创业者的创业经历证明，尽管创业者生长的环境、成长的背景和创业的机缘不尽相同，但无一例外，他们都是在诸多因素不确定的条件下，敢于冒险、勇于创新的实践者。

（3）合作是创业精神的精髓

随着社会的发展，行业中的分工越来越精细，创业过程中没有什么事情是仅需要一个人就能完成的。一个成功的创业者是一个善于合作的人，他能将合作精神渗透到企业的每一位员工。当遇到困难时，员工们就能团结起来，努力拼搏。

（4）执着是创业精神的本色

创业的过程不可避免地会伴随着各种各样的艰难和曲折，创业者必须坚定不移、坚持不懈地努力。诸多创业实践表明，往往只有偏执的创业者才能在创业中生存下来。创业精神是创业的动力和支柱，没有创业精神，就不会产生创业活动，创业成功也就无从谈起。因此，创业精神对创业来说至关重要。

**2. 创业精神的来源**

创业精神的形成与发展受到相应文化环境、产业环境、生存环境等因素的影响。

（1）文化环境

创业本身就是一个学习的过程，离不开创业者现实生活中的文化环境。作为一个学习者，他们所生活的区域文化就是重要的学习内容之一。因此，在一个有着浓厚商业文化氛围的地方，潜在的创业者受文化的熏陶很容易培养出创业精神。以浙江温州为例，温州较为浓厚的商业文化氛围孕育了今天温州商人的创业精神。

（2）产业环境

由于创业者的创业精神会受不同的产业环境的影响，对于垄断行业来说，竞争对手的缺乏很容易抑制创业精神的出现。在一个完全竞争的市场结构中，企业之间适者生存而产生激烈的市场竞争，更容易形成创业精神。

（3）生存环境

俗话说，穷则思变。从生存环境角度来看，在资源匮乏、条件恶劣的地区，人们的斗志往往能被激发出来。从创业的角度来分析，在资源匮乏的地方，人们为了生存、改变生活状况，而寻求发展机会、整合外部资源，从而催生出创业念头，激发创业精神。

**3. 创业精神的作用**

创业是以创新为核心的活动。创新精神作为创业者必备的心理品质，是决定创业成败的关键因素。创业精神是心理上的一种内在驱动机制，它能够激发人们的创业欲望，在一定程度上决定着一个人是否敢于冒险、勇于投身创业的实践活动中，对人们参加创业实践活动的态度和行为起着支配作用，并对态度和行为的方向及强度有很大的影响。

创业精神能够渗透到三个广阔的领域并产生作用。

1）个人成就的取得：个人如何成功地创建自己的企业。

2）大企业的成长：大企业如何激发整个组织的活力使其再次焕发创业精神，使其具有更强的竞争力和创造力。

3）国家的经济发展：使人民富裕，国家强大。

总之，创业精神的力量能够帮助个人、企业，乃至整个地区或国家在面对强大的竞争时走向成功和繁荣。当前，世界产业结构正经历着彻底转变，创业精神在我国将发挥更大的作用，它有利于加快转变经济发展方式，促进经济社会又好又快发展。

**4. 创业精神的培养**

随着就业压力逐年扩大，在"大众创业、万众创新"的时代背景下，越来越多的大学生选择自主创业，这也成为一种潮流趋势。创业精神是创业的核心，因此，大学生应该注重提高自身素养和能力，培养创新创业精神。

（1）善于思考，高瞻远瞩

新行业的产生和发展来源于人们的需求，创业需要一双善于捕捉商机的眼睛。商场并不仅仅是数字的运算，更多的是与其他创业者在时间和先机上的博弈。当众多创业者如潮水般涌向某一行业时，多数人将无法获得利益，只有在前面引领潮流的人才能收获巨大的利益。因此，创业者应具备自己的判断力，善于思考才能获取成功的机会。

（2）善于变通，应势发展

当代大学生获取的知识大都来源于书本和网络，但在经济高速发展的今天，需要把学过的知识与人生经历联系起来。穷则变，变则通，通则久。真正成大事的人都是思维极度灵活的人，根据周围环境的改变不断地作出调整，让自己的决策与时俱进。

（3）天道酬勤，坚守信念

任何成功都不是一蹴而就的，勤奋是成功的原动力。具备扎实的专业基础知识，积极投身各种社会实践活动和社会公益活动，不断提升思考问题的能力和深度是勤奋最好的体现。坚定的信念是创业者精神力量的源泉，也是创新创业过程中创业者必备的基本素质之一。

（4）认清自己，积极面对

拥有积极心态的前提是正确剖析自己的优势和劣势，在学习过程中不断改进。积极的心态是对自己所做之事充满热情，它能充分发挥创业者的潜能。

## 案例评析

### 人活着就要干事情，干事情就要干好

在 85 岁生日时，褚时健在生日聚会上高声说："我和老伴，我们两个都是属牛的，一辈子都要劳动，一辈子都离不开土地。"实际上，褚时健属龙，老伴马静芬属鸡。说自己属牛的褚时健，的确像老黄牛一样干了一辈子，同时，他的人生经历，也的确够牛。

褚时健少年时期经历了战争带来的苦难，青年从政，中年从商，退休前夕从巅峰跌落，锒铛入狱，疾病缠身。74 岁那年，他与妻子从零开始，包山种橙，花了十年时间让"褚橙"名满天下，创造了新的商业传奇。

在褚时健建在山上的房间里，堆了一大摞关于柑橘种植的图书，已经被他翻得卷起了书角，书里是密密麻麻的眉批、标注。褚时健说，有太多的学问书里根本找不到，所以要不断地摸索、实践。为了种出上好的冰糖橙，他改良了土壤结构，创造出了混合农家肥，甚至一棵树上留多少花、树与树之间的距离、枝条的修剪都有严格的规定。对褚时健而言，"做"就要老老实实地做，往精里做。王石说，这就是中国传统的"工匠精神"。

《褚时健传》的作者周桦认为，认真只是工匠精神的一方面，所谓大匠，还必须知道什么叫作"好"。在他看来，"褚老是从小就见过什么是好东西的人"，这是褚时健工匠精神的重要来源。"所谓见识，无非就是见过好东西，然后能判断什么是好东西，进而能做出好东西。"

正和岛曾经带领一群企业家去云南拜访褚时健，有人提问："这么大岁数种橙子，您有没有在某天夜里辗转反侧，想过撒手不干了，休息休息？"褚时健直摆手："从来没想过。我从小就闲不住，总得有点事情做。"老伴儿马静芬接着："不敢想，休息，吃什么去？"又有人提问："87 岁了，您觉得人为什么活着？"褚时健顿了一下，说："还不是为了把事情做好。"

接受媒体采访，褚时健这样评价自己："我不希望别人在说起我的人生时有多少褒扬，我只是希望人家说起我时，会说上一句，'褚时健这个人，还是做了一些事'。"

多年生活、工作在褚时健身边的外孙女婿李亚鑫说，外公给他印象最深的有两点：一是做事认真，二是对得起别人。

（资料来源：作者根据网络资料整理.）

**评析**：创业精神就像黑暗中的灯塔，为创业者指明方向，点亮希望。褚时健老先生的创业历程也并非一帆风顺，以往的种种经历并未将其压垮，相反，褚时健将中国传统的"工匠精神"发挥到了极致，始终秉承"人活着就要做事情，做事情就要做好，老老实实地做，往精里做"的理念，无论多么艰难和委屈，也不轻言放弃。褚时健老先生的这种踏实认真、勇于进取、拼搏创新、自强不息、永不言弃的创业精神激励着无数的创业者，也为大学生自主创业树立了榜样。

## ▌小测试

### 创业测试：你具备创业的资质吗

创业充满了诱惑，但并非每个人都适合走这条路。美国创业协会设计了一份测试题，假如你正想着自己"单挑"，不妨做做下面的题。

选项：A. 经常　B. 有时　C. 很少　D. 从不

1）在急需决策时，你是否在想"再让我考虑一下吧"？

2）你是否为自己的优柔寡断找借口说"得慎重，怎能轻易下结论呢"？

3）你是否为避免冒犯某个有实力的客户而有意回避一些关键性的问题，甚至有意迎合客户？

4）你是否无论遇到什么紧急任务都先处理日常的琐碎事务？

5）你是否非得在巨大压力下才肯承担重任？

6）你是否无力抵御妨碍你完成重要任务的干扰和危机？

7）你在决策重要的行动和计划时，常忽视其后果吗？

8）当你需要作出很可能不得人心的决策时，是否找借口逃避而不敢面对？

9）你是否总是在晚上才发现有要紧的事没办？

10）你是否因不愿承担艰巨任务而寻找各种借口？

11）你是否常来不及躲避或预防困难情形的发生？

12）你总是拐弯抹角地宣布可能得罪他人的决定吗？

13）你喜欢让别人替你做你自己不愿做而又不得不做的事情吗？

计分：选A得4分，选B得3分，选C得2分，选D得1分，最后计算总分。

分析：

50分及50分以上，说明你的个人素质与创业者相差甚远。

40～49分，说明你不算勤勉，应彻底改变拖沓、低效率的缺点，否则创业只是一句空话。

30～39分，说明你在大多数情况下充满自信，但有时犹豫不决，但是没关系，这也是稳重和深思熟虑的表现。

15～29分，说明你是一个高效率的决策者和管理者，有望成为成功的创业者。

（资料来源：作者根据网络资料整理.）

# 2.2 创业与职业生涯发展

## 2.2.1 创新型人才的素质要求

创新型人才，就是具有创新意识和创新能力的人才。创新型人才通常表现出机敏、活跃、好奇的个性特征，同时又充满激情，执着、专注、富有想象，具备敢于冒险的精神。在知识经济时代，对创新型人才提出了以下素质要求。

**1. 可贵的创新品质**

创新型人才必须是有理想、有抱负的人，具备坚持不懈、勇于挑战的创业精神和敢为人先、突破原有框架的创新品质。只有具备了这种创新品质的人才，才能够为目标、理想敢于冒险，勇于拼搏，持之以恒，取得创造性和突破性的成就。

**2. 坚韧的创新意志**

创新是一个打破已知领域，创造新领域和探索未知领域的过程，其间充满了各种各样的阻碍和风险。在这个过程中可能会遇到困难、挫折甚至失败。因此，创新型人才每迈出一步都需要巨大的勇气和坚忍不拔的毅力，为了达到既定的目标必须锲而不舍、坚持不懈地努力。在遭到阻挠和诋毁时，不气馁；在遇到挫折和失败时，不退缩。只有具备了这样坚定的创新意志，才能在创新活动中不断战胜重重困难，最终达到理想的创新效果。

**3. 敏锐的创新观察力**

每一项科学发现和技术突破，都是创新的结果。从这个意义上来讲，创新是发现，并且是突破性的发现。若想取得突破性的成果，就要求创新型人才必须具有非常敏锐的观察能力、深刻的洞察力、独具慧眼的能力和顿悟，并会不断地将观察到的事物与已掌握的知识联系起来，发现事物之间的必然联系，以便及时地发现别人没有发现的东西。

**4. 丰富的创新知识**

创新是对现有知识的发展，创新知识日益丰富和深厚，对创新型人才的知识结构的广度和深度有了更高的要求。因此，从事创新研究的必要条件，是创新型人才的文化内涵必须广博而精深，不仅要有扎实而深厚的基础知识，了解相邻学科和必要的横向学科知识，还要精通自己专业的知识，并能够掌握所从事学科专业的最新科学成就、实时热点和发展趋势。只有不断积累知识，才能有更广阔的创新视野。

**5. 科学的创新实践**

创新的过程就是遵循科学，以事物的客观规律为基础进行探索的过程。任何一种创新都不可能是粗心大意或乌托邦式的,因此,创新型人才必须具有严谨、求实的工作作风,严格遵循客观事物的规律,从现实出发,以科学的态度进行创新实践。

## 案例评析

### 王兴:创业长跑中坚持的创新维度

没有人能准确说出,王兴到底启动过多少个创业项目。回国之初,创办校内网之前的两年,王兴做过输入法、短网址、社交网站,甚至地图,没有人能说清它们的原型究竟是什么。如此频繁的更替,如此快速的迭代,唯一的解释就是,他有自己视为目标的模板,并在为此频繁试错。

无论是校内网还是饭否网,很多人笃信这是王兴的宿命,是"打小抄"带来的恶果。在很长一段时间里,王兴几乎是"copy to china"(中国复制)模式的代言人,因为缺少自己的创新,"最会抄"的王兴在面对同样被抄的窘境时,才会束手无策。但事实果真如此吗?

**1. 创新的维度**

对于周鸿祎等的质疑,王兴最喜欢用来回应的一句话是,"创新和科学发现是两码事。乔布斯也借鉴了他人的创新。"

对于王兴来说,"抄"只是网站成立之初用于吸引眼球和关注度的一种手段,与原版相比,他在国内拷贝的项目,从来都在一开始就显现出根本的不同。校内网采用与Facebook(现更名为Meta)完全不同的推广路径和"二手市场"等迥异的功能设定;饭否网从一开始就支持中文140字,支持短信,并支持图片;美团则在根本的立足点上就有差异——Groupon的思路是商家第一,消费者第二,美团则恰恰相反。

2005年年底,王兴创办校内网,这个项目的灵感依然来自外部,一个典型的例子就是,它的内部代号是"Facebook"。但这一次王兴不再试错,他在项目最初就一改此前重技术、轻推广的策略,招募了300名"校园大使",辅以近20种令人眼花缭乱的推广手段,一炮而红。然而校内网因融资失败,不得不以200万美元卖给千橡集团的陈一舟。5年后,陈一舟将由校内网改名而来的人人网,以"中国最大的社交网络"概念在美上市,市值一度在中国互联网行业仅次于腾讯和百度。

"美团对品质的强调,如三高三低,持续不断地强调高品质低价格、低成本高效率、高科技低毛利,是我们一开始就想清楚的。"王兴说,"没有好的信息技术系统,没有好的执行团队,这些都不可能做到。我们不可能完全控制整个产业链条,只能尽可能施加力量,中国的服务业问题很多,美团会好一些,但是有合理的预期,我们可以通过随时退等业务的推出,来慢慢改善。"

"我们始终保持着创业者的心态。"王兴对《南都周刊》说,"三个事情别人永远无法代劳:设定公司的愿景、寻找合适的人才、保持足够业务运转的现金可以用。"

"王兴是一个研究型创业者。如果要寻找一个跟他相似的人,我觉得是亚马逊的贝索斯。"他的大学同学、舍友、创业伙伴王慧文说。

**2. 研究型创业**

无论是王兴还是他的团队，几乎无时无刻不处于学习和研究状态中。最初创业时没有程序员，他和他的团队硬是自学了编程；校内网需要推广，他们又无师自通地开发了自己的推广套路；美团现在需要得到资本的认可，他又学会了与资本打交道的方法。

早些时候，王兴还提出了自己摸索的"四纵三横"预言：娱乐、信息、通信、商务这四大纵向的领域，每5年会遭遇一次"横向"的技术变革，分别是搜索、社交、移动和物联网。

他一直保持着对互联网高度的关注，行业内的书看，行业外的书也看，因为所有的东西都是连在一起的。他像贝索斯一样，用集体阅读保证团队的注意力不会分散，他同样会拿出专门的时间来思考未来。但是贝索斯对他影响最大的，还是用户至上的思维方法和始终如一的坚持。

"我们相信规则的力量，"王兴说，"公平终将战胜不公，尊重契约终将战胜践踏契约，有序终将战胜无序，这就是我们一直坚持到现在的原因。"

（资料来源：作者根据网络资料整理.)

**评析：** 创新是企业持续稳健发展的不竭动力。在激烈的市场竞争中，纯粹地照搬模仿不能适应中国环境，中国亚马逊就是一个"水土不服"的案例。王兴借鉴了国外的网站，但与原版相比，他根据国内的环境进行了调整，这就是创新。在美团不断发展的过程中，王兴又不断对其商业模式和企业管理模式进行创新，从而使美团突破重重难关，实现可持续发展。创新是创业的生存之本。

## 2.2.2　创业能力与职业生涯发展

**1. 创业能力的含义**

创业能力是指拥有发现或创造一个新的领域，致力于理解创造新事物（新产品、新市场、新生产过程或原材料，组织现有技术的新方法）的能力。

创业能力分为硬件和软件。硬件是人力、物力和财力；软件是创业者的个人能力，包括专业技能和创业素质。创业素质包括创业热情、价值观、发现能力，以及创新能力、决策能力、处理信息的能力等。与就业能力相比较，创业能力比就业能力多的是发现的眼光、创新的智慧。

**2. 职业生涯的含义**

职业生涯是指个人通过从事工作所创造出的一个有目的、延续一定时间的生活模式。这一定义由美国国际职业发展协会（National Career Development Association，NCDA）提出，在职业生涯领域中被广泛使用。

职业生涯的基本含义如下。

1）职业生涯是个体的行为体验，而不是群体或组织的行为体验。职业生涯本质上是指一个人一生中的工作经历或职业历程。

2）职业生涯是一个时间概念，是指工作任职的时期。职业生涯开始于工作前因职业需求而进行的专门的职业学习和培训，结束于完全终止或退出职业工作。不同职业不同个体的职业生涯期或长或短，不尽相同。

3）职业生涯是一个动态的概念，它包含着具体职业内容的发展。用纵轴表示职业生涯中职业工作持续的时间长短；用横轴表示职业发展、变更的经历和过程，包括从事什么样的职业工作、职业发展的阶段、由一种职业转换到另一种职业等其他具体内容，这是纵横交错的。

从另一个角度可以将职业生涯分为外职业生涯和内职业生涯。

外职业生涯是指从事职业时的工作单位、工作地点、工作内容、工作职务、工作环境、工资待遇等外在因素的综合变化过程。例如，职务目标——总经理、教授；经济目标——年薪30万元。外职业生涯的构成因素通常是由他人提供的，同时也容易被他人收回。外职业生涯因素的成就往往与自己的付出不成正比，特别是职业生涯的初期。

内职业生涯发展是外职业生涯发展的基础。内职业生涯是指从事一项职业时所具备的知识、观念、心理素质、能力、内心感受等内在因素的综合变化过程。例如，能力目标——某项技能得到锻炼提升、学习到新技能；心理素质目标——能够承受挫折，能做到临危不惧、宠辱不惊。内职业生涯各项因素的成就，可以通过他人的帮助来实现，但主要还是通过自己的不懈努力得以实现。与外职业生涯构成因素不同，一旦获得内职业生涯的各组成因素的内容，其他人就无法收回或剥夺。

### 3. 职业生涯规划的概念

职业生涯规划是指个人或者组织将个人发展与组织发展相结合，分析决定个人职业生涯的个人因素、组织因素和社会因素等，制订个人人生职业发展的战略设想和计划。

具体来说，职业生涯规划就是指个人对自己的兴趣爱好、能力、性格、价值观以及自身的优势和劣势有一个完整的认知，从而形成自己的职业价值观念，结合个人发展与组织发展，在对个人内在因素和外部环境因素进行分析的基础上，深入了解各种职业的需求和趋势以及获取该职业的关键因素，确立自己的事业发展目标，并制定要实现这一目标的具体计划和基本措施，高效行动，灵活调整，有效提升职业发展所需的执行能力、决策能力和应变能力，使自己的事业得到顺利发展，最终获得事业成功。简而言之，职业生涯规划是指一个人对他一生中所承担职务相继历程的预期和计划。对大学生来说，职业生涯规划就是根据自己的特点，结合社会需求，设计出最适合自己的职业和职业发展道路。

结合定义，制订职业生涯规划，首先要分析个人的特点，然后对所处的组织环境和社会环境进行分析，最后根据分析结果制订个人的职业生涯发展目标，以及实现这一目标的行动计划和基本措施，并合理安排执行每一个步骤的时间、顺序和方向。

职业生涯规划与管理需要一系列精心设计的流程才能迈上可控之路，可参考"四部曲"的规划与管理程序，如图2.4所示。

| A. 职业生涯诊断 | B. 职业生涯目标与标准 |
|---|---|
| 1. 自我分析 | 1. 职业发展周期 |
| 2. 环境分析 | 2. 职业生涯发展目标 |
| 3. 关键成就因素分析 | 3. 职业生涯成功标准 |
| 4. 关键问题分析 | |

| C. 职业生涯发展策略 | D. 职业生涯实施管理 |
|---|---|
| 1. 职业生涯发展途径 | 1. 职业生涯发展方案 |
| 2. 职业生涯角色转换 | 2. 职业生涯发展文件 |
| 3. 职业生涯能力转换 | |

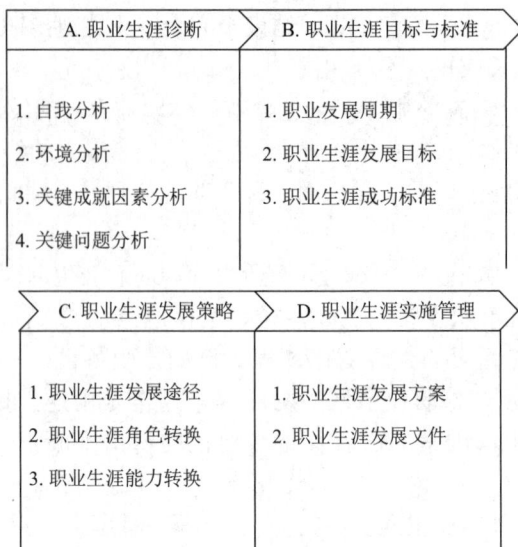

图 2.4 职业生涯规划与管理的"四部曲"

当今社会，尽早做好职业生涯规划对于一个人的发展非常重要。只有这样，我们才能认清自我，不断探索开发自身潜能的有效途径或方式，才能准确地把握人生方向，塑造成功的人生。在个人层面上，职业生涯规划的重要性主要表现为有助于使个人认清自己发展的进程和事业目标，作为选择职业与承担任务的依据，把相关的工作经验积累起来，准确地充分利用有关的机会与资源，指引自我不断进步与完善。实践证明，在职业生涯中，有着清晰的职业生涯规划的人，往往能够成为有所成就的人。

对于一个立志创业的人来说，职业生涯规划与其创业规划在一定程度上是同一个概念。要制订一份好的创业规划，从原则上说，应该把握三个主要内容：自己能够做什么，社会需要什么，自己拥有什么资源。一份创业规划能够在多大程度上取得实际成功，取决于它在多大程度上对以上三个内容如何准确地把握，并进行最完美的结合。因此，就有必要进行自我分析、环境分析和关键成就因素分析。

总之，一份创业规划还必须将个人理想与社会实际有机地结合，因此，创业规划同样能够帮助一个人真正了解自己，并且进一步评估内外环境的优势、劣势，从而设计出合理可行的职业发展方向。只有使自身因素和社会条件达到最大程度的契合，才能在现实中发挥优势、避开劣势，使创业规划更具有可操作性。

**拓展阅读**

### 职业生涯规划五个 What 的思考模式

关于职业生涯规划的制订，通常采用五个 What 的思考模式，它构成了制订职业生涯规划的步骤。

1）"What are you?"要求一个人对自己做一个深刻反思与认识，对自身的优势与劣势都要加以深入细致的剖析。

2）"What do you want?" 要求一个人对自己未来职业发展的目标和前景作出一种愿望定位、心理预期和取向审视。

3）"What can you do?" 要求一个人对自己的素质尤其是自身的潜能和实力进行全面的测试和把握。

4）"What can you support you?" 要求一个人对自己所处的环境状况和所拥有的各种资源状况有一个客观、准确的认识和把握。

5）"What can you be in the end?" 要求一个人对自己所提出的职业目标以及实现方案作出一个具体明确的说明。

一般而言，清晰、全面地回答了以上五个问题，就为能够系统地制定一份个人的职业生涯规划准备了一个重要前提。

（资料来源：作者根据网络资料整理.）

## 在校大学生怎样进行职业规划

在过去的年代，职业是可以规划的，因为它往往和世界的变化速度有关。世界变化速度越慢，你能够预测未来 5～10 年，甚至 20 年的可能性就会越高。

然而现在的时代，变化已经成为这个世界上唯一的确定性了。所以，与其规划，不如应对变化。

如何应对变化？这里需要考虑以下几个方面。

1）对自己当下的特质有足够的了解。你可以结合职业生涯规划的测评以及日常生活的总结，发现并探索自己的兴趣、技能、内心的需要，也可称为价值观。它们可以帮助你聚焦你所喜欢的、擅长的以及你认为有意义的人生及事业。

2）对于环境以及工作世界有足够的了解。结合个人特质，了解个人所期待的生活形态和方式，无论是打工者、自由职业者还是创业者，都各有不同的生活形态，这需要你尝试和体验，才能确定自己未来会有什么样的生活形态来开始你的职场人生。不同的职业各自获取价值的方式也是完全不同的，这一点也需要你有所体验。

因此在这里，职业规划就需要你加入职业体验的环节。真正感受一些自由职业的生活方式，通过一段小的创业历程，感受一下自己适不适合创业，会比所谓的盲目踏入和纸上谈兵有效得多。

3）让你的内心决定以及持续行动匹配起来。很多时候，不是你选择了去考研就可以考上的。你必须通过真正参与考研复习，发现自己适合在这条路上深耕细作，你的内心对这件事的认同度才会更高。所以，用行动来验证你内心的确信，用你相对的确信来开启你的行动。世上从没有所谓完美的决策，只有通过行动后接纳自我的决策。

4）在确定人生方向和领域后，仍需保持开放的态度。即便未来你可以成为一位工程师，仍然要面对这个行业的消亡；即便你成为一位企业家，仍然要考虑企业的变化和转型。永葆开放之心，才能拥抱一切，改变可能。

（资料来源：作者根据网络资料整理.）

#### 4. 创业能力对个人职业发展的意义

随着高校不断扩招，大学生面临的就业形势越来越严峻，就业压力越来越大。创业是就业的另一种模式，所不同的是创业者不是被动地等待他人给自己就业机会，而是主动地为自己或他人创造"饭碗"。

创业是一个实践性很强的过程，要求创业者不但需要具备创业精神、创新意识，同时还要拥有较强的创业能力。创业者的创业能力决定了新创企业的成败，创业能力强，意味着创业成功率高。

在当今这个时代，大学生只有具备决策能力、指挥组织能力、灵活应变能力、人际交往能力、表达能力以及获取和处理信息的能力，才能更好地实现就业与创业。

### 案例评析

#### 走出"象牙塔"风雨创业路

近年来，国家出台了诸多政策鼓励和帮助大学生创业，为大学生营造了良好的创业氛围，使越来越多的大学生选择自主创业。他们不安于走一条在父母眼中也许更加"循规蹈矩"的路，如考公务员、进入企事业单位等。

#### 1. 杨建军："丑小鸭"能成为白天鹅吗

25 岁的杨建军为人低调、朴实，但做事干练。"大学生毕业后创业当老板，没有外人想的那么潇洒，每天一大堆事情要亲力亲为，不过这也是创业的乐趣吧。"杨建军说。

大学毕业后，杨建军起先按照父母的意愿到公司上班，但 8 个月后，他辞职了。杨建军认为，在有冲劲时，一定得干点事情。杨建军曾在高中、大学期间做过小生意，这为其后期创业积累了不少经验。

在国内，食品行业成了大学生创业的主要选择，但杨建军发现，市区没有专业的家电清洗公司，而一般的清洗工人都是个体户，很难找到，且不注意服务质量。因此，杨建军创立了漳州丑小鸭网络科技有限公司，专门提供清洗空调、抽油烟机等家电保养服务，并建立自己的网站、微信公众号，让客户可以在网上下单。很快，"丑小鸭"在市区的家电保养服务行业占据一席之地，高峰期一天能清洗 50 台家电。"'丑小鸭'干的都是同行没做过的事，这也就是我得以成功的一个基础吧。"杨建军说道。

杨建军认为，创业想法很重要，但做法更重要，在创业的每个阶段，他都会将自己的目标一个个写下来，再有计划地去完成。

#### 2. 张小新：从"技术宅"变成"百事通"

张小新是一个在校大学生，在学校和外界他的知名度并不高，但提起漳大版"南山南""春秋赞果"微信公众号，很多人都是有所耳闻的。

满脑子创意的张小新，大一刚入学就决定建立一个面向大学生的生活服务平台。张小新的第一个业务是卖水果，到异地上大学的他，刚开始货源都不知道从哪找起，为了找好的货源，他跑遍城市周边，最后辗转找到漳州水果批发市场，一家一家讨价还价，才确定了供应商。

从卖水果起步，张小新建立了面向大学生的生活服务平台。如今张小新的"春秋赞果" O2O①平台已经积累了 8 000 多粉丝，业务涉及大学生的学习、生活、娱乐各个方面，同时他也成为微豆全国高校自媒体联盟成员之一。张小新说："从联系客商到做宣传、管理团队等，创业就是一个不断处理问题、完善自己的过程，而我享受这个过程。"

**3. 是抱团，还是单飞**

"菇菇家"是一个专卖野生菌类、菇类的创业公司，由大学生创业者陈文清跟好友王莹一起创立，目前产品已进入漳州各大素菜馆。一个年轻的学生团队，在用行动证明自己。

"一开始在网上开店，为了打开线下市场还去摆过摊。"王莹说，一开始什么都不懂，摆摊秤都没带，又刚毕业，脸皮薄，也不敢吆喝。"创业有很多困难，我们只有不断沟通，彼此鼓励。同时我们也得到了许多帮助，比如第一次摆摊，旁边卖东西的阿姨借秤给我们，让我们感觉很温暖。"

**4. 有多少错可以重来**

大学生创业者黄爱玲，刚毕业便组建了自己的盛琳文化传媒公司，并入驻龙文众创空间。"进驻之后，空间为我们免除了场地租金和服务费，帮我们对接技术团队、营销团队等，举办分享会，同时内部也会互帮互助。"黄爱玲说。公司在海峡股权交易中心挂牌时，区科技局帮助盛琳文化传媒公司减免了不少费用，平常到市场监督管理局办理一些业务也能享受绿色通道。

"大学生创业之初，面临着资金和经验上的局限，政府和创客空间对我们的进一步帮扶，是很重要的。"黄爱玲表示。

(资料来源：作者根据网络资料整理.)

**评析：**创业是一个过程，不是一下就能取得成功。同时，大学生创业的试错成本很高。大学生创业者除需要具有创业精神和能力外，还需要有充分的准备，在清楚认识自己的基础上，做出清晰的规划。创业初期，资金困难可以通过多种渠道解决，经验、人脉也可以通过后期积累，但最重要的是要有明确的定位和规划。只有明确了商业模式，知道自己做的是什么产品，面向什么受众，如何去拓展自己的市场，才能创造出新的价值，甚至变废为宝，取得成功。

**┃ 小测试**

**测试：职业生涯规划测评**

如果有机会让你到以下 6 个岛旅游，不用考虑费用等问题，你最想去哪个？可以按照自己喜欢的程度选出 3 个。

A 岛：美丽浪漫的岛。岛上建有多个美术馆、音乐厅，弥漫着浓厚的艺术文化气息。同时，当地的居民还保留了传统的舞蹈、音乐与绘画文化，许多文艺界的朋友喜欢来这里找寻灵感。

① O2O 即 online to offline，是指将线下的商务机会与互联网结合，让互联网成为线下交易的平台。

　　I 岛：深思冥想的岛。岛上人迹较少，建筑物多僻处一隅，平畴沃野，适合夜观星象。岛上建有多个天文馆、科技博物馆以及科学图书馆等。岛上居民喜好沉思、追求真知，喜欢和来自各地的哲学家、科学家、心理学家等交换心得。

　　C 岛：现代、井然的岛屿。岛上建筑十分现代化，是进步的都市形态，以完善的户政管理、地政管理、金融管理见长。岛上居民个性冷静保守，处事有条不紊，善于组织规划。

　　R 岛：自然原始的岛。岛上保留有热带的原始植物，自然生态保持得很好，也有相当规模的动物园、植物园、水族馆。岛上居民以手工见长，自己种植花果蔬菜、修缮房屋、打造器物、制作工具。

　　S 岛：温暖友善的岛。岛上居民个性温和、十分友善、乐于助人，社区均自成一个密切互动的服务网络，人们多互助合作，重视教育，弦歌不辍，充满人文气息。

　　E 岛：显赫富庶的岛。岛上的居民热情豪爽，善于企业经营和贸易。岛上的经济高度发展，处处是高级饭店、俱乐部、高尔夫球场。来往者多是企业家、经理人、政治家、律师等，衣香鬓影，夜夜笙歌。

　　结果：

　　6 个岛代表着 6 种典型的职业生涯兴趣类型（你选出的第一个岛代表你的主要兴趣，第二、第三个岛代表你的辅助兴趣）。

　　（1）选择 R 岛

　　类型：实用型（realistic）

　　喜欢的活动：愿意从事事务性的工作，喜欢户外活动或操作机器，而不喜欢在办公室工作。

　　喜欢的职业：农业、林业、渔业、牧业的生产人员，特殊职业的其他从业人员，军人。

　　（2）选择 I 岛

　　类型：研究型（investigative）

　　喜欢的活动：处理信息（观点、理论），喜欢探索和理解、研究那些需要分析、思考的抽象问题，喜欢独立工作。

　　喜欢的职业：实验室工作人员、生物学家、化学家、社会学家、工程设计师、物理学家和程序设计员。

　　（3）选择 A 岛

　　类型：艺术型（artistic）

　　喜欢的活动：创造，喜欢自我表达，喜欢写作、音乐、艺术和戏剧。

　　喜欢的职业：作家、艺术家、音乐家、诗人、漫画家、演员、戏剧导演、作曲家、乐队指挥和室内装潢人员。

　　（4）选择 S 岛

　　类型：社会型（social）

　　喜欢的活动：帮助别人，喜欢与人合作，热情关心他人的幸福，愿意帮助别人解决困难。

喜欢的职业：教师、社会工作者、牧师、心理咨询员、服务业人员。

（5）选择 E 岛

类型：企业型（enterprising）

喜欢的活动：喜欢领导和影响别人，或者为了达到个人或组织的目的而善于说服别人，希望成就一番事业。

喜欢的职业：商业管理人员、律师、政治运动领袖、营销人员、市场或销售经理、公关人员、采购员、投资商、电视制片人和保险代理。

（6）选择 C 岛

类型：事务型（conventional）

喜欢的活动：组织和处理数据，喜欢固定的、有秩序的工作或活动，希望确切地知道工作的要求和标准，愿意在一个大的机构中处于从属地位。

喜欢的职业：会计师、银行出纳、行政助理、秘书、档案文书、税务专家和计算机操作员。

（资料来源：作者根据网络资料整理.）

## 2.3 创业者与创业动机、创业能力

### 2.3.1 创业者

#### 1. 创业者的概念

创业者的概念历经了一个历史的发展过程，来自法国的坎蒂隆是一位有名的经济学家，他于 1775 年首次把"创业者"这一概念引入了经济学领域。法国的另一名经济学家萨伊，于 1880 年首次给"创业者"作出了定义，他将创业者诠释为，有能力使经济资源从较低生产率区域迁移到较高生产率区域的人，并认为创业者是经济活动过程中的代理人。熊彼特提出创业者即为创新者，其必须具有发现更能赚钱的产品、服务和过程的能力。

综上对创业者概念的诠释可以得出创业者有以下六个共同特征：①必须是主导劳动方式的领导人；②必须拥有使命感、荣誉感和责任感；③必须拥有组织、运用技术和器物作业的能力；④必须拥有思考、推理、判断的能力；⑤必须能使人追随并在追随的过程中获得利益；⑥必须是完全权利能力和行为能力的人。

创业者与一般人之所以不同，是因为创业者拥有较高的商业才能，这种能力不仅指创业者创办企业的能力，还指其在创业的整个过程中能够及时解决问题、作出正确决策、修正企业的发展方向，以及使企业不断发展壮大、保持长期活力，最终使其成为具有影响力企业的能力。此外，还应从社会发展的角度界定创业者，也就是说，那些建立了新的

商业模式并获得了好的发展的企业，不仅为社会提供了更多的就业岗位，还为其他尚在发展的企业的壮大提供了模板，这些带来巨大财富的企业创立者也应被界定为创业者。

**拓展阅读**

### 给有志创业的大学生的八条建议

1）选择你所关心的，选择你喜欢的。

2）创业是个体力活，一个健康的身体比什么都重要。

3）创业初期，坚持是最重要的品质。

4）建议选择自己喜欢并且能够把握的项目，不能看到什么挣钱就干什么，那样有些盲目，结果也未必会好。

5）大学生创业，尽量运用科技降低成本，尽量充分利用校园资源，这样能够减少创业成本。

6）一个好的合伙人比一个好的项目还重要。

7）合伙创业中，合伙人之间要简单一点，财务一定清楚，关系要好，执行力要强，这样能成为一个好团队而不是团伙。

8）永远不要相信神话、暴富这样的成功学，踏踏实实做事，一定会有好结果。

（资料来源：作者根据网络资料整理.）

### 2. 创业者的类型

根据创业动机不同，可将创业者分为三类：机会拉动型创业者、热情驱动型创业者、主动创业者。

创业往往始于一个好的想法或创意，这样的创业者被称为机会拉动型创业者。一个成功的创业者有着敏锐的洞察力，能够发现创意背后流露出的商机，并将创意转化为商机，从而构建自己的盈利模式。有些敏锐的创业者在企业发展之初就能够制定出企业未来的发展战略。但也有一些创业者是在企业发展过程中与企业一起成长的，随着企业的发展不断地调整发展方向，持续为企业带来利润。

因为有着创业想法而开始创业的、怀揣着强烈的创业梦、受到创业热情的驱动、梦想着自己做老板，这些都被称为热情驱动型创业者。尽管这些人还无法脱离自己目前的职业约束，但是他们总会寻找机会创建自己的企业，并且获得成功的概率非常大。

创业是一个试错的过程，即便失败了，他们仍然能从中吸取教训，并迅速调整自己的想法，重新获得创业机会，这些人被称为主动创业者。创业者在创业过程中会遇到很多的挫折和处理层出不穷的问题。例如，资源短缺，市场发展不顺，合伙人突然退出等。如果创业失败，创业者可能一无所有，甚至负债，这就使得很多人在是否选择创业的问题上犹豫不决。但创业本来就是一个充满不确定性的过程，同时又是一个创造的机会，这会带给创业者许多的乐趣和丰富的人生体验，让创业者尽情地享受。

无论驱动力是什么，把创业作为自己的人生愿景是创业者的共同特征。愿景是指想要永远为之拼搏并实现的前景；它是一种意愿的表达，预示着未来的目标、使命和核心价值，是人生最核心的内容，是最终想要达到的图景。当我们分析创业者的共同特征时，就会发现创业者的愿景可以归纳为以下几点：①赚取更多的利润；②获得更多的人生发展空间；③体会成功的快乐；④从事自己喜欢的事业；⑤满足自我价值的提升。

在现实生活中，创业愿景与实际情况之间往往产生较大的差距，并不是所有创业者都能取得成功或者获得较大的收益，创业过程中创业者会遇到各种各样的挫折。因此，一个成功的创业者必定是一个敢于冒险，喜欢创造自己未来的人，选择创业就意味着一生的选择，因此坚定目标、充满勇气应该是创业者的人生第一课。

## 案例评析

### 北大校花李莹：三年的财富神话

李莹曾荣获"北京十大杰出青年"和"2004年度亚洲最具时尚魅力的女人"；她曾以3年时间创造了赚钱1 000万元的财富神话；她在2 000多名经销商的竞争中脱颖而出，被第一个授予宝马代理权。李莹是一个有头脑、有思想、有追求的女性，一个不达目的不轻言放弃的女性。她善于经营生意，更善于经营生活，这使她赢得了事业、家庭和人生。

**1. 勇敢的抉择**

在老师和同学的心目中，李莹不但学习成绩好，而且多才多艺。在他们看来，李莹前程似锦，等待她的是铺满鲜花的大道。这样的预判一点没有错，1992年毕业时，三个美好的机会和前景降临到她头上：外交部门、研究单位和日资企业。但是她都一一否定了。"我从小就知道，自己要的是跟别的女孩子不一样的生活。"她认为最理想的职业是经商。因此李莹下定决心，纵身一跃——"下海"了。

开始创业时资金不足，恰巧在北大留学读经济学博士学位的男友寒假回德国，结识了医疗器械公司的老板和卷烟公司的总经理，李莹开始做他们的代理商。最初她一人既是经理又是财务，还是仓库保管员。她对医疗器械和烟草一无所知，看厚厚的医疗器械说明书像看天书，对两个行业的人际关系也是两眼一抹黑。她请人将说明书翻译成汉语，然后就硬着头皮跑医院，护士、医生、专家、主任都找，他们既是她的客户也是她的老师。协和医院的专家指点她："心血管系统的医疗器械，阜外医院最需要。"她跑到阜外，中心主任看完资料说："你们行业竞争激烈，来找我们的人很多，但我很欣赏你的率真和热情。给你提个建议吧，3月北京有个会，全国心脏外科150多位专家出席，你不妨去参加。"李莹在这次会上认识了多位专家，销售的大门也由此打开了。

**2. 做的第一笔生意使她终生难忘**

1992年的一个冬夜，某医院急需一批心脏手术用的插管，虽然价值只有1 600元，却是公司开张后的一笔"大单"。她顾不得天寒地冻，披上大衣，打了一辆"面的"，赶到医院匆匆把设备箱搬上楼，验收完，等着医院付款，催了又催，费尽周折，才挣了几百元钱，但心里却特别高兴。"回想起来，那时真的很辛苦，但心里很快乐，比现在挣几百万元还高兴。"

**3. 美丽的神话**

在一次有 2 000 多位经销商参加的市场竞争中，李莹充分展现了过硬的综合实力，足够的储备资金和银行存款证明、好地段的高水平展厅、对宝马品牌的深刻理解和一整套胜人一筹的营销策略，以及李莹身上独特的自信个性和文化气质得到了宝马公司的认可。在其后的考察中，雄厚的资金实力和寸土寸金的店址得到了对方的赞赏。这使最终如愿以偿的 6 家经销商中，李莹的"盈之宝"脱颖而出，第一个获得授权，并于 2004 年 4 月 17 日在北京开业。

**4. 多彩的生活**

"我不希望自己的生活单调，无论在工作中还是在家庭生活中，无论贫困还是富裕，我都希望过一种与众不同的生活，都要活出精彩来。"李莹说。

说到企业家和女强人，大多数人会觉得她们往往会因紧张的工作而忙得不可开交，生活被工作填满，几乎没有自己的休闲和娱乐，难以顾及家庭。然而，李莹则不同，她善于安排时间，董事长的职位也使她比较超脱。她会在忙碌的工作之余，同著名歌唱家一起欣赏歌剧，同中央芭蕾舞团演员一起观看芭蕾舞，或者与著名导演谈论电影、话剧的表演艺术，与画家流连于画展、雕塑展，与职业高尔夫球手探讨球技。这并非附庸风雅，这是她的爱好。同时，她也不忘从他们身上汲取营养，充实和提升自己。

抚今追昔，李莹常常会问自己，人为何而活着。她反复思考得出的答案是："人活着应珍惜光阴，善待人生，看破名利，有所作为，充实每一天，过好每一天。"

（资料来源：作者根据网络资料整理.）

**评析：** 每一个光鲜亮丽的背后都有着不为人知的付出。李莹是一个乐于挑战、喜欢创造自己未来的人，有着好强的个性和执着的追求，毕业后李莹放弃了较好的就业机会，踏上了艰难的创业之路。这一路上充满了艰难和坎坷，李莹始终没有放弃，因为她比谁都清楚自己想要的是什么，凭借着坚定的目标和不懈的努力一步步走向成功，从而获得创业乐趣和丰富的生活体验。因此，对于大学生创业者来说，树立坚定的目标是至关重要的。

### 2.3.2 创业者应具备的能力

创业者所做的第一步是为新的业务产生一项创意。创意的起源可以有很多种类。例如，互联网创业，目前互联网行业已经为社会创造了许多的创业机会，并产生了很多富有创新性的新企业。此外，传统行业之中，也有很多富有新创意的创业实例。不管哪一种形式的创业，创业者都必须对创业过程中出现的创业机会进行正确的评估，并付诸实际行动，才能使之产生利润。通常情况下，如果创业者拥有相关的专业技能，必然更易于掌握相关的专业核心技术，保持企业的活力与先进性。但需要指出的是，专业技能并不是创业活动成功的唯一要素，且创业活动对创业者专业技能的要求事实上并不严格。如果过分关注技术必然会忽视其他资源的合理利用，如此在企业管理与市场方面就会出现不可规避的问题。事实上，创业者并不一定要拥有创业领域的相关专业技能。例如，知名公众号"年糕妈妈"的品牌创始人李丹阳毕业于浙江大学临床医学专业，但她却结合自身养育经验，撰写育儿文章开启了自己的创业之路。

在创业过程中，创业者必须具备以下能力。

### 1. 创新意识和创新能力

创业者要有追求完美的意识，寻求新颖的、未尝试过的解决方案。创业者要考虑创业的整个过程，从过程的纵向路径中找到创新点，也可以进行横向分析，从产品、市场、客户需求、公司管理及运营等角度来考虑创新。

创新能力是创业者应该具备的能力。早在 1912 年，著名的经济学家熊彼特，在其所著《经济发展理论》一书中就提出了"创新理论"。书中提到，作为企业家，其职能就是实现创新。需要指出的是，创新能力并不一定是全新的东西，旧的东西以新的形式出现或与新的方式结合也是创新。

### 2. 创意评估的能力

实际上并不是每一个创意都能幸运地转变为商机。众所周知，如果创意不能为创业活动带来好的利润，那么再好的创意也不能被实行。所以，对创意的评估是一种分析并评判创意能否转变为商机、能否为创业者带来利润的行为。以下问题是值得创业者慎重思考的：这个创意是否太过于夸张了？容易实践吗？有实践成果吗？其他人是否早已思考过了？这些问题如果都得到了圆满的回答，那么证明创意是基本可行的。一项经济学家调查研究分析显示：在美国，从商机分析到业务开展通常要历经 6～12 个月的时间。在这一时间段，创业者必然会遇到甄别、分析和评判哪种创意真正拥有商业潜力的巨大挑战。当然，这一时间段很大程度上受到创业者个人因素的影响。大学生创业活动可以参考以下的路线图：首先慎重思考创意变成商机之后能为公司带来多大利润，其次思考创意是否需要改进以提高收益，最后罗列所有的技术与管理项目，并明确增加或删减的方向。

### 3. 制订资金计划，明确所需资源的本领

启动资金是指企业创建前期所需的资金投入。企业开办之初通常会出现亏损，因此有足够的资金支持是成功的关键所在。虽然创业者可以通过询问专业人士来明确创业前期的成本投入额，但是创业者自己也必须做到心中有数，才能使企业更好地发展壮大。此外，产品和技术的发展对企业的生存与壮大起到至关重要、不可或缺的作用。处理产品的技术性、服务性难题，必须要求创业者注重销售，只有在销售之后，才能使之产生利润。企业运行的前期必须有充足的启动资金支撑，因而在创业活动计划的执行过程中必须慎重考虑财务问题。创业者不仅要制订可行的资金计划，还要有良好的心理素质。

### 4. 资源整合的能力

资源整合能力是指在创业过程中，以人为载体，在资源整合过程中所表现出来的对资源的识别、获取、配置和利用的能力。创业是创业者在面对资源束缚下所进行的从零开始的财富创造过程。对于大学生创业者来说，在创业初期都会经历这样一个从无到有的过程，需要对资源进行有效整合，整合的关键不在于拥有多少资源，而在于能否拥有创新的思维方式，将有不同效果、不同来源的外部资源进行优化配置，使有价值的资源

充分整合起来，实现"1+1>2"的放大效果。

### 5. 组织领导能力

一个卓越的领导往往会有以下五种行为：以身作则、共启愿景、挑战现状、使众人行、激励人心。战略是一个企业的生命线，因此，一个成功的企业领导者需要具备组织领导能力，包含战略管理能力和决策能力。其中战略管理能力包括战略思维能力、战略规划和设计能力。正确的决策是保证创业活动顺利进行的前提。要想作出正确的决策，就要求创业者具有较强的获取信息和处理信息的能力，能敏锐地洞察环境变化中所产生的商机和挑战，形成有价值的创意并付诸创业行动，同时，还要实时了解竞争对手的情况和市场变化，做到"知己知彼"，以便及时调整创业中的竞争策略，使所创之业拥有并保持竞争优势。只有通过不断创新实践、总结经验、反思和学习、吸取失败教训，及时修正偏差和错误，进一步提高决策能力，才能促进企业可持续发展。

### 6. 经营管理能力

经营管理能力是指对人员、资金及企业的内部运营的能力。涉及员工的选择、使用、组合和优化，也涉及资金的聚集、核算、分配和使用。经营管理能力是一种高层次的综合能力，包括团队组建与管理能力、市场定位与开拓能力、企业文化设计与培育能力、突发事件处理能力等。其中，团队组建能力是非常重要的。创业者既要能够把不同专长、不同性格的人凝聚在一起，又要使他们和谐、愉快地一起工作，形成优势互补、合作共赢的创业团队。可以说，企业经营管理能力是解决企业生存问题的第一要素。

### 7. 交往协调能力

交往协调能力是指能够妥善地处理与公众（政府部门、新闻媒体、客户等）之间的关系，以及能够协调下属各部门成员之间关系的能力。创业者应该做到妥善地处理好与外界的关系，尤其要赢得政府部门的支持与理解，只有搞好内部和外部的统一、处理好人际关系，创业者才能建立一个有利于自己创业的和谐环境，为创业的成功打下良好的基础。

交往协调能力的形成，一是要敢于面对陌生的人和事，敢于冒险和勇于接受挑战，勇于承担责任和压力，对自己的决定和想法要充满信心和希望；二是要养成勤于观察与思考的习惯，社会中有许多复杂的人和事，在复杂的人和事面前要多观察、多思考，凡事做到三思而后行；三是要处理好人际关系，可以说，社会活动依赖于各种人际关系，要处理好人际关系就需要应酬，它是为人处世、待人接物的表现。协调交往能力并不是与生俱来的，也不是在学校里能够形成的，而是在进入社会后逐渐积累社会经验、逐步学习社会知识的基础上形成的。

### 8. 专业技术能力

专业技术能力是创业者掌握和运用专业知识进行专业生产的能力。专业技术能力的形成具有很强的实践性，大量的专业知识和专业技能是在实践中摸索并逐步提高、发展、完善的。创业者在创业过程中要注重积累专业技术方面的经验和进行职业技能的训练。

对于书本上介绍过的知识和经验要在加深理解的基础上予以提高、拓展；对于书本上没有的知识和经验要进行探索，并在探索的过程中做详细记录，仔细分析、总结、归纳，进而上升为理论，形成自己的经验。只有这样，专业技能才会得到提升。

### 9. 学习能力

社会发展的今天，无论从事任何工作都需要知识，也包括创业。创业者从事创业活动，除必须具备一定的同创业内容相关的行业知识（如开办网络公司要懂得足够的网络知识、开办房地产公司要懂得足够的房地产知识等）外，还必须具备一定的与创业活动密切相关的其他知识，如创业政策、创业法律知识、财务管理知识、企业管理知识等，而要掌握这些知识，就必须不断学习，学习能力关系到创业者的可持续发展。

### 案例评析

#### 善于学习与勇于反省

在大家看来，方杰创立奥普浴霸，好像就是一蹴而就，特别容易。其实方杰在澳大利亚留学的时候，就在澳大利亚最大的灯具公司打工。当时他对商业谈判一窍不通，但是对商业谈判有着强烈的学习欲望。他知道老板是一个谈判的高手，每当有机会与老板一起进行商业谈判的时候，他总是仔细地揣摩、学习，看老板是怎样分析问题的，对方是怎样提问、老板又是怎样回答的。几年以后，他也成为商业谈判的高手。到了1996年，方杰已经成为澳大利亚身价第一的职业经理人。然而他毅然辞掉工作，选择回国创业，创立了奥普浴霸。

在所有创业成功的案例中，并不是每一个成功者在智力上都有什么出类拔萃之处。这些成功者有一个共通之处，就是非常善于学习，勇于进行自我反省。

天使投资人孙江涛说他做了5个实现退出的项目，背后也投资失败过十几个大家没有看到的项目，他将自己过去犯的错误总结成以下三点。

第一，创始人之间的失衡。2000年，孙江涛创立了一家叫易特网联的公司，当时有4个创业伙伴，其中他自己拥有30%的股权，运营总监有30%的股权，技术总监有20%的股权，另一个朋友有20%的股权。后来发现，这种股权结构其实是有问题的，如果其他3个人意见一致，孙江涛就会被孤立。长此以往，遇到问题的时候，相互合作的感情就会出现裂痕，事实也是如此。

第二，项目和人员的失衡。易特网联在对外承接项目的时候，有时会接到几个较大项目，公司研发力量跟不上，只能临时招聘很多开发人员。但这种项目不是经常有，仍要向开发人员支付高薪，导致现金流很紧张。他建议创业者尽量不要去做项目型的公司，而是做运营型的公司。

第三，贪多和贪大。2008年开始创立钱袋宝时不停地增加产品线，每个产品线上可能也就20到30个人，后来认识到错误，砍掉了很多产品线。目前，公司的移动支付聚焦在一个细微的市场中。在这个探索过程中，公司大概付出了两三千万元投资成本和两年多的时间成本。所以，初创企业在产品线上一定不要贪多和贪大，要聚集精力做一件事情。

孙江涛创业十五年，有成功有失败，但他始终都保持着连续创业的状态，从试错中不断反思，提升格局，有着忧患意识才有今日的成功。他说："其实，在失败的过程中会有很多经验和教训，关键在于创业者是不是把过去的教训真正好好地总结和吸收了，真正找到了自己的问题。"

（资料来源：作者根据网络资料整理.）

**评析：** 成功的原因都是相似的，失败的原因则各有不同。作为一个创业者，遭遇挫折，碰上低潮是常有的事。在这种时候，反省能力和自我反省精神能够很好地帮助你渡过难关。曾子说："吾日三省吾身。"对创业者来说，问题不是一日三省吾身、四省吾身，而是应该时时刻刻警醒、反省自己，唯有如此，才能时刻保持清醒。在知识大爆炸、竞争激烈的当今社会，创业者必须随时了解各方面的信息，把握社会和行业的动态，掌握企业发展所需的新知识，同时也要虚心，多听专家的意见。

---

## ▌ 小测试

### 创业能力测试

1）你父母或兄弟有过创业的经历吗？

回答"是"加 1 分；回答"否"减 1 分

2）在学校时你的学习成绩名列前茅吗？

回答"是"减 4 分；回答"否"加 4 分

3）在学校时，你是否喜欢参加群体活动，如社团活动或集体运动项目？

回答"是"减 1 分；回答"否"加 1 分

4）少年时代，你是否更愿意一个人待着，不太喜欢和小朋友一起玩？

回答"是"加 1 分；回答"否"减 1 分

5）你参加过学校工作人员的竞选或者自己做生意，如卖柠檬水、办家庭报纸或者出售贺卡吗？

回答"是"加 2 分；回答"否"减 2 分

6）你的个性是否很倔强，不轻易改变？

回答"是"加 1 分；回答"否"减 1 分

7）你做事情很谨慎吗？

回答"是"减 4 分；回答"否"加 4 分

8）你小时候有做过比较冒险或者具有挑战的事，并记忆深刻吗？

回答"是"加 4 分；回答"否"减 4 分

9）你的行为受别人的意见影响大吗？

回答"是"减 1 分；回答"否"加 1 分

10）改变固定的日常生活模式是不是你创业的一个动机？

回答"是"加 2 分；回答"否"减 2 分

11）也许你很喜欢工作，但是你是否愿意晚上也工作？

回答"是"加 2 分；回答"否"减 6 分

12）你是否愿意随工作要求而延长工作时间，可以为完成一项工作而只睡一会儿，甚至根本不睡？

    回答"是"加4分；回答"否"减4分

13）你在成功完成一项工作之后，是否会马上开始另一项工作？

    回答"是"加2分；回答"否"减2分

14）你是否愿意用你的积蓄创业？

    回答"是"加2分；回答"否"减2分

15）你是否愿意把自己喜欢的书或者珍惜的东西与别人分享？

    回答"是"加2分；回答"否"减2分

16）如果你的生意失败了，你是否会立即开始去做另一个生意？

    回答"是"加4分；回答"否"减4分

17）如果你的生意失败了，你是否会立即开始找一个有固定工资的工作解决生计问题？

    回答"是"减1分；回答"否"减1分

18）你是否认为创立一家企业很有风险，时刻面临失败？

    回答"是"减2分；回答"否"加2分

19）你是否规划好了自己长期和短期的目标？

    回答"是"加1分；回答"否"减1分

20）你是否认为自己能够以非常职业的态度对待经手的现金？

    回答"是"加2分；回答"否"减2分

21）你是否很容易烦躁？

    回答"是"加2分；回答"否"减2分

22）你是否很乐观？

    回答"是"加2分；回答"否"减2分

结果说明：

35～44分——绝对合适。

得35分以上的人士不自己创业，简直是浪费资源。

15～34分——非常合适。

如果得分在15分以上（包括15分），那应该说你非常适合做老板。

0～14分——很有可能。

你的人生其实可以有许多选择，包括选择自己创业或做个高级白领。你的智商和情商发展均衡，这意味着你在很多选择中可进可退，可攻可守。

−1～−15分——也许有可能。

如果你非要走创业之途，应该说也有属于自己的机会，但首先要克服很多困难，包括环境，也包括你自身的思维方式与性格制约。

−16～−43分——不合适。

不适合创业。

                       （资料来源：作者根据网络资料整理.）

### 2.3.3 创业者的产生与培养

随着知识经济的快速发展，传统就业与创业的界限变得渐渐模糊，并且出现了大量的界于传统就业者与企业家之间的自由职业者。然而，在信息高速发展的今天，社会的价值得到了极大的共享，学习成本降低了，因此促进了当今社会的快速转型。如今社会最有价值的东西包括可以灵活学习的知识和技能、充满激情的工作、不断学习的机会、有效沟通的网络（包括虚拟世界的有效沟通）。正是这些有利的条件，给创业者带来了很大的便利，激发了人们创业的动机，推动着创业环境的发展。

当人们的创业活动不再仅仅与金钱联系在一起时，这种创业活动将变得丰富多彩，创业动力将得到丰富。

**1. 热情推动创业**

这种创业者最大的创业动机是梦想拥有自己的企业，并且在自己的企业能作为一个决策者，虽然开始时没有机会，但一旦机遇到来，这些人就会抓住时机，毫不犹豫地改变自己。对于那些热衷于自己创业的创业者来说，一个共同的问题是，他们不太可能思考自己将来想做什么，并且可以在传统行业的创业活动中施展自己的技能。

**2. 梦想改变生活现状**

有些人的创业动机很简单，他们希望通过创业来支撑家庭生活并改变经济困难的现状。开始时，他们尝试通过"小企业"或"小微企业"来创造一个适合个人情况和生活方式的小企业，以确保能够养活自己，但当机会来临时，他们中的一些人会毫不犹豫地扩大企业的规模。一般情况下，这样的创业者并没有宏大的创业计划，他们可能只是想创办一家以生活方式为导向的公司，在商业中寻找乐趣，用销售收入来维持公司的发展。

**拓展阅读**

#### 大学生如何提升创新创业方面的能力

**1. 多读书、多学习**

每一本书都是一个非常优秀的人对一个概念或者一段故事，或者是一个人的人生的一个非常好的概括。所以建议大家不管有多忙，还是应抽点时间看些书，可以给自己定一个小目标，一年有 12 个月，至少读 10 本书。这是一个非常小的目标。

**2. 多和不同领域的专业人士沟通**

查理·芒格，巴菲特的合伙人，有这样一个概念，称为多元学习理论。他说："如果你手里只有一把锤子，你会看什么都是钉子。"其实他想表达的意思是，如果你仅仅有一种思维方式，你在应对世界的时候就会很受局限。作为大学生创业者，看待世界的角度也应该更为多元。除了所学的专业外，这个世界还有很多值得学习的方面。例如，经济学、传媒、滑板怎么可以玩得更花哨、心理学到底在解决什么样的问题……

这一切的学习，都会在未来不经意的时刻帮助到你。

### 3. 形成自己的社群

社群思维给予了你成为意见领袖的可能性。在互联网时代，一切都可以通过网络来检验。你的专业水平和个人影响力，也同样可以通过你的社群来实现。看一看你可以影响多少人，他们是什么样的人，为了更好地影响他们，你还有什么样的方式来努力实现，甚至经过一段时间的运营，你是否可能会让他们付费来接受你给他们的帮助或服务。这些都在间接证明你的价值。

心理成人的基本前提，其中一个就是经济独立。因为经济独立可以带来更好的自我价值和效能感，使个人可以更好地感受到自己的身价，以及自己的身价是通过什么途径、什么方式来实现的。通过社群对你的反馈，你可以快速地看到。

### 4. 学会提问

在以色列这样的创业强国、智慧强国，有这样一个典故，一个妈妈等待自己放学的孩子。见到孩子的时候，并不是问孩子今天开不开心，也不是问孩子有没有受欺负，而是问孩子："今天提出了什么样的好问题？"好的问题，会帮助你更趋近于事物的本质和真相，这一点，需要你持续对世界本质有更多的感受和思考，而在其中，不断地试错和修正是必需的。例如，一个创业团队出现了管理问题，你作为领导者，首先想到的是什么样的问题，问题出在哪里，谁出了问题，团队的目标是什么，今天的问题可能暴露了什么是你没有看到的隐患，以及如何更好地调整才能让事情变得更好。

问题折射了你的心态，你的见识，你的改变意愿，学会提出好问题，让自己在创新创业之路上赢在起跑线上。

### 5. 持续用结果检验你的行动

用你的人生践行创新创业思维，小步行动，快速迭代，这才是真正的知行合一。

一方面，为自己每个阶段的目标和方向建立有效的计划，可以使用 SMART 原则进行。这里所说的 SMART 分别是具体明确的（specific）、可衡量的（measurable）、可实现的（attainable）、平衡关联的（relevant）、有时限的（time-bound）。例如："下一个月产品上线，用户量达到 3 万。"这就是一个比较明确的目标。

另一方面，学会用结果以及反馈来检验你的行动是否有效。如果没有达到预计的数字规模，就要考虑其中的问题是什么，这一点可以结合之前所说的学会提问这个部分。通过不断地修正，找到问题的真相，进而投入新一轮的行动中。这就是现在这个时代的创业方式，通过不断更新迭代，不再沉浸于憋大招的无意义的快乐中。

同样，不仅仅是创办企业，更重要的是你在现实生活中也可以用到这些思维。与你的老师交流，能够提出好问题，不断地从他人那里得到更多的新知识，让自己找到有效的服务于未来自己的目标。通过有效的行动来检验自己的效果以及预期。

（资料来源：作者根据网络资料整理.）

## 2.3.4 如何获得创业的驱动力

在当今社会，创业活动在促进经济方面的作用是显而易见的。从房地产巨头到电子商务巨头，再到开蛋糕店的普通人，这些创业者不仅通过创业积累了财富，而且积极搭建创新与实践之间的桥梁，从而改变了人们的生活。那么，如何把梦想变成内在的推动力呢？这就要求我们在日常生活中逐步培养。

### 1. 关注世界的发展与变化

从第二次世界大战结束到 21 世纪，是世界发展最快的阶段，从计算机的应用到互联网时代的到来，从干细胞研究到克隆技术的发展，世界已经进入了信息技术时代。这一发展带来了知识的全球共享和产品的全球化。这一巨大的变化使企业更加活跃，创业的多样性也更加丰富。目前，保持创业者之间的竞争力不再仅仅依赖于有限的技术，一个好创意往往不受地理位置的限制，技术、资源甚至专家团体也越来越容易获得，这给创业者创造了一个有利的环境。例如，德国大众汽车公司可以将自己的生产线安排在中国，还可以将自己的销售公司建立在墨西哥，而它的总部在本国的沃尔斯。这家全球性公司对其管理层来说是一个巨大的挑战，但互联网的出现可以提供所有有效的资源，因此可以成功克服管理问题。对于创业者来说，这意味着更多的创造力、动力以及对生产和商业机会的专家建议。

### 2. 技术的创新与淘汰

我们所处的世界充满了全球性的知识、经验、劳动力和资本，技术也在不断更新。这对创业者来说既是机遇也是挑战。今天的技术突破不再仅仅局限于少数几所大学、研究机构，技术更新将在全球同步。因此，可以说，是产品生产周期的缩短和技术的迭代更新，使得专利技术失去了保护作用。此外，公司的竞争不再依赖贸易保护、货币限制、优越的地理环境和一定地区廉价的劳动力条件。这些能够促使创业者不断创新，保持竞争优势。创新不仅体现在产品上，还体现在经营活动和经营模式上。技术创新已经成为创业的推动力之一。

### 3. 解决客户的迫切需求

针对性地解决客户的需求是创业的推动力之一。当客户在市场中发现不便之处，或者某一需求得不到满足时，就为创业者提供了创业的机会，这种客户满意度可以带来一个好的创业项目。例如，罗红是好利来公司的创办者，如今好利来公司不仅有遍布全国的门店，而且建立了两家大型的食品加工企业，成为蛋糕制造业的领军企业。30 多年前，罗红还只是一个仅仅拥有梦想与激情的年轻人。在母亲退休后的第一个生日，为了表达孝心与祝福，他希望能为母亲选购一个式样新颖、口味馨香的生日蛋糕，然而几乎跑遍了全城，也没有找到。1991 年，罗红在四川雅安开办了第一家蛋糕店，开始了艺术蛋糕的事业。

### 4. 创意的获取与互联网的发展

计算机互联网和百度搜索引擎的自动搜索技术带来了全球知识的共享，并且比互联网通信更重要的是人们可利用这些技术不受限制地获得最佳创造力、技术、研究资源和专家团队。例如，网络世界可以支撑一个总部在深圳，基础设施建在上海、北京、广州，生产基地在东南亚,并在北美有销售总部的生产企业。该公司员工的构成也是全球性的,因此管理它是一项挑战。对于创业者来说,任何创业活动都需要互联网技术,更不用说互联网的简单应用了。这种工具和商业机会可以帮助企业家走得更远。

### 5. 相似案例的不同解决方案

当别人创业的想法获得成功时,你还能创业吗?很明显,创业者不会因为在一个行业中使用新技术或新想法而退缩。相反,如果一个想法获得成功,将会给整个行业甚至整个经济带来不同程度的变化。例如,零库存的销售模式,不仅给戴尔公司带来巨大的财富,而且改变了整个销售行业的现状,为整个商业环境注入了新的风气。这为创业者创造了更多的机会,利用已经成熟和创新的技术来帮助他们创业。创业者需要学会思考,如果有好的创新,还有其他的应用需要考虑创新理念的原则。在这个阶段,创业者不需要太多地关注细节。但需要注意的是,对失败的创新要进行全面分析,以便在创业中不会重蹈覆辙,避免新的创新因为相同的原因而失败。

### 案例评析

#### "海归"与蜡烛

陈索斌,北京大学经济系学士、美国加利福尼亚大学洛杉矶分校硕士,高级经济师,现任青岛金王集团有限公司创始人。1993年,陈索斌以2万元起家创立青岛金王轻工制品有限公司,主营玻璃、烛光新材料及制品。陈索斌所学与蜡烛无关,在创业之前他也从未与蜡烛行业有过任何接触,而他的成功源自对商机的敏锐洞察力。

他的创业方向来源于1993年的一天晚上,他到一位朋友家中谈事,突然遇到停电,朋友的妻子赶紧找出一截红蜡烛点上,烛光下红彤彤的蜡烛冒着一股股地黑烟,忽明忽暗。朋友的妻子在旁边抱怨说:"如今卫星都能上天了,怎么这蜡烛还是老样子,谁要是能捣鼓出不冒黑烟的蜡烛,说不定能得个诺贝尔奖什么的。"就是这样一句话触动了陈索斌,不久陈索斌扔掉了"金饭碗",与四个朋友一起凑了不足2万元资金,创立了"金王"。如今,"金王"成了中国的时尚蜡烛之王。

陈索斌的成功归因于他有比一般人更高的商业敏感度。对蜡烛黑烟的吐槽,相信不只陈索斌一个人听到过,然而很多人并没有在意,但陈索斌解决了蜡烛黑烟的问题,赢得了巨大的市场。正是他这种处处留意事物的不足和缺点并积极想办法改进的精神,才使得他做出了创新,而这些创新也成就了他的事业。

(资料来源:作者根据网络资料整理.)

**评析:** 人们对平时看习惯了的事物,往往不上心,难以发现其中存在的问题,所以难以做到创新。成功的创业者总是善于发现普通人看不到的问题和缺点,通过创新解决顾客需求,从而获得成功。

# 本 章 小 结

创新是一个综合性概念，指以现有的思维模式提出新思路、新见解，在特定的环境中，为满足个人或社会需求而改进或创造新的事物、方法、元素、路径、关系和环境，并能获得一定社会价值的行为。

创业是一个不拘泥于当前的资源约束，寻求机会进行价值创造的行为过程。创业具有促进科技进步和繁荣市场、缓解就业压力、调节社会资源配置、帮助创业者实现人生价值等功能。

创业的三大要素包括创业机会、创业者及其创业团队、创业资源。创业机会是创业过程的核心驱动力，创业者或创业团队是创业过程的主导者，创业资源是创业成功的必要保证。

创业过程通常分为六个主要环节：产生创业动机，识别创业机会，整合有效资源，创建新企业，提供市场价值，收获创业回报。

根据公司发展的性质，创业可划分为四个较大的基本阶段，具体划分为生存阶段、公司化阶段、集团化阶段、总部阶段。

创新和创业是"双生关系"，具有直接的"同一性"；两者是相互依赖、相互制约、相互促进的关系。

创业精神是创业过程中创业者所具备的创新思维、创业观念、创业个性、创业意志、创业风格和创业品质等重要行为特征的高度浓缩的一种形式，主要体现为勇于创新、敢于承担风险、团结合作、自强不息、坚持不懈等。

创业精神的培育包括培育创业人格、培养创新能力、宣扬创业文化、强化创业实践。

创新型人才的素质要求包括可贵的创新品质、坚韧的创新意志、有敏锐的创新观察、有丰富的创新知识、科学的创新实践。

创业能力是指拥有发现或创造一个新的领域，致力于理解创造新事物（新产品，新市场，新生产过程或原材料，组织现有技术的新方法）的能力，能运用各种方法去利用和开发它们，然后产生各种新的结果。

职业生涯是指个人通过从事工作所创造出的一个有目的、延续一定时间的生活模式。

职业生涯规划是指个人或者组织将个人发展与组织发展相结合，分析决定个人职业生涯的个人因素、组织因素和社会因素等，制订个人人生职业发展的战略设想和计划。

创业者的特征：①必须是主导劳动方式的领导人；②必须拥有使命感、荣誉感和责任感；③必须拥有组织、运用技术和器物作业的能力；④必须拥有思考、推理、判断的能力；⑤必须能使团队成员追随自己并在追随的过程中获得利益；⑥必须是完全权利能力和行为能力的人。

根据创业动机不同，可将创业者分为三类：机会拉动型创业者、热情驱动型创业者、主动创业者。

创业者必须具备的能力：①创新意识和创新能力；②创意评估的能力；③制订资金计划，明确所需资源的本领；④资源整合的能力；⑤组织领导能力；⑥经营管理能力；

⑦交往协调能力；⑧专业技术能力；⑨学习能力。

培养创业驱动力的途径：①关注世界的发展与变化；②技术的创新与淘汰；③解决客户的迫切需求；④创意的获取与互联网的发展；⑤相似案例的不同解决方案。

通过本章的学习，对创业有了一个理性认识之后，有些人会产生创业的想法，有些人会望而止步的。其实，成功并不像人们想象的那么难，当你具备了创新意识、创业精神和相应的创业能力，敢于挑战并持之以恒、坚持不懈地付出，终将会有回报。

## 讨论案例

### "娃哈哈"背后的创业故事

"娃哈哈"老总，宗庆后工作的地方在杭州城站火车站对面、车来车往的高架桥下的一座不起眼的灰色小楼内。"娃哈哈是在这里诞生的，三十多年了，宗总舍不得搬家。"娃哈哈的员工说。

宗庆后的个人奋斗史，正如一部真人版的"励志大片"。42 岁开始创业，从贷款 14 万元、靠三轮车代销汽水及冰棍开始，三十多年来，心无旁骛，以超乎常人的耐力，坚守着自己的实业帝国。

**1. 年均增长超过 60%的娃哈哈**

"娃哈哈"从无到有，宗庆后可以说是白手起家。1987 年夏天的一个闷热的下午，宗庆后骑车出了家门，去干一件有些冒险的事情——接手一家连年亏损的校办工厂。创业初期的条件十分艰苦，贷款来的 14 万元，不敢全部用完，只用了几万元，简单地粉刷了一下墙壁，买了几张办公桌椅，就开张了。

有了自己的事业，宗庆后憋足了劲儿。刚开始他的"事业"只是蝇头小利的小生意，做的是代销冰棍、汽水，还有作业本、稿纸等，主要是为学生服务。一根冰棍 4 分钱，卖一根只赚几厘钱。随着时间的推移，宗庆后的业务范围也越来越广，开始做代加工产品。风里来雨里去忙活了一年，年底一算账，居然有了十几万元的进账。尽管赚了一些钱，但宗庆后意识到，企业没有自己的产品，终究不是长远之计。

1989 年，宗庆后发现国内食品市场的产品种类相对较少，就连方便面都是稀罕玩意儿。于是带领校办工厂的 100 多名员工，开始开发投产娃哈哈儿童营养液，并成立了杭州娃哈哈营养食品厂。娃哈哈儿童营养液一经面世便迅速走红。

1991 年，宗庆后做了一件更大胆的事：兼并了拥有 2 000 多名职工的国营老厂——杭州罐头食品厂，娃哈哈集团公司正式成立。当年企业产值首次突破亿元大关，达到 2.17 亿元。

1994 年，娃哈哈响应对口支援三峡库区移民工作的号召，投身西部开发，兼并了四川涪陵地区受淹的 3 家特困企业，建立了娃哈哈第一家省外分公司——涪陵公司。此后，娃哈哈迈开了"西进北上"步伐，先后在全国 29 个省份建立了 160 多家分公司。

1996 年对于娃哈哈来说，是具有划时代意义的年份。这一年，宗庆后瞄准瓶装水市场，娃哈哈纯净水就此诞生。有经济学家曾认为，娃哈哈纯净水的出现，是宗庆后搭建商业帝国最重要的一块砖。

如今，娃哈哈产品包括含乳饮料、瓶装水、童装等共十余类二百多个品种。三十多年来，娃哈哈一直保持快速发展势头，年均增长超过60%。娃哈哈在发展过程中经历了数不清的坎坷，甚至也曾走过弯路，但专心做实业、专注做品牌的信念始终没丢。

**2. 宗庆后的简单生活**

宗庆后的生活比较低调。平常他总是穿一件普通的夹克衫，一双有点旧的布鞋，有些是便宜的大路货，但他认为这很好，曾调侃说："几十元的衣服穿在身上，人家都会以为是几千元的，我干吗花那个钱？"穿衣服随便，吃饭也很简单，用宗庆后自己的话说，这辈子最爱咸菜腐乳，身体照样健健康康。如果不出差，宗庆后的一日三餐几乎都在公司食堂解决。

三十多年来，宗庆后将所有精力和时间投入工作。曾经走街串巷送汽水的宗庆后，自以为闭着眼睛也走不丢，然而却对杭州这些年的变化感到陌生，女儿宗馥莉总是劝父亲多出去走走，但他只要一出门，基本就是奔机场。

有一次，电视台录制节目，专门把他拖到了西湖边喝茶。节目录完了，他大发感慨："在这座城市活了大半辈子，没想到原来坐在这里喝茶这么舒服。"下属建议，干脆在西湖边租个地方办公，累了可以在湖边喝喝茶，看看景。"那就光顾着喝茶观景了，看过的文件转头就得忘了。"宗庆后立刻否决了这个提议。

**3. 坚守实业"阵地"**

集团旗下的娃哈哈系列产品，销量一直稳居全国第一，在实体经济面临"空心化"、国际金融危机及欧债危机双重影响下，宗庆后如何立于不败之地？这一切源于对娃哈哈的专注。认真做好一件事，这是最简单，也是最难的。三十多年来，面对快速积累财富的虚拟经济，娃哈哈的信念从未动摇：一心一意做产品、搞实业，一心一意为中国老百姓提供最实惠的必需品，是娃哈哈不变的追求。

在企业内部管理机制上，宗庆后可谓创造了一个很难复制的模式。宗庆后曾说："世界上很多成功的大企业，都有一个强势的领导人，都是'大权独揽'。"所以，一直以来，娃哈哈的"专制"在业界也是出了名的：娃哈哈集团直到现在也不设副总经理，生产、销售等各个领域的管理则由各个部长负责。但这并没有妨碍娃哈哈员工的忠诚度，因为宗庆后虽然"专制"，却是个有情有义之人，三十多年来，他从未辞退过一个员工，一年中甚至有一半时间和员工奋战在一线。一方面高高在上，一方面又和大家一起摸爬滚打，宗庆后深谙"中国式领导"的精髓。

宗庆后强势的另一面，则体现在娃哈哈对渠道的控制上，这也是宗庆后管理经销商的成功之道。

（资料来源：作者根据网络资料整.）

**讨论问题：**

1）结合案例总结创业者应具备哪些精神？这些精神对职业发展有哪些促进作用？

2）宗庆后创业成功的外部因素有哪些？哪些是他个人的素质和能力？你觉得创业者应该培养和锻炼的素质和能力有哪些？

3）对于娃哈哈的成功，很多人说是因为没有市场竞争压力。你的观点是什么？

## 课 后 习 题

**1. 单项选择题**

（1）下列不属于创业成功带来的社会影响的是（    ）。

    A. 创造了就业　　　　　　　　B. 带动了相关行业发展

    C. 推动了社会进步　　　　　　D. 使创始人名扬天下

（2）要进行创业必须具备一定的条件，其中（    ）可以说是最重要的创业资本。

    A. 技术　　　　B. 知识　　　　C. 资金　　　　D. 创新能力

（3）创业过程的第一步是（    ）。

    A. 识别创业机会　　　　　　　B. 整合有效资源

    C. 产生创业动机　　　　　　　D. 创建新企业或新事业

**2. 多项选择题**

（1）知识经济时代对创新型人才的素质要求包括（    ）。

    A. 敏锐的创新观察力　　　　　B. 丰富的创新知识

    C. 科学的创新实践　　　　　　D. 坚韧的创新意志

    E. 解决社会问题的能力　　　　F. 可贵的创新品质

（2）创业的核心要素主要包括（    ）。

    A. 创业机会　　　　B. 创业者及其创业团队　　　　C. 创业定位

    D. 创业资源　　　　E. 创业过程　　　　　　　　　F. 创业计划

**3. 讨论题**

（1）检索国内外知名企业家的创业故事，总结出创业的成功要素并进行排序，指出哪些是核心要素。

（2）思考什么样的人适合创业以及创业者应具备的知识技能和特征。

（3）讨论大学生创业的意义及前景。

（4）阐述创业的过程。

## 参 考 文 献

邓文达，邓朝晖，李一，2016. 大学生创新创业[M]. 北京：人民邮电出版社.

李家华，2015. 创业基础[M]. 2 版. 北京：清华大学出版社.

李家华，王燕茹，2017. 创业基础（微课版）[M]. 上海：上海交通大学出版社.

王兴元，2017. 创业基础[M]. 北京：清华大学出版社.

王艳茹，2017. 创业基础如何教：原理、方法与技巧[M]. 北京：清华大学出版社.

# 第 3 章

# 创 业 机 会

📚 **本章导读**

这个时代给了我们这一代人前所未有的机会。我们要抓住这个机会，要有梦想。但是，这个梦想要从做开始。

——张朝阳

通过本章的学习，学生应了解创业机会的概述及识别方法，学会如何客观地评价创业机会。当然，有机会的同时，风险也伴随而来。学生也应认知创业风险，了解创业风险的分类，把握大学生创业过程中常见的风险，了解创业风险的识别和防范方法，掌握创业者风险承担能力的评估，并认识商业模式的概念、类型，掌握商业模式设计的基本方法及商业模式设计工具。

📖 **关键术语**

创业机会　市场回应　机会识别　细分市场商机　机会风险　识别　防范　商业模式　精益画布

▷ **导入案例**

## 餐饮外卖生态圈缔造者：张旭豪

张旭豪是中国餐饮 O2O 行业最早的探索者之一。2009 年他在上海交通大学读研究生期间，就组织同学一起创办了"饿了么"在线订餐网站。

作为中国餐饮业数字化领跑者，"饿了么"秉承极致、激情、创新之信仰，以建立全面完善的数字化餐饮生态系统为使命，致力为用户打造极致的消费体验、便捷的生活服务，为餐厅提供一体化运营解决方案，推进整个餐饮行业的数字化发展进程。

一天，在上海交通大学机械与动力工程学院宿舍里，张旭豪和几个室友一起打游戏。玩到午夜 12 点，肚子饿了，他们给餐厅打电话叫外卖，电话要么打不通，要么没人接。他们又抱怨又无奈，饿着肚子聊起来。"为什么晚上不能送外卖呢？""晚上生意少、赚不到钱。""倒不如我们自己去取。""干脆我们包个外卖吧。"

聊着聊着，创业兴趣被聊了出来。这几个研究生一年级的学生开始讨论和设计自己的外卖模式，一直聊到凌晨四五点。

第二天，他们便正式行动。先是进行市场调研——暗访一家饭店，记录店家一天能接多少个外卖电话、送多少份餐。随后，他们毛遂自荐，从校园周边饭店做起，承揽订餐送餐业务。在宿舍里设一部热线电话，两个人当接线员、调度员，并外聘了十几个送餐员。只要学生打进电话，便可一次获知几家饭店的菜单，完成订餐。接着，送餐员去饭店取餐，再送到宿舍收钱。

几个月下来，大大小小 17 家饭店外包给张旭豪做外卖。他们专门花了几万元，印制了"饿了么"外送册，不仅包括各店菜单，还拉来了汽车美容等周边商家广告，制作成本基本收回。整整 1 万本外送册覆盖到了学校的每个宿舍，"饿了么"在校内出了名。

每天从午间送到午夜，要接 150～200 份单子，每单抽成 15%。忙的时候，张旭豪也在校区内跑腿送饭，连叹"不休学还创不了业"。

一个高校的创业环境也是非常重要的，美国硅谷诞生了很多伟大的公司，这些伟大的公司大多来自校园。上海交通大学当时也为张旭豪提供了很大的帮助。20 万元创业基金的资助是早期的资本认可，给了当时创业的他们莫大的信心，进而推动了整个项目向前发展。同时，作为创业的第一站，上海交通大学为创业者提供了很好的创业环境。

此外，学校开放的政策也非常重要，"饿了么"选择创业的时候，张旭豪团队成员还在读研究生，学业和创业的压力让他们很难同时兼顾。后来，他们决定选择休学创业。因为创业休学，当时在学校里面也是首例。学校领导经过仔细商量，给了他们这样一个机会，能让他们中途有一年的时间开展他们的项目。于是，在这一年里，他们不断完善产品，积极参与全国多个创业大赛，并成功吸引到了风险投资的早期投资，不断在市场上把"饿了么"的平台规模慢慢扩大，从最早覆盖上海交通大学到后面覆盖松江大学城，以及上海其他高校、白领工作区，再到现在覆盖全国 260 多个城市。

作为 O2O 平台，"饿了么"的自身定位是连接"跟吃有关的一切"。除了现有的餐饮配送业务，目前"饿了么"已经将触角延伸至商超配送等其他领域。张旭豪曾表示，"饿了么"从来不是一家送外卖的公司，饿了么希望能够连接所有关于食品的需求，把交易流通的过程变得标准化。"饿了么"的终极目标是成为集流量、物流、支付三位于一体的综合性 O2O 上门服务平台。

（资料来源：作者根据网络资料整理.）

## 3.1  创业机会概述

机会，是指具有时间性的有利情况。英国社会预测学家富勒（Fuller）认为，一个明智的人总是抓住机会，把它变成美好的未来。著名剧作家莎士比亚（Shakespeare）认为，好花盛开，就该尽先摘，慎莫待美景难再，否则一瞬间，它就要凋零萎谢，落在尘埃。德国哲学家歌德（Goethe）认为，善于捕捉机会者方为俊杰。

### 3.1.1 创业机会的内涵与构成要素

#### 1. 创意与机会

对机会的识别源自创意的产生，而创意具有创业指向，同时具有创新性甚至原创性的想法。作为动词，创意是指将问题或需求转化成逻辑性架构，让概念物象化或程序化的形成过程。具有价值潜力的创意有以下基本特征。

（1）新颖性

新颖性可以是新的技术和新的解决方案，既可以是差异化的解决办法，也可以是更好的措施。新颖性还意味着一定程度的领先性。大多数创业者在选择创业机会时会关注国家政策优先支持的领域，就是在寻找领先性的项目。不具有新颖性的想法不仅将来不会吸引投资者和消费者，对创业者本人也不会起到激励作用。新颖性还可以加大模仿的难度。

（2）真实性

有价值的创意不是空想，而是要具有实用价值。创意首先要可实现，简单的判断标准是能够研发出可以把握机会的产品或服务，而且市场上存在对产品或服务的真实需求，或可以找到让潜在消费者接受的产品或服务的方法。

（3）价值性

价值特征是创意的根本，好的创意既能给消费者带来真正的价值，也能经得起市场的检验。

机会是未明确的市场需求或未使用的资源或能力。机会总是存在的，当一类机会消失了，另一类机会又会产生。

---

**拓展阅读**

#### 创意是什么

创意是创造意识或创新意识的简称，亦作"剙（chuàng）意"。它是指对现实存在事物的理解以及认知所衍生出的一种新的抽象思维和行为潜能。汉王充《论衡·超奇》："孔子得史记以作《春秋》，及其立义创意，褒贬赏诛，不复因史记者，眇思自出於胸中也。"宋程大昌《演繁露·纳粟拜爵》："秦始皇四年，令民纳粟千石拜爵一级，按此即晁错之所祖效，非错剙意也。"王国维《人间词话》[三三]："美成深远之致不及欧、秦，唯言情体物，穷极工巧，故不失为第一流之作者。但恨创调之才多，创意之才少耳。"郭沫若《鼎》："文学家在自己的作品的创意和风格上，应该充分地表现出自己的个性。"

创意是一种通过创新思维意识，进一步挖掘和激活资源组合方式进而提升资源价值的方法。

（资料来源：作者根据网络资料整理.）

### 2. 创业机会构成要素

创业机会是指有利于创业的一组条件的形成情况。这组条件至少包含如下要素。

1）某个细分市场存在或新形成了某种持续性需求。

2）拟创业者开发了或持有有助于满足前述市场需求的创意。

3）创业者有能力、有资源，可实施所持有的创意。

4）创业者将自己的创意转变为具体的产品或服务，不需要大规模的资金（所谓轻资产）和大的团队（所谓小团队）。

当这四个要素都得到满足之时，才可认为客观上存在或形成了某种创业机会。

**拓展阅读**

#### 共享衣橱败在哪

共享衣橱开局即巅峰，此后一路下滑，批量创业公司连续倒闭。

共享衣橱项目走向神坛，与其商业模式有很大关系。第一，共享衣橱的运营成本高，盈利模式单一：平台单品类衣服采购量少，采购价高，服装回本时间长；平台营收主要依靠会费。第二，共享衣橱的最终目的是吸引会员：要不断赚取会员费，就得不断购入服装，在收入不足的情况下，只能依赖资本，如果无法继续融资，就会陷入资金链断裂的风险。不难看出，共享衣橱不是一个轻资产、小团队的项目，资金是不可忽视的机会风险。

共享衣橱平台模式固然有问题，但是导致没落的原因归根结底还是用户需求不强。一位长期关注共享衣橱行业的投资人认为：共享衣橱模式是从美国传过来的，在海外市场还是可以的，但不适合国内，因为国内电商太发达了。在国内，小品牌女装占据了绝大部分，女装种类繁多，用户既然可以选择既便宜又好看的衣服，为什么还要去租呢？另外，女装迭代太快，租赁寿命短，过季难以避免。

（资料来源：作者根据网络资料整理.）

### 3. 创业机会与商业机会

创业机会是具有商业价值的创意，是一种特殊的商业机会。创业机会是可以引入新产品、新服务、新原材料和新组织方式，并能以高于成本价格进行销售的情形。创业机会要比一般的商业机会更具有创新性甚至创造性。比较创业机会与商业机会，目的是激发创业者的创造性，进而更好地创新，为社会创造更大的价值。当然，创新性强的创业机会容易形成竞争优势，有利于创业活动的成功。创业机会与商业机会之间并不存在严格的界限。

但不能简单地认为商机就是创业机会。如果这种商机是不可持续的，而是昙花一现的，创业者还没有起步行动，这样的商机就可能已经消失了。针对特定的商机，创业者如果不能开发出可与之匹配的创意，这样的商机也不能被视为创业机会。

如果创业者能够开发出与特定市场需求相匹配的创意，但实施相应的创意需要较大规模的资金（重资产）和团队（大团队），则这样的商机也不能被视为创业机会。因为创业者起步之初，多数缺的是资金和众多的追随者，所以需要重资产、大团队的商机，只是规模达到一定阈值的企业的商机，创业者若硬要跟进这样的商机，则多数会溃败而归。

基于以上，我们不难看到，创业机会本质上是商机、创意、轻资产、小团队四种要素的有机组合。

**拓展阅读**

### 汪滔是中国的乔布斯吗

2018 年，胡润研究院发布《2018 胡润 80 后白手起家 50 强》，汪滔位列第三，仅次于黄峥和张一鸣。汪滔的财富和名声日渐增加，大疆，这家第一次去德国参展时被安排在玩具区的企业，已成为国内科技公司的重要力量。

如今的汪滔或许应该感谢小时候看的那本《动脑筋爷爷》的漫画书，不到十岁的汪滔梦想做出直升机，带自己飞上天。他称自己从小就痴迷于对天空的探索，所以把大部分时间都花在了航模读物上。

当时看到这本书的很多孩子都曾萌生过这样的梦想，但汪滔将其付诸实践。由于对"坐飞机"这件事的痴迷，他耽误了很多学习时间。这里当然也要提到父母对他爱好的支持，在他高中时就买了遥控直升机玩具给他。

与大众想象不同的是，他并非学霸，当年想申请去斯坦福求学，但被拒绝，后来被香港科技大学录取。从决定把直升机上用的飞行控制系统作为自己毕业课题的研究方向那一刻起，他就利用大量业余时间研究机械、动力、控制方面的知识。

毕业设计作品选定的是"直升机飞控系统"研究，他向学校申请到了 1.8 万港币的资助，耗费几个月的时间终于成功开发了一套飞行控制系统，但是在进行成果展示时，空中悬停环节出了问题，飞机从半空掉落。不过幸运的是，这次"事故"得到了一位对大疆来说至关重要的人物的认可。

这位关键人物就是后来成为他研究生导师的李泽湘。汪滔 26 岁创办大疆，最早在深圳民房办公，李泽湘对汪滔事业帮助非常大，既帮助他读完研究生，又帮他在事业起步初期招到了第一批员工，最后自己也加入大疆，并担任董事长。

现在网上还流传着一个汪滔以前玩无人机的视频，画面中他和两位朋友讨论着更多的解决方案。从大三开始研究飞控系统以来，汪滔进入这个领域已有近 20 年了。在他 40 多岁的人生中，大学找到了目标，之后一直研究直升机，没走过岔路，或许是他取得现在商业成绩很重要的原因。

（资料来源：作者根据网络资料整理。）

### 3.1.2 商业机会和市场回应的重要性

创业的本质是创新，创业也是创新的实现方式之一。创业可分为商机诱发型创业和创意推动型创业。在这两类创业中，商机都是不可或缺且极为重要的要素。

商机诱发型创业，即细分市场中出现了某种可持续需求的商机，由此诱发了创业者推动创业的后续相关环节，如创意构想、获取资源与起步实施、市场回应。在这类创业中，发现市场商机是创业的逻辑起点。

创意是具有一定创造性的想法或概念，既可能具有商业价值，也可能不具有商业价值。因此，创业需要的是有较大商业价值的创意。创意推动型创业，即创业者开发了某种自认为可为用户创造并传递价值的创意，基于此推动创业的后续环节，如甄别可以开发的细分市场、获取资源与起步实施、市场回应。在这类创业中，细分市场是否存在显在或潜在商机，是创意是否有商业价值的试金石。

不难看到，创业绕不开商机。没有商机，创业者就没有必要继续前行。

市场回应也是商机诱发型创业和创意推动型创业共有的环节。市场回应程度，即市场接受创业者推向市场的产品或服务的程度。只有在市场加大程度地接受创业者推向市场的产品或服务的情况下，创业者的努力才可能实现它的货币价值。市场回应可以检验、甄别创业者对于细分市场商机判断的准确程度。

**拓展阅读**

### 把创业当作一次快乐的旅程

俞敏洪把创业与开长途车类比，即使知道路径怎么走，也不知道所有的事情是否都能一帆风顺。在开车的过程中，如果一直盯着仪表盘，肯定会变得焦躁。

他回忆，当年创业时觉得一点都不苦。每天早上六七点起来工作，晚上10点多才能回去，但是内心是充满欢乐的。他坦言："我人生最幸福的一段时间，不是新东方上市的时候，而是我开始做新东方的时候。那时我没有压力。第一，我没有投资者的压力；第二，我这个人做事情从来胸无大志，来13个学生我也开心，来25个学生我也开心。"

那时的新东方根据学生的多少来配置资源，刚开始，俞敏洪自己一个人上课，后来两个老师上课，再后来5个老师上课。有多少收入，付出多少。他始终坚持一点：雇来的人，必须让他们死心塌地地跟着干，不管是普通员工，还是老师，他给到的薪酬都比外面高。

"把一件事情做大，其实心态本质上是一样的，有做这件事情的喜悦，慢慢地抓住个重点，从客户到员工，到产品设计，最后提供最佳服务。"俞敏洪说。

在俞敏洪看来，创业其实就是循着正道，循着目标，补充好能量，向着目标前进，时间可长可短。"创业不仅是创业，而是功夫在诗外。我相信我们这些人创业成功，跟我们年轻时候大量游历、大量学习都有关系，现在的创业者想的是创业，干的是创业，但是后面的东西不少是缺失的。"

（资料来源：作者根据网络资料整理.）

### 3.1.3 创业机会的来源

从"饿了么"案例中我们看到，对于外卖市场的细分需求，那时候很多大学生都不想吃食堂，想着蓬头垢面地拿个外卖回宿舍，边吃边追剧，但是当时的外卖行业并不发达，使这个梦想不那么容易实现。大家都发现了顾客需求就是外卖市场的痛点，但是张旭豪他们填补了这个痛点，抓住了这个机会。当然"饿了么"的成功，还包括共享经济的风靡不仅仅是抓住了人们的痛点，还借助了当前知识经济时代下网络技术的变革，从而给人们带来了巨大的便利。

福特 T 型车的面世使 1908 年成为工业史上具有重要意义的一年，T 型车以其低廉的价格使汽车作为一种实用工具走入了寻常百姓之家，美国也自此成为"车轮上的国度"。该车的巨大成功来自亨利·福特的数项革新，包括以流水装配线大规模作业代替传统个体手工制作，支付员工较高薪酬来拉动市场需求等。从第一辆 T 型车面世到停产，共计有 1 500 多万辆被销售。它的生产是当时先进工业生产技术与管理的典范，为汽车产业及制造业的发展做出了巨大贡献。虽然福特 T 型车曾经一度占据了世界汽车产量的半壁江山，但竞争对手们师夷长技以制夷，渐渐让这种优势化为乌有。到了 20 世纪 20 年代中期，由于产量激增，美国汽车市场基本形成了买方市场，道路及交通状况也大为改善。简陋而千篇一律的 T 型车虽然价廉，但已经不能满足消费者的需求。面对福特汽车难以战胜的价格优势，竞争对手通用汽车公司转而在汽车的舒适化、个性化和多样化等方面大做文章，以产品的特色化来对抗廉价的福特汽车，进而推出了新式样和各种颜色的雪佛兰汽车。雪佛兰一上市就受到消费者的欢迎，严重冲击了福特 T 型车的市场份额。亨利·福特曾宣称："无论你需要什么颜色的汽车，我福特只有黑色的，反正我只生产 T 型车，你爱买不买。"T 型车辉煌的时候在美国的市场占有率达到 55%，可是到 1930 年仅占到 10%。福特汽车失败的原因是没有对产品进行更新换代，也没有考虑到市场的变化以及消费者心理的变化等。

往往可以看到很多大的企业，在非常红火的时候，捕捉不到市场需求的变化，导致业绩的猛烈下滑。正因为这样，才有了创业机会的存在，大公司犯的错误就是刚刚起步的企业实现逆袭的机会。柯达就是一个典型案例。柯达曾经是胶片巨头，到 2012 年 1月，柯达公司正式申请破产保护，同年 8 月，柯达宣布将会出售大量业务以筹集资金，让自己脱离破产保护。2013 年 9 月，在出售了大量业务及专利之后，柯达总算脱离了破产保护，但此时的柯达却早已不是当年的影像业巨头，经历重组之后，变身为一家小型的数码影像公司。

可能有人会感慨，柯达就是败给了数码时代，在数码时代坚守胶片，存活下来的希望非常渺茫。但是，事实真的就如此简单吗？其实，柯达正是数码时代的开创者，在数码相机发展的不同时代，都有它的身影。1975 年，柯达相机工程师史蒂芬 J.萨森（Steven J. Sasson）开发了世界上第一部数码相机。据 AI 科技报获悉，当时柯达高层看过这台数码相机之后，对工程师说："这个东西看着不错，但是千万不要和别人提起它。"

公司高层之所以会选择忽视这样一款创新的产品，应该是考虑新产品会影响公司的传统胶片业务。柯达并不缺乏创新，也有足够的能力来创新，毕竟，在柯达公司最辉煌的时刻，业务遍及 150 多个国家和地区，全球员工达到 14.5 万人。但是公司的决策者，面对传统胶片业务的绝对垄断优势，很难作出创新的决定，因为这样的创新，就是一种"自我革命"一般的存在，一旦走错，将会满盘皆输。但是，一直固守阵地，后果同样不堪设想。

虽然柯达没有选择第一时间跟进，寻求数码相机的发展，可是其他厂商却不会这么想。它们原本就没有传统胶片行业的根基，或者说其基础没有柯达如此庞大，因此可以放下包袱，直接大干一场，这给它们带来了极大的发展空间。早期，柯达和富士在传统胶片领域一直存在着相互竞争关系，而富士显然比柯达更会思辨，抓住机会向数码相机方向发展。而像佳能这样的厂商，又开始不断推进数码相机发展，留给柯达的时间和机会就真的不多了。

柯达不是没有创新，只是没能及时实施，虽然实施了，可是却做得不够彻底。被传统领域的优势所牵绊，束手束脚地发展，又怎么会有很大的成功？

英国作家狄更斯（Dickens）曾说，机会不会上门来找人，只有人去找机会。创业机会既可能是自然生成的，也可能是需要创业者自己去创造的，且多数是后一种情况。创业者要想赢得创业机会，就需要搞清并关注创业机会的来源。

1）创业机会本质上来源于变化和创新。如前所述，创业机会，从某种意义上讲，也可以认为是有利于创业者创业的一组条件的形成。在这组条件中，市场的变化、创业者的创意，是创业机会不可或缺的要素。例如，在疫情期间，很多线下的业务被迫转到线上，首当其冲的是与医疗相关的企业，如丁香医生、平安好医生等，都及时开通了疫情的数据展示和在线诊疗。

2）变化主要是市场的变化或技术的发展。市场的变化包括新需求的产生、市场供求关系的转变、市场竞争态势的变化等。若无这些变化，就无所谓商机。基于此，创业者要想发现并抓住某个创业机会，首先应高度关注市场的相关变化。技术的发展，使市场需求或其竞争关系变了，这就意味着新的独特需求产生了。欲获取市场需求变化创造的盈利空间，商家（既有企业或创业者）则需要借助技术或商业模式方面的创新来获取利润。这时，技术的发展即变化就发生了。由此可见，某个创业机会的形成，往往伴随着市场和技术近乎同期的变化。

不难看出，变化是创业机会的重要来源，没有变化，就没有创业机会。在现实中，许多人有创业的想法，富有创业幻想，但能否在众多的创业想法中发现真正的创业机会，并有能力抓住它，最终成为一个成功的创业者，却受到许多因素的影响。

### 案例评析

#### 与其追随潮流，不如另辟蹊径

19 世纪末，美国加利福尼亚州发现了黄金，随后便出现了淘金热。一位 17 岁的少年来到加利福尼亚州，也想加入淘金者的队伍，可看到金子没那么好淘，淘金的人很野蛮，他很害怕。这时，他看到淘金人在炎热的天气下干活口渴难熬，就挖了一条沟，将远处的河水引来，经过 3 次过滤变成清水，再卖给淘金人喝。金子不一定能淘到，还有一定危险，而卖水却十分保险。他很快就赚到了 6 000 美元，回到家乡办起了罐头厂。

这个人就是后来被称为美国食品大王的亚尔默。成功者往往都是有独到见解的人，他们总是从不同的角度看问题，从而能不断产生创意，发现新的需求。不仅看到了市场需求是什么，还注意到事物之间的联系。

（资料来源：作者根据网络资料整理.）

**评析：**一件事许多人在做时，即使看起来利润非常可观，也要慎重介入。创业也是如此，与其追随潮流，不如另辟蹊径。

### 3.1.4 创业机会的寻找

变化往往会伴随着问题产生，问题的出现可能隐藏着创业机会。到哪里寻找问题和创业机会呢？一般书中都建议从用户、供应商、竞争者、公司内部的员工那里寻找问题和创业机会；也有书中建议从消费者、现有产品和服务、分销渠道、政府及研究开发等方面来寻找创业机会。这对有经验的创业者和在企业内部创业毫无疑问是正确的。但是，对于没有经验的大学生，日常生活是他们目前发现问题和创业机会的主要战场。衣食住行、柴米油盐、学习生活等诸多方面都可能存在各种各样的问题，都可以提炼创业商机。如果没有用户，就把所有人当作潜在的用户，设身处地地去观察、询问。

除了日常生活，还有很多其他的场合也可以发现问题、寻找机会。尤其是大学生毕业后走上工作岗位，只要抱有好奇心和发现问题的意识，随时随地都可能发现问题。此外，行业变化的大趋势也是创业机会的一个来源。这样的趋势包括技术变革、政治和制度变革、社会和人口的变革以及产业结构变革。因此，熊彼特建议关注五种可能带来创业机会的新变化：新产品和新服务、新的区域市场、新材料的发现、新的生产方法和新的组织形式。表 3.1 列出了曾经具有影响力的大趋势带来的创业机会。当今世界，科学技术发展一日千里，社会文化生活日新月异，新的趋势无处不在。物联网技术、大数据、人工智能、云计算、5G 技术等不断出现，不断给人类开启新的理想目标，延伸人类的发展。"农业革命通过耕种延伸了我们的胃，工业革命通过机械和电气延伸了我们的肌肉，互联网和信息革命延伸了人类的大脑"，每一次新技术的出现都给人们的生活带来很大的变化。如果你学习的是某个科技领域的相关专业知识，毫无疑问你会了解更多科学技术的新趋势；即便你学习的不是这类专业知识，从创业者的角度关注和观察技术发展的趋势，一样可以发现问题和创业机会。

表 3.1 曾经具有影响力的大趋势和因此带来的创业机会

| 趋势 | 创业机会 |
| --- | --- |
| 全面开放两孩政策 | 纸尿裤、玩具、儿童服装、童车、幼儿教育 |
| 个人云计算 | 互联网、个人云计算、电子出版物、电子通信技术 |
| 肥胖人士增多 | 减肥、家庭式健身房、健康俱乐部、健康产品 |
| 双薪家庭 | 儿童托管、家政服务（如景观美化、家庭清洁、修理花园） |
| 亚健康人群 | 健康保健食品、健康设施、健康娱乐产品、心理咨询 |
| 共享经济 | 共享汽车、共享单车、共享充电宝、共享雨伞、共享婴儿车 |

最后必须提及的是社会问题和社会创业的机会。马斯洛认为，人的基本需要有五个层次，即生存需要、安全需要、情感需要、自尊需要和自我实现需要，如图 3.1 所示。创业者一方面要关注不同层次的需要和问题，寻找不同的创业机会；另一方面，当创业者个人的需要不断得到满足后，应该更加关注社会问题和社会需要。当今国际社会依然面临很多超越国家和地区界限的严重问题，即所谓的全球性问题，也是关系到整个人类生存与发展的严峻问题。这些社会问题很多都可能是创业问题，需要有爱心和社会责任感的创业者来关注。德兰修女说过："最可怕的贫穷不是缺乏食物，而是缺乏爱。"爱心是创业的动力之一，是更高尚的创业动力。创业不仅可以满足创业者的个人需求，也可以帮助其实现改变世界和奉献爱心的伟大理想。

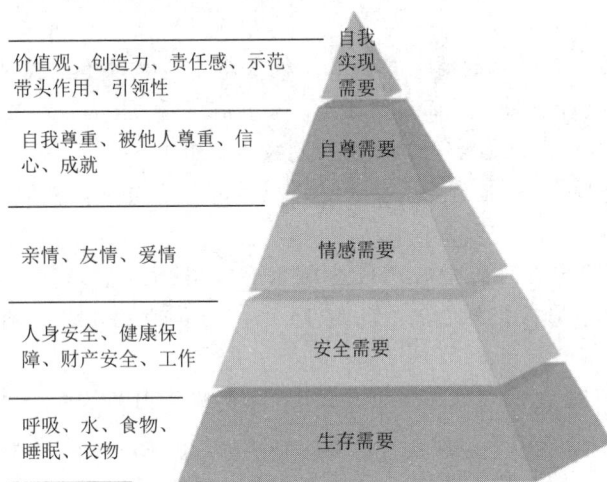

图 3.1 马斯洛需要层次理论

无论通过哪个渠道找到问题，无论是关乎人类发展的大问题还是个人生活中的小问题，无论是工程技术还是科学研究领域的问题，只要是感兴趣的问题，都值得运用学过的方法和知识去不断地探索和开发。只有这样，才能迫切地想要解决这个问题；只有这样，才会有激情去面对创业过程中的各种困难，才能长期坚持下去，才有可能成就伟大的事业。爱因斯坦在 26 岁的时候提出了狭义相对论。这是人类历史上的一件大事，是观念上的一次革命。他不是在 26 岁才开始思考这个问题的。当他还在读书的时候，有一次给他当时的女朋友、后来的夫人写信时写道："我对电动力学非常有兴趣。"而电动力学就是后来在狭义相对论里做出革命性贡献的领域。这也证明爱因斯坦早在读书的时候，就对他后来取得重大成就的领域产生了兴趣。1953 年，生物学取得了一个突破性的重大进展——发现了 DNA 的双螺旋结构。这是美国生物学家沃森（Watson）和英国生物学家克里克（Crick）取得的成就。如果你看过沃森的《双螺旋》一书，就会发现他们对这件事是多么有兴趣。浓厚的兴趣是他们成功的基础。大疆无人机创始人汪滔从小就对模型飞机有浓厚的兴趣。他说："小时候不断在想，长大以后，如果我能发明一种飞机，让我体验到飞翔的感觉，带我的眼睛自由自在地在天空飞翔，那该有多好！"人只要有兴趣才会有激情。乔布斯说过："如果你没有对某一件事情充满激情，你就不应该创业，绝不要为了创业而创业。"他还说："想要做出一番伟大事业的唯一道路，就是要爱你所做。"。

**拓展阅读**

### 雷军：我为什么创办小米

2007 年金山上市以后我就算退出江湖了，每天睡觉睡到自然醒，从来不约第三天的事情，凡事只约今天和明天，因为太累。这样待了三四年，直到 40 岁进入不惑之年，突然有一天我觉得人不能这样过一辈子，还得有点追求和梦想，万一实现了呢？

我的梦想有点夸张，就是想改变中国产品在老百姓心目中的形象，让老百姓用上优质的产品。

2010 年的时候，正好我的财务自由了，很多想法能够做了，我决定在这个大背景下来做小米。我做过互联网后回过头来看，认为"互联网+应用"在传统产业中，最核心的有两点：一是用户体验，二是用信息技术提升效率。

效率是一个大问题。可能很多人要说这跟效率有什么关系，我们做高端就行了，其实这背后都是效率。

拿衬衣来说，百货商场的衬衣几乎没有低于 400 元的，我对衬衣行业还算了解，最好的衬衣制造成本 125 元，差的是 15 元，而差的地方就是袖子短一点、下面短一点。

为什么大家有 125 元的衬衣不做却要做 15 元的呢？因为这些衬衣拿到商店里面都是卖 400 元，125 元的衬衣只挣 3 倍，算上渠道和销售成本，是不够的。衬衣的定倍率都是以 10 倍计算的，就只能倒逼厂家去做 40 元的衬衣。

这样的问题我们称为商业道德，我觉得从道德上指责是没有用的，应先要分析商业背后最本质的是什么。我发现其实是效率问题，而我做互联网行业这么多年，就在想怎么改善这个情况。

小米要做的是，第一，把东西做好；第二，提高效率，很低的毛利率。你得像鲇鱼一样，进去一搅和他们就活了。我们进去搅和一个行业带活一个行业，当然我们会被无数人骂，说我们是胡来，不是的，我们就是要用这种方式激活整个产业。

我们的整体目标就要让小米把产品做到极致，做到千家万户。

（资料来源：作者根据网络资料整理.）

### 3.1.5 创业机会的分类

当我们通过观察和提问发现问题并确定一个潜在的创业机会之后，需要进一步明确这个创业机会的类型。对于同一个问题，因为创业机会的类型不同，解决方案就不同，需要的资源、知识产权保护方式、产品研发投入、承担的风险等也会不同。更重要的是，了解创业机会的类型能够帮助人们分析这个机会是不是可以开发，是不是真的存在。常见的创业类型包括生存型创业和机会型创业。生存型创业是指因为找不到工作而迫不得已进行创业的类型，也可以称为自我就业型创业；而机会型创业是看到市场上有某种机会，为抓住这个机遇而创业的类型。创新型创业被认为是机会型创业。虽然这两种创业类型被广泛引用，但是它们没有充分反映出创业机会的特点和内涵。因此，本书以市场需求和产品对创业机会进行分类，以便清晰地阐明创业机会的实质。

**1. 市场-产品-机会矩阵**

创业机会的核心是市场需求和满足需求的产品（或服务）。本节把安索夫矩阵和布鲁雅特和朱利安的创业价值分类整合为市场-产品-机会（market-product-opportunity，MPO）矩阵，把创业和创业机会细分为四类，如表 3.2 所示。下面对这四种创业类型和相应的创业机会进行介绍。

表 3.2  市场-产品-机会矩阵

| 市场 | 明确的机会<br>（现有产品） | 不明确的机会<br>（创新产品） |
|---|---|---|
| 明确的<br>（现有市场） | 复制型机会<br>（复制型创业） | 增值型机会<br>（增值型创业） |
| 不明确<br>（新的市场） | 模仿型机会<br>（模仿型创业） | 风险型机会<br>（风险型创业） |

（1）复制型创业

复制型创业（entrepreneurial reproduction）是在市场和产品都相对明确的情况下，复制已有的创业模式。网店、补习班、私立学校、洗衣店、饭店、来料加工厂、经济型旅店等都是典型的复制型创业。公司扩张、连锁店、加盟店也属于复制型创业。这样的企业都有成功的例子，有规可循。所以，这样的创业机会比较容易识别。无论哪个城市都会有市场上的供需问题，这是一种显性的创业机会。看到这样的问题，也就找到了创业的机会。虽然显性创业机会相对容易识别，但并不意味着所有的人都能看到或者想到。显性创业机会的识别主要取决于创业者的创业意愿，想创业的意愿是根本动力，有这个意愿就不难找到这样的创业机会，但显性的复制型创业并不容易成功。正因为市场和产品是已知和明确的，所以门槛较低，竞争也会很激烈。所以，必须找到供需之间确实存在的问题，行业才能够生存和持久。如果这个市场已经饱和，就要认真评估，谨慎进入。

很多生存型创业都属于复制型创业，有些进入门槛相对比较低。但是，复制型创业未必都是开店等简单的生存型创业，很多高科技企业也可能是复制型的，例如，智能手机、计算机、汽车、电动汽车、卫星、火箭、过期专利产品等，都可能是复制型创业的机会。对于高科技企业的复制，竞争会很激烈。IBM 很早就垄断了大型计算机市场，利润丰厚，很多企业试图复制大型计算机，一度有 7 家计算机公司与 IBM 竞争，但是没有一家成功。而后来的小型计算机和微型计算机打败了 IBM，这就是另外一种创业模式——模仿型创业。

（2）模仿型创业

模仿型创业（entrepreneurial imitation）是指对一种已经成功的创业模式进行改良，

从一个市场移植到新的市场，或者从一个地方移植到另外一个地方，这样的机会也称作移植型机会。例如，QQ（腾讯 QQ 的简称，一款基于 Internet 的即时通信软件）最初模仿国外的 ICQ（一款即时通信软件），再结合中国人的习惯和市场进行改进和完善；再如搜索引擎、网上支付、网上开店、网上书店、电视广告、厂家直销、手机打车、健身房、众多的电视节目等，大多是复制后进行了一定的改进。移植型创业机会和模仿型创业机会的识别还需要具有广泛的阅历和视野。中国还是一个发展中国家，向西方学习和借鉴的创业机会有很多，在合法的范围内，有很多创业机会可以开发和学习。

复制型创业和模仿型创业从产品的角度来看，主要区别是复制型创业基本复制市场类型和产品，而模仿型创业往往会根据新的市场对产品做小的改进或渐进式创新。中国地域辽阔，不同地区有不同的产品和区域特色，这些特点提供了很多可移植的创业机会。例如，南方的东北菜、北方的四川菜、东部的兰州拉面、西北的江南菜等都是典型的复制型创业。但是你会发现，很多异地风味菜式的原材料、口味和原产地的并不完全一样，甚至会搭配一些本地菜式，很多国外的中餐馆也和中国的不一样。这样就不是简单的复制，而更接近模仿，因而有一定的特色。成功的模式是不容易复制的，但可以借鉴。所以，模仿方式比简单的复制更复杂，尤其是在一个不明确的、不同文化的新市场上。

其他创业模式也可能涉及商业模式的创新，而商业模式的创新经常被模仿，因为大部分商业模式没有知识产权保护。但是涉及技术的移植和模仿就不那么容易实现，需要购买专利或支付技术转让费。冒险模仿或生产山寨产品不是创新创业教育所鼓励的，寻找创业机会的前提是尊重知识产权，做到合法、合理。无论是商业模式的模仿还是技术的移植，本质上都是满足用户的需求，解决新市场用户面临的问题或潜在问题。这种类型的创业是把已知的产品转移到新市场的过程。所以，了解本地市场的需求和问题，了解发达地区的技术和成功模式，就是识别这类创业机会的重要因素。

（3）增值型创业

增值型创业（entrepreneurial valorization）是通过提供一种全新的或者大幅度改进的产品来满足已知的用户需求的创业方式。创新的产品会比原有的旧产品提供更高价值或更高性价比，所以称为增值型机会。以教学为例，很多新创企业提供全新的教学用品，甚至是突破性或破坏性的创新产品，来满足教学的需要。例如，白板替代了黑板，PPT（一款由微软公司推出的图形演示文稿软件，全称为 PowerPoint）配合投影仪替代了白板，而慕课（MOOC，即大型开放式网络课程）大有可能替代现有的 PPT 加投影仪的教学形式。

增值型创业主要依靠新产品的开发。这样的创业机会有些是解决现有的问题，例如，为了解决学生上课睡觉和玩手机的问题，很多配合课堂实时教学的手机软件应运而生。手机打车软件是另外一个现有市场上的增值型创业的例子。出租车行业作为传统行业已有较长历史，这个行业现已基本饱和，然而有时依然有很多人要排长队等候出租车，在高峰期尤其如此，而在比较偏僻的地方则很难遇到出租车。手机打车软件发现了这个问题和需求，并提供了方便快捷的打车和付款方式，给传统的出租车行业带来冲击，甚至有可能成为一个破坏性的创新创业。因此，增值型创业既需要坚实的专业技术知识和创新能力，也需要敏锐的观察力和发现所在市场的各种问题和需求的能力。

（4）风险型创业

风险型创业（entrepreneurial venture）是利用某种技术或社会发展趋势带来的创业机遇而创造出全新的产品、全新的市场甚至全新的行业。风险型创业属于典型的机会型创业的一种。准确地说，是借助新趋势而开拓的新的创业机会。这样的趋势包括技术变革、政治和制度变革、社会变革、人口结构变化和产业结构变革等。例如，半导体技术的出现给人们带来了意想不到的新产品；手机、卫星通信、个人计算机等在问世之前，无论产品还是用户都是不存在的。因为市场和产品都是不确定的和高度创新的，风险很高，失败机会也很大，所以称作风险型创业。风险型创业必须借助一个大的趋势，不然很难达到一定的规模。因为风险型创业的机会大部分是借助社会和技术的变化趋势，所以关注某个领域的重大进步，深入学习和参与某个行业的技术发展，关注新闻和时事报道，参与时事政治讨论等，都有助于发现潜在的创业机会。风险型创业是隐性创业机会，它不是发现机会，而是创造机会，预见到未来的问题是创造创业机会的前提。例如，中国新城镇发展、老龄化、纳米技术、航天技术、新能源技术等都可能带来新的创业机会。

表3.2的四种创业机会类型是理论上的概括，实际上，一个创业企业有可能介乎两者之间，或者更接近某个类型。以创新程度为例，并不是每家企业都是完全创新型（即从0到1）或者完全复制型（即从1到N）。虽然我们鼓励创新型创业，但是不排斥其他类型的创业。表3.3将四种创业机会的特征、识别难度、创业风险和自主创新程度进行比较和总结。无论是风险、识别难度，还是自主创新程度，都是相对而言，而不是绝对的。同一个创业机会对于不同的创业者来说，因为拥有的经验和资源不同，所感受和承担的风险也不同。所以，大学生评估创业机会，必须先考虑自身的客观条件，而不能完全参考成功企业家的标准或者理论标准。对于缺乏实际经验的大学生来说，即使是复制一个成功的创业机会也是不容易的。

表3.3　四种创业机会的比较

| 项目 | 复制型机会 | 模仿型机会 | 增值型机会 | 风险型机会 |
|---|---|---|---|---|
| 机会特征 | 高度显性 | 中度显性 | 中度隐性 | 高度隐性 |
| 识别难度 | 低 | 比较低 | 比较高 | 很高 |
| 创业风险 | 低 | 比较低 | 比较高 | 很高 |
| 自主创新程度 | 很低 | 比较低 | 比较高 | 比较高 |

## 2. 同一个问题的四种创业机会

MPO矩阵提醒人们，即便是同一个问题，也有不同的解决方法。因此，创业机会和方式可能完全不同，要根据自己的资源和市场上的竞争状况来开发和选择。当发现一个创业机会的时候，要先看看是否已经有相同或类似的产品和企业，如果有，要先检索看看会不会构成侵权，以及怎样避免侵权。利用MPO矩阵，不仅能看到一个机会，也许可以开发和创造不同的新机会。1989年，美国斯坦福大学有一个名叫默巴克的学生，他利用闲暇时间承包了学生公寓的打扫工作。第一次打扫学生公寓时，默巴克在墙角、沙发缝、学生床铺下面扫出了许多沾满灰尘的硬币。默巴克便牢牢地记住了这个问题。两年之后他毕业了，很快成立了自己的"硬币之星"公司，推出了自动换币机，并与一些连锁超市建立合作关系，共同经营换币业务。只用了短短 5 年时间，默巴克的公司就在美国 8 900 家主要连锁超市中设立了 10 800 台换币机，并成为纳斯达克的上市公司。默巴克也从一个一文不名的穷学生，变成了万人瞩目的大富翁。30 多年后的今天，硬币问题在世界各地依然存在，依然有创业机会。

**拓展阅读**

### 同一个问题的四种创业机会

**1. 复制型机会**

人们家里的各个角落可能有很多被丢弃的硬币，这是一个很大的浪费，是一个明显的问题。需要兑换硬币的市场需求是明显的，满足这一需求的产品和服务模式也非常明确。美国学生默巴克的例子已经很清楚，也很成功，只需复制现有的模式就可以了，也就是把现有的硬币回收机安装在本地的商场。这种模式非常简单，容易实现，也有先例，但目前还不普及，还有很大的市场空间。其问题的难度在于必须得到商场的同意。因此，需要与商场合作，而且可能需要与商场分成。也许商场不给其他人这样的机会，而是自己利用这个机会。但如果商场没有资金，这也许就是一个可以利用的机会。对于硬币回收机的生产厂家最适合利用这样的机会，对于硬币回收机的代理商和维修商，这也可以是一个创业的机会。

**2. 模仿型机会**

目前成功的模式都是在商场安装硬币回收机，那么其他场地可以吗？还有其他市场吗？与取钱机结合放在银行可以吗？把零钱直接转入自己的账号可以吗？不是所有人都愿意带着一大堆硬币去商场吧。用零钱给电话充值可以吗？以前银行的硬币处理基本依靠手工，效率较低。所以，银行可以安装专门的硬币处理机器。中国人民银行营业管理部从 2012 年 5 月开始实施北京市现金服务贴心工程，在北京全市范围内统筹安排自助硬币存取款机的布局，搭建了硬币存取自助服务网络。

**3. 增值型机会**

我国香港市民的家里同样积累了大量硬币。为了解决这个问题，香港金融管理局制订了"硬币收集计划"，专门研发了两部流动"硬币回收车"，于 2014 年 10 月 6 日起走访居民区，方便市民将手中的硬币换成钞票或给八达通①卡充值，过程不另收费。车内还设有捐款箱，市民也可将零钱捐给公益金。香港特区政府之所以只采用了两部流动"硬币回收车"，而没有采用美国的硬币回收机，主要原因是自从八达通卡在香港被广泛应用于地铁、餐厅、商场和书报亭之后，小额硬币使用率越来越低，将来也许不会是一个长久的严重问题。

---

① 八达通是香港地区通用的电子收费系统。芯片内置在信用卡大小的塑胶卡片中，给卡片充值后放在接收器上即可完成付款过程。

**4. 风险型机会**

除了在家里到处可见的硬币，其实在户外和商场也有很多硬币。如果你在路边看到一角钱（或一分钱）硬币，你会特地捡起来吗?大概有很多人都会为了赶路而漠视。但是，住在美国佛罗里达州69岁的斯奈德（Rick Snyder）先生，10年来不停地捡拾市区内被丢弃的硬币，并将这些存下来的硬币全部捐献给动物保护团体，只为了拯救街上的流浪猫。他10年来捡拾的硬币，总计2.1万多美元，将近13万元人民币。斯奈德先生的举动是一个全新的模式：他的客户是动物拯救组织，他的产品不是协助市民兑换硬币，而是硬币本身。虽然斯奈德先生所做的只是个人的慈善行为，但是有潜力发展成一项社会创业。

（资料来源：孙洪义，2016. 创新创业基础[M]. 北京：机械工业出版社.）

# 3.2 创业机会的识别

创业机会的识别，一是要从大量"貌似创业机会"的机会中发现真正的创业机会，二是要从数个真正的创业机会中发现对于特定创业团队最具价值的创业机会。

## 3.2.1 创业机会识别的一般过程

### 1. 创业机会识别是为了应对并化解机会的不确定性

创业机会本质上是商机、创意、轻资产、小团队这四类要素的有机组合，每个要素自身都有不确定性，这就使得创业机会也会有一定程度的不确定性。

1）客观上，特定商机具有不确定性，商品市场的不确定性是司空见惯的现象。典型的是，原本市场上需要某种商品，但"半路杀出个程咬金"，某种替代品的出现，可能导致原本有需求的商品这时就没有需求了。于是，前面出现的商机即消失了。商机的不确定性是常见的现象。

2）特定创意与商机的匹配关系具有不确定性。创意与商机的匹配，客观上是一个动态的过程。创业者主观上期望自己的创意与客观上存在的商机相匹配，但创意是创业者的创造性的智力成果，创意的客观效果与主观期望往往存在差异，这就可能使特定创意与商机的匹配关系处于不确定的状态。

3）创业者是否有能力实施相应的创业，也具有一定的不确定性。创业者利用特定商机与创意的匹配关系而实施自己的创业，多数创业者会认为自己有能力将相应的创业推向前进。但即便是经验丰富的创业者，也只有真正步入创业之后，才会证实自己的能力是否真的与客观需要是一致的。

4）创业者能否获得创业所需要的资源，更具有不确定性。创业者不可能起步之初即拥有创业所需要的所有资源，而是需要从核心团队之外的个人或机构（含企业）获取相应的资源（人、财、物）。但是，资源是需要通过市场交易才可能获得的。创业者需要的某些资源，可能在创业者可触及的范围内，根本就不存在相应的供给者。也可能存在创业者需要的各种资源的潜在供给者，但在潜在供给者认为将相关资源提供给创业者有可能伤害自己的利益时，他们不会将相关资源提供给创业者。

既然前述 4 种要素都具有不确定性，则创业机会必然也具有不确定性。创业机会识别的动因之一，就是为了应对并化解机会的不确定性，凡事预则立。为规避或减少创业机会的不确定性，创业者需要进行创业机会的辨识，且理性识别机会有助于规避或化解创业的风险。

**2. 创业机会识别的特殊性**

创业机会的识别具有一定程度的特殊性。这主要表现在如下两个方面。

1）创业机会的识别是一个反复探索的过程。由于创业机会不同于一般性商机，它的内在结构较复杂，这就使得创业机会的识别难于一般性商业机会。特别是一般性商业机会多数是显的，而创业机会多数是潜在的。这更加使创业机会的识别远难于一般性商业机会的识别，进而使得创业机会的识别成为一个需要反复探索的过程。因此，创业者首先需要深入调研、甄别细分市场商机，并精细构思、设计自己的创意；其次要反复考察、论证创意、商机二者的匹配程度；最后要反复调查、分析能否在恰当的时间获得实施相应创意所需要的资源和能力。

2）创业机会识别是将"创业的冲动"变为"理性的创业"的关键环节。理性的创业者如果没有发现适当的创业机会，多数不会贸然创业。而那些简单地将一般性商机理解为就是创业机会的人，多数会陷入盲目的创业冲动之中。因为还没有发现适当的创业机会，即从一般性商机出发而创业，很可能遇到潜在的竞争者，特别是与企业的竞争。如果创业者发现的一般性商机是昙花一现的，则创业还没有实质性起步，可能商机就已经消失了，新创企业要么需要重新去发现真正的创业机会，要么只能被淘汰出局。

**3. 创业机会识别的主要环节**

无论是商机诱发型创业还是创意推动型创业，创业机会的识别都需要经历如下识别环节。

（1）商机的价值性分析——商业价值

分析商机的商业价值，就是分析特定商机所对应的市场需求规模与结构，特别是该商机刚刚形成时的需求规模与结构（以下简称"起始规模与结构"）、可能的客户群、客户群的人文特征，以及哪些客户有可能成为新创企业的"目标客户"、哪些客户有可能成为目标客户中的"领先客户"。领先客户是新创企业未来应该首先开发的客户，并需要借助领先客户的"示范效应"进一步去开发其他目标客户。商机总是针对细分市场而言的，不同细分市场上的商机的商业价值是不同的。但凡是成长性行业中的商机，未来都会有较大的商业价值。而萎缩性行业中的商机，不管该行业是"相对萎缩"还是"绝对萎缩"，对创业者而言，这样的行业中的商机多数是不可取的。因为既然行业在萎缩，具体商机对应的市场需求也不会有多大的价值。

（2）商机的时效性分析——机会持续时间与市场成长性

适合创业的商机，一定要具有持续性和成长性的特点。商机的时效性分析，也就是分析特定商机的持续时间与市场需求的成长性。商机的持续时间，即特定商机所对应的市场需求有可能持续多长时间。无疑，相应的市场需求持续越久，越值得新创企业去追逐这样的商机。商机的成长性，实际上是指特定商机所对应的市场需求的成长性。只有在创业者所面对的市场需求从长期趋势上看会持续成长的情况下，市场上才可能容纳较多的企业，从而新创企业也才会有较大的成长空间。一般而言，新创企业在市场需求成长最快的时间段（以下简称"机会窗口"）向市场推出自己的产品或服务，才有可能尽快在市场中立足，进而为未来的成长奠定基础。

（3）机会要素的匹配性分析——商机、创意、资源、能力的匹配程度

前述多处指出，创业机会是适当的商机、有价值的创意、可得的资源、团队的能力四者的有机组合；当且仅当这四种要素处于匹配的状态时，对特定的创业团队而言，相应的商机才能够被称为"创业机会"。基于此，创业机会的识别还需要进行四类要素的匹配性分析。在这里，商机与创意之间的匹配是最基本的，如果二者不匹配，此时的商机自然不能被视为创业机会，且其他要素之间的匹配性就无须分析了。如果商机与创意之间是匹配的，就需要分析创业者的能力是否与自己的创意相匹配，即创业者是否有能力实施相应的创意，以及创业者是否能掌握实施该创意所需的资源。如果自己的能力、掌控的资源不足以实施相应的创意，则这时的商机也不构成创业机会。

（4）机会的风险收益分析

多数机会伴随着风险。因为有风险，才会有收益。故如前述三个环节的考察、分析，创业者都得出了 yes（即"这是一个适合本团队的创业机会"）的判断，这时就需要进行机会的风险收益分析，以判断"固然是适合自己的创业机会，但该机会是否好到值得自己冒险而为"的问题。当且仅当机会的风险收益大到某种程度，即创业者"满意"的程度，创业者才值得放心地冒险起步、启动创业。否则，就得回到第一个环节，以寻找、发现更具价值、更为恰当的创业机会。

**拓展阅读**

### 60岁俞敏洪再出发

2022年9月4日，是新东方创始人俞敏洪的60岁本命年生日，但是忙碌的他并没有像去年一样给自己写一篇文章，当晚，他再次现身东方甄选直播间，与作家刘震云一同卖书。

2021年"双减"政策后，俞敏洪也曾苦闷喝大酒，但是人生辞典里没有"怨天尤人"四个字的他及时收拾好心情，分秒必争地寻找和开拓新的业务，并迅速找到新的发展方向。一年多的时间，新东方关闭了K9业务，将部分业务梳理整合，开拓了新业务——东方甄选，可以说在一众教育企业中，转型成功又难以复制的教育企业莫过于新东方——在2022年服贸会上这家教育巨头将过去一年的发展情况一一展现。

2022年的服贸会，新东方亮相国家会议中心综合展区，尽管展台并不大，但是

挡不住慕名而来的参观者，在展台醒目的位置，播放着东方甄选的直播情况。此外，新东方还展示了智慧教育、国际教育及大学教育等领域的最新产品及服务。

面对未来，60岁的俞敏洪带领新东方如何应对呢？可能就如俞敏洪的新书《不负我心》中写道："有一点是肯定的，60岁，是我重新整装出发的年龄，不管未来多么不确定，我都会风雨兼程，奋力前行。"

（资料来源：作者根据网络资料整理.）

### 3.2.2 相关因素对于创业机会识别的影响

创业机会是客观存在的，但创业者能否恰当地发现、认识和把握创业机会，更多的是一种主观的结果。相应地，创业者能否恰当地把握创业机会，主要受到以下四类因素的影响。

**1. 创业者对于创业机会基本特征的认识**

至少到目前，仍有很多创业者简单地将细分市场中的某个商机误以为就是创业机会，而没有认识到创业机会是适当的商机、有价值的创意、可得的资源、团队的能力四者的有机组合。实际上，当且仅当这四种要素处于匹配的状态时，对特定的创业团队而言，相应的商机才能够被称为"创业机会"。可见，首先会影响创业机会识别的，是创业者对于创业机会基本特征的理解，特别是对于具体商机的价值性、时效性、四要素的匹配性，以及四者匹配的风险收益性的认识。

**2. 先前经验对于创业机会识别的影响**

先前经验，即创业者以往的创业实践和其他商业实践，即便是打工，也会让创业者沉淀一些商业经验，这对创业者识别创业机会形成了一些影响。一般而论，创业者的商业实践越丰富，越会从四要素的匹配上理解、考察和认识创业机会。反之，创业者的商业实践越粗浅，创业者越会片面地理解、考察和认识创业机会；特别是此前创业者在商业实践中的位置高低，也会影响创业者对于创业机会认识的全面程度和深刻程度。

另外，创业者此前的"成功实践"和"受挫实践"，也会影响创业者的机会识别。如果创业者先前的商业实践中有诸多的"成功实践"，这通常有助于他恰当地分析和认识新的商机，则面对新的创业机会，创业者多会抱有积极的心态，在理性分析的基础上，选择适合自己的创业机会。如果创业者先前的商业实践中有诸多的"受挫实践"，这通常会使他看不到新的商机，甚至面对很恰当的创业机会，创业者也多会抱有难以作为的心态，进而很可能放弃原本适合自己的创业机会。在后一种情况下，有诸多的"受挫实践"的创业者，可能更适合加入他人的创业团队。

按照"走廊原理"，在某个产业工作的个体，相比于那些在产业外的人来说，基于其在该产业的经验和对于产业的认知，更可能识别未被满足的利基市场。先前的创业经验则可以使创业者形成求改变、求创造的思维模式，产生"资源整合"的路径依赖，有更强的创业导向，也更容易获得所需资源，取得创业成功。

腾讯公司正是在 QQ 运营经验的基础上，基于智能手机的普及和移动互联网的发展，克服了中国移动提供的飞信服务的局限，在 2011 年 1 月 21 日推出了一个为智能手机提供即时通信服务的免费应用程序——微信，它支持跨通信运营商和跨操作系统平台，可以通过网络快速发送免费（需消耗少量网络流量）语音短信、视频、图片和文字，同时，也可以共享流媒体内容的资料和基于位置的社交插件，如"摇一摇""朋友圈""公众平台""语音记事本"等，一举获得成功。

张一鸣 2012 年初开始筹备"今日头条"，今日头条是一款基于数据挖掘的推荐引擎产品。系统首先会采集海量的信息，然后通过数据挖掘，智能分析出每时每刻最热门最值得用户关注的资讯；其次，推荐引擎会根据用户以前获取信息的情况，建立个人用户模型，两者结合，就能智能地为用户推荐个性化的信息，有人将此形象地比喻为一千个人眼前会有一千个今日头条。大获成功后，他又开发了一系列大众常用的并且有很高话题度的西瓜视频、抖音短视频、火山小视频、悟空问答、内涵段子。

对于大多数大学生来说，在校期间获得直接经验的机会较少，由此就需要多读书，尤其是多读一些创业类读物和人物传记等书籍，通过多获得间接经验来弥补直接经验较少的不足，可以帮助其更好地识别创业机会。

### 3. 领域知识对于创业机会识别的影响

现代经济已进入"后工业社会"，领域知识对于创业活动的推动和组织越来越重要，相应地，也影响创业者的创业机会识别能力。例如，一个精通软件技术的创业者，对于软件行业的创业机会的识别能力，在多数情况下会强于不懂软件技术的创业者。道理很简单，精通软件技术的创业者，通常对软件行业的某个细分市场领域也会有较多了解，从而对这个软件细分领域的供求态势、竞争态势等多会有较为清晰的认识，使他在把握该细分市场的创业机会方面有较为独到的优势。相反，在该领域缺少专业、行业、市场知识的创业者，则很难拥有相近于前者的创业机会识别能力。基于此，创业者应该在自己更有专业领域知识的细分行业中发现创业机会。

### 4. 悟性及灵感对于创业机会识别的影响

悟性是对事物理解、分析、感悟、觉悟的能力，也是指触类旁通的思维方式。悟性的基本功能，即直接认识因果关系，由效果过渡到原因，由原因过渡到效果。灵感是指人们在探索过程中由于某种机缘的启发而突然出现的豁然开朗、精神亢奋，取得突破的心理现象。灵感会给人们带来意想不到的创造，它并不被人们的理智所控制，且具有突然性、短暂性、亢奋性和突破性等特征。相应地，富有悟性和灵感的创业者，通常能比他人更快、更深刻地认识所遇到的创业机会。

例如，19 世纪末，法国园艺学家莫尼埃想设计一种牢固坚实的花坛，于是，对于建筑结构一窍不通的他便充分利用自己的特长，把花坛的构造转换成植物的根系，以此作为出发点，将植物的根系转换为一根一根的钢筋，将土壤转换为水泥，并用水泥包住钢筋，制成了新兴的花坛，并发明了具有划时代意义的新型建筑材料——钢筋混凝土，从此引发了建筑材料的一场革命。及时抓住富有创造性的思维，采用具有创造性的做法，不但可以引发革命性的变革，带来颠覆式的创新，更有利于创业机会的实现。

**拓展阅读**

### PPT：由爱好到创业

28 岁的武超是北京一家 PPT 设计公司的创始人，物流管理专业的他打趣地说，本来自己要去做"送快递的"，却阴差阳错地成了 PPT 设计师。经济学专业出身的李浩文是他的合伙人，是业内出名的"大神"。一年多前，两人一拍即合开办了公司"全屏本是"，专注于 PPT 设计制作。他们的团队目前有 12 个人，全部是"90 后"。其他人所学专业也五花八门：国际贸易、建筑学、高分子材料与工程、工业设计，甚至化学工程。

武超说，学生时代的一次巧合，让他发现了这份爱好中的商机：彼时一家互联网公司征集产品更新文案，需要 PPT 设计者。他抱着试试看的心态参与，企业一眼看中他的作品，甚至想把还是学生的他招聘进来。虽然他拒绝了这份工作邀约，但是这件事让他注意到了将"信息"转化为"视觉"的市场需求正在悄然觉醒，这给武超心里"埋下了一颗种子"。

这群"90 后"在把爱好变为职业的同时，也在丰富着行业标准：提供走出幕后的跟进式服务，出品品控手册、设计规范手册、流程标准手册，举办国内首场 PPT 设计作品展，发布作品合辑赏析，制作并免费分享模板等 PPT 作品，还进行线下授课……《和秋叶一起学 PPT》的作者陈陟熹说，武超等的努力构建起了行业的标准。

"PPT 设计师的使命就是将知识、信息更诱人地呈献给观众，让他们深入学习。"武超说，下一步他想在 PPT 设计领域逐步设置评定标准、量化影响，为行业健康、规范发展尽一份力。"人这一生，总要找一两件自己真正喜欢的事情做，如果还能因此改变一个行业，那简直太幸福了！"

（资料来源：作者根据网络资料整理.）

### 3.2.3 创业机会识别的技巧

创业者的创业机会识别能力和识别效果受到前述四要素的影响。其中，创业者对创业机会基本特征的认识，影响了创业者机会识别的全面性；创业者的先前经验，影响了创业者的机会识别能力和机会选择态度；创业者对领域知识的掌握程度，影响了创业者机会识别的宽度和深度；创业者的悟性及灵感，决定了创业者机会识别的效率和准确程度。既然创业机会识别受到这么多因素的影响，创业者就有必要掌握一些创业机会识别的技巧。

可以使用多种技术和方法帮助创业者识别创业机会，这里主要归纳了较为常用的几种方法。在其中，有的也许来自启发，或者依靠经验获得，有的则很复杂，也许需要市场研究专家的支持。知道捕捉市场机会的途径和有效的方法，对于识别机会的整个过程会有帮助。

**1. 通过系统分析发现机会**

多数机会可以通过系统分析发现。人们可以从企业的宏观环境（政治、法律、文化、人口等）和微观环境（顾客、竞争对手、供应商等）的变化中发现机会。借助市场调研，从环境变化中发现机会，是机会发现的一般规律。以日本汽车公司识别并把握美国汽车市场机会为例，20世纪60年代初，日本汽车公司利用政府、综合贸易商社、企业职能部门，甚至美国市场研究公司广泛搜集信息。通过市场调研，他们发现，美国人把汽车作为身份或地位象征的传统观念正在逐渐削弱，而把汽车作为一种交通工具，更重视其实用性、舒适性、经济性和便利性；美国的家庭规模正在变小，核心家庭大量出现；美国汽车制造商无视环境变化，因循守旧，继续大批量生产大型豪华车，因而存在一个小型车空白市场。于是，日本汽车商设计出满足美国顾客需求的美式日制小汽车，以其外形小巧、价格便宜、舒适平稳、耗油量低、驾驶灵活、维修方便等优势敲开了美国市场的大门。

**2. 通过问题分析和顾客建议发现机会**

问题分析从一开始就要找出个人或组织的需求和他们面临的问题，这些需求和问题可能很明确，也可能很含蓄。创业者既可能识别它们，也可能忽略它们。问题分析可以首先问"什么才是最好的"，一个有效并有回报的解决方法对创业者来说是识别机会的基础。这个分析需要全面了解顾客的需求，以及可能用来满足这些需求的手段。一个新的机会可能会由顾客识别出来，因为他们知道自己需要什么。这样，顾客就会为创业者提供机会。顾客的建议多种多样，他们会提出一些非正式的建议，或者有选择地采取非常详尽和正式的短文形式提供建议。无论使用什么样的手段，一个讲究实效的创业者总是渴望从顾客那里征求想法。

**3. 通过创造获得机会**

这种方法在新技术行业中最为常见，它可能始于明确拟满足的市场需求，从而积极探索相应的新技术和新知识，也可能始于一项新技术发明，进而积极探索新技术的商业价值。通过创造获得机会比其他任何方式的难度都大，风险也更高。同时，如果能够成功，其回报也更大。这种情况下所产生的创新在人类所具有重大影响的创新中居于压倒性的主导地位。索尼公司开发随身听就是一个很好的例子。索尼公司觉察到人们希望随身携带一个听音乐的设备，并利用公司微缩技术的核心能力从事项目研究，最终开发出划时代的产品——随身听，取得了巨大的成功。

需要说明的是，在前述分析过程中，创业者需要通过市场调查、文献及行业报告分析、相关领域关联分析、专家咨询等方法获得相关分析所需要的数据和资料。同时，还要充分发挥创业者的先进经验、领域知识、悟性及灵感在创业机会识别中的作用。

**拓展阅读**

## 宁德时代曾毓群：修己达人 奋斗创新

全球每 3 辆新能源汽车就有一辆搭载宁德时代电池；连续 5 年电池装机量位列全球第一；全球首家推出计算机直接制版技术并实现量产；全球首家量产车规级 811 电池；研发出全球最长寿命电池并应用在晋江储能电站；在化学体系上取得世界性突破，率先推出钠离子电池；打造全球首个可适配绝大多数新能源汽车的换电品牌 EVOGO 并投入使用；建设全球第一家电池灯塔工厂和零碳工厂……创始人曾毓群，仅用 6 年时间，就带领宁德时代打破了日韩在动力电池上的垄断地位，成为全球第一并蝉联至今。这家企业的深耕地——宁德，曾是福建经济倒数的地市，如今也成为全球锂电池新能源行业的心脏。

2011 年，虽然国家已经开始新能源汽车十城千辆的试点，但是不少人对其前景难言乐观，疑虑主要来自决定车辆性能最重要的构成单元——电池。彼时，LG、三星、松下三足鼎立，垄断了绝大部分市场，我国在动力电池上并不具备优势。然而，已经掌握了全球尖端消费类电池技术的曾毓群充满信心，他曾言："日本人发明了锂电池，韩国人把它做大，中国人要把它做到世界第一。"凭着一腔热血，他毅然带领团队回到家乡宁德开启二次创业。

获得主机厂，尤其是海外主流主机厂的信任并不容易，更何况是在一个全新的领域。当宝马试探着伸出合作的橄榄枝，曾毓群清楚此时必须全力以赴。他带领团队夜以继日，啃下宝马给的 800 页德文技术文件，把每一个标准细节吃透，最终以卓越的产品品质赢得宝马的信任，一举拿下其 75% 的订单。正是因为这样的精益求精，宁德时代陆续获得了全球几乎所有主流车企和各领域企业的青睐，产品远销全球几十个国家和地区。

（资料来源：作者根据网络资料整理。）

# 3.3 创业机会的评价

## 3.3.1 有价值创业机会的基本特征

较好的创业机会一般具有以下几个方面的特征。

1）吸引力。蒂蒙斯等人认为，好的机会需要有需求旺盛的市场和丰厚的利润，而且还容易赚钱。

2）持久性。好的创业机会一般具有可持久开发的潜力，并且能够为企业带来可持续的竞争优势。

3）及时性。这些机会能够很快满足某项重大的需要或愿望，或者能够尽早帮助人们解决一些重大问题。

4) 依附于为买者或终端用户创造或增加价值的产品、服务或业务。好的创意必须能为顾客带来价值和利益,所以,无论创业的形式表现为产品还是服务,抑或业务,都必须能为顾客带来实实在在的价值。

在实践中,准确把握有价值的创业机会并不容易。其原因在于,时间对创业者来说,既可以是朋友,也可以是"敌人"。如果想要通过深刻细致的方法来评价创业机会,1个季度可能不够,1年也不一定够,甚至10年都不一定够,这就是残酷的事实。而在这个现实中最困难的一点就是:创业者必须找到能把好的思路付诸实施的最佳时机,并准确把握住这个时机。正因为如此,创业活动才形成了创造神话与梦想幻灭的独特魅力:许多人尝试,一些人成功,少数人出类拔萃。例如,在中国,仅在 2018 年一年中就有大约 670 万家新企业成立,平均每天新增企业 1.83 万户。但在这些企业中,仅有 10%～15%最终获得了成功,销售额达到或超过了 100 万元。

### 3.3.2 个人与创业机会的匹配

对任何人而言,有些机会只能看见,却不能被自己所把握。即使创业机会的价值潜力再大,如果自己缺乏相应的必备条件和因素,盲目行动带来的后果往往也可能是血本无归。那么,如何才能判断创业机会是否适合自己,至少需要从个人经验、社会网络、经济状况这三个方面评价。

在个人经验层面,要考虑以前的工作和生活经验是否能够支持后续开发创业机会所必需的知识和技能,此时,经验的广度和深度扮演着重要角色。如果个人的工作经验越广,如既从事过营销工作,也从事过财务工作;既在房地产行业工作过,也有餐饮业的从业经验;既做过公司的部门经理,也当过另一家公司的首席执行官,那么,这些经验非常有助于个人把握创业机会。

在社会网络层面,要考虑自己身边认识、熟悉的人们能否支撑后续开发机会所必需的资源和其他因素。有研究已经证实,社会关系网络在创业活动中起到重要的作用,社会关系网络越广,个体越容易发现创业机会,也更容易把握创业机会实施创业活动。因为在创业过程中,社会关系网络不仅为创业者提供了信息、知识和资源,而且为创业者提供了必要的情感和心理支持。创业绝非易事,这些情感和心理支持是支撑创业者走向成功的关键因素。此时,需要对社会关系网络作出自我评价:有没有朋友愿意资助或借贷资金,可能性有多大;有没有朋友能带来生意,可能性有多大;有没有朋友能提供情感和心理支持;等等。

在经济状况层面,要重点考虑的是能否承受从事创业活动而带来的机会成本。大量研究表明,在创业之初,大部分成功创业者并没有充足的自有资金用于创业,但都有着报酬丰厚的工作机会。也就是说,需要考虑创业机会的价值潜力能否在长时间内弥补因放弃工作而承担的损失。大规模问卷调查也发现,创业前的收入水平越高,个体越不倾向于放弃当前工作机会去创业;相应地,一旦个体作出了创业选择,创业活动的价值和利润创造潜力也较那些创业前机会成本较低的创业者更高。

当然,上述三个因素是打算创业的人们在评价创业机会时需要考虑的,但由于创业本身就是一项具有高度风险的活动,没有一个创业机会是完美的,也没有任何创业者是在完全适合自己的条件下开展创业活动，因此，在评价创业机会之后是否决定投入创业，仍然是一件比较主观的决策。

创业活动是创业者与创业机会的高度结合，一方面创业者识别并开发创业机会；另一方面创业机会也在选择创业者。只有创业者和创业机会之间存在着恰当的匹配关系时，创业活动才最可能发生，也更可能取得成功。

### 案例评析

专 注 是 金

日本有一家只有 7 个人的企业，其产品是在有些人看来不值一提的哨子。你千万别小看它，它一年竟创造了 7 000 万元的利润。原来这家企业生产的产品特别"专一"——只有哨子，他们聘用了 300 多名科技人员专门研发哨子，最贵的哨子卖到 2 万美元一个。在世界杯足球赛上，所有的哨子都是出自该厂。更令人惊奇的是，他们生产哨子的种类达到上千种。哨子被他们做到了极致。

（资料来源：作者根据网络资料整理.）

**评析：**许多国人去日本采购产品，看重的就是质量好。但质量好的背后，则是日本人普遍存在的一种专注的匠心精神。也正因为此，现在小米、华为等企业都在学习"匠心"。因此，创业做产品一定得专注。

### 3.3.3　创业机会评价的特殊性

大公司对机会的识别一般会借助周密的调查研究。个体创业者往往依据以往的工作经验，对市场和消费者提出的问题的分析、朋友的建议、环境的变化以及意想不到的事件等识别创业机会。有些创业机会甚至是偶然发现的，并建立在创业者自身独特的创意基础上，其商业概念包含了创业者的智慧和隐性知识，这些都会使对创业机会价值的评价变得相对困难。从这些角度分析，创业者评价创业机会，首先要看创业者是否具备开发创业机会的条件，也就是说，要注重创业者和创业机会的匹配；其次要对创业机会的价值作初始判断，重要的是开展市场测试，以便检验是否有真实的顾客，这是开发创业机会的基础，也为判断创业机会提供依据。

创业者对机会的评价来自他们的初始判断。简单地说，初始判断就是假设加上简单计算。例如，假设一个家庭平均一周吃一袋方便面，中国有那么多家庭，市场显然是很大的。这样的判断看起来绝对不可信，甚至有些幼稚，但是有效的机会转瞬即逝，如果都要进行周密的市场调查，经常会难以把握机会。有时甚至在调研中发现了很多的困难，最后反而失去了创业的激情。

假设加上简单计算只是创业者对机会的初始判断，进一步的创业行动还需依靠调查研究，对机会价值做进一步的评价。

一个靠预测分析、调查论证出有价值而且适合自己的机会不一定有顾客，更不一定能创造出巨大的市场。大公司可以投入巨大的资源开展周密的市场调查和策划，因为他们有实力，可以投入大量的资源推销创意。即使如此，不少大公司在此基础上还是谨慎地开展市场测试。杜邦公司当年开发了一种用于生产皮鞋的皮革——可发姆（一种人造皮革），公司大规模投产前专门用这种皮革生产了一批鞋让消费者试穿，搜集消费者的意见反馈；雀巢咖啡为打开中国市场，选择一些城市向住户投递小袋包装咖啡。创业者经常容易犯的错误是，自己认为好的，就一厢情愿地断定顾客也应该认为好。"己所不欲勿施于人"，然而"己所欲施于人"也不一定能奏效。市场测试是把产品或服务拿到真实的市场中进行检验。市场测试与市场调查不完全相同，询问一个消费者是否想购买和这位消费者实际是否购买是两回事。市场测试可以说是一种比较特殊的市场调查，是创业者的必修课程。

**拓展阅读**

### 何小鹏：造车是一个大坑，比互联网创业难 100 倍

2014 年，何小鹏第一次试驾了特斯拉电动汽车，在体验过特斯拉电动汽车加速快、自动泊车的"神奇"之后，何小鹏有了一个大胆的想法，他想要做件大事。

2014 年 6 月，特斯拉对外开放了 200 多项专利技术，鼓励其他企业开发电动汽车。这让何小鹏看到了进入电动汽车领域的可能性。很快，何小鹏就与夏珩、何涛、杨春雷一起创立了小鹏汽车。

在他看来，车这件事足够大。"汽车是一个几十万亿元的全球性市场，市场规模远远高于互联网。"他认为，互联网加自动驾驶的电动汽车，将会使汽车从一个交通工具变成一种全新的生活方式。未来这个领域也会出现很多公司，包括整车公司、摄像头公司、人工智能公司、芯片公司、电池公司，这些都是机会。

在没有进入制造领域之前，何小鹏一直觉得工业 4.0 离我们并不遥远。但是当小鹏汽车投资数十亿元建造了第一家工厂后，他发现工业 4.0 其实离实际应用还很远，很多还停留在概念里，现实的转换难度比想象中的困难得多。

在他看来，强融资能力、自主创新和品质制造是互联网造车实现从 0 到 1 的关键，而能否融到足够的资本则是当下的关键，也是这场生死竞速赛的决定性因素之一。

在造车的过程中，小鹏汽车曾拆了好几辆特斯拉电动汽车，一定程度上也借鉴了特斯拉电动汽车的相关技术。"每家车企都会这么做，我们也一定会研究竞争对手。"

为什么这么多的人开始重新造车？在何小鹏看来，一个非常重要的原因在于，过去的十年，移动互联网改变了我们的生活。

"移动互联网行业出现了很多不一样的公司、不一样的产品，如小米、苹果这样软硬件一体并且非常强壮的公司，也出现了很多百度、腾讯、BAT 之外的小巨头。"

未来 10～20 年，何小鹏认为，人工智能+互联网将会成为现实，其中真正可以落地的软硬件一体化产品就是基于自动驾驶和互联网特性的汽车。小鹏汽车的目标是造出高颜值、高品质、高性价比的互联网电动汽车。何小鹏认为，作为汽车生产企业，最重要的是要有互联网基因。在他看来，传统汽车公司的基因与互联网基因是完全不一样的。

（资料来源：作者根据网络资料整理。）

### 3.3.4 创业机会评价的技巧和策略

对于创业者来说，关键在于如何从众多机会中寻找出真正有价值的创业机会，并采取快速行动来把握机会。本节介绍几种可用于评价创业机会价值潜力的一般方法，掌握这些方法，将有助于打算创业的大学生在发现创业机会后能够花费较少的时间、精力和成本迅速形成对创业机会价值潜力的基本判断。

评价创业机会需要采取科学的方法。一方面，可以从收益即成本框架出发评价创业机会的价值创造潜力，判断是否值得追求所发现的创业机会；另一方面，可以从个体，即创业机会框架出发评价创业机会价值实现的可能性，判断个体能否真正把握并实现创业机会的价值。本节先介绍评价创业机会的一般性原则，介绍值得追求的创业机会所必须具有的一般特征，再集中介绍在分析把握并实现创业机会价值的可能性中所必需的一些标准、原则和方法。

美国百森商学院的蒂蒙斯教授提出的创业机会评价基本框架，是比较完善的创业机会评价指标体系。蒂蒙斯教授认为，创业者应该从行业和市场、经济因素、收获条件、竞争优势、管理团队、致命缺陷问题、个人标准、理想与现实的战略差异八个方面评价创业机会的价值潜力，并围绕这八个方面形成的 53 项指标，如表 3.4 所示。

表 3.4 蒂蒙斯的创业机会评价框架

| 评价要素 | 评价指标 |
|---|---|
| 行业和市场 | 1. 市场容易识别，可以带来持续收入 <br> 2. 顾客可以接受产品或服务，愿意为此付费 <br> 3. 产品的附加价值高 <br> 4. 产品对市场的影响力高 <br> 5. 将要开发的产品生命长久 <br> 6. 项目所在的行业是新兴行业，竞争不完善 <br> 7. 市场规模大，销售潜力达到 1 000 万～10 亿元 <br> 8. 市场成长率在 30%～50%，甚至更高 <br> 9. 现有厂商的生产能力几乎完全饱和 <br> 10. 在 5 年内能占据市场的领导地位，达到 20%以上 <br> 11. 拥有低成本的供货商，具有成本优势 |
| 经济因素 | 12. 达到盈亏平衡点所需要的时间在 1.5～2 年 <br> 13. 盈亏平衡点不会逐渐提高 <br> 14. 投资回报率在 25%以上 <br> 15. 项目对资金的要求不是很大，能够获得融资 <br> 16. 销售额的年增长率高于 15% <br> 17. 有良好的现金流量，能占到销售额的 20%～30% <br> 18. 能获得持久的毛利，毛利率要达到 40%以上 <br> 19. 能获得持久的税后利润，税后利润率要超过 10% <br> 20. 资产集中程度低 <br> 21. 运营资金不多，需求量是逐渐增加的 <br> 22. 研究开发工作对资金的要求不高 |

续表

| 评价要素 | 评价指标 |
|---|---|
| 收获条件 | 23. 项目带来的附加价值具有较高的战略意义 |
| | 24. 存在现有的或可预料的退出方式 |
| | 25. 资本市场环境有利，可以实现资本的流动 |
| 竞争优势 | 26. 固定成本和可变成本低 |
| | 27. 对成本、价格和销售的控制较高 |
| | 28. 已经获得或可以获得对专利所有权的保护 |
| | 29. 竞争对手尚未觉醒，竞争较弱 |
| | 30. 拥有专利或具有某种独占性 |
| | 31. 拥有发展良好的网络关系，容易获得合同 |
| | 32. 拥有杰出的关键人员和管理团队 |
| 管理团队 | 33. 创业者团队是一个优秀管理者的组合 |
| | 34. 行业和技术经验达到了本行业内的最高水平 |
| | 35. 管理团队的正直廉洁程度能达到最高水准 |
| | 36. 管理团队知道自己缺乏哪些方面的知识 |
| 致命缺陷问题 | 37. 不存在任何致命缺陷问题 |
| 个人标准 | 38. 个人目标与创业活动相符合 |
| | 39. 创业家可以做到在有限的风险下实现成功 |
| | 40. 创业家能接受薪水减少等损失 |
| | 41. 创业家渴望进行创业这种生活方式，而不只是为了赚大钱 |
| | 42. 创业家可以承受适当的风险 |
| | 43. 创业家在压力下状态依然良好 |
| 理想与现实的战略差异 | 44. 理想与现实情况相吻合 |
| | 45. 管理团队已经是最好的 |
| | 46. 在客户服务管理方面有很好的服务理念 |
| | 47. 所创办的事业顺应时代潮流 |
| | 48. 所采取的技术具有突破性，不存在许多替代品或竞争对手 |
| | 49. 具备灵活的适应能力，能快速地进行取舍 |
| | 50. 始终在寻找新的机会 |
| | 51. 定价与市场领先者几乎持平 |
| | 52. 能够获得销售渠道，或已经拥有现成的网络 |
| | 53. 能够允许失败 |

另一些学者提出了更为简单的评价方法，其中刘常勇教授认为，创业机会评价主要围绕市场和回报两个层面展开，如表3.5所示。

表 3.5　创业机会评价框架

| 评价要素 | 评价指标 |
|---|---|
| 市场评价 | 1. 是否具有市场定位，专注于具体顾客需求，能为顾客带来新的价值 |
| | 2. 依据波特的五力模型进行创业机会的市场结构评价 |
| | 3. 分析创业机会所面临的市场规模大小 |
| | 4. 评价创业机会的市场渗透力 |
| | 5. 预测可能取得的市场占有率 |
| | 6. 分析产品成本结构 |
| 回报评价 | 7. 税后利润至少高于 5% |
| | 8. 达到盈亏平衡的时间应该低于 2 年 |
| | 9. 投资回报率应高于 25% |
| | 10. 资本需求量较低 |
| | 11. 毛利率应该高于 40% |
| | 12. 能否创造新企业在市场上的战略价值 |
| | 13. 资本市场的活跃程度 |
| | 14. 退出和收获回报的难易程度 |

必须指出的是，在现实创业活动中，创业者不太可能按照框架中的指标对创业机会一一作出评价，而仅会选择其中若干要素来判断创业机会的价值，从而使创业者的机会评价表现为主观感觉而非客观分析的过程。

# 3.4　创业机会风险识别与防范

## 3.4.1　认识机会风险

### 1. 风险的构成要素

风险的基本含义是损失的不确定性。发生损失的可能性越大，风险越大。它可以用不同结果出现的概率来描述。结果可能是好的，也可能是坏的，坏结果出现的概率越大，风险就越大。

当创业机会面临某种损失的可能性时，这种可能性及引起损失的状态便被称为机会风险。例如，创业机会常常面临政策不利变化带来的损失、技术转换失败带来的损失、团队成员分歧带来的损失等，这些表明创业机会中有各种各样的风险存在。

**拓展阅读**

### "六味面馆"的创业失败

成都某高校食品科学系 6 名研究生自筹资金 20 万元，在成都著名景观——琴台故径边上（非繁华商业市区）开起了一家名为"六味面馆"的餐馆。

　　第一家店还未开张，6 位股东已经把目光放到了 5 年之后，一说到今后的打算，他们 6 位异口同声地说："当然是开分店啦！今年先把第一家店搞好，积累经验，再谈发展。我们准备两年内在成都开 20 家连锁店，到时候跟肯德基、麦当劳较量一番。"

　　原本想以"研究生"之名来制造广告轰动效应，但事情的发展却不尽如人意。一番豪华装修后，6 位研究生就各自回到学校，忙于功课。附近居民表示："味道不好，分量不足，吃不饱。"

　　由于面馆长时间处于无人管理和经营欠佳的状况，投资人只能公开转让。这家当初在成都号称"第一家研究生面馆"的餐馆仅仅经营了 4 个多月，就不得不关门。

　　问题：分析此案例失败的原因是什么？

　　新创企业的失败率很高，据有关统计数据表明，中国企业的平均寿命只有 7 年左右，民营企业的平均寿命只有 3 年。据中国百姓创业致富网调查数据显示，58.1% 的企业不到 1 年就关闭，能够经营 2～3 年的占 24.7%，经营 4～5 年的占 9.5%，经营 5 年以上的仅占 7.7%。

（资料来源：作者根据网络资料整理.）

　　一般而言，构成机会风险的主要要素包括风险因素、风险事件和风险损失三个方面。

（1）风险因素

　　风险因素是指能够引起或增加风险事件发生的机会或影响损失的严重程度的因素，是事故发生的潜在条件。

　　风险因素从形态上可以分为物的因素和人的因素，物的因素属于有形的情况或状态，如生产线上的关键设备故障；人的因素是指道德、心理情况和状态，如欺骗、疏忽、违纪等。风险因素从性质上还可以分为自然因素，如火灾、地震等；社会因素，如社会制度、经济政策等。

　　引发风险的因素是多方面的、综合性的，但在风险因素作用过程中有主次之分，有时是以人的因素为主，有时是以物的因素为主；有时是以社会因素为主，有时是以自然因素为主；并且主要风险因素与次要风险因素的地位也是随着条件的变化而改变的。

（2）风险事件

　　风险事件是风险因素综合作用的结果，是产生风险损失的原因，也是风险损失产生的媒介物。换言之，风险事件是指风险可能变成了现实，以致引起损失的后果，如火灾、水灾、地震、爆炸、碰撞等均是典型的风险事件。风险事件与风险因素是不同的，之所以要严格区分风险事件与风险因素，是因为两者在风险损失形成过程中的作用是不一样的，两者之间存在着先后的逻辑关系。

（3）风险损失

　　风险损失是指非故意的、非预期的、非计划的利益的减少，这种减少可以用货币来衡量。一般而言，风险和损失构成一对因果关系，风险为因，损失为果。但是，风险并不是损失的同义词，而是发生损失的可能性，而损失是实际上发生的财产物资的损耗或消耗。风险只有转化为现实，才能造成损失，但它本身并不是损失。

风险损失有两种形态：一是直接损失，包括财产损失、收入损失、费用损失等；二是间接损失，包括商业信誉、企业形象、业务关系、社会利益等的损失，以及由直接损失而导致的第二次损失。例如，某一国际企业的海外子公司等被国有化或因违规操作被关闭，除了财产上的损失（直接损失）外，企业不能再在该国从事生产经营活动，从而引起该企业全球战略被破坏（间接损失）。

风险因素引起风险事故，风险事故导致风险损失。风险因素与风险事故、风险损失密切相关，三位一体构成了风险存在与否的基本条件。

### 2. 创业机会风险的分类

创业机会风险一般分为两类，即系统风险与非系统风险。

1）系统风险，即创业环境的不确定性、国家法律及政府政策规定的不确定性等带来的风险。系统风险是创业者自身难以掌控的，创业者只能加强监测和预警，进而努力规避。

2）非系统风险，即创业者自身行为的不确定性带来的风险，如商品市场需求及竞争的不确定性、生产要素市场供给的不确定性带来的风险；创意可实施性的不确定性、创业团队能力的不确定性带来的风险等。非系统风险是创业者通过自身的努力，有可能防范甚至可以化解的，故应努力防范并化解这些风险的发生。但不论是哪类风险，在创业机会识别阶段，创业者都应该尽可能预测到相应的风险，进而理性把握相关风险。

---

**拓展阅读**

#### "秦池"酒厂倒闭的原因

"秦池"酒厂倒闭与2001年由财政部、国家税务总局发布的调整酒类产品消费税政策密不可分。其中的两条政策是：对粮食白酒和薯类白酒在维持现行按出厂价25%和15%税率从价征收消费税办法不变的前提下，再对每斤白酒按0.5元从量征收一道消费税；取消现行的以外购酒勾兑生产酒的企业可以扣除其购进酒已纳消费税的抵扣政策。而"秦池"酒厂的业务情况是：以生产中低档酒为主；当年投入亿元广告费用，一举夺得中央电视台"标王"称号；从四川等地大量购进勾兑酒。如果"秦池"酒厂平时关注税收政策走向，提前得知这一动向，减少勾兑酒或采取收购勾兑酒厂的战略，就可以使"勾兑酒不允许抵扣"这一政策对企业的影响大大降低。如果"秦池"酒厂得知将要实行从量计征时，提前调整产品结构，转向高档酒的生产，则可以大大降低从量计征的影响。如果提前得知这一政策，"秦池"酒厂也不会投入如此巨额的广告费用。

（资料来源：陈吉胜，孔雷，吴松，2016. 大学生创新与创业指导教程[M]. 北京：首都师范大学出版社.）

**拓展阅读**

### 英法航空公司研制"协和"式超音速民航客机

1962 年，英法航空公司开始合作研制"协和"式超音速民航客机，其特点是快速、豪华、舒适。经过十多年的时间，耗资上亿英镑，该客机终于在 1975 年研制成功。但此时能源危机、生态危机威胁着西方各国，乘客和许多航空公司都因此而改变了对民航客机的要求。乘客的要求是票价不要太贵，航空公司的要求是节省能源、多载乘客、噪声小。但"协和"式客机噪声大，飞行时会产生极大的声响，有时甚至会震碎建筑物上的玻璃。再就是耗油量很大，运营成本高。结果，飞机生产出来后卖不出去，原来的宠儿变成了弃儿。

（资料来源：陈吉胜，孔雷，吴松，2016. 大学生创新与创业指导教程[M].北京：首都师范大学出版社.）

理性把握相关风险，即分析、判断相关风险的具体来源、发生概率、程度大小，对可能的风险因素进行评估；测算借机冒险创业的"风险收益"，设计并选择综合风险较小且自己有能力承受相关风险的行动方案，并提前准备相应的风险应对预案。

对于创业风险，按其产生的原因，可分为主观创业风险和客观创业风险；按其产生的内容，可分为技术风险、市场风险、政治风险、管理风险、生产风险和经济风险；按其对资金的影响程度，可分为安全性风险、收益性风险和流动性风险；按过程，可分为机会的识别与评估风险、准备与撰写创业计划风险、确定并获取创业资源风险和新创企业管理风险等，这里不作赘述。

### 3.4.2 认知创业风险

创业环境的不确定性，创业机会与创业企业的复杂性，创业者、创业团队与创业投资者的能力与实力的有限性，是创业风险的根本来源。由于创业的过程往往是将某一构想或技术转化为具体的产品或服务的过程，因此，在这一过程中，存在着几个基本的、相互联系的缺口，它们是上述不确定性、复杂性和有限性的主要来源。也就是说，创业风险在给定的宏观条件下，往往就直接来源于这些缺口。

（1）融资缺口

融资缺口存在于将概念转化为有市场的产品原型（这种产品原型有令人满意的性能，对其生产成本有足够的了解并且能够识别其是否有足够的市场）过程中。创业者可以证明其构想的可行性，但往往没有足够的资金将其实现商品化，从而给创业带来一定的风险。通常只有极少数天使基金愿意鼓励创业者跨越这个缺口，如资金充裕的个人专门进行早期项目的风险投资等。

（2）研究缺口

研究缺口主要存在于仅凭个人兴趣所作的研究判断和基于市场潜力的商业判断之间。当一个创业者最初证明一个特定的科学突破或技术突破可能成为商业产品基础时，他仅仅停留在自己满意的论证程度上。然而，这种程度的论证不一定可行，在将预想的产品真正转化为商业化产品（大量生产的产品）的过程中，即具备有效的性能、低廉的成本和高质量的产品，在能从市场竞争中生存下来的过程中，需要大量复杂而且可能耗资巨大的研究工作（有时需要几年时间），从而导致创业风险。

（3）信息和信任缺口

信息和信任缺口存在于技术专家和管理者（投资者）之间。也就是说，在创业中存在两种不同类型的人：一是技术专家；二是管理者（投资者）。技术专家知道哪些内容在技术层上是可行的，哪些内容根本是无法实现的。管理者（投资者）通常比较了解新产品引进市场的程序，但当涉及具体项目的技术部分时，他们不得不相信技术专家，也可以说管理者（投资者）是在拿钱冒险。如果技术专家和管理者（投资者）不能充分信任对方，或者不能进行有效的交流，那么这一缺口将会变得更深并带来更大的风险。

（4）资源缺口

资源与创业者之间的关系就如颜料和画笔与艺术家之间的关系。没有了颜料和画笔，艺术家即使有了构思也无从实现。创业也是如此。没有所需的资源，创业者将一筹莫展，创业也就无从谈起。在大多数情况下，创业者不一定也不可能拥有所需的全部资源，这就形成了资源缺口。

（5）管理缺口

管理缺口是指创业者并不一定是出色的企业家，不一定具备出色的管理才能。进行创业活动主要有两种：一是创业者利用某一新技术进行创业，他可能是技术方面的专业人才，但却不一定具备专业的管理才能，从而形成管理缺口；二是创业者往往有某种"奇思妙想"，可能是新的商业点子，但在战略规划上不具备出色的才能，或不擅长管理具体的事务，从而形成管理缺口。

**拓展阅读**

### 23 岁大学生办公司开业 9 天宣告倒闭

23 岁的小舒是陕西××科技发展有限公司的创办人。2007 年从西安工程大学电子信息专业毕业后，和许多大学毕业生一样，他跑过招聘会、托过家人找工作。后来虽然有了一份不错的工作，但他却选择辞职，想在自己的专业上有所发展。

小舒和同学、朋友等 8 人筹资 7.8 万元，开始创办自己的公司。4 月 21 日，这家主营域名注册、网站建设开发等项目，并取得了一种环保防水手电陕西总代理的公司成立了。"把一件平凡的事做好就不平凡，把一件普通的事做好就不普通——这是我和我们公司的宗旨。"公司成立当天，小舒信心十足。

公司先后招聘了 20 多名员工，大多数是在校大学生，公司代理的产品也在不断地拓宽市场。但是经营公司和上学完全是两回事，短短几天时间，小舒就感到了压力，当初承诺办理公司注册手续的代理公司在拿走了 1 万元后杳无音讯，一时资金短缺成了公司刚刚起步的绊脚石。

4 月 29 日，小舒一天没有吃饭，他拖着疲惫的身体跑银行，但是没贷来款，"原因很简单，现在我没有房子、汽车做抵押，也没有公司愿意担保"。在这个困境中，小舒却没有跳出来，而是作出了一个决定，让公司"破产"。

7.8万元，9天就都用光了吗?小舒认为他没有赔钱，只是钱都投入公司了。租办公室时，"所有的朋友都反对，认为设计网站只要有台计算机就可以了"，但小舒还是把它租了下来，并花了2 000多元买了原房客的一些工艺品，又花了不少钱添置会议桌、办公桌以及二手的传真机、打印机等一系列办公用品，"开公司就得有个公司的样子吧。我也去过很多公司，成立时间都很长了，还不如我们公司气派呢。"还有当地一家知名度不高的媒体记者鼓动小舒做广告，所有的朋友都反对，但小舒却说："人家都过来了，不好意思。我请他吃了肯德基，后来做了2 000元的广告。"

（资料来源：陈吉胜，孔雷，吴松，2016. 大学生创新与创业指导教程[M]. 北京：首都师范大学出版社.)

### 3.4.3 创业风险识别与分析应对

**1. 创业风险识别**

既然创业风险是创业过程中不可避免的现象，那么直面风险并化解它，是创业过程中的重要任务。

风险识别是应对一切风险的基础，只有识别了风险才可能有化解的机会。同时风险也是一种机会，应该开拓、提高它的积极作用。

创业风险识别是创业者依据企业活动，对创业企业面临的现实以及潜在风险，运用各种方法加以判断、归类并鉴定风险性质的过程。创业者必须掌握风险识别的能力，并不断提高这种能力。

**2. 大学生创业常见风险**

大学生创业者要认真分析自己创业过程中可能会遇到哪些风险，哪些是可以控制的，哪些是不可控制的，哪些是需要极力避免的，哪些是致命的或不可管理的，一旦这些风险出现，应该如何应对和化解。特别需要注意的是，一定要清楚最大的风险是什么，最大的损失可能有多少，自己是否有能力承担并渡过难关。

大学生创业的风险主要有以下几个方面（图3.2）。

（1）项目选择

大学生创业时如果缺乏前期市场调研和论证，只是凭自己的兴趣和想象来决定创

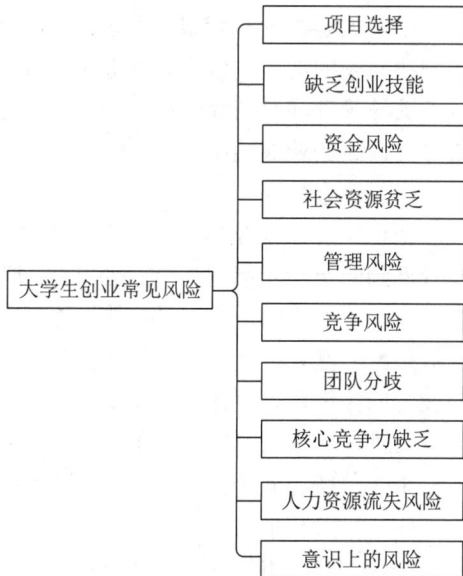

图3.2 大学生创业常见风险

业方向，甚至仅凭一时心血来潮作出决策，创业失败的可能性会比较大。因此，大学生创业者在创业初期一定要做好市场调研，在充分了解并调研市场的基础上创业。一般而言，大学生创业者资金实力较弱，应选择轻资产、技术性强、人手配备要求不高的项目，从小本经营做起。

**拓展阅读**

### 齐先生创业

"我当时就是太着急了，对印刷行业一点也不了解啊，唉!" 35 岁的齐先生讲起他创业失败的经历，不由得长叹了一口气。去年 2 月，在超市做服务员的他听说开印刷厂非常赚钱，便狠下心拿出积蓄 4 万元，又向亲朋好友借了 7 万元，在东陵区投资开厂，自己当老板。

"资金不够，最新型号的印刷机买不起，只好选择一些大厂淘汰下来的老式印刷机。"齐先生说自己当时对印刷机一点也不了解，觉得新、老式印刷机没差别。厂里聘请的一名技术人员曾劝他只要将开业时间推迟两个月，就能等到最新型号的印刷机降价，用最好的设备来生产，产品的质量、生产速度自然会提高，相信也会盈利更多。"当时我很不高兴，你想啊，推迟开业两个月，就意味着我将白丢掉十几万元的利润啊。"

齐先生匆忙开业，但不到半年，就因为配套技术陈旧、产品质量差、印刷速度慢而没有客户。他又回到超市当起了服务员。

（资料来源：陈吉胜，孔雷，吴松，2016. 大学生创新与创业指导教程[M]. 北京：首都师范大学出版社.)

（2）缺乏创业技能

很多大学生创业者眼高手低，当创业计划转变为实际操作时，才发现自己根本不具备解决问题的能力，这样的创业无异于是纸上谈兵。一方面，大学生应去企业实习，积累相关的管理和营销经验；另一方面，应积极参加创业培训，积累创业知识，接受专业指导，提高创业成功率。

（3）资金风险

资金风险在创业初期会一直伴随在创业者的左右。是否有足够的资金创办企业是创业者遇到的第一个问题。企业创办起来后，就必须考虑是否有足够的资金支持企业的日常运作。对于新创企业来说，如果连续几个月入不敷出或者因为其他原因导致企业的现金流中断，就会给企业带来极大的威胁。相当多的企业在创办初期因资金紧缺而严重影响业务的拓展，甚至错失商机。

另外，如果没有广阔的融资渠道，创业计划也只能是一纸空谈。除了银行贷款、自筹资金等传统方式外，还可以充分利用风险投资、创业基金等融资渠道。

（4）社会资源贫乏

企业创建、市场开拓、产品推介等工作需要调动社会资源，大学生在这方面会感到非常吃力，所以平时应多参加各种社会实践活动，扩大自己人际交往的范围。创业前，可以先到相关行业工作一段时间，为自己日后的创业积累人脉。

（5）管理风险

一些大学生创业者虽然技术出类拔萃，但理财、营销、沟通、管理方面的能力普遍较弱。要想创业成功，大学生创业者必须技术、经营两手抓，可从合伙创业、家庭创业或虚拟店铺开始，锻炼创业能力，也可以聘用职业经理人负责企业的日常运作。

创业失败者，基本上都是管理方面出了问题，其中包括决策随意、信息不通、理念不清、患得患失、用人不当、忽视创新、急功近利、盲目跟风、意志薄弱等。特别是大学生知识单一、经验不足、资金实力和心理素质明显不足，更会增加在管理上的风险。

（6）竞争风险

寻找蓝海是创业的良好开端，但并非所有的新创企业都能找到蓝海。更何况，蓝海也只是暂时的，而竞争是必然的。如何面对竞争是每个企业都要随时考虑的事情，而对新创企业更是如此。如果创业者选择的行业是一个竞争非常激烈的领域，那么在创业初期有可能受到同行的强烈排挤。一些大企业为了吞并小企业，常会采用低价销售的策略。对于大企业来说，由于规模效益或实力雄厚，短时间的降价并不会对它造成致命的伤害，但对新创企业则意味着将要面临倒闭。因此，考虑好如何应对来自同行的残酷竞争是创业企业生存的必要准备。

（7）团队分歧

现代企业越来越重视团队的力量。创业企业在诞生或成长过程中最主要的力量来源一般都是创业团队，一个优秀的创业团队能使创业企业迅速地发展起来。但与此同时，风险也蕴含其中，团队的力量越大，产生的风险也越大。一旦创业团队的核心成员在某些问题上产生分歧不能达成一致意见时，极有可能会对企业造成强烈的冲击。

（8）核心竞争力缺乏

对于具有长远发展目标的创业者来说，他们的目标是不断地发展壮大企业，因此，企业是否具有核心竞争力是最主要的风险。一个依赖别人的产品或市场来打开局面的创业企业，要想谋求长远的发展，核心竞争力是最不可忽视的问题。没有核心竞争力的企业，终究会被淘汰出局。

（9）人力资源流失风险

一些研发、生产或经营性企业需要面向市场，大量的高素质专业人才或业务队伍是这类企业成长的重要基础。防止专业人才及业务骨干流失应当是创业者时刻注意的问题。在那些依靠某种技术或专利创业的企业中，拥有或掌握关键技术的业务骨干的流失是创业失败的主要风险源。

（10）意识上的风险

意识上的风险是创业团队最内在的风险。这种风险来自无形，却有强大的毁灭力。风险性较大的意识包括投机的心态、侥幸心理、试试看的心态、过分依赖他人、回本的心理等。

## 案例评析

### 大学生创业意识风险误区

创业意识是最大的创业风险。大学生对创业存在诸多认识误区，这也是直接或间接制约和影响成功创业的重要原因。以下是几种常见的认识误区。

**误区一：什么赚钱干什么**

做企业像做人一样，时时刻刻都会面临各种"利益"的诱惑。千万不要过分关注钱赚得多少而忽略自身的情况和其背后所要付出的代价，否则很可能抓到的不是"馅饼"而是"陷阱"。

**误区二：自己的事自己干**

自己擅长的事自己干，自己不擅长的事应该交给擅长的人去干，这样才能组成优势互补的创业团队，成本会更低，风险也会更小，资本运营效率自然会高得多。

**误区三：小马拉大车**

做事情要眼光远，但也不能好高骛远。创业者往往雄心万丈，最易犯这种错误。从自己能做的做起，从某个细分市场切入，或者利用技术的先进性，先为大公司做外包，获得收入，才能支持自己的快速成长。

**误区四：心急想吃热豆腐**

很多创业者看到身边的朋友因做生意一下子赚了大钱，心里直痒痒，恨不得三五天就发大财，因而在处理问题时容易考虑不够周全或者在作出决策时对风险评估不足，结果自然可想而知。

**误区五：技术优势=创业成功**

大学生创业容易拥有技术优势，有的甚至握有专利，但是创业是一种商业行为，技术的先进性不等于成熟性。技术型创业有投入周期，技术转变为产品再成为盈利产品是需要时间的，所以技术创业之前必须经过周密的市场调研和论证，并对商业和管理知识进行学习与运用。

**误区六：复制成功的商业模式就一定成功**

有的人在选择项目时，看到此类项目在国外或其他省份有运行成功的商业模式便原版复制过来，而忽略了本地具体的创业条件和市场环境。殊不知，在国外成功并不意味着在国内也能成功，别人成功也并不意味着自己也能成功。

**误区七：创业大赛成功=创业成功**

如今各类创业大赛层出不穷，为大学生了解创业、尝试创业提供了很好的渠道，但是创业大赛不同于真正的创业，仍然只是"纸上谈兵"，因为在真实的创业过程中，最终的评委是客户。在时机成熟之前，不妨先到行业领先的公司或其他创业型公司历练，培养自己的综合素质能力以及对市场与商业的理解力。

**误区八：好朋友=好团队**

好友共同创业成功的案例不少，但并不意味着只要是好朋友就一定能成为创业的好伙伴。价值观一致、能力和经验互补、有明确的决策模式是建立好团队的必要条件。技术型创业者要特别注意吸收既理解技术又擅长商业运作的团队伙伴，而且应当在实际的合作中磨合以达到默契。

**误区九：拿到投资=创业成功**

拿到第一笔投资对于创业团队来说无疑是一剂强心针。获得投资，意味着投资人对项目和团队的看好，但是创业团队更应该关注第一笔投资如何发挥其最大的效益。

（资料来源：徐俊祥，徐焕然，2017. 创未来——大学生创业基础知能训练教程[M]. 2版. 北京：现代教育出版社.）

**评析：** 大学生创业过程中遇到的阻碍并不局限于以上几点，在初创企业发展过程中，随时都可能有各种风险。因此，大学生必须始终保持积极的心态，多学习，多汲取优秀经验，在此基础上结合自身的特长优势。只有这样，创业的步伐才会越走越远，成功的可能性才会越来越大。

### 3. 树立风险识别的基本理念

作为创业者，应该正确树立风险识别的基本理念，主要包括以下几个方面。

（1）有备无患的意识

创业风险的出现是正常的，带来一些损失也是正常的，既不能怨天尤人，也不能骄兵轻敌。关键的问题是要密切监视风险，做到风险发生时尽可能地减少损失，化解不利，甚至将风险转化为盈利的机会。

（2）识别风险的能力

发现和识别风险，是为了防范和控制风险。如果创业者在企业未发生损失之前就能够识别风险发生的可能性，那么这个风险是可能被管理的。因此，风险识别是进行风险管理的基点。

（3）未雨绸缪的观念

创业者需要通过创业活动的迹象、信息归类，加强对国家时事政治及经济社会的认知，清晰地认识到风险产生的原因和条件，不仅要识别风险所面临的性质及可能的后果，更重要的是（也是最困难的）要识别创业过程中各种潜在的风险，为采取有效措施提供依据。

（4）持之以恒的思想

由于创业风险伴随着整个创业过程，同时风险具有可变性和相关性的特点，因此创业者必须要有打"持久战"的准备。风险的识别工作应该连续地、系统地进行，并成为企业的一项持续性、制度化的工作。

（5）实事求是的精神

虽然风险识别是一个主观过程，但是必须遵循客观规律。风险识别是一项复杂而细致的工作，要按特定的程序、步骤，选用适当的方法逐层次地分析各种现象，并对创业风险做出实事求是的风险评估。

### 4. 掌握风险识别的基本途径

创业风险的识别途径，重点从风险的来源入手，即自然因素和人为因素两大方面。

1）自然因素。例如，地震多发区、台风多发区和炎热地区。这与企业的项目选址有着密切关系。又如对于许多行业来说，必须注意影响原材料供应的矿产、能源、农产品以及交通问题。

2）人为因素。主要应了解一个国家或地区的政治制度、法律政策、民情民俗以及企业周边的营运环境等。

### 5. 了解识别风险的方法和步骤

在风险识别之后，必须进行风险评估，这需要一定的专业知识，必须根据不同性质与条件，按照一定的途径，运用一定的方法，或者借助一定的工具来实施。

一般而言，风险识别的方法包括信息源调查法、数据对照法、资产损失分析法、环境扫描法、风险树分析法、情景分析法和风险清单法。

有能力的企业也可以自行设计识别的方法，如专家调查法、流程图分析法、财务报表分析法和态势分析法等。

识别风险的步骤如下。

1）信息收集。通过调查、问询、现场考察等途径获得信息，然后需要敏锐的观察和科学的分析对各类数据及现象作出处理。

2）风险识别。根据对信息的分析结果，确定风险或潜在风险的范围。

3）重点评估。根据量化结果，运用定量分析、定性分析、假设、模拟等方法，进行风险影响评估，预计可能发生的后果。

4）拟订计划。提出处理风险的方法和行动方案。

在风险识别过程中要注意以下问题。

1）信息收集要全面。收集信息可以通过两个途径：一是内部积累或者专人负责，二是借助外部专业机构的力量。后者可获得足够多的信息资料，有助于较全面、较好地识别面临的潜在风险。

2）因素罗列要全面。根据企业在运营过程中可能遇到的风险，找出一级风险因素，然后再进行细化，延伸到二级风险因素，再延伸到三级风险因素。例如，管理风险属于一级风险因素，管理者的素质属于二级风险因素。

3）最终分析要进行综合。既要进行定性分析，也要进行定量分析。

**拓展阅读**

### 精益创业降低创业风险

有一种反传统的创业模式，可极大地降低创业风险。这种模式叫作"精益创业"，它注重试验而非精心计划，聆听用户反馈而非相信直觉，采用迭代设计而非"事先进行详细设计"的传统开发方式。精益创业所述的一些概念，如最简化且可实行产品，已经快速在创业圈生根发芽。

精益创业模式的核心定义是：一个为寻找可重复和可扩展的商业模式而设立的临时组织。

精益创业有三个主要原则。

首先，创业者承认他们在创业第一天只有一系列未经检验的假设，也就是一些不错的猜测。创始人一般会在一个被称为"商业模式画布"的框架中总结出其假设，而不是花几个月来做计划和研究，并写出一份完备的商业计划书。从本质上说，这是一张展示公司如何为自己及客户创造价值的图表。

其次，精益创业者积极走出办公室测试他们的假设，即所谓的客户开发。他们邀请潜在的使用者、购买者和合作伙伴提供反馈，这些反馈应涉及商业模式的各个方面，包括产品功能、定价、分销渠道以及可行的客户获取战略。该方法的关键在于敏捷性和速度，新公司要快速生产出最简化且可实行产品，并立即获取客户的反馈，再根据消费者的反馈对产品进行改进。创业者会不断重复这个循环，对重新设计的产品进行测试，并进一步作出调整，或者对行不通的想法进行转型。

最后，精益创业者采取敏捷开发的方式。敏捷开发最早源于软件行业，是一种以人为核心、迭代、循序渐进的产品开发模式，它可以与第一步中的客户开发有机结合。传统的开发方式是假设消费者面临的问题和需求，周期通常在一年以上。敏捷开发则完全不同，通过迭代和渐进的方式，预先避开无关紧要的功能，杜绝了浪费资源和时间。这是初创公司创建最简化且可实行产品的过程。

（资料来源：徐俊祥，徐焕然，2017. 创未来——大学生创业基础知能训练教程[M]. 2版. 北京：现代教育出版社.）

### 6. 创业风险分析与应对

（1）创业企业风险分析

创业企业的风险分析，可以从管理、技术、市场、财务、环境等几个方面进行评估，具体评估指标如图 3.3 所示。

（2）企业创业阶段风险规避策略

1）应对管理风险。创业企业需要建立一套完整的管理制度和科学的决策程序。

① 建立健全的现代企业制度。建立科学的决策和监督机制是高新技术企业控制管理风险的前提，而这些又离不开合理的产权制度与健全的创业企业内部管理结构。为减少企业管理风险，企业必须按照现代企业制度的要求，建立起真正完善的法人治理结构。经营者激励机制也是法人治理结构中不容忽视的重要问题。解决好经营者特别是中高层管理人员的利益分配问题，不仅可以引导他们致力于企业利益最大化，还可以尽可能把决策风险和操作风险降到最低程度。

② 完善企业的内部控制制度。完善企业的内部控制制度的一个重要手段就是建立健全严密的内部控制系统。企业内部控制系统必须覆盖企业的各项业务、各部门和各级人员，并渗透到投资决策、执行、监督、反馈等各个环节。同时，企业还必须建立科学的措施，实行授权制度和岗位分离制度，对掌握企业内幕信息的人员实行严格的批准程序和监督处置。

③ 提高决策者、管理者的自身素质。对企业中高层管理人员的使用必须坚持德才

兼备的用人标准，并将其列入人员甄选的考核内容，同时还应加强员工的职业道德教育和业务培训工作。

图 3.3　创业企业风险评估的因素

2）应对技术风险。为应对技术风险，创业企业除了要加大研发投入，缩短研发周期外，还要逐渐加强市场研究，迅速获得现有与潜在市场的产品信息，引领所在领域产品的潮流，快速完成技术更新。另外，要注意申请技术专利保护，防止技术的扩散给创业企业带来的损失。

① 采用模仿创新战略。模仿创新就是在创新者已经成功的技术创新基础上，投入不多的资金，模仿该项技术，并对其进行补充、提高、改良、完善的过程。虽然模仿创新有跟风之嫌，但却可以节省大量的开发费用，提高成功率，缩短从技术到市场的时间，从而大大降低技术风险。

② 组建技术研发联合体。企业进行技术创新，特别是自主技术创新，风险大，时间长，复杂性高，单个企业往往难以承受风险，这时如能组建技术开发联合体，可以在

一定程度上化解技术开发风险。技术联合体是指两个以上的国内外法人组织联合致力于某一技术或产品的研究开发，实现优势互补、风险共担、利益共享的一体化组织。技术联合体通常是企业和科研机构以及大学之间的联合。建立技术联合体可以获得符合本企业特点的新技术，并能迅速将技术转化为新产品，有效避免企业与科研院所脱节，或缺乏必要的中介组织所致的企业不易获得具有开发价值的新技术的问题，从而在较低风险的条件下，获得自主创新的技术，形成企业的核心竞争力。

3）应对市场风险。创业企业要结合发展战略，针对目标市场要求，根据外部环境因素，最有效地利用本身的人力、物力和财力资源，制定企业最佳的市场营销组合策略，使其最大限度地起到缓解市场风险的作用。可以在以下几个方面采取有效措施。

① 树立以市场为导向的整合营销理念。要在竞争激烈的市场中生存的创业企业必须树立正确的市场营销理念，重视市场营销的作用，这是企业开展一切营销活动的前提。无论是微软、IBM，还是联想、TCL，这些成功的高科技企业不一定拥有最先进的技术和最好的产品，但他们一定拥有正确的营销理念和最好的营销策略。因此，创业企业要规避市场营销风险，首先应该增强现代营销观念，把市场营销工作放在重要的位置。此外，在进行产品规划、价格制订、渠道选择、促销策略制定时要以市场为导向，从顾客角度出发，同时研发、生产部门应注意与营销部门配合，响应市场需求，实现技术与市场的完美结合。

② 生产适销对路的产品。由于消费需求不断变化和竞争对手产品更新步伐加快，加快新产品研发的速度是预防产品风险的重要途径。面对行业已发生的产品风险，尽快开发出符合市场需求的新产品是企业走出困境、摆脱困境的有效举措。企业应根据市场需求和企业目标，对产品组合的宽度、深度和关联度进行决策。在一般情况下，扩大产品组合的宽度、增加产品线的深度和加强产品组合的关联程度，可以使企业降低投资风险，增加产品的差异性，适应不同顾客的需求，从而提高企业在某一地区或某一行业的声誉。

4）应对财务风险。

① 根据企业的经营战略确定合理的债务结构。企业应当根据企业的经营战略安排企业的资产结构和负债结构。最优的资本结构是指企业综合资金成本率最低，股东投资利润率最高的资本结构，同时也是财务风险最小的资本结构。企业要根据自身生产经营发展状况来合理设计资本结构中的各种比例关系，如负债和总资产的比例关系，负债中短期负债和长期负债的比例关系，通过对不同来源、不同时期、不同层次的各种资本要素的有机协调，达到降低财务风险、有利于企业发展的目的。

② 做好现金预算，加强财务预算控制。创业企业在借款时应注意安排未来还本付息的资金，否则就需要借新债还旧债，创业企业举债能力较弱，容易发生不能支付到期债务的现金流量风险。企业可以通过编制现金预算，合理调度资金，加快资金周转，加强收支管理，加强财务预算控制，控制未来的发展规模，在现金预算和其他财务预算的监督下，避免由于盲目发展而陷入资金不足的困境。

③ 保持资产流动性。企业资金流转总是周而复始地进行的，因此流动性是企业的生命。企业必须加速存货周转、缩短应收账款周转期，以保持良好的资产流动性。创业

企业应降低整体资产中固定资产的比重，这样就可以大大降低产品中固定成本的比重，从而降低企业的经营风险。

5）应对环境风险。

随着当代信息技术的飞速发展，外部环境普遍存在着各种不确定性：一是国家政策调控及经营地政策调整带来的影响，二是科学技术的不断创新带来的深刻变革，三是经营地的经营环境的影响。在创业之初，需要对创业环境进行系统而仔细地分析，有效规避环境风险。

在创业的过程中，机遇与风险并存。风险控制应采取分类重点控制和阶段性控制相结合的策略，同时还要进行风险的整体监控，建立风险监控体系，使风险的控制措施更趋系统化。

**拓展阅读**

### 创业风险控制的五个方法

（1）风险回避

创业企业在既不能有效降低风险发生的概率，又无法降低风险损失，更无法直接承担该风险时，只有采取回避的策略主动放弃、中止或者调整创业方案，如将经营方向从高科技领域转向常规技术领域，或采取迂回的策略等。

（2）风险预防

风险预防是指事先采取相应的措施以预防和阻止风险损失的发生，防患于未然，如重视信息收集，减少信息不对称性，实行民主化决策等。

（3）风险转移

风险转移是指创业企业将自己不能承担的或不愿承担的，以及超过自身财务能力的风险损失或损失的经济补偿责任以某种方式转移给其他单位或个人。它可以通过如下3种途径实现转移：一是以合同的形式向其他主体转移，如业务外包和工程承包等；二是以投保的形式把风险全部或部分转移给保险公司；三是利用各种风险交易工具转嫁风险，如利用外汇期货、期权或利率期货及期权工具转嫁汇率风险和利率风险等金融风险。

（4）风险分散

创业主体通过多元化经营，使风险在不同经营活动中分散化。主要策略有：一是项目投资，这是风险分散通常采用的方法；二是产品多样化；三是策略组合，即同时采用多种创业策略，如联合投资、合资合营和兼并扩张等。

（5）风险利用

在风险已经出现、风险损失已经发生的情况下，积极采取措施，抑制风险的进一步扩大，变被动为主动；或者当风险后果较严重时，尽量通过各种手段减少风险所造成的损失。

（资料来源：徐俊祥，徐焕然，2017. 创未来——大学生创业基础知能训练教程[M].2 版. 北京：现代教育出版社.）

### 7. 创业者风险承担能力评估

当创业者必须对两个或更多潜在结果不明确的备选方案进行主观评估、决定取舍时就产生了风险情景。风险就意味着既可能成功也可能失败。潜在的损失或收益越大，存在的风险就越大。

风险承担者要对不确定的情况作出决定，需要平衡潜在的成功与损失。在对某个可能的选择进行决策的过程中需要考虑以下因素：

① 这一选择有多么地吸引人。

② 风险承担者可以接受的损失底线。

③ 成功和失败的相对概率。

④ 个人努力对增加成功可能性、减少失败可能性的影响程度。

每个人对风险的承受能力是不一样的，如果有足够的能力和资源驾驭风险，那么风险因素不是最重要的考量指标；如果自身无法承受创业失败带来的损失（包括物质和心理上），那么就应该分析创业的时机是否正确，又或者自己是否适合创业。对于风险的承受能力其实更多的是对创业者心理素质的考量，因为创业者一旦选择创业，他面对的将不再是自己个人的事情，家庭、员工、社会责任、个人前途，每一个环节都需要认真仔细地考虑、衡量。

创业者风险承担的能力，主要通过以下几个方面进行综合评估。

（1）与个人目标契合程度

创业过程中遭遇的困难与风险极大，因此有必要了解创业者的创业动机，以利于判断其愿意为创业活动付出的代价程度。一般认为，新创业机会与个人目标的契合程度越高，创业者的投入意愿与风险承受意愿自然越大，新创业目标最后获得实现的概率也就越高。

（2）机会成本

个人一生的黄金岁月大约只有 30 年光景，其间可分为学习、发展与收获等不同阶段。为了一个创业机会，自己需要放弃什么，可以由其中获得什么，得失的评价如何，这些都需要考虑。参与创业，需要仔细思考创业所要付出的机会成本，经由机会成本的客观判断，从而得知新创业机会是否真的对于个人生涯发展具有吸引力。

（3）失败的底线

古人云，留得青山在，不怕没柴烧。创业必然需要面对可能失败的风险，但创业者不宜将个人声誉与全部资源都压在一次创业活动上。理性的创业者必须要自己设定承认失败的底线，以便保留可以东山再起的机会。失败的底线，有助于判断创业者的风险承受能力。

（4）个人风险偏好

创业者个人的风险偏好不同。一般来说，喜欢冒险且具有风险意识的创业者要比安全保守的创业者风险承受能力强。

（5）风险承受度

每个人的风险承受度都不一样。一般而言，风险承受度太高或太低均不利于新创企业的发展。风险承受度太低的创业者，由于决策过于保守，拥有的创新机会比较少。但风险承受度太高的创业者，会因为孤注一掷的举动，常使企业陷入险境。一个能以理性分析面对风险的人，才是比较理想的创业者。

（6）负荷承受度

创业者的耐压性与负荷承受度，也是评价创业者风险承担能力的一项重要指标。负荷承受度与创业者愿意为新创企业投入工作量的多寡以及愿意忍受的辛苦程度密切相关。

# 3.5　商业模式设计

## 3.5.1　商业模式的概念

### 1. 商业模式概念的梳理

商业模式这个概念最早出现在 1957 年，之后并没有引起太多的关注。直到 20 世纪 90 年代，随着互联网时代的到来和电子商务的蓬勃发展，商业模式逐渐引起了学者的关注，成为当代管理学研究和讨论的热点之一。同时，这一概念也逐渐被企业家、创业者和风险投资者津津乐道。但是，对商业模式的概念，并没有形成一个公认或统一的定义。因此，为了更好地理解商业模式，本书通过梳理这些商业模式定义，列举一些比较有代表性的观点供参考（表 3.6）。

表 3.6　国内外学者关于商业模式的定义

| 年份 | 学者 | 定义 |
| --- | --- | --- |
| 1998 | 保罗·帝莫斯（Paul Timmers） | 商业模式是一种产品、服务和信息流的架构，阐明各种不同业务的参与者及其角色、参与者潜在利益以及企业的收入来源 |
| 2002 | 琼·马格丽塔（Joan Magretta） | 商业模式是用以说明企业如何运营的概念。它回答管理者关心的如下问题：谁是用户，用户价值何在，如何获得收入，如何以合适的成本为用户提供价值 |
| 2003 | 迈克尔·莫里斯（Michael Morris） | 商业模式旨在说明企业如何对战略方向、运营结构和经济逻辑等方面具有关联性的变量进行定位和整合，以便在特定的市场上建立优势 |
| 2004 | 穆勒和勒赫纳（Muller & Lechner） | 商业模式是指用户、产品、销售渠道和企业的收入结构，企业在其价值网络和业务关系性质的定位，以及企业的根本经济逻辑 |
| 2004 | 塞尔登和刘易斯（Seldon & Lewis） | 商业模式是对一组活动在各组织中间的配置，这些单位通过在企业内部和外部的活动，在特定的产品市场上创造价值 |
| 2005 | 亚历山大·奥斯特瓦德（Alexander Osterwalder） | 商业模式是一种建立在许多要素及其构成之上，用来说明特定企业商业逻辑的概念性工具 |
| 2007 | 阿米特和卓德（Amit & Zott） | 商业模式是关于如何连接企业与用户、合作伙伴和供应商进行交易的结构模板，即要素和产品市场如何连接的选择 |
| 2012 | 魏炜、朱武祥 | 商业模式本质上就是利益相关者的交易结构 |

但是，对于新创企业的创业者或者大学生而言，这些概念的定义显得过于生硬和学术化，并不太容易理解，甚至会造成理解上的混乱。实际上，当要准备创业或正在创业时，只要能回答以下三个问题，并清晰地解释问题背后的商业逻辑，就能够定义一个相对完整的商业模式，而并不需要拘泥于上述复杂难懂的定义，即可以设计出自己的商业模式。

问题 1：谁是用户？用户需要什么？

问题 2：如何通过商业活动获得经济收益？企业能够为用户提供价值的潜在逻辑是

什么？

问题 3：我们凭什么创业？如何才能创业成功？

对上述三个问题的回答，实质上就是阐明通过相关活动为用户创造价值、传递价值和获得价值，进而使投资者和企业获取利润的商业运行逻辑。创业或企业经营活动本质上都是价值创造活动，在经营活动或创业过程中，只要能够清晰地解释这个价值创造的商业运行逻辑，就找到了一个好的商业模式。在发现价值、创造价值和传递价值的过程中，需要梳理和调整各种商业元素，以此来设计或创新商业模式。

### 2. 商业模式的构成要素

由于学者们对商业模式的定义存在差异，以及不同企业所处发展行业和发展阶段不同，发展时代背景不同，因此对商业模式构成要素的研究也存在很大差异。与商业模式的定义一样，基于不同的研究，商业模式的构成要素丰富多彩，对关键构成要素并没有形成统一的意见。

2003 年，迈克尔·莫里斯通过梳理相关文献，第一次较为系统地总结了商业模式构成要素。他的研究发现，不同的研究者认为，商业模式的构成要素数量从 3 个到 8 个不等，共有 25 个项目作为商业模式可能的构成要素。在这些研究中，被多次提到的要素包括：价值提供（12 次）、经济模式（1 次）、用户界面与关系（9 次）、伙伴关系（7 次）、内部基础设施活动（7 次）。此外，目标市场、资源与能力、产品和收入来源也被多次提到。因而，这些要素可以被认为是构成商业模式的关键要素。

亚历山大·奥斯特瓦德（Alexander Osterwalder）在综合了各种研究的共同点基础上，提出了一个商业模式参考模型，包含九个要素：价值主张、客户细分、渠道通路、客户关系、核心资源、关键业务、重要伙伴、成本结构和收入来源。他认为，通过这九个要素的组合就可以很好地描述并定义商业模式，清晰地解释企业创造收入的来源。他在此基础上提出了商业模式画布，使商业模式的设计和执行更易于操作。

商业模式画布的出现受到了全球创业者和企业家的欢迎。但是，慕尔雅（Ash Maurya）研究了商业模式画布以后，根据自己的创业经验认为，商业模式画布更适合既有企业和已经开始创业的企业，对于类似大学生这样的群体来说并不是特别合适。例如，对于还没有开始创业的大学生以及处于创业初期阶段的创业者来讲，几乎没有任何外部合作伙伴，也没有多少外部资源，更没有实际的业务活动，尚未形成有效的客户关系。因此，他以精益创业理论为指导，在商业模式画布的基础上提出了"精益画布"的概念。他认为，创业者必须认识和理解的商业模式要素，包括问题、解决方案、关键指标、独特卖点、门槛优势、渠道、客户群体分类、成本分析和收入分析。这个模型根据大学生等创业者的特点，对商业模式画布中的构成要素做了较大调整，较适合在校大学生和拟创业的准备者用来分析和设计自己的商业模式。

国内学者魏炜和朱武祥在大量梳理国内外既有企业商业模式的基础上，于 2009 年提出了魏朱六要素模型，认为一个完整的商业模式包含六个要素：定位、业务系统、关键资源能力、盈利模式、自由现金流结构和企业价值。

商业模式的构成要素虽然繁多，但并不是杂乱无章的。要素的构成有两种基本结构类型：一是横向列举式结构，即要素之间是横向列举关系，每个要素表示企业的某个独立方面，彼此重要性相当，必须共同发挥作用；二是网状式结构，即基本要素从纵向层次或另一视角综合考虑，要素之间密切联系，形成层级或网络，作为一个系统在企业中发挥作用。不管是哪种要素组合方式，要素之间都具有很强的逻辑关系，体现出商业模式的系统性和整体性。因此，一个成功的商业模式肯定是其每个构成要素协调一致发挥作用的结果，其要素之间存在合理有效的逻辑关系。

## 案例评析

### 商业模式制胜

有 3 个人都拿一两银子做生意。第一个人买来草绳做草鞋，赚了一钱银子；第二个人看到春天即将来临，买了纸和竹子做风筝，赚了十两银子；第三个人看到人参资源将慢慢枯竭，于是买了很多人参种子，走到人迹罕至的深山播下种子，七年后收获上好的野山参，赚了 30 万两银子。

评析：3 个人都拿一两银子做生意，但收获的却是不同的利润。第一个人做的是衣食住行的生意，这是必需的需求，总会有市场，每个人都可以做，因此收获一分利，靠产品与规模取胜。第二个人做的是吃喝玩乐的生意，跟随的是潮流，目标客户范围扩大百倍，因而收获十分利，靠眼光取胜。第三个人看到的是未来的商机，敢做而善忍，最终赚了数十万两的银子，靠成功的商业模式取胜。由此可以看出商业模式的重要性。

### 3.5.2　商业模式设计的基本方法

了解商业模式的定义之后，如何设计商业模式呢？每个创业者都想为自己的企业设计一个独特的、全新的商业模式来覆盖产业内现有的企业。商业模式创新是一件非常困难的事情，但很多企业是在模仿改进现有商业模式的基础上收获了巨大成功，如腾讯、百度等。即便已经设计了一个独特的商业模式，也会面临其他企业快速模仿或利用相似的商业模式开展竞争。因此，在模仿与竞争中，设计商业模式显得极为重要。商业模式设计的基本方法如图 3.4 所示。

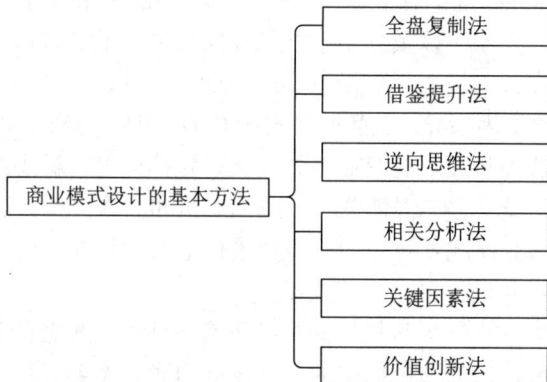

图 3.4　商业模式设计的基本方法

### 1. 全盘复制法

全盘复制法比较简单，即对经营状况良好的企业的商业模式进行简单复制，并根据自身企业状况稍加修正。全盘复制法主要适合同行业的企业，特别是细分市场、目标客户、主要产品相近或相同的企业，甚至可以直接对竞争对手的商业模式进行复制。

全盘复制优秀企业的商业模式需要注意以下三点：①复制不是生搬硬套，需要根据企业自身的区域、细分市场和产品特性进行调整；②注重对商业模式细节的观察和分析，不仅要在形式上进行复制，更要注重在流程和细节上进行学习；③为避免与复制对象形成正面竞争，可在不同的时间和区域对商业模式进行复制。

**拓展阅读**

#### 中国的"Airbnb"——小猪短租

爱彼迎（Airbnb）成立于 2008 年 8 月，是一家联系旅游人士和家有空房出租的房主的服务型网站，它可以为用户提供各式各样的住宿信息。用户可通过网络或 App 发布、搜索房屋租赁信息，并完成在线预订。2011 年，Airbnb 的业绩难以置信地增长了 800%，用户遍布 190 个国家近 34 000 个城市，发布的房屋租赁信息达到 5 万条，被《时代周刊》称为"住房中的亿贝（EBay）"。与此同时，中国涌现出大批效仿者，如小猪短租、住百家、途家、蚂蚁短租、爱日租等。

小猪短租的创始人陈驰把创业目光放在短租项目上，并不是亲身体验或者灵光乍现，只是有同事向他介绍了 Airbnb 的模式，而当时他也正在在线旅行社（online travel agent，OTA）行业做酒店预订业务。陈驰听完同事的介绍之后，觉得这个项目在国内还没有开展，如果能抢占市场会带来很大的商机。小猪短租于 2012 年 8 月上线，运营不到半年就获得晨兴创投的千万美元融资。

陈驰对小猪短租的商业模式毫不讳言：借鉴美国的 Airbnb 模式，提供平台为房东和用户做线上撮合性交易。这种线上预订交易根据房源不同又分为两种：一种是自有房东将自己的多余房间分享出租；另一种是职业租客在平台上经营出租。对于短租平台的特点，陈驰总结为"分享经济、协同消费"。

（资料来源：作者根据网络资料整理。）

### 2. 借鉴提升法

通过学习和研究优秀的商业模式，对商业模式中的核心内容或创新概念给予适当提炼，并对这些创新点进行学习。如果这些创新点比企业现阶段商业模式中的相关内容更符合企业发展需求，企业就应结合实际需要，引用这些创新概念并使其发挥价值。通过引用创新点来学习优秀商业模式的方法适用范围广，对不同行业、不同竞争定位的企业都适用。

拓展阅读

### 小猪短租玩起了"文艺范儿"

为了在激烈的同质化竞争中寻找差异化的品牌特色，小猪短租开始突出"文艺""有人情味的住宿"等特点。2015 年 7 月完成了 6 000 万美元 C 轮融资之后，小猪短租特地聘请了作家、前媒体人潘采夫担任公关副总裁。

小猪短租推出了一系列名人跨界合作的项目。潘采夫通过自己原有的文艺圈人脉，为小猪短租营造了一个"文艺范儿"的品牌特性，希望吸引关注社交网络、喜爱尝试新鲜事物的文艺青年。首批名人房源有前国家女排名将薛明的花店住宿、作家古清生在神农架的深山小院、作家王小山在北京的四合院、导演高群书的电影主题房、网络红人作业本在北京的隐藏民居等。

但是，对于小猪和国内众多短租平台来说，目前最大的困难仍在于如何吸引更多优质的房源和房客。由于征信机制不完善，出于安全、隐私和卫生考虑，人们对共享房屋的接受程度仍然有限。与国外相比，中国的房源普遍缺乏文化气息和多样性，而且与酒店相比，短租房屋也未必有价格优势。至于小猪短租的"人情化"个性房源等能在多大程度上培育这个市场，还需要时间来证明。

（资料来源：作者根据网络资料整理.）

### 3. 逆向思维法

通过对行业领导者商业模式或行业内主流商业模式的研究与学习，模仿者有意识地实施反向学习，即行业领导者商业模式或行业内主流商业模式如何做，并反向设计商业模式，直接切割对行业领导者或行业内主流商业模式不满意的市场份额，并为它们打造相匹配的商业模式。

拓展阅读

### 奇虎 360 逆向思维颠覆了杀毒软件行业

2009 年以前，杀毒软件行业看上去是一个很成熟的行业，软件厂商包括消费者在内，都一直信奉"一手交钱、一手交货"的杀毒软件经营思路。这个行业被瑞星、金山等几个巨头垄断，巨头之间的竞争基本陷入僵持状态。从表面上看，这是一个饱和的、不可能让后来者进入的领域，后期小公司在这个行业几乎没有生存空间。但是，奇虎 360 改变了既定规则。2009 年，它在杀毒软件市场上推出了反其道而行的服务策略——杀毒软件终身免费。除了免费外，奇虎 360 还将自己的产品定位从单纯的杀毒演进为计算机的"安全卫士"，供那些不懂也懒得去学习计算机知识的人使用。这些策略为其带来了惊人的用户量。奇虎 360 彻底颠覆了杀毒软件行业格局，其商业模式也逐渐演变为免费增收模式。

（资料来源：孙洪义，2016. 创新创业基础[M]. 北京：机械工业出版社.）

采用逆向思维法学习商业模式时有三个关键点：①找到行业领导者或行业主流商业模式的核心点，并据此制定逆向商业模式；②企业在选择逆向制定商业模式时，不能简单追求反向，需确保能够为消费者提供更高的价值，并能够塑造新的商业模式；③防范行业领导者的报复行动，评估领导者可能的反制措施，并制定相应的对策。

**4. 相关分析法**

相关分析法是在分析某个问题或因素时，将与该问题或因素相关的其他问题或因素进行对比，分析其相互关系或相关程度的一种分析方法。相关分析法需要根据影响企业商业模式的各种因素，运用有关商业模式设计的一般知识，采用影响因素与商业模式一一对应的方法确定企业的商业模式。利用相关分析法，可以找出相关因素之间规律性的联系，研究如何降低成本，以达到价值创造的目的。例如，亚马逊通过分析传统书店，在网上开办电子书店；eBay 的网上拍卖也来自传统的拍卖方式。

**5. 关键因素法**

关键因素法是以关键因素为依据确定商业模式设计的方法。商业模式中存在多个因素影响设计目标的实现，其中若干个因素是关键的。关键因素法通过对关键因素的识别，找出实现目标所需的关键因素集合，确定商业模式设计的优先次序。关键因素法主要分为五个步骤：①确定商业模式设计的目标；②识别所有的关键因素，分析影响商业模式的各种因素及其子因素；③确定商业模式设计中不同阶段的关键因素；④明确各关键因素的性能指标和评估标准；⑤制订商业模式的实施计划。

**6. 价值创新法**

对一些从未出现过的商业模式设计，往往需要进行创新，即通过价值要素的构建、组合等设计出新的商业模式。这一点在互联网企业表现尤为明显。例如，盛大网络最先创建网络游戏全面免费、游戏道具收费的模式，开创了网络游戏行业新的商业模式 CSP（Come-stay-Pay）。至今各大网络游戏公司依旧沿用这一商业模式在运营。Airbnb 和优步创建的通过共享资源而获取收益的模式，也成为现今最流行的一种商业模式。

## 案例评析

### 九个创新的商业模式案例

**1. 大疆——消费级无人机市场的霸主**

企业介绍：深圳大疆创新科技有限公司，是全球领先的无人飞行器控制系统及无人机解决方案的研发和生产商，客户遍布全球 100 多个国家。它占据着全球 70%的无人机市场份额。

创新性：无人机以前主要应用在军事方面，而大疆是第一个将无人机应用在商业领域并获得成功的企业。大疆无人机如今已被应用在军事、农业、记者报道等方面，是"可以飞行的照相机"。

**评析**：大疆将目标受众从业余爱好者变成主流用户，并占据了市场的主导地位，这种成功的案例在科技行业发展史上实属罕见。

**2. 百度度秘——表面它陪你聊天，其实你陪它消费**

**企业介绍**：度秘是百度全新推出的，为用户提供秘书化搜索服务的机器人助理。

**创新性**：度秘将人工智能带入可以广泛使用的场景中，是百度强大的搜索技术和人工智能的完美结合体，可以用机器不断学习和替代人的行为。

**评析**：提起百度就想到竞价排名，如今度秘终于可以升级这个原始的广告模式了。百度推出的度秘是聊天机器人+搜索引擎+垂直 O2O 的整合型产品。它把现在互联网最热门、最精尖的技术集合在一起，将生态完善化繁为简，满足了"懒人"的需求。

**3. 人人车——"九死一生"的 C2C[①]坚挺地活了下来**

**企业介绍**：人人车是用 C2C 的方式来卖二手车，为个人车主和买家提供诚信、便捷、有保障的优质二手车交易服务。

**创新性**：它首创了二手车 C2C 虚拟寄售模式，直接对接个人车主和买家，砍掉中间商环节。该平台仅上线车龄在 6 年内且在 10 万公里内的无事故个人二手车，卖家可以将车卖到公道价，买家可以买到经专业评估师检测的真实车况的放心车。

**评析**：C2C 虚拟寄售的模式被描述为"九死一生"，是因为：第一，二手车属非标化产品，卖车人和买车人两端的需求是对立的；第二，国内一直缺乏中立的第三方车辆评估，鱼龙混杂。因此，二手车 C2C 交易困难重重、想法大胆又天真。人人车不被看好却能逃过"C 轮死"的魔咒，是因为其省去所有中间环节，将利润返还给消费者。

**4. e 袋洗——力图用一袋衣服撬动一个生态**

**企业介绍**：e 袋洗是由 20 余年洗衣历程的荣昌转型而来的 O2O 品牌，采取众包业务模式，以社区为单位进行线下物流团队建设，即在每个社区招聘本社区 40～60 个人作为物流取送人员。

**创新性**：e 袋洗是第一个以洗衣为切入点进入整个家政领域的平台。e 袋洗的顾客主要是"80 后"，实行 99 元按袋洗，装多少洗多少。e 袋洗致力于将幸福感作为商业模式的核心和主导，推出新品小 e 管家，通过邻里互助解决用户需求，满足居民幸福感。小 e 管家在小 e 管洗、小 e 管饭的基础上，计划推出小 e 管接送小孩、小 e 管养老等服务，以单品带动平台，从垂直生活服务平台转向社区生活共享服务平台，以保证 O2O 两端供给充足。

**评析**：e 袋洗在搭建成熟的共享经济平台后，不断延伸出更多的家庭服务生态，打造一种邻里互动服务的共享经济生态圈。集合社会上已有的线下资源，通过移动互联网实现标准化、品质化转变，帮助人们在生活中获得更便利、个性的服务。

**5. 享网——全球首个多维共享增值服务平台**

**企业介绍**：众享网是一个基于最新的移动互联网科技、颠覆传统商业模式和消费模式的创新型增值服务平台，涵盖 O2O 与 F2C[②]两大业务板块，结合独特的会员制体系，

---

① C2C，即 customer to customer，个人与个人之间的电子商务模式。

② F2C，即 factory to costomer，厂商到消费者的电子商务模式。

旨在通过线上线下资源的高效整合与流通，为平台使用者带来便捷、高品质的生活消费体验与长期、稳定、高附加值的复合增值服务。它以众享网 App 网上商城和线下体验中心为载体，采用独创的"O2O+F2C+会员制"模式，为全行业的厂家、商家及消费者打造一个多维共享的增值服务平台。

创新性：众享网采用的"O2O+F2C+会员制"模式，与单纯的 O2O 模式或 F2C 模式有明显的区别，其更具整合性与黏性。通过对资源的高度整合，能为消费者提供涵盖吃、穿、住、行、教育、医疗、养老等所有生活所需的产品和服务。众享网的会员制，是通过将商家的返佣重新分配，二次返利给商家和消费者，将消费者的短期利益与长久增值有机结合起来。会员不仅可以享受折扣优惠，还能获得额外的积分返点。众享平台还可以根据积分，对会员进行股权授资，帮助会员交纳医疗补充险，解决医疗难问题。

评析：什么是互联网+? 什么是供给侧结构性改革？众享网用它的创新模式给出了答案。当互联网变得无孔不入时，单纯的 O2O 与 F2C 都已显得过于局限，唯有跨界的高度整合与共享，才是真正的大格局、大利益。更了不起的是，众享网倡导厂家、商家和消费者通过分享自有产品、服务和信息等，实现资源的共享和增值，构建一个基于"源共享，消费增值"的良性经济循环系统，将短期利益与长久增值巧妙结合起来，这才是真正的可持续发展，真正的绿色未来!

### 6. 干净么——餐饮界的360，免费还杀毒

企业介绍："干净么"是一个互联网餐饮安全卫生监管平台，基于移动互联网并连接各个环节、各部门的第三方卫生监管平台，同政府、媒体、用户等多方互动来进行监管。目前，在干净么的 App 上有几百万条数据、15 万家餐厅的食品安全等级评价。

创新性：它是第一家利用互联网思维来做食品安全的第三方平台，不仅对餐饮商家进行测评、监管，还包括学校、幼儿园、单位食堂等，用户可以查阅自己感兴趣商家的卫生安全等级，从而判断是否就餐。

评析："干净么"好比餐饮界的360，免费还杀毒，目标就是通过"扬善惩恶"，让餐饮行业进入良性竞争循环。食品安全需要社会共治，"干净么"是连接政府、媒体和消费者的一个纽带。

### 7. 很久以前——不久的将来给小费将成为常态

企业介绍：很久以前是北京簋街一家烧烤店，店内推出的打赏制度被各大餐饮集团引用。

创新性：第一家以餐厅给小费的形式进行互联网思维改良的餐厅。

打赏制度：打赏金额为 4 元，打赏人是到店里用餐的顾容，被打赏人是前厅员工，包括服务员、传菜工、保洁人员、炭火工。

打赏规则：①前厅员工可以向顾客介绍打赏活动，但只能提一次；②前厅员工不能向顾客主动索取打赏。

展现形式：店内、餐桌展示牌及员工胸牌上印有活动内容"请打赏：如果对我的服务满意"，吸引顾客眼光。

评析：可别小看打赏这个小制度，已经有很多餐饮连锁巨头开始使用这个制度。4元钱，顾客买不了吃亏，买不了上当，却买了一个好的服务，而服务员也多了一种收入

途径。4 元钱虽少，但积少成多，可以大大提升服务员的积极性。

**8. 多点（Dmal）——不是多点少点的问题而是快点**

企业介绍：多点是一个以超市为切入口的 O2O 生活服务平台，将日常生活消费和生鲜产品作为突破口。

创新性：多点的创新点与京东到家、天猫超市等截然不同。它与商超之间完成系统的对接，可以通过深度整合的系统动态地获取商超库存、价格等重要数据。同时，多点通过数据分析及供应链控制能力将 C2B① 模式引入商超，可以解决其生鲜进销问题。多点自建物流，有自己的配送员。在用户下单后，多点会和合作商家一起分拣货物，然后送货上门。

**评析：** 用户从下单到收货，全程所花时间不超过 1 小时。多点可以说是用户的网上超市，只不过模式比较轻，也比较快。

**9. 云足疗——上门服务中的垂直环节**

企业介绍：云足疗用户通过 App 或微信、电话预约，可以随时随地享受足疗、修脚、理疗服务。用户可以根据云足疗平台上的项目、价格、距离、籍贯等信息，选择符合自己要求的服务项目、服务师傅。

创新性：云足疗是第一家上门足疗 O2O 平台。云足疗砍掉了足疗店等中间环节，让技师和顾客实现无缝对接，不仅解放了长期局限在足疗店的技师们，让他们获得了比同行更高的薪资，同时也让顾客体验到低价、便捷优质的上门养生服务。云足疗率先实现了上门足疗服务的标准化，平台通过面试、实名认证、技能考核、系统培训等严格筛选，保障上线技师的专业技能和高服务水准。

**评析：** 云足疗属于上门服务中的垂直环节，在 O2O 垂直领域是值得开发的沃土。团队 15 年服务行业的线下实体店的经验，是其能够在资本寒冬中获得融资的关键。

（资料来源：徐俊祥，徐焕然，2017. 创未来——大学生创业基础知能训练教程[M]. 2 版. 北京：现代教育出版社.）

### 3.5.3　商业模式设计工具

#### 1. 商业模式画布

商业模式并不仅仅是各种商业要素的简单组合。商业模式的构成要素之间必然存在内在联系，一个好的商业模式可以把这些要素有机地联系在一起，从而阐明某个企业或某项活动的内在商业逻辑。只有其内部构成要素协调一致，才能阐明创造价值、传递价值和实现价值的商业逻辑。

奥斯特瓦德提出的商业模式设计框架很好地回答了商业模式涉及的三个基本问题（见 3.5.1 节），可以帮助厘清商业模式。该框架包含九个关键要素：客户细分、价值主张、渠道通路、客户关系、收入来源、核心资源、关键业务、重要伙伴和成本结构。参照这九大要素可以描绘、分析乃至设计和重构企业的商业模式，如图 3.5 所示。

---

① C2B，即 customer to business，消费者到企业的电子商务模式。

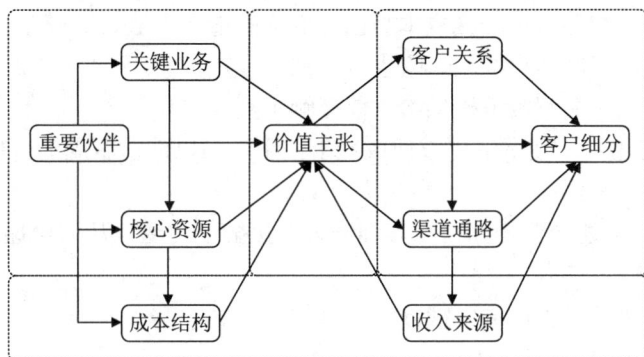

图 3.5 商业模式框架

（1）客户细分

客户细分用来描述一个企业想要接触和服务的不同人群或组织。主要回答以下问题。

① 我们正在为谁创造价值？

② 谁是我们最重要的客户？

一般来说，可以将客户细分为以下五种群体类型。

① 大众市场：价值主张、渠道通路和客户关系聚集于一个大范围的客户群组，客户具有大致相同的需求和问题。

② 利基市场：价值主张、渠道通路和客户关系都针对某一利基市场的特定需求，通常在供应商——采购商的关系中找到。

③ 区隔化市场：客户需求略有不同，细分群体之间的市场区隔有所不同，所提供的价值主张也存在差异。

④ 多元化市场：经营业务多样化，以完全不同的价值主张迎合需求完全不同的客户细分群体。

⑤ 多边平台或多边市场：服务于两个或更多的相互依存的客户细分群体。

（2）价值主张

价值主张用来描述为特定细分客户创造价值的系列产品和服务。主要回答以下问题：

① 我们应该向客户传递什么样的价值？

② 我们正在帮助客户解决哪一类难题？

③ 我们正在满足哪些客户需求？

④ 我们正在给客户细分群体提供哪些系列的产品和服务？

价值主张的简单要素主要包括如下内容。

① 新颖，产品或服务满足客户从未感受和体验过的全新需求。

② 性能，改善产品和服务性能是传统意义上创造价值的普遍方法。

③ 定制化，以满足个别客户或细分客户群体的特定需求来创造价值。

④ 设计，产品因优秀的设计脱颖而出。

⑤ 品牌/身份地位，客户可以通过使用和显示某一特定品牌而发现价值。

⑥ 价格，以更低的价格提供同质化的价值，以满足价格敏感客户细分群体的需求。

⑦ 成本削减，帮助客户削减成本是创造价值的重要方法。

⑧ 风险抑制，帮助客户抑制风险也可以创造客户价值。

⑨ 可达性，把产品和服务提供给以前接触不到的客户。

⑩ 便利性/可用性，使事情更方便或易于使用，可以创造客观的价值。

（3）渠道通路

渠道通路用来描述企业是如何与其细分客户接触、沟通，从而传递其价值主张的。主要回答以下问题。

① 通过哪些渠道可以接触到细分客户群体？

② 如何接触细分客户群体？

③ 如何整合渠道通路？

④ 哪些渠道最有效？

⑤ 哪些渠道的成本效益最好？

⑥ 如何把渠道与客户的接触和沟通过程进行整合？

企业可以选择通过自有渠道、合作伙伴渠道或两者混合来接触客户。其中，自有渠道包括自建销售队伍和在线销售，合作伙伴渠道包括合作伙伴店铺和批发商。

（4）客户关系

客户关系用来描述企业是如何沟通、接触客户细分群体而建立的关系类型。主要回答以下问题。

① 每个客户细分群体希望我们与其建立和保持何种关系？

② 我们已经建立了哪些关系？

③ 这些关系成本如何？

④ 如何把它们与商业模式的其余部分进行整合？

（5）收入来源

收入来源用来描述企业从每个客户群体中获取的现金收入（需要从收入中扣除成本）。主要回答以下问题。

① 什么样的价值能让客户愿意付费？

② 他们现在付费购买什么？

③ 他们是如何支付费用的？

④ 他们更愿意如何支付费用？

⑤ 每个收入来源占总收入的比例是多少？

一般来说，收入来源可分为以下七种类型。

① 资产销售，销售实体产品的所有权获得收入。

② 使用消费，通过特定的服务收费。

③ 订阅收费，销售重复使用的服务收费。

④ 租赁收费，通过暂时性排他使用权的授权收费。

⑤ 授权收费，通过知识产权授权使用收费。

⑥ 经济收费，提供中介服务，收取佣金。

⑦ 广告收费，提供广告宣传服务获得收入。

（6）核心资源

核心资源用来描述让商业模式有效运转所必需的最重要的因素。主要回答以下问题。

① 我们的价值主张需要什么样的核心资源？

② 我们的渠道通路需要什么样的核心资源？

③ 我们的客户关系需要什么样的核心资源？

④ 我们的收入来源需要什么样的核心资源？

一般来说，核心资源可以分为以下四种类型。

① 实体资产，包括生产设施、不动产、系统、销售网点和分销网络等。

② 知识资产，包括品牌、专有知识、专利和版权、合作关系和客户数据库。

③ 人力资源。

④ 金融资产。

（7）关键业务

关键业务用来描述为了确保其商业模式可行，企业必须做的最重要的事情。主要回答以下问题。

① 我们的价值主张需要哪些关键业务？

② 我们的渠道通路需要哪些关键业务？

③ 我们的客户关系需要哪些关键业务？

④ 我们的收入来源需要哪些关键业务？

一般来说，关键业务可以分为以下三种类型。

① 制造产品，与设计、制造及交付产品有关，是企业商业模式的核心。

② 平台/网络，网络服务、交易平台、软件甚至品牌都可看作平台，与平台管理、服务提供和平台推广有关。

③ 问题解决，为客户提供新的解决方案，需要知识管理和持续培训业务。

（8）重要伙伴

重要伙伴是指让商业模式有效运作所需要的供应商与合作伙伴的网络。主要回答以下问题。

① 谁是我们的重要伙伴？

② 谁是我们的重要供应商？

③ 我们正在从伙伴那里获取哪些核心资源？

④ 合作伙伴都执行哪些关键业务？

⑤ 我们为合作伙伴带来了什么价值？

一般来说，重要伙伴可以分为以下四类。

① 非竞争者之间的战略联盟关系。

② 竞争者之间的战略合作关系。

③ 为开发新业务而构建的合作关系。

④ 为确保可靠供应的采购商——供应商关系。

（9）成本结构

成本结构用来描述运营一个商业模式所引发的所有成本。主要回答以下问题。

① 什么是商业模式中最重要的固定成本？

② 哪些核心资源花费最多？

③ 哪些关键业务花费最多？

一般来说，成本结构可以分为以下两种类型。

① 成本驱动，创造和维持最经济的成本结构，采用低价的价值主张、最大程度自动化和广泛外包。

② 价值驱动，专注于创造价值。增值型价值主张和高度个性化服务通常以价值驱动型商业模式为特征。

**拓展阅读**

### Car2go——"随租随行"商业模式

戴姆勒公司的核心业务是汽车制造和销售。为了适应全球性城市化发展的趋势，减轻城市交通压力，改善城市生态环境，戴姆勒公司推出了 Car2go "随租随行"的汽车共享服务概念，由其商业创新部门进行商业模式设计，并在该部门的规划下进行验证测试。"随租随行"为城市居民提供城际的精灵（Smart）汽车服务，客户可以随时使用这些汽车，而且在行程结束后可以在城市的任何一个地方停车走人。该模式力图实现自由、随性的汽车租赁服务。

2008 年 10 月，戴姆勒公司投放了 50 辆 Smart 车供 500 多名研发中心员工及其家属使用，以进行初步的测试验证。2009 年初，测试范围进一步扩大到公司分支员工，提供服务的汽车超过 100 辆，到 3 月底，向 12 万名乌尔姆市民和游客提供 200 辆汽车进行公开的外部试运营，同时，在美国得克萨斯州的奥斯市也开始试运行。目前，该项目已在华盛顿、柏林、多伦多等 29 个城市运营，约投入 12.5 万辆 Smart 车。2015 年 3 月，该项目正式登陆重庆，重庆成为其进军亚洲市场的首站。"随租随行"商业模式创新的路径非常清晰明了：公司内部设计商业模式原型—面向公司员工测试—面向国内公众测试—面向外国公众测试—不断完善并确定商业模式—正式投入运营。

（资料来源：付志勇，2011. 以商业模式突围制胜[J]. 销售与管理（3）：68-70.）

### 2. 精益画布

（1）精益画布的基本要素

慕尔雅研究了奥斯特瓦德的九要素框架后，根据自己的创业经验认为，这个设计框架不适合类似大学生这样没有创业和企业经营经验的群体。他以精益创业理论为指导，对奥斯特瓦德的设计框架进行了改造，提出了新的设计框架——精益画布，如图 3.6 所示。他认为，创业者必须关注和研究的商业模式要素包括问题、解决方案、关键指标、独特卖点、门槛优势、渠道、客户群体分类、成本分析和收入分析九项。

| 问题:<br>需要解决的三个问题 | 解决方案:<br>产品最重要的三个功能 | 独特卖点:<br>用一句简明扼要但引人注目的话阐述,为什么你的产品与众不同,值得购买 | 门槛优势:<br>无法被对手轻易复制或者购买的竞争优势 | 客户群体分类:<br>目标客户 |
| | 关键指标:<br>应考核哪些东西 | | 渠道:<br>如何找到客户 | |
| 成本分析:<br>争取客户所需花费、销售产品所需花费、网站架设费用、人力资源费用 | | | 收入分析:<br>盈利模式、客户终身价值、收入、毛利 | |

图3.6 精益画布

1)问题和客户群体分类。要基于解决客户的问题进行创业。问题和客户群体的匹配是商业模式设计的核心,通常应该放到一起来考虑。

① 针对每个目标客户群体,阐述他们最需要解决的1~3个问题。

② 列出现存备选方案。你的产品没出现时,客户是如何解决这类问题的。

③ 找出其他可能与目标客户进行互动的客户。

④ 锁定潜在的早期客户,尽量细分目标客户群体,细化典型客户的特征。

2)独特卖点。这是商业模式设计最重要也是最难的部分。对创业者来说,迎接的第一个挑战不是卖产品,而是得到潜在客户的关注。因此,独特卖点必须精练、简洁明了,要与众不同,要有打动人的新意。当然,独特卖点不需要也不可能一开始就很完美,而需要逐步完善。

① 找出你的产品的不同之处,从首先要解决的问题出发寻找独特卖点。

② 针对早期客户做设计,避免产品平庸化和大众化。

③ 专注于产品的最终成效,即产品能为客户带来什么好处。

④ 认真选择常用于营销、宣传品牌的词语,并高频率使用。

⑤ 明确地阐述你的产品是什么,客户是谁,为什么选择你的产品。

3)解决方案。针对每个问题提供相对简单的方案,不要急于制订详细的解决方案,制作一个最小可行产品即可。这是因为随着对提出问题的验证和测试,可能会重新定义问题,这是创业活动中的常见现象。如此循环往复,将解决方案不断完善。

4)渠道。无法建立有效的客户渠道是新创企业失败的主要原因之一。新创企业的首要任务是学习,而不是扩张,因此,刚开始的时候,任何能把产品推荐给潜在客户的渠道都可以利用。如果企业的商业模式需要大量客户才能成功,从一开始就考虑好渠道的扩张问题非常重要。要尽早把渠道建立起来并进行测试。渠道有很多种,需要注意的是,有些渠道根本不适合本企业。在选择早期渠道的时候,一般会考虑以下这些问题。

① 免费与付费。免费还是付费不能一概而论,要认真考虑到底哪种渠道适合自己

的企业。本质上讲，没有渠道是真正免费的。

② 内联与外联。内联式渠道使用"拉式策略"，让客户自然而然地找到你，如微博、搜索引擎优化（SEO）、电子书、白皮书、网络讲堂。外联式渠道使用"推式策略"，让产品接触客户，如微博、搜索引擎营销（SEM）、传统媒体广告、展销会、直接打电话、访谈等。

③ 亲力亲为地进行推销。自己直销不仅是一种营销渠道，也是面对面与客户交流的学习手段。新创企业首先要做的就是学会自己销售自己的产品。

④ 不要过早地寻求合作伙伴。虽然可以借用大企业的渠道和信誉来推广，但是如果没有竞争力的产品，又怎能赢得合作伙伴？

⑤ 做口碑之前先留住客户，再做出有口碑的产品。

5）收入分析。创业初期的产品是一件最小可行产品，是否适合一开始就收费销售呢？这是很多创业者在初期阶段感到困惑的一个问题。收费是检验商业模式风险的重要部分，只有将产品真正销售给客户，客户愿意为该产品付费，才能真实地检验商业模式的可行性。

① 价格是产品的一部分，可以通过客户对价格的态度，对产品和商业模式进行调整。

② 什么样的价格适合什么样的客户。商品的价格也决定了客户群体分类。

③ 让客户付费购买产品是一种初级形式的商业模式验证。

6）成本分析。从产品制作到推向市场的过程中会发生各种支出，要把这些都罗列出来。同时，要想准确预测企业将来会产生哪些开销是很困难的，应该把重点放在当下。例如，访谈 30~50 个客户需要多少成本？制作并发布最小可行产品需要多少成本？现在的资金消耗率是多少？用固定成本和变动成本来分析。

然后，把收入和成本分析结合起来，计算出一个盈亏平衡点，以此估算需要花费多少时间、精力和金钱才能达到这个平衡点，从而帮助确定商业模式的优先顺序。

7）关键指标。任何一个企业总能找到少数几个关键指标来评估其经营状况。这些指标不仅能衡量企业的发展，也可以帮助找出客户生命周期中的重要时段。戴夫·麦克卢尔（Dave Mcclure）提出的"海盗指标组"是一个经常用到的关键指标评估框架。虽然海盗指标组是为软件公司设计的，但是也适用很多其他行业。这个框架包括五个阶段：获取（acquisition）、激活（activation）、留客（retention）、收入（revenue）和口碑（referral），如图 3.7 所示。

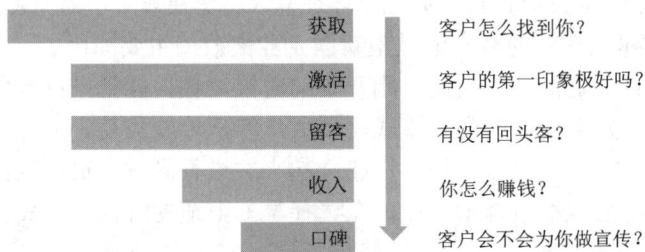

| 阶段 | 问题 |
|---|---|
| 获取 | 客户怎么找到你？ |
| 激活 | 客户的第一印象极好吗？ |
| 留客 | 有没有回头客？ |
| 收入 | 你怎么赚钱？ |
| 口碑 | 客户会不会为你做宣传？ |

图 3.7 指标评估框架

① 获取，是指把普通访客转换成对产品感兴趣的潜在客户的过程。

② 激活，是指感兴趣的潜在客户对产品的第一印象感到满意。

③ 留客，评估的是产品的"回头率"或者说是客户的投入程度。这个指标是用来评估产品和市场匹配程度的关键指标。

④ 收入，评估的是客户为产品付钱的情况。

⑤ 口碑，是一种比较高级的客户获取渠道。满意的客户会再推荐或者促成其他潜在用户来使用产品。

8）门槛优势。在商业模式中，人们常把"首创"称为优势，其实，首创很可能是劣势。这是因为开辟新市场（风险控制）的艰难重任落在了创业者的肩膀上，而紧紧跟随的后来者随时都有可能将其全套招数收入囊中，除非创业者能不断超越自我和跟风者，而这就需要真正的"门槛优势"了。例如，福特、丰田、微软、苹果等都不是首创者。杰森·科恩（Jason Cohen）提出了一个有趣的观点，任何可能被山寨的东西都会被山寨，特别是当别人看到你的商业模式确实可行时。真正的门槛优势必须是无法轻易被复制或者购买的。符合这个定义的门槛优势有：内部消息，"专家级客户"的支持和好评，超级团队，个人权威，大型网络效应，社区，现有客户。

有些门槛优势一开始只是给客户提供价值，但是随着时间的推移，逐渐发展成了独有的优势。例如，大型鞋类网上商城 Zappos 的 CEO 谢家华就非常注重让员工和客户满意。这一点体现在这家公司的各种（从表面看来）似乎不符合商业常理的政策上：客服代表可以花无限多的时间来和客户交流沟通，只为让客户满意；公司实行 365 天退货政策，并包双向邮费。这些政策让 Zappos 品牌脱颖而出，还为其吸引了大批愿意帮忙宣传的忠实客户。而这也是 2009 年亚马逊花费 12 亿美元收购 Zappos 的重要原因之一。

（2）制作精益画布的原则

1）快速起草第一张画布。不要在第一张画布上消耗太多的时间，最多不要超过 15 分钟。制作画布是为了把你脑海里所想的东西迅速记录下来，然后确定哪个部分风险最大，再让他人来验证你的模式。

2）部分内容空着也没关系。别总想着要给出"正确"的答案，要么马上写下来，要么就空着。空着的部分可能是商业模式中风险最大的部分，应该从这里开始进行验证。像"门槛优势"这样的部分可能需要多花点时间才能找到。画布本来就是很灵活的，可以随着时间的推移来逐步完善。

3）尽量短小精干。要想用一句话说清楚一件事很难，但用一段话则简单得多。画布的空间限制正好可以让你把商业模式的精华部分提炼出来，目标是只用一张纸来描述你的商业模式。

4）从当下的角度思考。写商业计划书，需要花大力气来预测未来，但是准确预测未来是不可能的。你应该以非常务实的态度来制作画布，根据目前的发展阶段和掌握的情况来填写内容。

5）以客户为本。精益创业画布以客户为主要驱动力，在描述商业模式的时候，只需要围绕客户做文章就足够了。很快你会看到，仅仅调整一下客户群体，商业模式就会发生翻天覆地的变化。

（3）制作精益画布的步骤

1）精益画布设计框架。完成两张以上的精益画布，作为你的商业模式原型。其设计方法可以参考商业模式画布的方法。

2）找出商业模式中风险最高的部分。创业是高风险的事情，创业者真正要做的事情就是持续而系统地降低公司的风险。创业的不同阶段风险也不同。莫瑞亚认为，创业一般有三个阶段：第一阶段是将问题与解决方案匹配起来，这个阶段需要解决的核心问题是有没有值得解决的问题；第二阶段是将产品和市场匹配起来，这个阶段的核心问题是做出来的东西是不是人们想要的；第三阶段是扩张，这个阶段的核心问题是怎样才能加速壮大。这三个阶段包括的风险主要是产品风险、客户风险和市场风险。通过风险评估，可以对每个商业模式原型进行排序筛选。

3）系统地测试计划。针对商业模式的每个模块深度访谈。参与式观察是一种有效的商业模式测试验证方法。

# 本 章 小 结

创意是具有创业指向同时具有创新性甚至原创性的想法，是将问题或需求转化为逻辑性架构，让概念物象化或程序化的形成过程。

具有价值潜力的创意一般具有以下几个基本特征：新颖性、真实性、价值性。创业机会是具有商业价值的创意，是一种特殊的商业机会，是产生商业机会的重要源泉。由于学习曲线的存在，现存企业更容易发现机会。

创业机会本质上是商机、创意、轻资产、小团队四种要素的有机组合。

变化是创业机会的重要来源。产生创业机会的四种变革，主要是技术变革、政治和制度变革、社会和人口结构变革以及产业结构变革。

影响机会识别的关键因素主要有先前经验（也可以说历史经验）、认知因素、社会关系网络和创造性。

四种方法有助于帮助识别创业机会：新眼光调查，通过系统分析发现机会，通过问题分析和顾客建议发现机会，通过创造获得机会。

较好的创业机会一般具有以下几个方面的特征：有吸引力、持久性、及时性、依附于为消费者或终端用户创造或增加价值的产品、服务或业务。

风险的基本含义是损失的不确定性。发生损失的可能性越大，风险越大。

构成机会风险的主要要素包括风险因素、风险事件和风险损失三个方面。

创业机会的风险一般分为两类，即系统风险与非系统风险。

大学生创业常见风险有项目选择、缺乏创业技能、资金风险、社会资源贫乏、管理风险、竞争风险、团队、核心竞争力缺乏、人力资源流失和意识方面等。

创业者风险承担能力主要通过以下几个方面进行综合评估：与个人目标契合程度、机会成本、失败的底线、个人风险偏好、风险承受度和负荷承受度。

一个完整的商业模式包含六个要素：定位、业务系统、关键资源能力、盈利模式、自由现金流结构和企业价值。

商业模式的构成要素虽然繁多，但并不是杂乱无章的。要素的构成有两种基本结构类型：一种是横向列举式结构；另一种是网状式结构。

商业模式设计的基本方法：全盘复制、借鉴提升、逆向思维、相关分析、关键因素和价值创新。

奥斯特瓦德提出的商业模式参考模型包含九个要素：客户细分、价值主张、渠道通路、客户关系、收入来源、核心资源、关键业务、重要伙伴和成本结构。

慕尔雅以精益创业理论为指导，对奥斯特瓦德的商业模式设计框架进行了改造，提出了适合大学生创业的设计框架——精益画布。他认为，创业者必须关注和研究的商业模式要素，包括问题、解决方案、关键指标、独特卖点、门槛优势、渠道、客户群体分类、成本分析和收入分析。

### 讨论案例

#### 算清商业模式的账，跟寻找商业模式一样重要

当你不知道一家企业为何"死亡"的时候，万能的回答是"资金链断裂"——这是一个玩笑，但不完全是玩笑。

2017年，不得不提的一件事是贾跃亭辞去乐视网总经理职务。乐视作为生态型商业模式的代表，却一直"为现金流窒息"，如今前途也被打上了问号。

商业模式决定企业成败，这个观点很普遍。于是，也许是出于时代的焦虑，也许是因为颠覆的野心，近年来"商业模式创新"这个词语出现的频率越来越高。但回过头来发现，许多企业的商业模式设计都非常精妙，最后却跨不过"钱"这道坎。

大多数商业模式，都是为了赢得更高的"性价比"。同样的价格，如何提供更好的产品与服务；同样的产品与服务，如何用最低的成本呈现给消费者。

化繁为简，从最单纯的成本与利润的角度考量，企业如何算清商业模式这笔账。

**1. 价值是立身之本**

先讲一个笑话。有一家"共享雨伞"公司，在某城市的街头巷尾投放了3万把雨伞。没想到半个月后，这些共享雨伞被"洗劫一空"——用户拿回家后全都没有归还。网友评论：好好的共享经济败给了低素质，共享经济领域又多了一位"先烈"。谁知道，这家公司的CEO却说："这个事，其实很多人没看懂"。这家公司不仅没亏，还赚得不少！用户使用共享雨伞需要交纳19元押金和9元充值费，共计28元，而一把雨伞的成本仅为9.9元。共享雨伞在没有任何门店铺设、品牌建设、渠道费用、人工成本的情况下，半个月就"销售"了3万把，利润为54.3万元。

当共享经济概念兴起后，涌现出了一大批共享模式，如共享睡眠、共享金融等。而这些企业中的大多数最后不是沦为笑谈，就是像"共享雨伞"一样走向"小聪明"。

虽然这些企业都赚到了一笔钱，但实际上我们从中只会看到投机取巧的心理和短期逐利的行为。他们的商业模式从来不是讲给消费者听的。成，仿佛是模式之成；败，似乎是模式之败，模式的意义被无限放大，仿佛游戏的玩法可以主宰一切。这种本末倒置的模式，实际上是暴富模式和融资模式。

　　商业模式服务的真正对象是用户，用户在消费过程中无法获得新的价值，就不会产生复购的想法。同样是雨伞，地铁站出口只卖10元一把。消费者为什么要花更多的时间，更高的价钱使用共享雨伞？

　　用户价值是商业模式的立身之本，近年来商界蹿出的黑马、独角兽企业，无一不是绞尽脑汁为用户提供全新价值的企业。具体而言，可分为两大路径。

　　1）改良固有市场。消费者的一些痛点，在现有市场没有太好的解决方案，而这恰好是企业商业模式创新的价值点。

　　① 从产品层面考量。用户希望用更低的价格获取更好的商品，于是网易严选诞生了。通过与大品牌的代工厂合作，让消费者能够以便宜数倍的价格买到与大品牌质量相当的产品。

　　② 从用户体验层面挖掘。过去人们解决出行"最后一公里"的问题时只有两个选择，等车或者步行，两者都需要付出时间成本。而共享单车的出现节省了用户的时间，随用随取，用完即停，效率的提升就是共享单车的价值。

　　③ 从文化层面出发。中国的酒桌文化有不少糟粕，"不喝就是不给面子"。洞悉这一痛点的江小白推出了"青春小酒"，一瓶只有100mL，瓶子小，负担也小。

　　2）切入全新市场。如果说第一条路径是通过对目标市场上的已有产品进行从有到优的改良，第二条路径就是从无到有地创造价值。

　　例如，共享充电宝凭什么能40天融资12亿元？因为手机断电，忘带充电宝，周围又没有充电插座的情况每个人都会遇到，而市场上没有商家为此提供解决方案。即使是一个弱需求，共享充电宝的价值也是独创的，其他企业无法替代。

　　又如，迷你KTV之所以一夜之间红遍全国，是因为在它出现之前，用户想唱歌时只能花几百元去KTV。而迷你KTV提供了"利用碎片时间满足娱乐需求"的方案，用户在商场排队、等人的间隙，花上20元就能唱几首歌。

　　可以说，商业社会中还没被挖掘的大大小小的价值点，就是企业创新的基点。能否为用户提供价值，决定了企业能否立足；为用户提供价值的大小，决定了企业竞争力的强弱。

**2. 造福用户，也要照顾自己**

　　除了是否创造价值，商业模式的另一个关键词是核心逻辑，即实现价值的方案。真正的商业模式应当由利益相关方共享所创造的价值，从而实现价值的叠加效应。

　　方案的设计千人千面，其中涉及渠道的建设、产品形态的选择等。每个企业、行业的方案设计各不相同，但有一点是共通的，那就是以更好的收入成本结构来支撑企业持续性地传递价值。

　　新零售是近来商界的热门话题，无人便利店被视作传统便利店的"颠覆者"。

　　在传统零售业态中，排队结账的时间太久是消费者的一大痛点。2017年6月，获得创新工场3 000万元A+轮投资的无人便利店——F5未来商店，借助人脸识别、压力感应、射频识别（RFID）等技术实现了自助结账，大大提升了消费体验。

　　但是，这些"黑科技"并不便宜，一台自助结账机售价大约30万元，一家无人便利店需要4台机器才能维持运转。同时，设备损耗维护的成本也不低。单纯依靠提升消费体验带来的流量增长，并不足以支撑企业生存。

商业模式落地的基础是"收支平衡"，这是一笔很简单的账，算下来，无人便利店传递用户价值的成本似乎太高。F5未来商店想到了从后端改造供应链的办法。

第一步，F5未来商店通过梳理行业链条，寻找利润流失、资源损耗的环节。换句话说，就是发现新的价值空间。

流通成本过高是零售业的一大顽疾。在多级批发、多级零售的体系中，各级经销商小而散、环节多、效益差，每增加一个流通堵点，商品平均加价5%～10%。其中主要的原因是信息不透明，产生了不必要的搬倒腾挪，一些物流公司的货车空驶率甚至达到40%。

此外，高涨的人力成本和租金也是一大痛点。正观品牌顾问创始人张金星算过一笔账：一家有雇员3人的24小时便利店，人工成本以每人2 500元/月计算，每月7 500元；假设每月租金也是7 500元，按照便利店平均20%的毛利率，每月流水需要达到7.5万元才能覆盖这两项成本。而实际情况是，一家24小时便利店往往需要7名员工，工资2 500元/月，租金7 500元/月，也已经是多年以前的行情了。

发现新的价值点后，第二步就是设计解决方案，将价值的损耗降到最低，目的是节省成本，增加利润。

通过机械臂+智能仓储，F5未来商店打造了一套数据化运营管理系统，统筹商品的库存、运输、分销等环节。通过这套系统，哪些地区的终端需要补货，各经销商手中的库存信息、物流情况一目了然，"车不等货，货不等车"。数据的统一调度，为F5未来商店降低了一半以上的流通成本。

同时，通过机器现场制作鲜食等方式，F5未来商店做到了店内"无人值守"，消费者进店后购买和支付都能自助完成。因为没有员工，没有前台，占地15平方米的无人便利店，库存保有单位（SKU）能与40平方米的传统便利店持平，而整体运营成本仅为传统便利店的25%。

商业模式创新设计的第三步：再造收入成本结构。

F5未来商店搭建数据化平台属于一劳永逸的投入，硬件方面的成本相对固定。一个用固定成本创建的商业模式，好处就是其复制的边际成本也极低。随着规模的扩张，F5未来商店的管理成本会越摊越薄，而且消费数据的积累还能降低选品的试错成本。

通过以上三个步骤，F5未来商店打造了一个可以让经销商获利、使终端销量提升、收入成本结构合理的方案，最终让"提升消费体验"这一价值得以落地。

纵观商界，京东收益覆盖不了成本导致其一开始自营物流不被看好，但是后来通过搭建无人物流中心提高效率，京东做到了以一个合理的成本结构为用户提供更快的物流服务。菜鸟物流则是通过大数据、新技术结合信息化手段来节约成本，最终目的是为企业"造血"，以支撑其不断地向消费者传递价值。

**3. 商业模式不等于盈利模式**

商业模式是丰富多彩的，但也有一些很有价值的商业模式，到现在还没有"赚到钱"。

"不赚钱"的企业分两种：一种是不收用户的钱，也就是核心业务不赚钱；另一种是前期投入过大，回报周期过长，导致迟迟不能盈利。

要考量一个商业模式有没有价值，还是要看其有没有用户价值。豆瓣、知乎是典型的核心业务难以盈利的企业，但他们的产品满足了"白领""精英"阶层的文化娱乐需求，并且在这一点上，国内几乎没有其他平台比他们做得更好。对于用户来说，不花一分钱就能解决自身的问题，使用豆瓣、知乎的产品性价比很高。对于企业自身而言，如果支撑价值落地只能靠"烧钱"，那显然不是一个好的商业模式。

一个细节是，豆瓣网创始人阿北创办企业前曾筹资 20 万元，后来他发现这些钱"根本用不完"。虽然主业很难变现，但通过豆瓣东西、豆瓣读书为其他商家提供导购服务，豆瓣网第一年获得的销售分成就超过 20 万元。随着用户的不断积累，如今流量变现成为豆瓣主要的盈利方式。

如果为商业模式算笔账，就会发现看起来不赚钱的豆瓣，实际上"净利润"水平很高。据网友估算，2012 年，豆瓣读书+电影票务+导购分成+品牌互动广告的年营业收入约为 2 283 万元，如今这一数字已经翻了数倍。在成本方面，用户原创内容（UGC）模式节省了内容成本，因为页面多以文本为主，豆瓣对于服务器的要求也不高。据网络资料估算，豆瓣一年的运营成本不超过 1 000 万元。

主业不赚钱，但通过其他业务将影响力、流量变现，依旧可以实现整体盈利。与之相比，那些前期投入过大的企业，也许是真的不赚钱，但他们赚的是未来的钱。

2015 年，连续亏损 20 年的亚马逊首次实现盈利。既然是亏损，就意味着收支不平衡，亚马逊的钱都花在哪儿了？

从 1997 年写下第一封股东信起，亚马逊创始人贝佐斯就强调大胆投资，不着急短期盈利。亚马逊起步之初的主营品类是图书，在大多数购买行为还发生在线下的十几年前，亚马逊就将电商节省下来的经销商费用，通过动辄六折、五折的商品价格回馈给用户。

同时，亚马逊将大量资金投入"送货更快"这件事上，用高达 50 亿美元的现金流租赁飞机、建设航空速递和仓储物流中心，借此打造了全美甚至全球最大的互联网商品流通体系。

贝佐斯不止一次地强调"当购买变得更容易时，销售额就一定会增加"。亚马逊技术费用的营收占比高达 20%～30%。与之相比，京东的技术费用营收占比不足 2%。亚马逊 2002 年推出云计算服务、2005 年推出 Prime 会员服务、2016 年送货无人机首飞，并推出 Amazon Go 无人便利店……

技术进步的同时，资产负债表里的数字也在不断攀升。资本市场不止一次地质问贝佐斯，这些投入究竟是否必要。

"我们往往关注产品，而不关注用户价值。"沃顿市场营销教授法德尔非常看好亚马逊的商业模式，"亚马逊吸引了一批价值巨大的用户，但这些用户的黏性价值并没有显示在资产负债表里。它的盈利只是时间问题。"

2015 年第二季度，"最擅长亏损"的亚马逊实现盈利，利润达到 9 200 万美元。2016 年第二季度，亚马逊净销售额为 304 亿美元，净利润跨越式增长至 8.57 亿美元，超出华尔街预期。亚马逊的市盈率几乎达到了中国与 A 股市场"市梦率"的级别，为 190 倍。相比之下，脸书（Facebook）的市盈率是 60 倍，苹果的市盈率只有 12.3 倍。

再看资本市场为亚马逊商业模式的"定价"：2017 年 7 月，亚马逊市值超过 4 800 亿美元。巴克莱分析师认为，其市值会在几年之内达到 10 000 亿美元。

10 000亿美元，直到这个数字出现，业界终于知道亚马逊算的是一本怎样的账。

20年亏损，一朝翻身，贝佐斯在商界属凤毛麟角。在风口成片、泡沫横行的浮躁氛围中，亚马逊对于大多数围于模式创新、挣扎在生死线上的企业来说，更大的价值在于证明一个观点：算清商业模式的账，跟寻找商业模式一样重要。

（资料来源：作者根据网络资料整理.）

**讨论问题：**

1）商业模式等于盈利模式吗？

2）你是怎样理解商业模式的？

3）尝试用精益画布工具为你的小组项目设计合理的商业模式。

# 课后习题

## 1. 单项选择题

（1）下面属于市场机会的来源的是（　　　）。

    A. 市场上出现了与经济发展阶段有关的新需求

    B. 市场供给缺陷产生新的商业机会

    C. 落后国家或地区产业转移带来的市场机会

    D. 从古今比较中寻找差距，差距中往往隐含着某种商机

（2）随着经济的发展、人民生活水平的提高，越来越多的人用上了计算机、手机等电子产品，智能手机更是风靡全球。这说明（　　　）。

    A. 历史的发展，会产生一些新的需求

    B. 经济的发展，会给创业者带来机会

    C. 创业机会的来源，包括市场机会

    D. 创业者需要用新的观点理解现实所发生的事物，从新的角度意识机会的存在

（3）从上海交通大学起家的"饿了么"，已成为中国最大的餐饮O2O平台。创始人康嘉说："我和 Mark 喜欢打实况足球游戏，废寝忘食，叫外卖，结果发现体验太糟糕了……电话叫餐经常占线、餐厅选择少、对比少、服务难以评价……于是决定创业。"这个例子说明，创业者可以从（　　　）中发现商业机会。

    A. 市场上出现的新需求　　　　　　B. 市场上存在的供给缺陷

    C. 行业的发展　　　　　　　　　　D. 技术的突破

（4）在创业的过程中，由于市场的需求变化、市场的价格变化等原因而给创业带来的不确定性或利益损失的是（　　　）。

    A. 市场风险　　　　　　　　　　　B. 团队风险

    C. 技能风险　　　　　　　　　　　D. 资金风险

（5）在风险识别的基础上，通过对所收集的资料进行分析，运用定性与定量的方法，估计和预测风险发生的概率和损失程度的过程，是（　　　）。

　　　　A. 风险转移　　　B. 风险识别　　　　C. 风险应对　　　D. 风险评估

（6）大学生在创业经营过程中，因缺乏创业知识和能力而导致创业失败的风险称为（　　　）。

　　　　A. 知识风险　　　B. 技能风险　　　　C. 法律风险　　　D. 能力风险

（7）以下不属于商业模式要素的是（　　　）。

　　　　A. 客户细分　　　B. 客户关系　　　　C. 重要合作　　　D. 加盟渠道

（8）初步设计商业模式应该考虑的问题不包括（　　　）。

　　　　A. 谁是付费客户？　　　　　　　　B. 产品能给客户带来什么？

　　　　C. 如何让客户了解产品？　　　　　D. 如何利益最大化？

（9）商业模式是一个（　　　）。

　　　　A. 系统　　　　　B. 工具　　　　　　C. 方法　　　　　D. 理论

（10）商业模式成立的一个关键因素是（　　　）。

　　　　A. 决策　　　　　　　　　　　　　B. 赚钱

　　　　C. 对客户隐性需求的挖掘和把握　　D. 扩大生产规模

## 2. 多项选择题

（1）创业机会来源于下列哪些方面？（　　　）

　　　　A. 问题　　　　　B. 需求　　　　　　C. 创新　　　　　D. 技术

（2）创业机会具有哪些特征？（　　　）

　　　　A. 普遍性　　　　B. 消逝性　　　　　C. 不确定性　　　D. 唯一性

（3）具有价值潜力的创意有哪些特征？（　　　）

　　　　A. 矛盾性　　　　B. 新颖性　　　　　C. 价值性　　　　D. 真实性

（4）构成机会风险的主要要素包括（　　　）。

　　　　A. 风险因素　　　B. 风险事件　　　　C. 风险损失　　　D. 风险来源

（5）常用的风险控制方法包括（　　　）。

　　　　A. 风险回避　　　B. 风险预防　　　　C. 风险转移

　　　　D. 风险分散　　　E. 风险利用

（6）商业模式设计的基本方法包括（　　　）。

　　　　A. 全盘复制　　　B. 借鉴提升　　　　C. 逆向思维

　　　　D. 相关分析　　　E. 关键因素　　　　F. 价值创新

## 3. 讨论题

（1）面对国家全面放开两孩政策，你觉得有什么适合大学生创业的机会？

（2）哪些因素会影响创业者对创业机会的识别？

（3）选择一种你们团队共同认可的商业模式设计工具，合理运用商业模式设计方法，设计团队项目的商业模式。

（4）选择身边的同学、朋友、家人等对你们的项目进行商业模式验证，听取他们的建议（访谈），不断完善，直到全团队认可。

# 参 考 文 献

奥斯特瓦德，皮尼厄，2012. 商业模式新生代[M]. 毕崇毅，译. 北京：机械工业出版社.

何建湘，2015. 创业者实战手册[M]. 北京：中国人民大学出版社.

雷宏振，2017. 创新创业理论与实践[M]. 北京：高等教育出版社.

李家华，2013. 创业基础[M]. 北京：北京师范大学出版社.

李家华，2015. 创业基础[M]. 2 版. 北京：清华大学出版社.

李肖鸣，朱建新，2013. 大学生创业基础[M]. 2 版. 北京：清华大学出版社.

王艳茹，2017. 创业基础如何教：原理、方法与技巧[M]. 北京：清华大学出版社.

魏炜，朱武祥，2009. 发现商业模式[M]. 北京：机械工业出版社.

张玉利，2013. 创业管理[M]. 3 版. 北京：机械工业出版社.

ASH MAURYA，2013. 精益创业实战[M]. 张玳，译. 2 版. 北京：人民邮电出版社.

# 第 4 章
## 创业团队与创业资源

### 本章导读

企业发展就是要发展一批狼。狼有三大特性：一是敏锐的嗅觉；二是不屈不挠、奋不顾身的进攻精神；三是群体奋斗的意识。

——任正非

企业的运营、产品生产与销售是靠人来做的，创业者需要制订详细的计划并组织人员实现市场营销计划。合作创业、团队创业是大学生创业通常选择的形式。为了使新企业顺利而成功地运行，创业者必须知道企业有哪些工作要做，并且要安排合适的团队成员去做这些工作。一家有效率的企业必须有一支具备知识和技能的团队。每个团队成员都对企业的成功发挥作用。

创业是一个发掘和整合资源的过程，并非一件简单的事。创业是否能够成功，与很多因素有密切关系，如创业者自身素质、项目本身性质、团队合力、创业资金等，而创业资金是众多创业资源中的一项重要资源，是创业项目得以顺利开展的重要保障。

缺少创业所需资金及创业资金筹集困难是创业者面临的最大挑战，对于刚起步的创业者，尤其是大学生创业者而言，创业资金的匮乏是制约其创业项目发展的一个重要因素。换言之，创业融资的成功直接关系到创业是否成功，因此，任何一个创业者都必须站在战略制高点来理解资金对创业的战略意义，并扎实做好创业融资工作，促进创业活动顺利开展。

通过本章的学习，学生应认识到创业团队的重要性，掌握创业团队的 5P 要素，了解创业团队的组建方法和团队管理的技巧策略。同时，要了解创业过程中的资源需求和资源获取途径，尤其是资源整合的方法途径，要认识创业资金的重要性，了解资金筹集的渠道，学会计算创业启动资金。

### 关键术语

创业团队　组建策略　创业资源　整合管理　创业融资　融资渠道　风险投资
融资策略

### 携程四君子

携程的创建团队充满了传奇色彩。他们在创建携程之后又在 2002 年创建了如家酒店，在 2006 年就实现了上市，同样只花了 4 年的时间，可以说这样的效率与成功率真的让人非常惊讶。

携程的四位创始人分别是季琦、梁建章、范敏和沈南鹏。季琦大学毕业后在多家公司任过职，梁建章是甲骨文中国区咨询总监，他俩很搭配——梁建章懂技术，季琦懂销售和管理。但是没人懂财务和融资，于是他们找到了沈南鹏，沈南鹏当时担任德意志摩根建富的董事，负责中国资本市场业务。很快他们又发现一个重大问题：由于三人都不是旅游行业出身，必须再找一个旅游行业的合伙人，而且这个人必须很牛。在多次软磨硬泡之后，时任上海旅行社总经理兼大陆饭店总经理的范敏答应了。

"携程四君子"的故事成为我国为数不多的传奇团队创业故事之一。如同木桶，四人在技能与性格方面优势互补，极大协同了木桶的最大载水量——至少在 2003 年携程上市之前。携程的成功显然不是依靠个人成就的。"一个一流的技术与二流团队的组合在效能上比不上二流技术与一流团队的组合。"梁建章对创始团队的自豪感溢于言表。

（资料来源：作者根据网络资料整理.）

# 4.1 创业团队及组建

## 4.1.1 创业团队

### 1. 创业团队的含义

一般来说，创业者将创意转变成真正意义上的产品，并且使其进入市场并获得盈利，要从人、财、物等角度考虑企业的建设。人才的支持对于创业者来说不仅仅是创业资源，还是创业成功的助推器。在创业之初，创业者需要建设一支有凝聚力、有工作效率的团队来为自己的新企业服务。

关于创业团队的含义，斯蒂芬·P. 罗宾斯（Stephen P. Robbins）在其所著的《组织行为学》一书中是这么定义的，创业团队就是由两个或者两个以上的，相互作用、相互依赖的个体，为了特定目标而按照一定规则结合在一起的组织。对创业团队的界定包括以下几个方面的条件：①在企业创立的较早阶段就加入企业；②拥有企业的股份；③在企业内部承担相应的管理工作或者其他任务。因此，可将创业团队定义为由两个或两个以上的人组成的，具有共同的财务方面的义务等，对企业的未来和成功承担责任；在追求共同目标和成功方面相互依赖；在企业成立前和创办时，担负相应的责任；此外，外界及他们自身都将他们视作一个社会团体。

**2. 创业团队的 5P 要素**

创业团队构成的 5P 要素包括目标、人、定位、权限和计划。

（1）目标

目标（purpose）是指团队应该有一个共同的既定目标，为团队成员导航，知道要向何处去。没有目标，这个团队就没有存在的价值。创业团队应将目标分为长期目标与短期目标。长期目标即公司的愿景，短期目标则是长期目标的分解。目标的完成过程，应当是所有团队成员共同努力的过程，而不能成为创业者自己奋斗的辛酸史。

（2）人

人（people）是构成团队最核心的力量，两个（包含两个）以上的人就可以构成团队。目标是通过人员具体实现的，所以人员的选择是团队中非常重要的一部分。一般来说，创业者都愿意选择那些技能最优、经验丰富的人员作为创业团队成员。当这些人员进入团队时，如何留住他们成为摆在创业者面前的一个难题。如果处理不得当，就会造成人才的流失，这是创业过程中的普遍现象之一。

（3）定位

定位（place）通常包含两个层次：一是团队在企业中的定位，是指团队在企业中所扮演的角色以及团队内部的决策力和执行力；二是成员在团队中的定位，是指团队成员在团队中扮演的角色及团队内部决策的制定和执行。一般而言，创业团队需要以下八种角色（表 4.1）。

表 4.1　创业团队需要的八种角色

| 角色 | 行动 | 特征 |
| --- | --- | --- |
| 协调者 | 阐明目标和目的，帮助分配角色、责任和义务，为群体做总结 | 稳重、智力水平中等，信任别人，公正，自律，积极思考，自信 |
| 决策者 | 寻求群体进行讨论的模式，促使群体达成一致，并做出决策 | 有较高的成就，极易激动，敏感，不耐心，好交际，喜欢辩论，具有煽动性，精力旺盛 |
| 策划者 | 提出建议和新观点，为行动过程提出新的视角 | 个人主义，慎重，知识渊博，非正统，聪明 |
| 监督评估者 | 分析问题和复杂事件，评估其他人的贡献 | 冷静，聪明，言行谨慎，公平客观，理智，不易激动 |
| 支助者 | 为别人提供个人支持和帮助 | 喜欢社交，敏感，以团队为导向，不具有决定作用 |
| 外联者 | 介绍外部信息，与外部人员谈判 | 有求知欲，多才多艺，喜爱交际，直言不讳，具有创新精神 |
| 实施者 | 强调完成既定程序和目标的必要性，并且完成任务 | 力求完美，坚持不懈，勤劳，注意细节，充满希望 |
| 执行者 | 把谈话和观念变成实际行动 | 吃苦耐劳，实际，宽容，勤劳 |

（4）权限

权限（power）是指新创企业中职、责、权的划分与管理。一般来说，团队的权限与企业的大小、正规程度相关。在新创企业的团队中，核心领导者的权力很大，随着团队的成熟，核心领导者的权限会降低，这是一个团队成熟的表现。

（5）计划

计划（plan）有两层含义：一方面是为保证目标的实现而制订的具体实施方案；另一方面，计划在实施过程中又会分解出细节性的计划，需要团队共同努力完成。

在创业之初，创业者往往会面临很多困难，团队的建设并不像想象中的那样简单，这需要创业者有心理准备。有时创业过程会与团队组建一起完成。由于创业活动的特殊性，创业团队不必具备每一个因素。随着企业发展逐步成熟，团队建设应该逐步完善，创业者应当时刻记住一句俗语"三个臭皮匠，顶个诸葛亮"。这正说明创业团队在创业过程中的重要性。

### 3. 创业团队的类型、优势与作用

创业团队并非一模一样，也不是一成不变的。依据创业团队的地位平等性和成员间依赖性的强弱，创业团队可以划分为不同类型，包括风铃型创业团队、环型创业团队、星型创业团队以及散点型创业团队。有些书中也将创业团队划分为领袖型创业团队、伙伴型创业团队和核心型创业团队。

（1）风铃型创业团队

风铃型创业团队是指存在一个"领袖"式的主导人物，但成员相互间的独立性较强的团队。团队中的"领袖"往往是掌握了较强的技术或较好的创意之后，寻找合伙人加入该创业团队的人。在选择合伙人的时候，"领袖"会根据自己的判断选择合适的人作为自己的"支持者"。风铃型创业团队的特点如下。

1）"领袖"的话语权较大。

2）作决策速度较快。

3）权力集中，导致决策失败的可能性增加。

4）在"领袖"和"支持者"的意见不统一时，"支持者"较为被动；但是，如果"支持者"离开团队，这种冲突对团队的影响相对较小。

5）不易形成权力重叠。

6）寻找团队目标的速度较快。

7）团队的执行力较强。

（2）环型创业团队

环型创业团队是由怀揣着共同的目标且相互依赖的成员组成的团队。这种创业团队没有一个明确的领导，而且它的形成通常是经过成员的共同协商后，将创业理念厘清，最终组合在一起的。对于新创企业而言，每一个"伙伴"都要找准自己在团队中的定位，并尽到自己作为"协作者"的职责。环型创业团队的特点如下。

1）团队中各成员的话语权较平等，没有特定的"领袖"。

2）在作出决策的时候，往往是大家共同讨论，因而作出决策的速度较慢。

3）作出错误决策的可能性较小。

4）在各"协作者"的意见不统一时，成员倾向于采用协商的态度来解决冲突；但是，一旦冲突升级，有成员离开团队，将对整个团队的结构产生很大的影响。

5）由于团队成员的平等性，团队当中容易形成权力重叠。

6）寻找团队目标的速度较慢。

7）团队的执行力较强。

（3）星型创业团队

星型创业团队集合了领导和成员的相互依赖两种特点。这种类型的创业团队中存在一个核心人物，他并不像"领袖"那样有着绝对的权威，在作出决策时要充分考虑团队成员的意见。另外，团队成员之间是相互依赖的，成员的地位也是平等的。因此，核心人物更多的是负责协调和统筹具体的管理工作。星型创业团队的特点如下。

1）核心人物的选择多数是由团队成员投票决定的，所以具有令人信服的领导地位。

2）由于核心人物的存在，团队作出决策的速度较快。

3）由于核心人物要考虑成员的意见，决策失误的可能性较小。

4）当核心人物和普通成员发生意见冲突的时候，普通成员较为被动，而且当冲突升级的时候，普通成员可能会离队。

5）不易形成权力重叠。

6）寻找团队目标的速度比较快。

7）团队的执行力非常强。

（4）散点型创业团队

散点型创业团队是指团队中不存在权威的领导，同时成员之间相互独立，工作中并不相互依赖的团队。这种类型的创业团队的内部存在较严格的规则以约束和聚合团队成员，因此往往出现在创业初期，团队中仅仅有一个模糊的创业目标。也就是说，这种团队提出的创业概念是笼统的、有待讨论的。随着理念的日渐清晰，散点型创业团队往往会向其他类型发展。如果一个创业团队一直保持着松散的状态，对企业的长期发展是很不利的。散点型创业团队的特点如下。

1）各成员的话语权较为平等。

2）团队作出决策的速度较慢。

3）作出错误决策的可能性较小。

4）成员之间发生意见冲突的时候，往往会平等讨论，通过协商解决问题。

5）有可能形成权力重叠。

6）寻找团队目标的速度较慢。

7）团队的执行力较弱。

创业团队的划分不是绝对的。由于领导权限和协作程度不同，创业团队的类型可以介于以上任意两种类型之间。另外，就像散点型创业团队会向其他类型演化一样，其他三种类型的创业团队也有可能互相演变。在企业发展的特定阶段，创业团队在不同类型之间演变对企业来说是非常有利的。例如，在营销中有一种策略是将企业打造成"狼团队"，有些人将其套用到创业团队中后发现也同样适用。可是，"狼团队"是星型创业团队。所以，对于新创企业，尤其是大学生创建的企业而言，"狼团队"是不利于寻找企业目标的。在实际中，大学生在创业时往往会选择风铃型或环型创业团队，待企业越来越成熟之后，才将团队转变成星型团队。这个时候，"狼团队"的主动出击和永不言败的优势才能慢慢展现出来。

创业者在寻找创业伙伴时，应该首先考虑的是具有共同目标，对创业活动同样有高度的热情和坚定的信心。与之相比较，对专业技术的要求并不是创业者首要考虑的因素。当然如果创业伙伴在技术上与创业者互补，则可以减少前期的研发成本，并且得到更多的创新想法。性格上具有互补性的合伙人在研究解决方案方面有更大的空间。在这一点上，团队创业比亲友合伙创业更加具有优势，一方面，亲友之间的利益关系总显得很尴尬，在绩效目标、利益分配上如果产生矛盾会波及整个家庭；另一方面，从心理学的角度分析，在面对团队成员时，人们更容易保持平等宽容的态度，能将自己的观点表达出来，因此更利于问题的解决。

团队可帮助创业者创业成功，但团队也存在一定的劣势，需要创业者认真对待，制订完善的计划以扬长避短。在创业团队中，团队成员会投入部分资金作为企业的启动资金。资金的共同投入可以缓解创业初期资金短缺的问题，也可以将团队的共同利益捆绑在一起，从而增加团队的凝聚力。但是如果在资金投入时没有制订一份合理的利润分配方案，在公司盈利之后就有可能因为利益分配不均产生矛盾。创业者应学会未雨绸缪，在入股之前就应该制订合理的利润分配方案。

另外，创业团队有时需要共同作出决策，如果对解决方案有不同意见却又不能相互妥协，就会造成时机的延误，导致收入损失。要解决这一问题，除了需要团队成员之间彼此宽容外，还需要有明确的职、责、权作为规范。作为创业领导者，应该有一定的判断力与决策力，能在多种方案中找到最合适的。在公司初创阶段，资金匮乏，人员数量少，团队成员往往因为共同的创业理想而忽视一些个人利益，但是等到公司步入正轨、盈利显现时，个人的利益就会凸显。如何处理此时的人际关系，对创业者来说，也是很大的考验。即便是被称为"神一样的男人"的乔布斯，也曾经因为处理不好人际关系而被迫离开苹果公司。

创业者要十分注重选择能够与创业者自身优势与劣势互补并符合企业需求的合伙人、关键的事业伙伴与管理者，这一点意义深远。

> **拓展阅读**

### 小团队如何做好大生意

PC 互联网时代正渐行渐远，移动互联网的创业浪潮汹涌而至。疯狂生长的移动应用（App）正占据新的风口，其中，一些热门应用更是凭借体量较小的创业团队，赢得了大量用户和风投的青睐。

然而风光背后，一项数据也给激情无限的移动互联网创业者们泼了一盆冷水。据艾媒咨询的报告数据显示：目前国内应用市场上，App 的生命周期平均只有 10 个月。85% 的用户会在 1 个月内将其下载的应用程序从手机中删除，5 个月后，这些应用程序的留存率仅有 5%。

在这样如火如荼的 App 创业中，这些小团队是因何脱颖而出，并缔造出"创富神话"的？红极一时之后，又该怎样避免"一红就衰"的尴尬？

**1. 团队虽小，却能成就"创富神话"**

2012 年 4 月，一张图解为"被收购后，照片墙（Instagram）的 15 个年轻人已经背着包到 Facebook 上班了"的照片，被各大科技网站争先发布。"15 个员工 10 亿美元""创立仅 551 天，取得 2 700 万 IOS 用户"等题目也成为各大媒体对 Instagram 这个火爆的手机应用的描述。众多互联网创业者感叹：移动互联网的"创富神话"将拉开帷幕。

2014 年 2 月，Facebook 宣布，将斥资 190 亿美元收购移动即时通信服务应用瓦次普（WhatsApp）。只有 50 名员工的 WhatsApp 在被收购之后，每个员工的平均价值高达 3.8 亿美元。这也成为硅谷的"新传奇"——只有 50 个人的 WhatsApp，服务全球 4.5 亿人。

这样的例子，给了黄光明莫大的动力。作为"魔漫相机"App 的创始人，黄光明在创业气氛浓厚的硅谷有过多年的工作经历，在大学毕业后加盟的第一家创业公司让他受益匪浅，之后虽然也在微软等大公司有过不错的职位，但黄光明还是觉得憋闷，因为他更喜欢创业的状态。

因此，学计算机的黄光明决定和学美术的校友任晓倩做一款 App：能让用户把手机拍下的照片迅速变成一幅幅漫画，以"随时看到幽默、乐观、快乐的自己"。

"做一个自己喜欢并且别人也喜欢的 App，况且这样的创业在移动互联网时代并不需要太高的成本。"黄光明说。如今，在获得数千万美元的 A 轮融资后，黄光明的团队已经扩充到 60 人，服务的用户则在 2 亿左右。

"看我们的后台，这么多外国人在'晒'自己穿中国汉服的漫画形象，这是泰语留言、这是西班牙语留言……"黄光明兴奋地说，"能让这么多外国人通过我们的 App 了解中国文化，我们感到很自豪。"

**2. 抄袭跟风现象严重，App 成活率低**

也许是因为进入门槛低，年轻的创业者们对 App 市场趋之若鹜。2013 年至今，"现象级"App 不断涌现，低门槛带动了 App 创业的火爆，同时也抬高了整个市场的淘汰率。

作为当红创意摄影社交 App"足记"的创始人，杨柳对此深有体会："现在手机 App 创业还是太浮躁，跟风现象很严重，一个'爆款'出来，马上就抄，甚至一些抄袭者在我们的微博、贴吧中大量留言，说我们的'槽点'太多，他们的更加好用，还附链接鼓励大家下载。"

初创团队一般人手比较紧张，对于抄袭，杨柳显得很无奈："我们没有那么多时间去处理这些事情，毕竟初创团队精力有限。但长此以往，原创团队被抄袭后'死'掉了，抄袭的团队由于只是抄了个形式也做不长久，这样做是恶性循环。"

除抄袭外，初创团队面临的另一个大问题就是刷榜。在应用商店，一些 App 制作团队为了抢占更加显眼的位置，会付出大量的精力和财力做宣传与推广，以吸引用户注意，这在一定程度上对那些充满创意，但并无太多额外资金做推广的团队非常不利。

在以色列的特拉维夫，手机 App 产业同样兴盛。作为英途公司的首席运营官，张磊曾多次带领国内的互联网投资者对特拉维夫进行考察，他坦言："与以色列相比，中国的移动互联网创业存在严重的跟风现象，这带来了同质化、激烈的竞争。创业者往往不能沉下心来专注于创新，而是更多地受市场左右，导致创新不足，泡沫较多，成活率低。"

**3. 专注完善产品，用创意留住用户**

成活率这样低，在 App 创业大潮中，创业者们又该如何保持产品的生命力？

"'魔漫相机'团队是 2008 年成立的，但我们的产品到 2013 年才正式上线，经历了 5 年的酝酿。"说到创业，黄光明不愿过多强调曾经遇到的困难，但他始终认为，专注完善产品，不忘初心非常重要。

"照片分享应用 Instagram 于 2010 年就推出了，直到 2012 年才真正大红大紫，中间两年就是不停地对产品精益求精。用户是因为产品体验好才用，而不是刷榜刷出来的。"黄光明说。

回想起初创岁月，黄光明感慨："当时我们的梦想，就是把艺术的东西放到计算机中，用户随便拍一张照片，立刻就能制作出各式的漫画和动画。这个听起来很酷，但是做的时候却发现非常困难。好不容易把 PC 端的问题一点点解决了，又赶上移动互联网大潮来临，初创团队的技术人员基本上全都要换新人。"

尽管如此，黄光明还是认为："对于新的趋势，团队要勇于做出改变，一步步深挖、反省，研究产品的特性，这样的产品才是难以复制的，才能受用户青睐。"

杨柳也认同这样的观点，她说，"足记"爆红后，虽然有跟风抄袭者，但是他们依然把主要精力放在对产品的完善上，"当我们的产品不仅仅是图像处理软件，而且拥有社交属性后，抄袭的可能性就小了，因为选择权在用户手中"。

"千万不要为了创业而创业。"对于想要涉入这个领域的年轻人，杨柳建议，"当然每个人都可以创业，但你要想清楚在做一件什么样的事情，因为只有真正打动了自己，才能打动跟你一样的人。"

（资料来源：郭佳. 手机 App 创业：小团队如何做好大生意[N]. 光明日报，2015-04-18(6).）

## 4.1.2 创业团队组建

**1. 组建一支优秀的创业团队的策略分析**

创业团队的组建，没有统一的程式化规程。创业者走到一起，多是机缘巧合，兴趣相同、技术相同、同事朋友甚至是有相同想法的人都可以合伙创业。创业要找最合适的人，不用找最好的人。一支豪华的创业团队，所创企业并不一定就是最好的企业。下面我们就研究一下，创业者如何找到一支适合自己的创业团队。

（1）具有共同的理想，利益兼顾

大学生创业时，一般首先会想到邀请与自己志同道合的同学、室友、工作中的同事加入，形成创业之初的合伙人团队，这是最初创业团队的形成方式之一。与西方不同的是，在中国的传统文化中，合伙人更多的时候等同于兄弟，是从"义"（即道德）

约束的角度认同的。在创业过程中，尤其是创业初期，当公司的利润并不显现的时候，创业者与合伙人考虑更多的是公司的利益，而耻于谈钱，友谊是维系他们之间关系的主要纽带。这种合伙人关系貌似牢固，但也有很大的弊病。当企业发展步入正轨，运营平稳，利润增加的时候，个人的利益观念就会凸显，合伙人的一方会因为付出与得到的不成正比而产生情绪，甚至离开团队并带走一部分利润，从而影响公司的持续发展。因此，在创建团队时，即使是最好的朋友也应该建立一个合理的利益分配制度，并得到合伙人的支持。在公司创建的时候就应该考虑建立健全公司的组织形式与绩效制度，这样公司就不会因为某个人的离去而无法正常运作，从而为公司今后的发展打下良好的基础。

（2）打造互补性团队

建立一支互补性的团队有利于公司的发展。高科技创业企业在建立之初，由于技术支持的重要性远高于其他方面，因此，大学生特别是理工科大学生在创立高科技技术企业时，更愿意找到一个技术方面的合伙人，以帮助自己提升产品与服务的优势。其实这种只关心产品与服务的做法是错误的。在组建创业团队时，应该强调补缺性，因为创业者在公司的管理上不可能面面俱到。补缺性是指在性格、能力、观念甚至是技术上的互补。技术型的创业者需要一个管理人才帮助自己建立公司的组织结构，并进行日常的绩效监督，也需要专业的人员进行财务的管理。当创业者自己不能做某些工作时，可以由团队成员共同提出解决方案。这种平衡和补充的作用可以保证新创企业的健康发展。

（3）打造稳定的初创团队

一开始就拥有一支成功的、稳定的创业团队是每一个创业者的梦想。但现实是，创业合伙人分手的概率是很大的，即使企业成功地存活下来并得到发展，创业团队仍然有分手的可能，而团队成员的离去有可能带走股份或者需要收购股权，从而造成公司的资金紧张。如果团队成员急于离开，创业者就应该考虑公司的管理是否出了问题并及时与团队成员沟通，解决问题。在企业发展的初期，团队成员的离开有时会造成"灾难性后果"，这一点创业者应当在招募时想到，并与团队成员作出约定。

（4）学会及时沟通

创业者在寻找创业团队时，首先应制订一份计划，至少应该在心里有一个明确的想法，你想要哪方面的人员，你希望他从事什么样的工作，你能够给予对方哪些有利条件等。招聘只是招募团队成员的一种方式，创业者还可以多参加一些所要招聘人员的活动，以便找到合适的人选。如何说服对方加入你的创业活动中也是创业者需要考虑的问题，例如，对他描述企业的发展前景，坦率地讲出你目前遇到的困境以激起他实现价值的渴望，是十分有用的方法。沟通需要技巧，创业者应当成为一个沟通高手，通过沟通可以使双方了解彼此的需要。

团队的组建，可以是夫妻，如李彦宏和马东敏，他们合伙创建了百度；可以是父子，如方太厨具；还可以是兄弟，如希望集团。

**拓展阅读**

### 3人小组模式的网状团队

韩都衣舍是起家于淘宝网的互联网品牌，2015年收入超过15亿元。其创始人、CEO赵迎光从韩国留学回来的大学生，他认为自我裂变、不断进化的小组制是韩都衣舍创业成功的秘籍。

韩都衣舍的小组制是公司的发动机，老板拥有的权力小组全有。韩都衣舍的模式是"以产品小组为核心的单品全程运营体系"，即去中心化的。这个产品小组通常由3个人组成，所有公共资源与服务都围绕着小组去做。3个人中有一个设计师，一个负责产品页面推广，还有一个货品专员，就是采购的角色，负责供应链的组织。这种小组在韩都衣舍现在有280个。这280个小组没有绝对的中心，所有的公共平台都围绕这些小组服务。

在韩都衣舍，每天早上10点公布前一日所有小组的业绩排名。优秀的小组会拿到较高的奖金。小组内奖金的分配由组长决定。优秀的组员如果想分得更多钱，可以退出小组，自己组建新的小组。销售排名在后面的小组组员的奖金较其他组少很多，这样的小组组员自然就不想在挣钱少的小组干了，这就促成了小组的分裂。小组分裂后，可以重新自由组合，也可以加入新员工组建的新的小组。

这样，每个小组都是一个竞争因子，几乎就是一个个小公司。很多公司都想尝试这种"把公司做小"的理念，而韩都衣舍依托互联网轻装上阵，因而走得更远。

（资料来源：孙洪义，2016.创新创业基础[M].北京：机械工业出版社.）

**2. 团队管理的策略**

（1）创业团队的成长

从创业团队的生命周期来看，当团队发展到追逐权力的阶段时，团队冲突会增加，矛盾会加剧，团队效率也会降低，部分核心成员会选择离开团队，因此许多团队在"争权夺利"这个阶段就停止了发展。对于新创企业来说，此时的生存和发展可能面临着重大危机。如何突破这个瓶颈，实现团队自我超越，是创业团队建设应考虑的关键问题。

事实上，在创业过程中，创业团队的成员构成和组织架构经常发生变动。创业团队的变动性从短期来看，更多的是会增加创业风险，一旦团队遭到破坏，创业资本、技术、人才等创业资源都会流失；但从长期来看，创业团队变动不可避免，在变动的过程中可能会演化成结构更合理、共同点更多的创业团队。创业过程是团队成员磨合的过程，这个磨合过程可能出现以下三种结果。

1）创业团队成员相互之间更加了解，重视团队资源和承认团队力量，团队合作的意愿更强烈，团队合作文化进一步形成。尽管团队成员之间可能在经营理念、个人利益等方面存在分歧和矛盾，但共同的价值取向、企业的整体利益在维持团队稳定和发展中起到重要作用。

2）团队合作力量和意愿与冲突和矛盾的力量能够相对平衡，或者使冲突力量离散，形成相互牵制，维持相对稳定。这种创业团队达成共识的时间少，但能够相互妥协，寻求利益共同点，而这种妥协可能以牺牲效率为代价。这种创业团队在发展过程中，可能面临矛盾进一步激化、内耗力量增加，难以维持平衡等问题。

3）团队成员经过一段时间磨合后，很难形成共同点，团队文化无法建成，团队消除矛盾和冲突的力量及意愿不足，这时团队就会面临解散的风险。因此，随着新创企业的发展，创业团队的领导者要注重权力和地位的激励机制，将团队成员的工作成效和职业生涯发展、地位提升有效地结合起来，建立并维护好创业团队的运作原则，使团队成员之间相互尊重和信任，能够倾听彼此的意见。基于不同的工作分工，可以让成员们在各自的领域中发挥领导作用，这对团队的凝聚具有积极的作用。

（2）创业团队冲突的避免

创业团队在发展的过程中会遇到各种矛盾，从而产生冲突。如何应对和解决这些冲突？创业团队应发挥互补优势，建立成员之间相互合作和学习的重要机制。这既有利于创业的成功，又对减少和解决团队内部的冲突有着正面积极作用。正如很多创业案例所描述的，创业能否继续，在很大程度上取决于核心团队成员能否看到其他人的长处，并不断地相互学习。因此，为了避免创业团队的冲突，在建立和管理团队的时候应该遵循如下原则。

1）打造合作式创业团队。意见不统一是创业团队内部常见的一种现象，而一个合作式创业团队会在不统一的意见中寻求团队合作的可能性。合作式创业团队会主动寻找每个成员的特长，并通过利用他们各自的优点，将团队的最大潜力发掘出来。

2）避免团队内部不适宜的竞争。创业团队内部之间有意见分歧是正常的，但如果这种分歧演变成了过度竞争而非寻求共识，那么这种竞争就会成为危害团结的负面行为。创业团队的各成员应该观察各自的优点并取长补短，这是团队领袖或管理者在管理团队的时候应该特别注意的。

3）在集思广益和果断决策之间找到平衡点。如果创业团队广泛地听取每个成员的意见，那么对于团队作出正确的决策无疑是非常有利的。但是，如果过度地强调团队内部的意见表达，那么可能出现"议而不决"的情况。所以，在团队内部的讨论中，团队领袖或管理者要推进团队内部的"决议终决权"。

4）确立团队的目标。团队的目标不宜太多，否则成员很难集中精力完成任务。在确立团队目标时，创业团队可以利用 SMART 原则（图 4.1），即明确性（S）、可衡量性（M）、可达成性（A）、相关性（R）、时限性（T）。

S——团队的目标要有具体明确的范围、程度、时间和效果等。

M——团队的目标应该是可以用某种标准来衡量的。

A——团队目标的实现是可以具体分配给某个人或某些人去完成的。

R——团队目标要切实可行，同时要具备足够的资源。

T——团队目标的实现时间要明确。

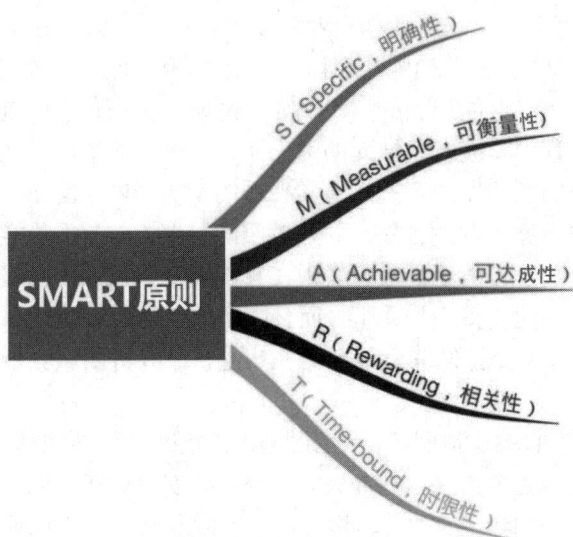

图 4.1　SMART 原则

　　5）适时调整团队构成。就像整个创业过程一样，完善的团队结构的建立也不是一蹴而就的，而是要经过实践不断调整和磨合的。另外，随着企业的不断成长和重新定位等，原有的团队组成也可能不再适应新的企业的管理需求。所以，创业团队在任何阶段都有可能不断调整结构、不断进化。在调整的过程，成员之间的摩擦和矛盾可能会显现出来。此时，需要团队的管理者运用其他原则来避免或减少团队内部的冲突。

　　值得强调的是，创业团队的稳定不是指创业团队一成不变，而是一种"动态的稳定"。创业团队的创建应该遵循"按需组建，渐进磨合"的方式。创业团队的建设也不是一步到位的，一开始就拥有一支成功、稳定的高绩效团队是每个创业者的理想，但这种可能性微乎其微。这就需要在合理组建创业团队的基础上，不断加强团队管理，通过建立合理有效的激励机制，让创业团队成员在相互尊重、相互信任、公平、公正的团队氛围中，密切联系、协同配合，以保证创业团队的成长能够满足新创企业发展的需要。

　　（3）创业团队的协作

　　有句著名的谚语："你可以把马牵到水边，却不一定能强迫它饮水。"团队成员有时就像马一样，需要相互协作，协作是团队凝聚力的基石。要让团队成员互相配合、好好协作，需要遵循以下几点要求。

　　1）统一解读团队价值观。事实上，创业团队内部的很多障碍是由于误解而产生的，而产生误解的原因是缺乏一套共同的沟通语言。有时候，创业团队内部的矛盾并非价值观不同而引发，而是各个成员对同一个价值观的认知出现了偏差，再加上价值观没有统一地解读和分析。这种情况的产生势必会打击创业团队的凝聚力和执行力。首先，必须对价值观形成趋同的理解和解释。即使一个简单的概念，不同的人对其也可能产生不同的理解。其次，团队的管理者不能只要求其他成员坚守团队价值观，自己也要坚守团队价值观。所以，对价值观的权威解读和价值观的统一同样重要，它们能够减少团队成员之间的矛盾和误解。

2）构建良好的团队文化。在新创企业建立的过程中，创业者常常关注企业文化，却忽视了创业团队的文化。创业当中的合作风险很大，因为即便创始人做好了万全准备，与团队成员的合作还是有可能遇到麻烦。例如，团队成员在创业之前是非常好的朋友，可是在一起创业的过程中就会发现彼此的另一面，从而在各个成员之间产生隔阂。这样的情况对于创业团队的长期发展会产生非常严重的消极影响。良好的团队文化是能够减少成员之间的隔阂与矛盾的有效方法，并且对团队凝聚力的提升有着潜移默化的影响。良好的团队文化对团队建设的正面效应表现在它能够令各成员更加尊重和信任彼此，团队成员之间的关系会因此变得更加协调。而且，团队文化能够让团队成员的工作态度变得更加积极主动，并让整个团队紧紧地凝聚在一起，最终将团队竞争力提升到一个全新的高度。

3）建立公平有效的激励制度。无论创业团队的管理者怎样避免团队冲突，团队在实际运行当中都不可能完全消除内部冲突。此外，新创企业在与同类企业的竞争中，必然会遇到各种意料之外的情况。因此，切实可行的激励制度对于创业团队处理和减少这些麻烦来说是很有必要的。创业团队的激励制度包括荣誉和报酬等。荣誉包括成员的成就感和地位，甚至包括受到尊重和承认等感觉；对于成员的报酬，合理的分配是让成员忠于团队的必要条件。有效地利用荣誉和报酬两种激励制度，是维系创业团队正常运行的有效手段。

（4）组织必要的团队活动

团队活动是让团队成员之间互相了解的平台之一，可以随意安排，如喝咖啡、外出就餐、郊游等各种娱乐活动；可以做一些特殊安排，如为某位成员庆祝生日、为元老级别员工庆贺、为某人庆贺周年纪念等；还可以安排一些游戏活动。通过这些活动来调节，可以让成员更好地相互了解，培养感情，融合成一家人。融洽的感情在关键时刻会起到重要作用，能帮助团队披荆斩棘、迎风破浪、共渡难关。

**拓展阅读**

### 义工精神培养企业文化

杭州甲骨文科技有限公司（简称甲骨文公司）位于华星路的创业大厦。该大厦是淘宝网曾经的办公地，当时甲骨文公司只有二三十人，"藏身"在淘宝网的办公楼内，嗅到的正是互联网蓬勃发展的气息。

甲骨文公司董事长顾惠波在创业10年后回忆说："当初创业伙伴一共有8人，现在6人还留在公司，其余2人去了外地发展。今天留下来的中流砥柱都是比较务实的人，能踏实地去做许多事情，也能够比较专注地做好一件事。所以，我们不在乎你有多聪明，更看中踏实做事，这也是我们企业寻找员工的价值观。"

甲骨文公司做的是商品防伪溯源技术，近一半员工都是做技术的。顾惠波是学法律出身，他用了很特殊的方法凝聚团队——做义工，并以此培育形成了公司的文化。"每个新员工入职时都会被告知，进来后要做浙江省爱心事业基金会的义工。"到目前为止，他们还没碰到过一个不肯做义工的新员工。

2008年，甲骨文公司以全公司的名义加入基金义工管理办公室下属的阳光社团。甲骨文公司内部有一项加星制度：新员工加入义工社团，就可以为自己加上一颗星；在工作上有积极表现，同样可以加星。累计后，可以为自己赢得晋升机会，还能加工资。顾惠波说，当初公司选择橙色为主色调，就是希望整个团队充满激情。公司开始的时候人少，但有激情，后来人多了，反而缺乏激情了。通过让员工参与义工活动，不仅能帮助别人，还能激发新的激情，而且更有价值和意义。

（资料来源：孙洪义，2016.创新创业基础[M].北京：机械工业出版社.）

（5）加强团队管理

新创企业的管理，实际包含公司组织、生产服务、市场营销等方面，但新创企业的管理重点一般会落在生产管理、市场、服务等环节上，而忽视团队的建设与管理。这种做法是不科学的。团队管理应从以下几个方面入手。

1）注重团队凝聚力。团队的凝聚力是指群体成员之间为实现共同目标而实施团结协作的程度，凝聚力表现在人们的个体动机行为对群体目标任务所具有的信赖性、依从性乃至服从性上。在创业过程中，团队所有成员都认同整个团队是一股密切联系而又缺一不可的力量。团队的利益高于团队每一位成员的利益，如果团队成员能够为团队的利益而舍弃自己的小利，团队的凝聚力就极强。

2）合作第一。虽然创业团队中每一位成员都可以独当一面，但是合作仍然是团队成员首先要学会的。在成功的创业公司中，团队的成功远远高于个人的成功，而且创业者与团队核心成员相互配合，共同激励。

3）致力于价值创造。团队的每一位成员都致力于价值的创造，大家想尽办法解决问题，而且一旦决策方案提出，大家都会执行，每一位成员在公司从成长期发展到成熟期的过程中，都尽力做好，当然在这一过程中，各成员不但能够获得丰厚的物质回报，同时个人的技能也得到提升。

4）分享成果。在新创企业中，一般的做法是将公司的股份预留出10%～20%，作为新的团队成员的股份。团队中不仅要有资金的分享，还要有理念、观点、解决方案的分享。

5）重视绩效考核。绩效是指给评估者和被评估者提供所需要的评价标准，以便客观地讨论、监督、衡量绩效。绩效管理可以使团队成员明确自己的职、责、权与团队的目标和计划，明确自己的角色与承担的工作，同时也可以根据自己的价值对自己的薪资产生期待。

6）充分发挥决策者的作用。决策者的角色一般由企业的拥有者承担，他们不但对问题进行决策，而且承担决策产生的后果，所以在公司作出每一项重要的决策时，决策者通常都会在决策前召集团队成员讨论解决方案。如果大家的意见与决策者相左，决策者就应该重新分析方案的可行性，并对方案进行修改。决策的主要内容是公司发展的长期目标与一定阶段的计划。

7）明确执行者的任务。执行者是根据公司制订的业务计划和目标，从职能领域中安排自己的工作和计划，细化量化自己的工作，具体执行决策者的决策。在新创企业中有时会遇到团队成员职、责、权混淆的情况，这时就需要制定规范化的企业制度，以保证团队成员的工作；而且企业的拥有者也应该时刻记得自己的角色分配。需要明确的是，决策者的角色并不是一成不变的，而且决策者应首先以执行者的标准来要求自己，只有当自己完成方案时，才能将方案交给其他执行者去执行。

团队的决策者（大部分情况下是 CEO）就像一位"船长"，在设定好目标后确保船持续朝着目标航行，随着船员的增加，CEO 需要花更多的力气寻找好的船员和把他们放在对的位置上，当规模达到一定程度时，就需要建立轮班、品质管控、作业流程等制度。因此，一位出色的 CEO 的学习能力、适应能力和团队管理能力应该是非常强的。唯有一个安定且做真实自己的领导者，才能有一个无恐惧、互谅、互信、目标高远的团队。

**拓展阅读**

## 3g 集团发展与团队成长的故事

### 1. 3g 的基本情况

1998 年，3g 房地产开发有限公司（以下简称 3g）于河北省秦皇岛市成立，至今公司已经成长为涉足房地产、物业、酒店餐饮、教育、文化、旅游、船运、贸易和高科技电子制造等 15 个行业的优秀民营企业，资产逾 10 亿元，曾被评为"秦皇岛市民营企业 20 强""河北省百强企业"。

A 先生是公司的创办人，多年来一直是公司的"当家人"。"广立信，顺大势"是他的个人理念，"广立信"表明了为人处世的态度，即广交朋友，对朋友诚信，做生意靠朋友，做生意讲诚信；"顺大势"代表了一种经营理念，即顺应时代的发展趋势，顺应国家政策走势，顺应秦皇岛的区域发展。如今这一理念已经成为 3g 的企业文化。

高速发展、多元化经营、涉足十多个行业，公司不断取得成就的同时，一些问题也逐渐凸显。其中一个让公司上上下下都感受到的难题就是，事业发展了，人才跟不上。人才匮乏，想引进的人才不肯来，费尽力气引进的人才又不好融入团队，老员工成长缓慢等这些团队建设问题，成了摆在企业面前的难题，尤其是对于经过了创业阶段、面临二次创业的民营企业。为此，3g 人想了很多办法，也费了很多心血。

### 2. 3g 团队建设的经验

3g 从创业初期的几个人，到目前包括董事长、总经理、副总经理和各个事业部、子公司的负责人在内的中高层团队有 20 多人，员工总数上千。多数中高层领导都是跟随 A 多年打拼、风风雨雨过来的人，也有少数成员加入公司时间不长，如教育事业部的负责人就是从北京聘请的经验丰富的专业人才。还有其他一些如事业部、人力资源部等都相应引进了人才。

深入 3g 团队，就会发现两个鲜明的特点：一是这个团队有着强大的凝聚力、向心力，有着和谐快乐的气氛，像个大家庭，员工像兄弟姐妹一般，当家人 A 就像是这个大家庭的兄长；二是一提到公司当家人 A，无论是中高层的领导班子，还是普通的基层员工，无论是跟随公司多年的老员工，还是加入时间不长的新员工，无不为 A 的个人魅力所折服。

A 推崇人性化管理方式，强调"用感情留住人，用事业培养人，用待遇吸引人"。3g 能够吸引人才主要有赖于这些用人理念和方法。

"用感情留住人"，主要体现在处理自己与员工的关系上，必须摆正自己的位置。在对待员工的态度上，A 认为关键是要懂员工，知道执行者想什么、干什么、需求什么。一定要换位思考，不能跟员工较劲，因为不让员工先笑起来，顾客不可能笑起来；要平等地对待员工，不把自己当老板，不拿权力硬压人，有事情要协商。有关摆正自己的位置还体现在各方面都要对得起党和政府、对得起员工、对得起客户、对得起朋友。

"用事业培养人"，A 也有一套做法，他认为必须给员工一个发展的平台，尤其是对有能力的人才，让他们有机会成长，这甚至比金钱更重要。3g 之所以涉足如此多的行业，就因为怕事业机会少了，人才成长的机会也就少了，人员不好安置。给人才管理事情的机会，同时充分地放权，除了需要自己出面的大事，以及必须参与的重大决策外，一般都放手让主管的人去经营。集团公司的总经理也这样认为，锻炼人、培养人主要是给他事情去做，让他们在实践中成长。

"用待遇吸引人"。A 认为员工到 3g 工作，是要追求个人付出与所得平衡。员工没有一个像样的收入，不可能有干劲。在这方面，3g 人的反馈最说明问题，大家对薪酬的满意度较高，没有一名中高层团队的人提到工资待遇不公平的问题；相反，大家普遍认为 A 比较慷慨、大方，从来不在员工的工资上计较。目前，中层员工基本都买了私家车，收入水平在当地相对较高。在福利方面，所有员工都按照国家规定交纳保险。节假日休息，也完全按照国家规定执行，公司宁愿中高层领导多加班，也要尽量让普通员工按时休息。

军人出身的 A 并不采用过于军事化的管理方式，他注重的是人性化管理方式。他认为自己所从事的主要以服务业为主，不是制造业工厂类型或计件工作类型，无法将工作任务定量化，只有让员工苦中有乐、乐在其中，才能服务好客户，一旦有事，"打硬仗"，没事了，就组织培训学习。从很早开始，3g 定期组织员工外出旅游、学习，并尽量给员工一个轻松快乐的氛围。从不因为自己的原因而伤害员工也是 A 的一个待人原则。员工有困难，第一时间到，小事员工自己克服，大事替员工办，让员工能够安居乐业。

**3. 3g 团队建设的困惑**

依靠个人魅力和人性化的管理，3g 建立了一个团结、凝聚、和谐的团队，但这种家族式的、人性化的、充满人情味的团队并非毫无问题。从 3g 整体发展角度考虑，团队建设仍然面临很多难题。

1）事业发展了，人才跟不上。房地产业是 3g 的龙头产业，是集团主要的利润来源，早期 3g 地产抓住了旧城改造的机遇，依托秦皇小区承建 3g 花园，后来又开发了 3g 园、青年城、法国小镇和现代城几个项目。这些项目虽然在档次上逐渐提升，但基本的定位是为百姓盖好房子，主要客户还是基于秦皇岛本地居民，满足居民的住宅需求。近两年涉足的"金梦海湾"项目则是市政府着力打造的海港区高端项目，性质有很大的不同。项目越做越大，越来越高端，其间蕴含的风险也就越来越大，这对现有的队伍提出了挑战。能否驾驭更为复杂多变的局面，有赖于现有团队的成长。3g 的业务中不只房地产项目，酒店、教育、旅游、文化等产业也在发展，逐渐增多的产业和逐步上台阶的事业局面都对人才提出了更多的要求，所以队伍建设必须跟上去。

A早就感觉到了队伍建设的难题。在企业发展的过程中，他一度感觉到缺乏人才，员工与自己的思路脱节，队伍的能力跟不上。于是他想尽办法从外面挖人才，请进来，同时走出去，让队伍到外面去看去学，跟其他优秀企业学习，跟同行学习，加强内部培训，而且他自己也寻求顾问团队的帮助。

尽管如此，人才跟不上的局面依然存在，而且着眼于未来发展的需要，团队建设更是一个紧迫的问题了。如何化解这一难题成了摆在企业发展中的一个主题。

2）新人引进了，融合很困难。目前，3g的核心团队成员主要是跟随A多年的"老人"，这其中有亲戚、朋友，他们一起创业，一起成长。"老人"在一起的时间长了，协作起来比较容易，而且长期受A个人魅力的影响，凝聚力很强，一心为了企业发展，很少有内部争斗和矛盾。但是，老人也有不足，在一起久了，难免缺乏创新能力，不是每位老员工的能力都能符合企业快速发展的要求。在一个专业化要求不断增强的环境下，必须不断补充新鲜血液，引进新的人才。

3g 在中高层团队和各个事业部的骨干员工队伍中不断引进新的人才，但新人的引进产生了两个问题：一是引进新人可能会引起"老人"不高兴。专业性的新人才需要给予很高的待遇，这会使得一些"老人"觉得不舒服。另外，新人在事业思路、做事方式和待人接物方面必定与老员工存在差异。因此，新人如何融入现有团队成为一个难题。二是一些新进入的"80后"和"90后"员工的思路和行为与老员工截然不同，该如何管理他们，这也是很多企业都碰到的一个问题。

3）人才培养了，流失损失大。另一个让3g困惑的团队建设问题就是人才流失。公司为了培养人才，让他能够独当一面，往往要投入很多心血、内外部的资源和大量的培训与学习费用。这类人才一旦流失，公司的损失会很大，不仅业务发展受影响，以前的投入也都打了水漂。

近两年，3g的人才流失问题有加重的趋势，几个事业部的负责人因为诸多原因离开了，虽然主要是因为出国定居等个人因素，但毕竟发生了。如果人才流失严重，那么还要不要在人才培养上下功夫呢？如果继续大力培养人才，会不会是在为他人做嫁衣呢？

（资料来源：作者根据网络资料整理.）

# 4.2  创业资源及整合

## 4.2.1  创业资源概述

### 1. 创业资源的内涵与种类

创业资源是企业创立以及成长过程中需要的各种生产要素和支撑条件的总和。

这里需要说明的是，对于创业者而言，只要是对其创业项目和新创企业发展有所帮助的要素，都可归入创业资源的范畴。例如，针对大学生创业出台的一些利好政策（贷、免、扶、补），就属于创业资源的范畴。

从创业资源的内涵上看，创业资源涵盖的范围很广，要素众多。为了便于更好地认识、区分和理解创业资源，从分类学的角度，创业资源有三种分类方法。

（1）按其来源划分，创业资源分为自有资源和外部资源

自有资源是指创业者或创业团队自身所拥有的可用于创业的资源，如自有资本、技术、创业机会信息等。外部资源是指创业者从外部获取的各种资源，如从亲朋好友、商务伙伴、其他投资者、银行借贷等筹集到的投资资金、经营空间、设备、其他原材料或政策支撑等。

（2）按其存在形态划分，创业资源分为有形资源和无形资源

有形资源是具有物质形态的、价值可用货币度量的资源，如组织赖以存在的自然资源以及建筑物、机器设备、原材料、产品、资金等。无形资源是具有非物质性形态的、价值难以用货币精确度量的资源，如人力资源、信息资源、政策资源以及企业信誉、形象、品牌等。

（3）按其性质划分，创业资源分为人力资源、社会资源、财务资源、物质资源、技术资源和组织资源

1）人力资源，包括创业者与创业团队的知识、训练、经验，也包括组织及其成员的专业智慧、判断力、视野、愿景，甚至是创业者、创业团队的人际关系网络。这里需要说明的是，创业者及创业团队的知识经验是成功创业最核心的资源，一流的团队比一流的项目更重要。这就是现代企业高薪聘请专业化的团队管理和运营企业的原因，如被称为"打工皇帝"的微创（中国）董事长唐骏。

2）社会资源，主要是指由人际和社会关系网络而形成的关系资源，是特殊的人力资源。社会资源能使创业者有机会接触大量的外部资源，有助于通过网络关系降低潜在的风险，加强合作者之间的信任和信誉。根据斯坦福大学研究中心的一份调查显示，一个人赚的钱，12.5%来自知识，87.5%来自基于正常社会经历建立的人际关系。因此，社会联系较多者创业的个人成本较低。

3）财务资源，包括资金、资产、股票等。对创业者来说，财务资源主要来自个人、家庭成员和朋友。由于缺乏抵押物等多方面原因，创业者从外部获取大量财务资源比较困难。

4）物质资源，是指创业和经营活动所需要的有形资产，如厂房、土地、设备和原材料等。

5）技术资源，包括关键技术、制造流程、作业系统、专用生产设备和技术资产等。技术资源是新创企业存在和发展的基石，是生产活动和生产秩序稳定的根本。企业只有不断开发新技术、新产品，建立充足的技术储备和产品储备，才能在竞争中立于不败之地，如惠普公司、英特尔公司等高科技企业，造就了硅谷神话，为美国创造了巨大的社会财富，首先依靠的就是核心的科学技术。

6）组织资源，包括组织结构、作业流程、工作规范和质量系统。组织资源通常是

指组织内部的正式管理系统，包括信息沟通、决策系统以及组织内正式和非正式的计划活动等。

**2. 创业资源的特点**

创业资源具有经济价值并能够创造新的价值，除此之外它还具有以下特点。

（1）创业资源的外部性

创业资源大多为外部资源，新创企业普遍资源短缺，创业者往往只拥有少量的资源，甚至两手空空。因此，创业者获取资源的有效途径就是使外部资源内部化，特别是对于关键性创业资源要能够有效地获取与整合。

成功的创业者大多是资源整合的高手，创造性地整合外部资源是他们成功的关键因素之一。资源整合的高手——蒙牛集团董事长（牛根生）曾讲，企业 90%的资源都是整合进来的。

牛根生刚开始只是伊利的一个洗碗工，凭着自己的勤奋和聪明才智做到生产部门的总经理。后来因其他原因从伊利辞职。那个时候他已经 40 多岁，去北京找工作，人家嫌弃他年纪大，无奈之下，他又回到呼和浩特，邀请原来伊利的几个同事，一起出来创业。人有了，但是他们又面临着没有奶源、没有工厂、没有品牌，每一项都是致命的。

第一个问题，如何寻找奶源。牛根生通过人脉关系找到哈尔滨一家乳制品公司，这家公司的设备都是新的，但是生产的乳制品质量有问题，同时因为营销渠道这一方面没有打通，所以产品一直滞销。牛根生与这家公司的老板说："你来生产，我们这几个人都是伊利技术高层，做技术把关，牛奶的销售铺货我们也承包了。"这位老板一听，马上答应下来。

第二个问题，没有品牌怎么办。在乳制品这个行业，没有品牌很难销售，因为品牌代表着安全、可靠。借势，整合，打出口号"蒙牛甘居第二，向老大哥伊利学习"。口号一出，让伊利哭笑不得。一个不知名的品牌马上跻身全国前列。牛根生不只是盯着伊利，还把自己的品牌和内蒙古的几个知名品牌联系起来，说："伊利、鄂尔多斯、宁城老窖和蒙牛为内蒙古喝彩！"因为前三个都是内蒙古的驰名商标，自己的品牌放在最后，给人的感觉就是内蒙古的第四品牌。牛根生整合品牌资源，迅速让蒙牛成了知名品牌。

第三个问题，没有奶源怎么解决。在这方面，蒙牛整合了 3 个方面的资源：一是农户，二是农村信用社，三是奶站的资源。蒙牛提供担保，从信用社借钱，然后把钱借给奶农养牛，而且蒙牛承诺包销路。奶牛生产出来的奶由奶站接收，蒙牛再找到奶站买奶源。蒙牛定时把信用社的钱还了，把利润给了奶农，趁机喊出一个口号："一年养 10 头牛，过的日子比蒙牛的老板还牛。"

很多事情，不是自己想做就能做，即使自己能做也很难做好，而且会花费太多的人力与物力。资源整合在创业过程中是必不可少的，发挥自己的长处，整合别人的优势，用更少的成本创业，或者说零成本创业都有可能。

（2）创业资源的异质性

资源基础理论认为企业的竞争优势源于企业拥有的异质性资源。资源异质性是指其具有价值性、稀缺性、难以模仿性和难以替代性，从而构成了企业竞争优势的内生来源，包括创业者在创业过程中形成的有特色的创意、创业精神、创业动力、创业初始情境等，就是属于这类具有异质性和固定性的资源。

（3）创业资源的差异性

人们拥有的知识不总是对于具体事务而言，而是分属不同的认识主体，相互之间难以完全统一，这就是所谓的知识分散性。分散性知识的存在，意味着对于同样的资源，创业者会看到他人未能发现的不同效用、产生不同期望、作出不同的投入和产出判断，从而产生超出一般商业资源的新价值甚至是超额利润的效果。例如，苹果手机正是由于创始人乔布斯在面对手机市场资源时发现了手机应用的其他效用，发明了移动智能手机，才占领了市场。

（4）创业资源能实现新效用

资源价值来自资源属性的效用，而资源效用不是一成不变的，会在社会活动中不断被发现。创业者按自身发现的效用对所获资源进行开发利用，把发现的资源新效用变成产品或服务的新功能，以此获得价值增值甚至是超额利润。这种发现和实现资源新效用的过程，就是创业活动的本质。

**拓展阅读**

## 没有任何背景时 最大的资源是自己

灯光打在"创业英雄分享会"的讲台上，刘伯敏衬衫笔挺，洋溢着自信的微笑。很难想象，这位如今拥有3家公司、受邀参加夏季达沃斯论坛的青年企业家，7年前还是个出了火车站连地铁票都不会买的农村娃。

在国家"大众创业、万众创新"政策的号召下，无数"80后""90后"投身"双创"浪潮。在与大时代的共舞中，有一批佼佼者实现了人生的华丽蜕变。

7月底在徐州举办的2017年全国大学生创业实训营上，几位"老大哥"面对台下300名初尝创业滋味的在校大学生，宁愿放下架子，以一个过来人的身份，掏心窝子讲了自己刚创业时的挫折与奋斗。

**1. 我给自己定位——绝对不要面子**

刘伯敏是"江宁合伙人"众创空间创始人，他最初的创业信念来自两句誓言。

出生在甘肃陇西山区的他，自幼家境贫寒，就连上大学的学费都是乡亲们凑出来的。离开家乡前，他向父亲发誓："我是第一个走出我们村的孩子，我不向家里要一分钱。"

愿望固然美好，刘伯敏却在大一下半学期陷入了窘境，最困难时身上只有50元钱。为了生存，他做多个兼职，后来他想："家人、乡亲让我来到这个地方，难道只是为了端盘子洗碗吗？"

恰好此时，有一家饮料企业举办全国大学生创业大赛，要求参赛团队帮他们设计营销方案，然后实战营销。刘伯敏凭借之前积累的兼职经验，组队参加并且夺得了大赛的二等奖，拿到了20万元奖金。

但就在大赛的颁奖典礼上，刘伯敏又出了洋相。"我普通话说不清楚，上台发现发言稿没带，越来越紧张。灯光打过来，我忽然两眼发黑什么也看不见，腿抖得不行。

我发誓，从此要学好普通话。"

依靠创业大赛的奖金，刘伯敏注册了服务于企业校园推广的文化公司，随后又紧跟形势，创办了校园短信订餐平台，但都反响平平。直到在一次聚会中，刘伯敏结识了南京和善园的老板，并被聘请为该公司的总经理，他的创业道路才驶上了快车道。

"虽然当初我有些害羞，但是从大一开始创业起，我就给自己定位——绝对不要面子。"刘伯敏告诫在场的同学，"我不认识大企业家，就给他们发名片，跟他们交流。当我们没有任何背景、资源的时候，最大的资源就是自己。"

新疆思仲生物科技有限公司董事长朱铭强也同意这个说法。朱铭强是西北农林科技大学的林学博士，致力于中药原材料杜仲的研发与推广。尽管杜仲的药用价值巨大，产品利润也很高，但依然有很多投资人不愿关注它。

面对困难的推广局面，他并不气馁，逢人就讲解杜仲的功效与前景。朱铭强说，有一年他给各种各样的人共做了48场报告。融资前几乎每个周末，朱铭强都要给前来考察的人讲解，让他们体验公司不同的产品。

"不要害怕挫折，有时可能你心里不舒服，但是你要踊跃地去给别人讲。就像我讲了48场报告，其实成功的就那一场。我拉来了上千万元投资，把公司搭建起来了。"朱铭强说。

朱铭强以自己的经历勉励同学们，创业者不要过多去注意别人的看法，而要对自己的产品充满自信，坚持自己的想法走下去。

**2. 一定要选择最熟悉的行业去创业**

大学生社会阅历不足，缺乏市场和管理经验，如何找到适合自己的创业方向？对此，武汉研途有家科技有限公司董事长刘恒现身说法："一定要结合周边同学的切身体会，找准大学生的痛点。"

大三时，刘恒的许多同学在学校附近租房，准备考研。但租房的弊端显而易见，跟别人合租，不知道对方的人品如何，可能会在关键的复习阶段被人打扰；不选择合租，房租的价格比较贵，中介费又加重了租房成本。

刘恒帮着同学找了一大圈房子后，发现周围的租房市场的确被中介所垄断，没有专门服务考研学生的公寓。于是，刘恒联合了一位朋友，针对素质、消费水平较高的大学生，量身定制了考研主题公寓，并且将相应的服务延伸到考研培训、考研自习室、考研金融、研后旅游等环节。

目前，这个成立仅一年多的项目已经估值过亿元。2017年被一家上市公司并购后，刘恒的公司已经将房间数扩展到2 000多间，成为中国最大的考研主题公寓供应商。

刘恒的第二个项目，则更加接地气。2017年5月，他的手机在校园维修店里放了一个月也没修好。联想到身边许多同学修手机、修计算机被坑的经历，刘恒把眼光投向了高校电子产品维修市场。他设想，可以做一个共享维修项目：大学生交99元，在校期间能够享受免费的上门维修服务。

"不需要换配件的，如手机刷机、计算机清灰、装系统全部免费，需要换配件的全都是出厂价。项目的运营团队都是在校学生，校园维修点都是学校的孵化器。"刘恒说，6月12日共享维修项目正式上线，当天注册用户过百人。在7月10日谈好融资后，这个项目的估值已经达到3 000万元，准备在武汉市的50多所高校全面推广。

刘恒的创业方向，正是惠民控股集团董事长段子明希望同学们去选择的，"一定要选择最熟悉的行业去创业，不一定限于自己的专业，但你要对这个行业了解，有资源，可以扎进去。"

尽管段子明的公司已经在第三方支付技术、P2P软件、自助购物结算系统、银行、AMC等金融相关领域多元化布局，但他的初次创业仍然来源于自己的专业技术。在大学期间，朋友请他帮忙做第三方支付软件，他就召集了技术比较好的学长和学弟一起开发，并拿到第一桶金。

段子明说："虽然做金融听着比较高大上，但是前期我是比较谨慎的，因为一开始做金融没有实力，所以说一定要做接地气的项目。"

**3. 合伙人比结婚对象还重要**

"找合伙人就像找结婚对象，甚至更重要。"刚走上讲台，吉林米迪尔文化传播有限公司创始人王鹏飞就抛出了一个话题。究竟是什么让他对选择合伙人如此看重呢？这要从一家估值4.3亿元的公司倒闭说起。

2015年，王鹏飞经朋友介绍认识了一位长春的企业家。王鹏飞与他商议，虽然这家公司在长春有做生鲜的渠道优势，但竞争力并不突出，所以应该从食品安全方面找到新的突破点。随后，他们与深圳一家科技公司合作研发了食品安全追溯秤，又引进了中南生态基地的合伙人，实现了从源头到流通环节的全追溯。

为了解决技术瓶颈，他们分别引进了两位技术专家做合伙人。两位技术专家用了3个月时间将整个系统打通，同时匹配到大数据系统，能够做到对全国生鲜价格进行调购。在刚起步的几个月里，虽然新公司的业绩负增长，但拿到了食品药品监督管理部门的唯一授权，用户各方面的反映也不错。

政策上的扶持却造成了合伙人团队的分崩离析。当时，政府为了推广食品安全追溯秤，给了新公司可观的补贴。除了弥补之前亏损的投入外，合伙人团队还可以用补贴的钱进行分利。由于没有明确的机制约束，几位合伙人闹得不可开交。

"从这个事情起，我开始反思，因为我们的退出机制和利益分配机制很不完善，大家出了问题怎么退出？有利润怎么分配？在之后的公司，我特别注重这一点，这是我最大的收获。"王鹏飞说。

关系整个公司稳定的不仅是合伙人，还有许多同企业一起奋斗的初创员工。哈尔滨奥松机器人科技股份有限公司董事长于欣龙说，当新创企业走到一定阶段时，就会发现有些人会离你而去。这时，创始人既要坚持事业留人，相信员工的能力，主动放权促成他的成长，也要做到用感情留人，同公司员工一起学习一起玩。于欣龙举例称，他在喜马拉雅、得到等知识付费平台上看到好的内容，都会及时分享到高管群中一起去听。

初创员工难免会犯各种错误，于欣龙最初常责备他们。但是渐渐他发现，骂过之后有的员工还会再犯错误。后来他摸索出了一套责罚的机制，会跟员工约定如果再犯错的话，要请吃饭或者做 10 个俯卧撑。

"这样会有娱乐的成分在里面，缓解大家被责罚的尴尬。现在我跟我的小伙伴已经能很默契了。"于欣龙说。

（资料来源：史额黎. 没有任何背景时 最大的资源是自己[N]. 中国青年报，2017-08-01(2).）

### 4.2.2　创业资源整合及管理

**1. 社会资本、资金、技术及专业人才在创业中的作用**

（1）社会资本在创业中的作用

社会资本的概念最初由经济学的"资本"概念演变而来，是指个人通过社会联系获取稀缺资源并由此获益的能力。这里的稀缺资源包括权力、地位、财富、资金、学识、机会、信息等。

1）社会资本定义为一种与物质资本、人力资本相区别的存在于社会结构中的个人资源，是为结构内的行动者提供便利的资源，包括规范、信任和网络等形式。

2）社会资本主要表现为个人所拥有的关系网络，在创业中能提供市场机会，并提高创业者机会识别能力，还可弥补创业者资源匮乏，增加创业成功的可能性。

（2）资金在创业中的作用

资金是创业者资源整合的重要媒介。这是因为创业过程的每项活动都会发生成本，都需要进行成本补偿。创业需要资金，无论是有形资源、无形资源，还是人力资源的构建与购置都需要资金的投入，否则只能是纸上谈兵。绝大多数创业者往往由于资金缺乏而在创业之初就陷入困境。

在创业之前，创业者必须结合创业计划，合理确定资本结构与资金需求数量，并切实筹集到所需数量的资金，才可能正式开始创业起步。只要有一个环节的资金不到位，即便再伟大的创业事业也会面临"断炊"的风险。因此，资金在创业中具有不可或缺的重要作用。

大学生创业的最大困难之一就是资金缺乏。即便已经建立若干年的企业，资金链的断裂也是企业致命的威胁。据国外文献记载，倒闭破产的企业中有 85% 是盈利情况非常好的企业，而这些企业倒闭的主要原因是资金链的断裂。企业可能不会由于经营亏损而破产清算，却常会因为资金断流而倒闭。例如，我们常看到的烂尾楼，就是房地产商资金链断裂所致。

（3）技术在创业中的作用

创业资源中的"技术"资源是指关键技术、制造流程、作业系统、专用生产设备和技术资产等。技术资产包括诀窍、专利等技术开发能力是企业知识和技能的总和。创业技术决定了创业产品或服务的市场竞争力和获利能力。因此，技术是创业企业生存和发展的基石。

技术资源的主要来源是人才资源，重视技术资源的整合同时就是注重人才资源的整合。技术资源的整合，不仅要整合、积累企业内部的技术资源，还要整合外部的可利用的技术资源，如积极寻找、引进有商业价值的科技成果，加强与高校科研院所的产学研合作等。整合技术资源只是起点，是为了技术的不断创新，自主研发并拥有自主知识产权，从而保持技术的领先，提高新创企业的核心竞争力。2017年8月4日上午，吉利控股集团与沃尔沃汽车共同成立技术合资公司，就是为了实现技术的不断创新，提高企业的核心竞争力。

（4）专业人才在创业中的作用

尽管技术是关键，但技术是由专门人才掌握的。在知识经济时代，人才是经济和社会发展的第一资源。随着科技的迅猛发展、激烈的全球化竞争，任何技术都可能落伍，任何资源都可能被取代，只有人才资源是任何时代都不能缺少的，人才是企业创立、创新和持续发展的基础，也是企业永葆活力的坚强后盾。因此，专业人才是创业企业的根本，是创业企业最重要的人力资本。古典名著《三国演义》中，为请诸葛亮出山，刘备三顾茅庐。自诸葛亮加入后，刘备才真正占据了一席之地，最终得以建立大汉蜀国。

**2. 影响创业资源获取的因素**

资源获取是在识别资源的基础上，得到所需资源并将其用于创业过程的行为。对于新创企业而言，是否能够从外界获取所需资源，首先取决于资源所有者对创业者或创业团队的认可，而这一认可在很大程度上取决于商业创意的价值。商业创意为资源获取提供了杠杆，一项能被资源所有者认同的、有价值的商业创意，有助于降低创业者获取资源的难度。

除了商业创意的价值，影响创业资源获取的因素还包括创业导向、创业者资源禀赋、创业者资源整合能力、创业团队、外部环境条件和政府政策支持等。

（1）创业导向

创业导向是创业者在经营、实践和决策的过程中所采取的创新、承担风险、抢先行动、主动竞争和追求机会的一种态度或意愿。

这里需要注意的是，创业导向强调如何行动，是创业精神的表现过程，有创业导向的企业能自主行动，具备创新和风险承担的态度，面对竞争对手时积极应战，面临市场机会时超前行动。企业追求机会所表现出的创业导向，驱使企业寻求与整合资源，并创造财富。

（2）创业者资源禀赋

创业者资源禀赋是指创业者所具有的与创业相关的自身因素和外在关系的总和，主要包括创业者的经济资本、社会资本和人力资本，它们能够为创业行为和新创企业的生存与成长提供有价值的资源。

（3）创业者资源整合能力

新创企业资源整合能力是指在创业过程中，以人为载体，在资源整合过程中所表现出的对资源的识别、获取、配置和利用的主体能力。

这里需要特别说明的是，资源整合能力在创业的各个阶段发挥着极为重要的作用。在创业起步阶段，资源整合能力影响并决定了创业者对创业机会评估、识别与开发，同时帮助创业者摆脱资源约束，取得所需资源；在生存与成长阶段，新创企业需要筹措更多的资源来满足自身的发展，而创业者资源整合能力会对新创企业成长过程的战略决策与运营能力产生重要影响，资源整合的深度与广度将保障组织运作的持续性，进而影响创业绩效。

（4）创业团队

新创企业把创意变成产品或服务，而把产品或服务市场化、产业化是一个艰苦的过程，必须组建好一个富有凝聚力和创新精神的创业团队，这既是获取各项创业资源的重要前提，也是创业成功的一个基本保障。借助团队就可能拥有创业所需要的各种知识和经验，如顾客经验、产品经验、市场经验和创业经验等。

团队创业较个人创业能产生更好的绩效，其内在逻辑在于创业团队是一个特殊的群体，群体能够建立在各个成员不同的资源与能力基础之上，贡献并整合差异化的知识、技能、能力、资金以及关系等各类资源，这些资源以及群体协作、集体创新、知识共享与共担风险产生的乘数效应，能够帮助新创企业更好地克服创新风险和资源约束。

（5）外部环境条件和政府政策支持

创业活跃程度的一个重要决定因素是创业的环境条件。创业环境与创业活跃程度呈很强的正相关关系。创业企业与创业环境有着密切的关系，而这种关系的核心是创业企业资源的需求和创业环境资源的供给所具有的有机联系。

创业水平和创业资源受到外部环境因素的影响极大，尤其政府的政策法规。创业环境好的地方一般会呈现较高的创业活动水平，而政府创业政策作为创业环境的重要内容是直接影响一个国家和地区创业活动水平的重要手段。

## 案例评析

### 四个人资源整合，一年空手净赚 7 000 万元

有一个睡衣品牌叫"梦露"，做这个睡衣品牌的公司只做女式睡衣产品，销售价格为188 元/件，只有两种款式，吊带的和齐肩的，也只有两种颜色，橙色和紫色。起初几年，该公司做得比较吃力，一直打不开局面，后来该公司采用了独特的销售方式——"免费送"。

怎么免费送呢？免费送给消费者穿！如果消费者穿了感觉不错，那就请消费者帮该公司做口碑宣传，但有个要求，该公司免费送给消费者睡衣，消费者出快递费，快递费是 23 元一件，支持货到付款，支持退货。这样一来，消费者是零风险，价值的驱动让每一个消费者怦然心动！只需花 23 元的快递费，就可以拿到一件价值 188 元的女式睡衣，而且验货后付款。也许消费者第一次看到不会动心，但如果消费者发现同一时段竟然有 200 家网站都在打这个广告，那么相信至少有 50%的人都会订上一件。很多人即使只是为了满足一下好奇心，也会订上一件。订一件，就会留下姓名、手机号、地址，几天后快递真的送到家了，打开包装一看，睡衣质量还真不错，在市场上的价格可能超过188 元，相信大部分人都会愿意支付这 23 元的快递费的！那么该公司总共送出去多少件呢？第一阶段该公司送出去了 1 000 万件！1 000 万件就是 18.8 亿元人民币！一家公司愿意拿 18.8 亿来砸一个市场，有人见过这样的公司吗？应该没有，或者很少。很多人看不明白，该公司难道是在做慈善，赔钱赚吆喝？下面就来算一笔账。

**1. 借力服装厂：以用量大来降低生产成本，1000万件睡衣免费送**

首先，需要解决货源问题。做生意的人都知道，中国义乌小商品批发市场世界闻名，那里有很多服装加工厂，只要量大，制作成本就会非常低。给别人做一件收10元，但是一次做1000万件，一件8元就可以。注意是夏天的女式睡衣，款式简单，还节省布料。

为什么成本8元的睡衣，在商场里可以卖到188元呢？因为商场是要房租的，营业员是要工资的，还有商场的众多管理者也是要工资的，此外还有水电费、广告费等。"梦露"睡衣生产成本只有8元，但到消费者手中没有任何商场环节，所以收23元也是有钱可赚的；而对于23元的快递费，消费者肯定会感觉得到了实惠，因此乐意订购。

**2. 借力网站：免费赠送，为网站带来浏览量的同时进行广告推广**

网上做这种免费赠送的广告是不需要花钱的，因为网站要的是浏览量，如果该公司有一款产品免费赠送，许多网站也会免费帮该公司推送。但是，为了让睡衣送得更加疯狂，一家网站帮该公司送出去一件，该公司就给网站3元的提成，网站是不是会更加疯狂地帮该公司打广告呢？

**3. 借力快递：量大，压低快递费用**

接下来就是快递的问题了。人们平时快递一件最小的物品，至少需要10元，但如果该公司有1000万件物品要在快递公司运送，可不可以便宜呢？所以，最后5元敲定快递费！因为夏天的女式睡衣很轻又很小，一个信封就可以装下。

下面再来细算一笔账：23元-8元成本费-3元给网站的费用-5元快递费=7元。那就是说，只要送出一件睡衣，就可以净赚7元。

中国有14亿人口，一年免费送1000万件可不可以送出去？答案是，当然可以。最后，该公司送睡衣一年就赚了7000万元。

下面再算一下其他合作方的利润：生产一件睡衣，服装工厂能赚多少钱？每件只能赚1元，但是一下接了一个1000万的订单，可以赚1000万元。网站打广告，本身是没什么成本的，所以网站的纯利润是3000万元。快递公司收5元，一件能赚1元，共赚1000万元。这勤勤恳恳干活的三方加在一起，一共才能赚到5000万元，可经营"梦露"品牌睡衣的公司只是设计了一套商业模式，并去执行了这套模式，却赚到了7000万元！

该公司有多少人呢？这家公司从总裁、设计总监、销售总监到会计，全公司总共才4个人！4个人来分这7000万元，平均每人可以分到1750万元！

当然，别忘了，用户申领产品，是需要填写手机、地址和姓名等信息的。对于该公司而言，不仅赚到了几千万元，还获得了上千万用户的信息。

（资料来源：作者根据网络资料整理.）

**评析：** 这是个经典的杠杆借力、整合资源的案例。从这个案例中，我们可以得到以下几点启示。

1）规模化造就低成本。如果批发10件睡衣，可能一件要花50元，如果亲自生产100万件，成本就会骤然下降。但做这件事情的人，一定要精通工业化的生产流程。

2）减少中间环节，让利给客户。去掉中间商，去掉房租，去掉水电，去掉广告，去掉品牌宣传费用，甚至去掉高额利润，每件只赚7元，但1000万件的基数，也足以让这家公司赚得钵满盆满。

3）无法抗拒的价值驱动。只需 23 元的快递费，就可以拿走价值 188 元的内衣，而且支持货到付款，这个成交主张让客户无法抗拒，所以是用价值来驱动了客户主动订购。

4）高效的资源整合与借力。

① 借力于生产商，压低生产成本，无须自己投入生产设备与人力资源。

② 借力于各大网站，快速打通销售渠道。

③ 借力于快递公司，送货到客户手中。

5）最重要的是：背后的价值障眼法。一件睡衣价值 188 元，谁都无法知道是否值得，因为人们对睡衣的价值认知不一样。如果把睡衣换成袜子，哪怕 10 双袜子免费送，要收取 23 元的快递费，难度也会非常大。

### 3. 创业资源获取的途径与技能

（1）创业资源获取的途径

获取创业资源的途径分为市场途径和非市场途径两大类。当创业所需要的资源有活跃的市场，或者有类似的可比资源进行交易时，可以采用市场交易的途径；其他情况下则可采用非市场交易的途径。

1）通过市场交易途径获取资源。通过市场交易途径获取资源的方式包括购买、联盟和资源并购等。

购买是指利用财务资源通过市场购入的方式获取外部资源，主要包括购买厂房、装置、设备等物质资源，购买专利和技术，聘请有经验的员工等。需要注意的是，诸如知识尤其是隐性知识等资源虽然可能会附着在非知识资源之上，可以通过购买物质资源（如机器设备等）得到，但很难通过市场直接购买，因此，需要新创企业通过非市场途径去开发或积累。对创业者来说，购买资源可能是其最常用的资源获取方式，大部分资源尤其是物质资源、技术资源、人力资源等都可以通过从市场上购买的方式得到。

联盟是指通过联合其他组织，对一些难以或无法自己开发的资源实行共同开发。这种方式不仅可以汲取显性知识资源，还可汲取隐性知识资源。但联盟的前提是联盟双方的资源和能力互补且有共同的利益，而且能够对资源的价值及其使用达成共识。通过联盟的方式共同研究、开发与获取技术资源也是创业者经常采用的方式，尤其是对于高科技企业来说，通过与高等院校和研究机构的联盟，可以在不增加设备投入的同时，及时得到企业发展所需要的技术资源，使企业保持可持续发展的后劲。例如，清华大学与同方威视联合研究大思安系统、北京大学与贵航集团共同研究高分辨率无人机航空遥感系统，上海交通大学与上海华普汽车有限公司合力研发自主品牌汽车等。

资源并购是通过股权收购或资产并购，将企业外部资源内部化的一种交易方式。资源并购的前提是并购双方的资源，尤其是知识等新资源具有比较高的关联度。并购是一种资本经营方式，通过并购可以帮助创业者缩短进入一个新领域的时间，从而及时把握商机，实现创业目标。

2）通过非市场交易途径获取资源。非市场途径获取资源的方式主要有资源吸引和资源积累等。

资源吸引是指发挥无形资源的杠杆作用，利用新创企业的商业计划，通过对创业前景的描述，利用创业团队的声誉来获得或吸引物质资源（如厂房、设备）、技术资源（如专利、技术）、资金和人力资源（有经验的员工）。创业者在接触风险投资或者技术拥有者的过程中，可以通过对创业前景的描述或团队良好声誉的展示，获得资源拥有者的信任和青睐，从而吸引其主动将拥有的资源投入创业企业之中。

资源积累是指利用现有资源在企业内部通过培育形成所需的资源，主要包括自建企业的厂房、装置、设备，在企业内部开发新技术，通过培训增加员工的技能和知识，通过企业自我积累获取资金等。创业者很多时候会采用资源积累的方式筹集企业所需要的人力资源或技术资源。通过资源积累的方式获取人力资源可以作为一种激励方式，激发创业团队或企业员工的工作积极性，提高工作效率；通过资源积累的方式获取技术资源，则可以在获得核心技术优势的同时，保护好商业机密。

这里需要指出的是，创业资源获取的关键往往取决于软实力。无形资源往往是撬动有形资源的重要杠杆。

（2）创业资源获取的技能

美国创业教育之父蒂蒙斯认为，成功的创业活动必须对机会、创业团队和资源三者进行最适当的匹配，并且还要随着事业的发展而不断进行动态平衡。创业过程由机会启动，在创业团队建立以后，就应该设法获得创业所必需的资源，这样才能顺利实施创业计划。为了合理获取、利用资源，创业者往往需要制定设计精巧、用资谨慎的创业战略，而创业团队则是实现创业这个目标的关键组织要素。因此，创业者或创业团队必须具有高超的领导力和沟通能力，才能够适应市场环境的变化。

为了获取创业资源，创业者及其团队应该有较好的人际沟通能力、沟通技巧以及顺畅的沟通机制。此外，大致需要以下五个方面的技能：知人善任技能、合作技能、沟通技能、杠杆技能、信息获取与利用技能。

**拓展阅读**

### 创业梦想根植厚土

李玮，从最初创业失败做销售员到今天再次创业做土地流转，这一辗转就是 13 年。其间，他的身份随着他的脚步一直在变换：销售员、业务员、通信抢修员、工程主管、区域总经理。不管身份怎么变换，那颗不安分的心却一直活跃在逐梦、造梦的路上。对于今天的他而言，创业的梦想不再单薄，而是植根在山东的深厚土壤里。

**1. 曾经失败，依然赤诚创业梦**

2006 年 7 月的某一天，青岛理工大学毕业的李玮刚刚走出校门，便带着满腔的热情和 3 个同学在电子信息城合伙开了一家公司，主营系统维护和销售组装计算机。

然而，兼有一身激情和理想的李玮没能撑过半年。他说："失败的主要原因是当时年纪小，没有任何公司管理能力，在工作量和资金的安排上，合伙人之间没能很好地平衡起来。"

后来，李玮先后在百度分公司做过竞价排名业务，在日资企业做过电子设备的维护管理，在长城宽带网络服务有限公司做过工程维修。十年过去，他从一名普通的通信工程抢修员一步步走到长城宽带潍坊地区总经理的位置，但是，岁月没有带走的是那个依然赤诚的创业梦。

**2. 二次创业，耕耘于蓝天厚土上**

李玮的家在青岛市北区。他是家中独子，父亲在燃料公司开车，母亲是塑料厂工人。35 岁时，他放弃了收入颇丰的稳定工作，再一次扎进创业大潮中，耕耘于蓝天厚土上。

遇见土流网，李玮和大部分合作商一样，只是一个意外的邂逅。让李玮感觉对上眼的，其实还是土流网的实力和国家的重视。土流网是我国较大的土地流转信息服务中心，创建于 2009 年，经过十几年的发展，累积挂牌土地量和交易量居互联网土地流转行业的前列。这样的实力让李玮感觉很稳妥。

随后，国家出台的一项利好政策也颇令李玮感到振奋。《中共中央 国务院关于实施乡村振兴战略的意见》明确，未来三十年我国农村重点改革的方向，并提及随着我国工业化、信息化、城镇化和农业现代化深入推进，农村劳动力大量转移，新型农业经营主体不断涌现，土地制度改革和规模经营发展已成为必然趋势。看到国家对土地流转事业的支持力度，李玮突然觉得这个行业是一个朝阳行业。李玮说："土流网是这个行业的龙头老大，市场份额占了 90% 以上，当时我询问了总部的合作方式，从接触到合作，大概用了一个月时间吧，就决定做了。"

达成合作意向后，李玮在土流学院接受了专业导师的政策解读、土地市场分析、运营计划的相关知识培训，这让他更深刻地认知到这个行业的本质。当时，农村土地资产普遍存在闲置现象，现代农业、养老地产、生态旅游地产火爆，土地需求极为迫切，所以农村土地流转是一个蓝海市场。要想抓住这一机会创业成功，就必须紧跟土流网总部的步伐搭建自己的服务平台，于是，"土流网青岛土地流转服务中心"应运而生。

李玮的创业梦，踏出了最坚实的一步。

**3. 追随土流，志在盘活农村闲置资产**

走访农户，接触村干部，聆听农户的心声，解答农户的疑惑，积攒地源信息，为客户需求做匹配，这一流程，是李玮成为土流网合作商之后的每日必修课。"总部这边提供客户，我主要就是收集地源信息，在外面跑。"

作为一个地道的青岛人，李玮对当地情况十分了解，对重点区域地块信息如数家珍，加上本身就有着十多年的销售经验，人脉圈广阔，让他在土地流转行业如虎添翼，后来稳定的关系，印证了客户对他的高度肯定和信任。

在总部强有力的支持下，他创办的土流网青岛土地流转服务中心近一年来发展迅猛，生意日渐兴隆。当然，这期间也多少遭遇过挫折。一起逃单事件让李玮感触颇深："我有一块工业用地，被一个中介撬走了，他从我这儿把地源信息拿走了，自己和卖家联系，然后卖给了一个客户。"

此类逃单事件在土地流转行业并不鲜见。劳动成果被人夺走，诸多合作商也倍感头痛，但李玮却运用自己的头脑和韧性成功地赢回了客户，并且让他意识到在这个行业后期绑定一定的服务项目是很有必要的。

在未来的业务拓展过程中，李玮希望自己要做的不仅包括单纯的土地资源介绍，还包括依托于土流网这个平台开发的诸多农业项目和后续服务项目，如在农村搞开发、种植、养殖、生态旅游等。这也是未来他的服务中心重点运营的方向。

（资料来源：作者根据网络资料整理。）

### 4.2.3 创业资源整合

**1. 不同类型资源的开发**

创业资源开发是指创业者开拓、发现、利用新的资源或其新用途的活动。在创业过程中，创业者需要在实现资源价值的基础上丰富资源库，进一步拓展资源的来源和用途，使新创企业获得持续的竞争优势。

（1）资源开发的原则

无论是在创业初期还是在企业成长过程中，创业资源的科学管理都是必不可少的，因此，应该建立不同类型创业资源开发的原则，具体包括如下内容。

1）对现有创业资源进行优化配置，这就需要创业者对创业资源进行分类排序。当然，这不是说某种资源比其他资源更重要，而是指企业处于某一特定的阶段时，要明确在这一阶段起主导作用的资源和起辅助作用的资源分别是什么，从而确保在资源配置时做到重点突出。

2）要考虑"木桶效应"，进行查漏补缺。不能一味地考虑起主导作用的资源，加大对起主导作用的资源的投入，而忽视其他资源。创业者还要考虑哪种资源缺乏可能导致其他资源的浪费，因为木桶的盛水量是由最短的那块木板决定的。所以，要对潜在的资源枯竭问题进行预判，充分做好资源储备预算管理方案，这样才能使各种创业资源在不同的阶段实现最佳的配置。

3）以能用和够用为原则。创业者在开发资源时应该坚持能用的原则，只有满足自己需求的、自己可以支配并使其充分发挥作用的资源，才是需要筹集的资源。另外，资源的使用是有代价的，开发资源时应该本着够用的原则而不是多多益善。一方面，资源的有限性加大了创业者开发资源的成本；另一方面，当使用资源不能弥补其成本时，资源的使用并不能给企业带来效益。

（2）人脉资源的开发

人脉即人际关系、人际网络，体现为人的人缘和社会关系，是经由人际关系而形成的人际脉络。一般来说，人脉资源的开发主要有熟人介绍、参与社团、利用网络等途径。在个人创业过程中，人脉资源是第一资源，有各种良好的人脉关系，可方便地找到投资、找到技术与产品、找到渠道等各种创业机会。

开发人脉资源是创业成功的基本条件，所以需要注意以下人脉资源的特性。

1）长期投资性。平时要注意人脉资源的积累，不要事到临头才去找人帮忙。在公司做业务也一样，现在不是你的客户，明天就可能成为你的客户，因而你必须从现在开始建立联系。人脉资源的形成需要很多时间和精力，这也是一种投资。

2）可维护性和可拓展性。人脉资源可以通过合作、交流、关心、帮助、友情、亲情等进行维护，并且会不断巩固。当然，如果不去维护就会变得疏远，所以人脉资源需要经常性地维护，同时在维护中不断地发展新的人脉关系。

3）有限性和随机性。每个人一生中能认识的人无非是老师、同学、亲戚、同事、朋友、客户等。每个人的人脉资源都是有限的，而且你的发展也会受到你的人脉资源的限制。同时，你所认识的人可能没有能力帮助你，有能力帮助你的人你不认识，所以在客观上就需要你不断认识更多的人。但是每个人的能力是有限的，不可能认识所有潜在的帮助者。

4）放射性。你的朋友帮不了你，但是你朋友的朋友可以帮你。因此，熟人介绍是一种事半功倍的人脉资源开发的方法，可以加快人与人之间信任的速度，降低交往成本，提高合作成功的概率。

人脉资源的开发一定要注意培养健康的人脉资源，要以自身的人格魅力来积聚人脉，因此创业者自身的素质、人格和品质需要不断提升。

**拓展阅读**

### 世纪佳缘 CEO 龚海燕谈创业人脉资源

龚海燕，世纪佳缘创始人，1976 年出生于湖南常德。她的人生经历很坎坷：打工后回到学校复读，并考入北京大学中文系，后在复旦大学新闻学院读研究生。2003 年 10 月 8 日自筹经费创建了一个专为高校学子牵线搭桥的交友网站——世纪佳缘。2011 年，世纪佳缘在美国上市。与大部分成功女性不同，她不是夫妻档创业。目前一大家人的生活还靠她支撑。没有显赫家世的她，也算不上美貌，没有嫁入豪门，她完全凭借自己的力量努力奋斗从这个社会的角落里站到了金字塔尖部分。

《创业邦》：现在创业越来越讲究人脉、资源，创业环境与你当年创业已有很大的不同，这是件好事还是坏事？

龚海燕：我认为这是一件好事。我当时创业想找钱找不到，整个创业环境不成熟，但是现在大量的人做天使投资，好的项目和靠谱的创业者很容易拿到钱，这样就能够开始运营自己的公司。但同时现在创业的成本也高了很多，如技术产品人员的薪酬、办公室的租金、市场竞争的激烈程度，这些挑战都比我那时候更加残酷。但不管怎么说，已经有越来越多的人的创业意识觉醒了，希望自己的人生过得不同。这个大的环境和气氛的形成，是对创业者最大的支持。

《创业邦》：当时为什么把陈志武请入董事会担任独立董事？这位经济学家发挥了哪些作用？

龚海燕：和陈教授聊天，发现他非常关注中国人的婚恋问题，于是邀请他加入我们董事会，而且我和他还是湖南老乡。陈教授对我们的帮助也非常大，主要在公司管理方面和财务审计方面。另外，鉴于他个人的知名度，对公司的品牌还有一定的宣传作用。

《创业邦》：在北京互联网创业，很讲究圈子或"江湖"，谁是谁的老板，谁是谁的兄弟，似乎很重要。作为一个女性创业者，你是否遇到过这个问题？

龚海燕：我好像没有遇到过这个问题，也没有这种感觉。最初创业时，也只有家人和朋友愿意相信我，公司发展壮大了之后，应该更多任用一些与自己互补的人，而不见得是同学、朋友和亲人。公司应该是一群志同道合但各有所长的人聚集在一起，用事业、文化和利益留住人，而不是仅仅依靠企业家的个人关系和个人人脉资源。

（资料来源：霍西，2011. 为什么是她[J]. 创业邦（12）：59-61.）

（3）人力资源的开发

创业的整个过程都需要人来推动企业运营，因此人力资源成为创业中的关键因素。优秀的人才是有价格的，企业不支付高薪人家就不一定愿意来；反之，并非人人都是为了高薪活在世界上的，关键在于创业者有无能力依靠什么来吸引"千里马"。优秀的人才从来不是天生的，都是在实践中跌打滚爬成长起来的，关键在于创业者能否慧眼识人，给人以机会和提携，能让人迅速成长。人的想法也是不断变化的，虽然当初创业者基于"概念""画饼"吸引一些人才，但以后如何留住人才又是一个难题。概括地讲，求才、爱才、育才、重才，是新创企业人力资源开发的重要内容。

新创企业的人力资源，由创业发起者、核心团队成员、管理团队与其他人力资源构成。创业发起者的经验、知识、技能都是新创企业的无形财产，许多投资人正是把对创业发起者的认知，作为决定是否投资企业的依据。一般而言，优秀的创业发起者应该具备的素质包括创业教育、工作经验、社会关系、专业知识等。随着事业的发展，这些素质也成为吸引其他人加入创业过程的重要因素。

核心团队成员是指在创业初期加入团队，以创业发起者为中心，团结在其周围的团队成员。他们从各自的视角为创业发起者筹划，并且能够很好地完成自身职责范围内的工作，是创业发起者同甘共苦的朋友。创业初期，创业者需要能够清晰地发掘出自己的核心伙伴，如果选择不善，将会给公司今后的发展带来障碍。可以从两个渠道来寻找核心伙伴：一是依靠自己的人脉网络，二是求助于熟人推荐。

随着新创公司发展到一定阶段，部分创业初期的核心成员的能力与精力可能会出现不能胜任的情况，这时就有必要从外部引进管理团队，推动公司管理的规范。与此同时，新创企业应根据企业发展战略，建立一系列人才资源规划体系，具体如下。

1）建立起完善的激励体系，包括精神上的、物质上的，用奖惩制度激发员工的潜能，让员工的潜能发挥到极致。

2）建立培训机制，培养人才，同时也让人才在企业里发挥其最大的潜能，为企业做出贡献。

3）善待员工，让员工有一种家的感觉。善待员工，是留住人才的唯一法宝。这种善待，不仅是指从精神上给予人才的满足，适当地也要配以物质利益。

4）要量才而用，用人的长处控制人的短处，不要为了节省开支而凑合着。

5）分工尽可能明确，但可根据职务的重要与否适当地兼职。

6）引入外部力量，如通过培训班等来协助你快速找到自己所需要的人才。

（4）信息资源的开发

当今社会的飞速发展给创业者提供了一个新的信息时代的视角。信息资源对很多创业者来说就是成功的机遇，而机遇会转瞬即逝，要善于整合与把握。信息资源与人力、物力、财力以及自然资源一样，都是创业企业的重要资源，因此，应该像开发、整合其他资源那样开发整合信息资源。

信息资源的开发效率主要取决于两个因素，即信息存量和创业者的理性程度。信息存量是指创业者掌握的相关市场信息、产品或技术信息、创新信息以及政府政策与相关法规信息等。创业者的理性程度受创业警觉性、先前经验、认知能力、创造性和社会网络的影响。开发信息资源的过程，就是处理信息存量与创业者理性程度的匹配过程。在这一过程中，要做好以下三个方面的工作。

1）抓住有用的信息。随着信息技术的发展，信息与日常生活、工作越来越密不可分，最直接的体现就是信息量陡然增大、信息流转加快，但也同时带来了一个问题，就是信息爆炸，各种信息充斥在我们周围。创业者如何在最有效的时间内获得最有效的内外部信息、抓住成功创业的机遇，成为一个难题。很多时候不是它们不出现，而是当它们出现时，你能否发现并把握。对于创业者来说，这点更显得至关重要。

2）开发信息资源应该得到创业者的高度重视。新创企业信息化的最高层次是决策，它具有前瞻性。企业在作出决策时，关心的问题是来自包括竞争对手、政府、行业、合作伙伴、客户等在内的周边环境的变化。在对变化的预测、分析的基础上作出尽可能合理的决策，这个层次上的企业信息化通常是针对创业以及高层管理所遇到的问题。对创业者而言，信息是不对称的，只有了解与分析包括竞争对手、政府、行业、合作伙伴、客户等在内的周边环境的变化信息，才能做到"知彼知己，百战不殆"，才能做到有的放矢，集中精力、财力、人力抓住转瞬即逝的成功机遇。

3）新创企业在开发信息资源时，既要整合管理好企业外部的资源，抓住企业好的发展机遇，又要整合管理好企业内部的信息资源，进行信息资源的规划。信息资源规划是指通过建立健全企业的信息资源管理基础标准，根据需求分析建立集成化信息系统的功能模型、数据模型和系统体系机构模型，然后再实施通信计算机网络工程、数据工程和应用软件工程的一个系统化的企业信息化解决方案，以使企业高质量、高效率地建立高水平的现代信息网络，实现信息化建设的跨越式发展。

（5）技术资源的开发

在创业初期，创业技术是最关键的资源。美国的微软公司和苹果公司，最初创业资本都不过几千美元，创业人员也只有几人，它们之所以走向成功，就是因为它们拥有独特的创业技术。

新创企业成功的关键是首先要开发出或者寻找到成功的创业技术，原因有以下三点。

1）创业技术是决定创业产品的市场竞争力和获利能力的根本因素。

2）创业技术核心与否决定了所需创业资本的大小。对于在技术上非根本创新的创业企业来说，创业资本只要保持较小的规模，便可维持企业的正常运营。

3）从创业阶段来说，在初创阶段，由于企业规模较小，因此管理及对人才的需求度不像成长期那样高。创业者的企业家意识和素质是创业阶段最关键的创业人才和创业管理资源。

在开发技术资源时，可以考虑整合企业外的技术资源。做成功企业的核心是要有好的产品，而企业的产品必须做到专业化，而要做到产品在同一领域内最专业，技术上则要一直领先。一个企业，特别是新创企业没有实力一直保持这样的技术优势，那么中小企业该如何突破技术这个发展瓶颈呢？一些企业的成功经验表明，新创企业开发技术资源时，可以尽可能多与科研院所、高等院校合作，因为那里有技术上的前沿人才，而且科研院所、高等院校的人才也很愿意把自己的技术资源转化为产品，从而实现技术成果。

开发技术资源时，一定要注意以市场需求、顾客满意为导向，不能过于留恋自己开发的技术而忽视市场反应。这是因为进入21世纪，信息社会使获取技术的成本大大降低，单个企业取得技术领先地位的难度日益增加，靠一张王牌"赢者通吃"的可能性明显减小。以用户体验为中心，整合资源创造新的产品和服务，取代了那种闭门进行产品研发和对既有产品不断改进的直线思维，成为胜出者新的成功之道。20世纪90年代，韩国企业以外观设计为突破点，赢得消费者的赶超方式曾得到过外界的部分肯定，而之后苹果公司将艺术与工业结合所创造的奇迹，更让人意识到以消费者体验为中心确定竞争优势的普遍意义。在赛道变换的情况下，如果漠视用户体验、闭门造车、用工程师的意愿替代消费者的需求，这样的"技术偏执"往往会浪费创业资源、贻误创业机会。

（6）资金资源的开发

新创企业面临的最重要的问题之一就是资金资源的短缺。开发资金资源，不仅仅是解决"钱"的问题，最为关键的是，在资金资源的开发过程中，要进一步确定公司的商业模式和创业战略，并且保证与企业当前阶段的发展目标相吻合。

1）了解资金提供者的相关信息。开发资金资源时，首先要对准备引入的资金资源有整体性了解。在初步确定投资意向之后，创业企业可以根据实际情况，在众多的意向投资者中选择钟情目标。在接触之前，一定要认真了解这些投资者的基本情况，如资质情况、业绩情况和提供的增值服务，要看战略投资者还能为企业带来哪些资源，如政府背景、行业背景、市场影响力、营销支撑等，即开发、整合资金资源时要充分考虑该项资源能否带来更多的其他资源。

资金是维持企业运营的"血液"，创业者一定要慎重对待，不能受人力、财力的制约草率行事。既可以通过公开信息渠道了解情况，也可以通过社会网络、人脉资源搜集信息，尤其是对于技术类型的新创公司而言，甚至可以请专业的管理咨询公司做顾问。

2）设计独特的商业模式。一般来讲，一个好的商业模式为企业带来高的利润，高的利润带来高的工资，高的工资吸引高水平人才，而企业的竞争正是人才的竞争，但问题的关键是如何创新好的商业模式。

什么是好的商业模式？好的商业模式其实就是好的利益分配，解决了"利"就可以吸引到优秀的人才。创业者要对公司的未来进行规划，有一个清晰的结构。是做入口、做渠道、做平台，还是做生态系统？人才不够用，一定是模式不够好，当模式够好的时候，人才都会与创业者合作。当创业者越来越强大时，人才就会越来越多地向企业涌入，甚至有人会带着团队跟企业合作。

如何设计独特的商业模式？一般来说有以下三种方法。

① 多看别人的模式，领悟后抄过来为你所用，再进行创新，先"抄"后"越"，叫"抄越"。

② 自己设计，失败无数次，上了无数次当，慢慢就懂了。

③ 直接买来为我所用，这需要走出去学习。所有商业模式设计的核心就是多思考、多做方案、多试错。未来是这样的，如果你不能够与别人聊模式，你就不能与别人交流，也会不知所云。

商业模式设计向上走，把别人变成合伙人、联创股东、资源股东，可以融人才和资金；向下走，通过招渠道商，设计分润体系，给予别人收益权，释放股权，释放分红权，也可以融钱、融人。创业者设计的模式，如果能整合渠道，就可以开发出省、市、县、区门店渠道。用开放的心态拥抱平台，进行模式化经营，不要全靠自己来经营。不追求资产最大化，而是追求市值最大化。

3）克服"技术钟爱"或"产品偏执"。资本市场通行的是商业法则，它不会为"技术"本身而买单，也未必要求企业当前就能实现多少利润，它青睐的是技术能够带来的产业空间和成长预期。一个能够占领未来产业空间的企业战略和一个能够现实地启动成长过程的商业模式，比先进的技术本身更能唤醒资本的兴趣。

从新创企业长远的发展角度来看，一项技术融资再成功，筹来再多的钱，如果配之以一个失察的企业战略和错误的商业模式，那么这项技术连同这个企业也必然行之不远。因此，技术很重要，融资很重要，而新创企业的发展战略和商业模式、开发资金资源更为重要。对于技术类型的新创公司而言，应该将资金资源开发的重心放在商业模式和发展战略上，而非一味地钟情于技术或产品，孤芳自赏。

**2. 创业资源开发的推进方法与资源整合原则**

资源开发是整个创业活动的主线，初创期创业者可以支配的资源数量与规模决定了商业模式的选择。随着创业过程的开展，不同发展阶段的资源利用特点、资源控制各不同，创业者需要采用不同的资源推进方式、整合内外部资源以获得良好的创业绩效。创业成功的关键，就是看创业者是否能根据不同的创业过程和环节，有效地整合资源。

（1）创业资源开发的推进方法

概括地讲，创业资源开发的推进方法可以归纳为寻找式资源整合、累积式资源整合和开拓式资源整合。这几种模式与创造性地利用创业资源的方法可以交叉、相互转化。

1）寻找式资源整合。

对于初次创业的创业者来说，其创业存在许多共性问题，如管理经验不足、市场狭窄、创业资源匮乏。创业之初，创业所需资源主要依靠自身的努力来获取，但是仅仅依靠从自己的身边获取的创业资源很难维持企业的发展。要想使企业继续发展，那就不得不从外界寻找创业资源。

寻找式资源整合主要是结合自身创业团队的资源情况，分析资源储备存在的不足，提出整合外界资源的方案，积极地寻找和整合所能利用的创业资源，这就要求创业者具备较强的预见力和洞察力。较强的预见能力可以让创业者准确地把握自己所在行业的发展热点和竞争焦点。洞察力是一种从不同类型的信息中获得知识的能力。创业者只有拥有较强的预见能力和洞察能力，才能在诸多的资源中获得对自己创业有所帮助的资源。

2）累积式资源整合。

进入创业过程的中期，新创企业得到了一定的发展，也积累了一些企业赖以生存发展的创业资源。这段时期，企业正处于发展关键期，创业资源需要不断累积和增加，这需要创业者掌握累积式资源整合的方法。

为了使已获得的创业资源发挥其最大的效能，创业者必须在新创企业的发展过程中进一步了解创业资源的特征，以便于更好地整合利用。也就是说，要有效地利用已获得的创业资源，就要对其进行分析、归类。只有对已有的资源进行准确的分析定位，才能在此基础上进行进一步的整合利用，才能发挥资源的最大效能，不断提高企业的核心竞争力。

3）开拓式资源整合。

企业取得初步发展之后，创业者要想使企业继续快速发展，就必须采用开拓式创业资源整合。

开拓式资源整合强调创新能力。当今社会的竞争，与其说是人才的竞争，不如说是人的创造力的竞争。创新是一个企业发展的动力和灵魂，没有创新的企业很难成长和发展。开拓式资源整合要求创业者不断地把创新性思维注入其中，从创新的视角寻找具有创新点的创业资源，特别是要继续寻找企业的新增长点，在新增长点上充分开拓和整合利用资源，这一点对创业基础较为薄弱的大学生创业者来说尤为重要。

（2）资源整合原则

创业者能否做到资源的真正整合，是决定企业生存还是灭亡的关键。因此，创业者在整合资源时，可以参照以下资源整合原则。

1）识别利益相关者及其利益。该原则提示创业者，整合资源一定要关注有利益关系的组织和个人，要将这些利益相关者一一识别出来，把他们之间的利益关系辨析出来，甚至有时候还要把利益创造出来。一般来说，寻找利益相关者就是要寻找那些具有共同点的人，同时也需要寻找可以互补的人。

2）管理好能够促进企业持续成长的人力资源。企业持续成长需要大量的人力资源作为支撑，所以保持企业持续成长对人力资源管理提出更高的要求。高素质的人力资源是企业持续成长的根本，管理好人力资源是企业持续成长的重要保证。

3）构建共赢机制。共赢机制是指创业者在进行资源整合时，一定要兼顾资源提供者的利益，使资源提供与使用的双方均能获益。在与外部的资源所有者合作时，创业者还要构建一套各方利益能够真正实现共赢的机制，给资源提供者以一定的回报，同时尽可能替对方考虑规避风险。

4）维持信任，长期合作。资源整合以利益为基础，需要以沟通和信任来维持。沟通是产生信任的前提，而信任是社会资本的重要因素。同时，创业者要尽快从人际信任过渡到制度信任，从而建立更广泛的信任关系，以获取更大的社会资本。

**拓展阅读**

## 丰田公司的人力资源管理案例

曾经有人说过："丰田不仅出汽车，也出人才。"这也是丰田公司能够雄踞 2018《财富》杂志世界百强第五名的原因。因此，有人总结企业的人力资源管理要与企业文化相结合，才能将抽象的企业文化的核心内容、价值观融入具体的管理活动中，真正得到员工的认同，使其在企业的精神文化核心下对企业的人事管理充分理解并认真执行。

那么丰田公司是如何将人力资源管理与企业文化进行完美结合的呢？

世界许多著名管理界人士认为，丰田最成功的管理经验是：积聚人才，善用能人，重视职工素质的培养，树立良好的公司内部形象。这让丰田公司形成了独具特色、科学牢固的管理模式，也是丰田将企业文化与企业人力资源管理结合的重要策略。

### 1. 丰田的企业教育

丰田公司将企业文化和人力资源管理结合的主要内容是企业教育。较高的教育水平和企业人才培训体系的建立，是企业乃至社会经济飞速发展的基础。每当丰田公司新招收一批工作人员，都会有计划地对他们实施教育培训，把他们培养成为具有独立工作本领的人。

在丰田公司，所涉及的教育范围不仅限于职业教育，还进一步深入个人生活领域。从另一个角度来说，丰田的教育是为了更好地实现企业文化与企业人力资源管理相结合。因此，使企业的文化与制度作为员工生活中的实际意义并被他们接受，即为丰田公司进行企业教育的目标。

曾经有人问，"丰田人事管理和文化教育的要害和目标是什么"。丰田总裁是这样回答的："人事管理和文化教育的实质是，通过教育把每个人的干劲调动起来。"丰田教育的本质思想是以"调动干劲"为核心的。

### 2. 非正式教育

丰田的教育模式也是独有的，那就是被他们冠名的"非正式教育"。这种所谓的"非正式教育"在丰田的特殊理解是"人与人之间关系的各种活动"。"非正式教育"的核心是解决车间里人与人之间的关系，培养相互信赖的人际关系。光靠提高工资福利、保健等劳动条件，还不能成为积极调动员工干劲的主要因素。丰田创造出一系列精神教育的活动形式，是以非正式的形式和不固定形式的做法进行的。丰田公司"非正式教育"的各种活动主要有以下两种形式。

一是个人接触运动。这是有鲜明特色的丰田公司的教育制度，又被称为"个人接触"或"前辈"制度。新员工进入丰田公司后，丰田为了让他们尽快熟悉新环境，想到了"个人接触"这种奇特招数。"个人接触"的具体做法是，选出一位前辈，把他确定为新员工的"专职前辈"，这位前辈担负着对所有事情的指导工作。专职前辈的任职期一般为 6 个月。新员工在工作上、生活上、车间里专职前辈都会给予指导和照顾，对人际关系、上下级关系给予协调。结果，这种做法产生了很好的效果。还有"领导个人接触"制度，这是对系长、组长、班长施行"协助者"的教育，是一种进行"商谈"的训练。

二是公司内部团体活动。所谓"公司内部团体活动"是根据员工的特点，将员工分成更小的团体。丰田公司认为，小团体对于培养员工的团队意识很有帮助，它可使参加者更加随意亲近地相互接触。一个人可以根据各种角色身份参加不同的团体聚会。通过参加这些聚会，既开展了社交活动，又有了互相谈论的机会。丰田公司为了开展内部小团体活动，建造了体育馆、集会大厅、会议室、小房间等设施，供公司员工自由使用。

在丰田内部，没有哪个机构有权对聚会活动进行干扰和限制。职工用个人的会费成立这种团体，领导人是互选的，并且采取轮换制，所以每个人都有成为领导人来"发挥能力"的机会。这些聚会都有一个共同的目的，就是"把这些聚会作为会员相互之间沟通、自我启发、有效地利用业余时间的场所"。

**3. 人力资源管理与企业文化相结合**

在经过有效教育之后，丰田公司下一步要做的就是将企业文化与人力资源管理有效结合。丰田公司认为，人力资源管理不仅仅是把员工招聘进来，更重要的是"招得来，留得住，用得好"。除了人力资源的常用技术手段外，还要把人力资源管理活动与企业文化相结合，把企业文化的核心内容灌输到员工的思想之中，体现在行为上，这是企业文化形成的关键。在丰田公司，具体的人力资源管理与企业文化结合的做法可以从以下几个方面来理解。

首先，丰田公司将自己的价值观念与用人标准很好地结合起来。在招聘员工的过程中，丰田会对招聘者进行严格的培训，并在制定招聘要求时特地邀请专家参与；在招聘面试过程中，丰田还选择对丰田文化高度认同的人员作为评委。

其次，丰田公司将企业文化的要求贯穿到了企业培训之中。培训既包括职业培训，也包括非职业培训。跟其他企业不同的是，丰田公司尤其重视非职业培训。丰田认为非职业培训是一种比较灵活的方式，如非正式活动、非正式团体、管理游戏和管理竞赛等方式，能够很好地将企业价值观念传达给员工，并潜移默化地影响员工的行为。这比那些生搬硬套的方式好多了。

再次，丰田公司将企业文化的精髓很好地融入了对员工的考核与评价当中。目前，世界上大部分企业对员工的考评，都是以业绩指标为主。虽然有一些企业也提出了以德为主，但他们对德的考核内容没有具体的解释，也缺乏具体量化的描述，考核评价人员根据各自的理解进行。而丰田有科学、规范的考核体系，能够将企业价值观念注入多元考核指标中。例如，丰田公司对价值观的解释就是通过各种行为规范来进行，即通过鼓励或反对某种行为，达到诠释企业价值观的目的。

最后，丰田公司还采取了有效的沟通机制，使得上下理解一致，让员工从心中真正对企业文化形成认同感。丰田认为，人力资源管理不但要处理技术性工作，而且所有的管理人员都要参与企业的文化建设中，只有这样才能形成公司人力资源管理的整体能力，从而形成核心能力，建立起在市场竞争中特有的竞争优势。

如此，与企业文化相结合所形成的人力资源管理制度，才能为员工真正理解和接受，并彻底贯彻执行。这一点是我们国家许多企业人力资源管理者急需学习的，因为在现在的中国，企业的人事制度是基于公司立场考虑问题的，却忽视了员工的感受。这些制度难以落实，意见纷纭，最后受伤的还是人力资源管理者。

（资料来源：作者根据网络资料整理.）

# 4.3  创 业 融 资

## 4.3.1  创业融资概述

创业是通过创业者在一个不确定环境下对资源整合利用，去开发创业机会的过程，过程中会遇到各种各样的困难，带有很大的风险性。创业成功受很多因素的影响，如自身能力与素质、项目计划、团队的竞争力和创业资金链等。创业资金作为最重要的创业资源，需要通过融资渠道来获得，创业融资的成功与否直接影响创业是否成功。

### 1. 创业融资的概念

从广义上讲，融资也称金融，"金"是指资金，"融"是指融通，"金融"就是货币资金的融通，是指当事人通过各种方式到金融市场上筹措或贷放资金的行为。金融就是对现有资源进行重新整合之后，实现价值和利润的等效流通。《新帕尔格雷夫经济学大辞典》对融资的解释是：融资是指为支付超过现金的购货款而采取的货币交易手段，或为取得资产而集资所采取的货币手段。

从狭义上讲，融资理解为动态的货币经济学，是一个企业的资金筹集的行为与过程，是企业根据自身的生产经营状况、资金拥有的状况，以及企业未来经营发展的需要，通过科学的预测和决策，采用一定的方式，从一定的渠道向企业的投资者和债权人筹集资金，组织资金的供应，以保证企业正常运营需要的理财行为。我们通常讲，企业筹集资金无非有三大目的：企业要扩张、企业要还债以及混合动机（扩张与还债混合在一起的动机）。

这里讲的创业融资是狭义的融资，是指创业者们为了将创业机会转化为商业机会，通过不同的渠道和方式筹集所需资金来运营创业项目、建立企业的过程。创业者在进行创业融资之前需要根据目前企业所处阶段的资本需求，结合企业的发展规划来确定所需的资金。

### 2. 融资的重要性

"飞猪理论"又称风口论，来源于小米创始人雷军说过的一句话：创业，就是要做一头站在风口上的猪，风口站对了，猪也可以飞起来。这句话也是"互联网思维"的最重要规则之一。各行各业尤其是传统产业积极寻找风口，大家都希望成为下一个"飞猪"。

雷军还对著名的"飞猪理论"做了进一步阐述，风口上的猪都是练过功的。"飞猪"的最关键问题是当我们很羡慕成功者的时候，千万别忘了他们只是一头猪而已，一头在空中飞的猪。如果你有这样的态度，有良好的积累，就应该花足够的时间研究风向，研究风口，这样成功的概率要大很多。

"飞猪理论"在创业圈内广泛流传，这个"飞"不仅代表着机会，它也代表着企业的融资。当融到资金时，项目就可以起飞；但如果没有资金，即使项目运行得很好，依然有可能"摔死"。对于创业者来说，融资是创业过程中必不可少的一部分。融资的重要性主要体现在以下几个方面。

1）资金是企业的血液。资金不仅是企业生产经营过程的起点，更是企业生存的基础。尽管一些有经营头脑的创业者，没有太多的投资也可以白手起家，但是资金始终贯穿着经营的所有过程。资金链的断裂是企业致命的威胁。

2）合理融资有利于降低创业风险。创业企业使用的资金，是从各种渠道吸引来的资金，有投资者投入的资本，也有向债权人借入的资金，这些资金的使用都是有资金成本的。因此，合理选择融资渠道和融资方式，有利于降低资金成本，将创业企业的财务风险控制在一定范围之内。

3）科学的融资决策有利于企业可持续发展，为创业企业输入"新鲜血液"，以保证创业企业可持续发展。

任何企业的生产经营活动都需要资金的支撑。尤其是对于新创企业来说，在企业的销售活动能够产生现金流之前，需要技术研发，需要为购买和生产存货支付资金，需要进行广告宣传，需要支付员工薪酬，还需要对员工进行培训，还要为实现规模经济效应持续地进行投资，再加上产品或服务的开发周期一般比较漫长，所以创业企业在生命早期需要筹集大量资金。

### 3. 新创企业的特征

新创企业是指创业者利用商业机会通过整合资源所创建的一个新的具有法人资格的实体。它能够提供产品或服务，以获利和成长为目标，并能创造价值。新创企业是处于发展早期阶段的企业。全球创业观察（GEM）报告中的新创企业是指成立时间在42个月以内的企业。通常这类企业成立时间不长，处于创立期或成长期。

新创企业具有如下明显特征。

1）面临风险大。新创企业成立的时间较短，处于创立期或成长期，面临的不确定因素较多，与成熟企业相比风险较大，而且商业机会的本身、利润、寿命都具有不确定性。创业者的创业机会不可避免地会受到外界环境的影响，当外界环境发生变化时，机会也会相应丧失。对于创业活动本身而言，由于创业项目尚未实施或刚开始实施，创业项目受外界环境的影响相对于既有企业来说更大，其市场前景不够明朗。因此，新创企业的首要目标是保证企业的生存，并在此基础上进行资源的整合与积累，以形成产业基础。

2）多数创业者缺乏创业经验，导致其应对内外部环境变化的能力不足，企业盈利的稳定性较差。国外有学者估计，新创企业在第2年、第4年、第6年内的消失率分别为34%、50%和60%。

3）资源约束强。新创企业对资金的投入密度高、需求量大，有的新创企业对技术人员、市场资源也有较大需求。由于创立时间较短，业务模式不完善，新创企业很难取得相对优势与充裕的资源。因此，创业者有效地整合资源，综合运用技术、人才、资金等各种资源以求生存与发展就十分重要了。

4）较多使用扁平组织结构。新创企业处在企业发展的早期阶段，需要能够对企业外部的信息作出迅速敏捷的反应，一般会使用扁平的组织结构。在新创企业的成长过程中，企业将松散的个体或团队进行整合，逐步形成严密的组织结构，而这一过程的核心是创业者。

### 4. 新创企业融资的困难性

据调查显示，创业者面临的最大挑战是缺少创业所需资金及资金筹集困难。创业融资难的主要原因有以下四个。

1）新创企业在融资方面存在明显劣势。企业创办初期规模小、资信等级低、经营管理不规范、信息不透明、盈利性不确定、可供抵押的资产少等，缺少可供参考的经营信息，使投资者对于投入企业资金的安全性判断较为困难，从而限制了企业资金的筹集。

相对于成熟的企业，新创企业在资产、销售和雇员等方面处于弱势，存在高度的不确定性。不确定性客观上反映了企业技术、产品或商业模式成功的可能性，进而影响风险投资提供资本的意愿和方式。另外，不确定性还将使创业企业与外部投资者签订依赖特定条件或状态的合同变得困难，进而增加了外部融资的成本。所以，创业活动本身的不确定性，使得外部投资者难以判断商业机会的真实性和创业者把握机会的实际能力。

新创企业的财务管理不健全、信息透明度差。一般新创企业的财务管理制度不健全，财务报表及良好的连续经营状况缺乏审计部门的认可，其信息多为不公开、不透明的，无法向金融机构提供可以令人信服的相关信息以证明具备偿还贷款的能力。银行主要通过企业的资产经营审查其资信情况，而企业资产经营情况则要通过企业财务管理制度反映。另外，银行及其他金融机构也很难通过其他渠道获得新创企业经营管理及盈利等方面的信息。金融机构出于规避风险、降低不良资产等方面的考虑，一般不贷款给新创企业。

2）新创企业和资金提供者之间信息不对称。信息不对称理论是指在市场经济中，各类人员对有关信息的了解是有差异的，掌握信息较充分的一方处在较有利的地位，而掌握信息较贫乏的一方处在较不利的地位。

首先作为创业者，对自身能力、产品或服务、创新能力和市场前景等会比投资者更加了解，从这个角度来看，创业者拥有信息优势，而投资者处于信息的劣势。在进行融资时，创业者往往会倾向于保护自己的商业机密及产品开发方法，而投资者需要自己去判断是否有投资的价值，投资的回报有多少。投资者处于信息劣势，从而影响其决策。其次，新创企业的经营和财务信息具有非公开性，相对大企业、上市企业，中小企业和新创企业签订的合同一般不予公开，其有关的生产、财务、客户以及经营者能力等信息基本为私人信息，不为公众所了解，透明度较差，使得潜在投资者很难了解和把握创业者和新创企业的有关信息。最后，新创企业一般不能公开上市交易，其信用等级无法得到权威性的信用评级机构的评级，也不能向投资者提供经过审计的财务报表。此外，新创企业与银行之间也存在信息不对称，由于带有经营者个人特征，对其评价多为"软"信息，这使得新创企业与银行之间没有顺畅的信息传递。信息不对称是创业企业融资难的重要原因。

在我国，市场经济发展的时间较短，普通大众的投资理念比较保守，尚未形成一个高质量的投资者群体，而且潜在投资者的投资敏锐度不高，对行业的认知不足，以往经验也相对缺乏，使其在选择投资项目时更为谨慎。

3）资本市场欠发达。我国金融体系中资本市场相对于资金市场发育不完全，缺少一个多层次、能为广大创业企业融资服务的资本市场。与发达国家相比，我国资本市场不够完善，缺少擅长从事中小企业融资的金融机构和针对创业企业特点的融资产品，对企业上市的要求较高，加上产权交易市场不够发达，加大了投资者回收投资的成本，使其在进行投资时更加谨慎。由于资本退出机制不通畅，高额的利益回报存在不确定性，所以风险投资在我国陷入了尴尬境地。一些风险投资公司不得不把资金放到证券市场的短期炒作上去，要么申购新股，要么去二级市场炒作，很难真正用于创业企业。

4）融资市场不规范、政策法规不健全。我国金融市场的发育还不够完善，虽然早在 2002 年就已经出台了《中华人民共和国中小企业促进法》，但在促进新企业融资的同时却存在信用定价机制缺乏、对债权人权利的保护不尽如人意、融资担保行业法律法规不健全，以及创业投资的退出机制缺乏等问题。从现行上市融资、发行债券的法律法规和政策导向上看，新创企业很难通过债权和股权融资等直接融资渠道获得资金。这就亟须政府加快相关法律的出台，完善我国新创企业融资的相关法律法规体系。

### 拓展阅读

#### 喜茶融资之路

2010 年，聂云宸 19 岁，投身智能机的第一轮浪潮，试水手机专卖店以 20 万元的"第一桶金"告终。两年后的 5 月，在广东江门市江边里小巷，聂云宸开始了自己的二次创业，开设了一家面积 30 平方米的茶饮店 RoyalTea（皇茶，喜茶前身）。

与当时市面上的大多数奶茶不同，聂云宸的这杯茶主打鲜奶和茶叶。在广为流传的版本里，为了独特的原料配比，他每天至少要将茶的配方修改六次以上，同时收集顾客对口味的反馈，以作出改进。

用心是有回报的，第一桶金都投进去之后，芝士奶盖茶广受好评，排队的人也越来越多。一年后，在江门市，聂云宸开了三家分店。到 2016 年，皇茶的门店数量已经发展到 40 余家。

此时的皇茶已经小有名气，被泛滥的山寨品牌围堵，令人真假难辨，等到正主回过神来，才发现"皇茶 ROYALTEA"早已被注册。于是在 2016 年，聂云宸花了 70

亿元，买下了已经成功注册的商标喜茶。也是在那一年，改名后的喜茶被资本盯上。当年 8 月，过亿元融资砸向喜茶，来自 IDG 资本和投资人何伯权。坊间传闻，这笔融资源于一次论坛，何伯权只有半小时时间，而等待的首席执行官有二十多位。正式的情况介绍后，聂云宸在散场后邀请何伯权去了附近的门店，并亲自把所有的产品都做给何伯权尝了一遍。当晚，融资敲定，还借此搭上了 IDG 资本。

资金加持之下，2017 年起，喜茶从珠三角走向全国。

2017 年 2 月初，喜茶进驻上海，在上海人民广场的来福士商场，上百人被蛇形通道分成 6 条，等候少则半小时，多则 6 小时。每天近 4 000 杯，日营业额达 8 万元，这是喜茶上海首店的数据。

天眼查显示：2018 年 4 月，喜茶获得由黑蚁资本以及美团旗下产业投资基金龙珠资本投资的 4 亿元 B 轮融资；2019 年 7 月，喜茶获得腾讯、红杉资本的 B+轮融资，投后估值达到 90 亿元；2020 年 3 月，喜茶再获高瓴资本和 Coatue Management 联合领投的 C 轮融资，投后估值达 160 亿元。

（资料来源：作者根据网络资料整理.）

### 5. 融资的过程

一般来说，创业融资的过程包括融资前准备、确定融资来源以及做好融资谈判等。

**（1）做好融资前的准备**

对于新创企业来说，创业融资比较困难。但是，创业融资决定了企业之后的成长与发展，因此，创业者在创业融资前要做好相应的准备工作。

首先，要建立好良好的个人信用。市场经济是一种信用经济。信用对国家、对企业、对个人都是一种珍贵的资源。在创业融资中，信用具有很重要的作用。人都生活在一定的社群中，创业者也不例外。创业者因为具有创业精神和创新意识，在思维方法和行为方式上会有不同之处，显示出异质性人才资本的特征。但信用是一种市场规则，谁若违背了，则该信息就会在社群内通过口碑传播。创业者最初的融资往往来自亲人、朋友和同事，如果口碑太差，信用度太低，融资难度会加大。个人信用不是在创业融资时速成的，而是需要创业者平时注重加强自己的道德修养，培养良好的信用意识以及良好的人脉关系，这对于获取创业资源至关重要。

其次，要拥有良好的社会资本。创业者的关系网络形成了新创企业的社会资本。企业社会资本是指企业通过社会关系获取稀缺资源并由此获益的能力。研究表明，创业者的人脉关系对创业融资和创业绩效有直接的促进作用。人脉关系不等同于所谓的"拉关系""走关系"等寻租行为，而是基于正常的社会经历建立的，如师生、同学、朋友、同事等人际关系，这些关系在创业过程中会带来有用的信息和资源。

**（2）测算创业所需资金**

资金需求量的估算是融资的基础，每个创业者在融资前都要明确。创业者在创业之前必须对所需资金的预算进行慎重而严谨的考虑。筹集资金是开创事业最基础的工作，是一切的开始。很多创业者拥有相关专业技术过硬的创业项目，有一些很好的想法和目标，如开办一家农家乐和产、供、销"一条龙"的经营路线等，但是，当问到他们需要多少投资，资金分别做哪些方面的应用以及所需资金如何获得等问题时，却是一脸茫然。

首先，创业所需的资金量一定要通过仔细论证、认真推敲和详细的财务预算来估量。对于创业者来说，要清楚创业所需资金的用途与分配。任何企业的经营都需要一定的资产，而资产以各种各样的形式存在，包括银行存款、原材料、产成品、机器设备和房屋与厂房等。投资数额与资产存在的形式、创业经营的规模、经营的产品品种、项目的经营方式及竞争对手的相关情况等因素有关。通常，创业者需制订多种方案，并对这些方案做出详细的比较，列出每个方案的明细支出，并对各个方案可能产生的利润进行核算，如预付多少租金、房屋装修费是多少、添置多少台设备、需要多少人力等。确定的数额要与同行、同规模的企业进行比较，再看这个数额，是偏高还是偏低，这样不至于出现太大的误差，以免造成资金不必要的浪费。

其次，创业者要在具有较高保险系数的前提来估量投资数额。目标数额不能超出规模所要求的太多，但如果低估投资数额，开业后也会带来很大的问题。这是因为开业后，除了事先可计算的合理支出，如用来购买企业经营所需的资产，还要有足够的资金来支付企业的日常运营开支，如员工工资、水电费等，同时也避免不了一些随机的临时支出。创业者在创业初期也可能会因过度热情与乐观而盲目忽略一些带有隐蔽性和不可预测性的支出，因此，必须有一定数额的流动资金来支持正常的销售和运作。有时一些创业者为了吸引投资故意把预算做得低一些，结果也会造成被动。

一旦确定了投资额度，接下来，创业者需要充分考虑自己筹措资金的能力和可能挖掘的资金筹集渠道，找到可以给你提供创业帮助的人来筹集资金。筹集资金要有计划地进行，只有资金储备雄厚，成功的概率才能更大，事业进展才能更加顺利。虽然筹措资金需要时间，但要尽量缩短筹资的过程，尽快使自己的事业走上正轨，使资金尽快转化成利润，及时归还贷款或分红，从而吸引更多的投资来扩大再生产。如果在资金使用过程中不能够创造出高于其成本的收益，则企业会产生亏损。因此，创业者在筹集资金之前，要能够运用科学的方法，准确估算资金需求数量。

**拓展阅读**

### 创业资金的来源

要创业首先需要钱，而很多人却搞不懂什么叫创业投资。创业者可以拿个人资产的一部分进行投入，其资金所有权属于自己。但是创业所投入的资金并非一定是自己的，或者其中只有一小部分是自己的，其余大部分都是借贷而来作为经营周转之用的。那么，创业究竟需要多少钱呢？创业需要很多钱吗？

一些人常常会说，他有许多构想，这些构想足以开创一番新事业，可惜就是没有钱。如此看来，他们的构想应该还不成熟，否则早就能吸引他人来投资了。现在很多人几乎天天都在动脑筋寻找新的项目投资，如果他的构想能够赚钱，别人早就竞相要求与其合作了。

**1. 采用"好点子"吸引别人投资**

如今，各行各业之间的竞争都很激烈，每家企业都在拼命开拓自己的市场。如果你的产品或构想果真能够带动市场发展，那么就是这些企业求之不得的。有些人总以为自己是无名小卒，说话没有分量，只能坐在家中空想罢了。这种想法是错误的！在目前这种"行业挂帅"的时代，如果没有自信服务客户，你的事业又怎能成功呢？找别人投资也是如此，每位投资者的投资目的，不外乎是获利，如果你的计划可行性高，获利性又好，就没有不吸引人的道理。所以说，只要你撒下的是能够赚钱的种子，你就应该相信自己已成功了一半！

**2. 正确评估自己的信用程度**

创业需要你检验个人在亲戚朋友间的信用程度如何。有一个最简单的方法，就是向亲戚和朋友借钱。假设向每人借1万元，根据同意借给你1万元的人数多少，就不难判断你的信用程度了。如果以这种方式你可以借到20万元，就证明你已有20人的信用；如果可以借到50万元，你就已有50人的信用了。而对你来说，偿还能力越佳，资金流动越快，支持你的亲友就会越多。当然，所谓的信用也不完全建立在你的偿债能力上。例如，有些亲友愿意借钱给你，也许只是出于对你的鼓励与支持，他们虽然事先就感觉到这笔钱可能会收不回来，但还是将钱借给了你。有幸如此的话，你要创业也就不会太难了！

**3. 平时要养成储蓄的好习惯**

如果你所经营的事业并不太有发展性，可是你的那些亲友依然愿意资助你，这当然是再好不过了，说明你很幸运。但是，如果你想要赤手空拳地完全依赖他人的资金来经营事业，那就不是一件容易的事了。原则上说，经营事业就应该拥有主导权，要争取最大的股权，否则，哪里会有掌控全局的魄力！要想事业经营顺利，首先必须拥有一定的资金积累，这是创业者必备的经济基础。一个人要想创业成功，就必须具备一定的"储蓄性格"。现在，连银行都要考验客户的"储蓄性格"，能够具备充分"储蓄性格"的人，自然就具备了较强的偿还能力，所谓的信用即是如此。因此，每个月能够持续积蓄一部分资金的人，两三年就能积累一笔不少的资金，如此要向银行借钱，就不会很困难了。简而言之，"信用"乃是靠一个人经年累月建立起来的，而不是朝夕之间。普通的创业者应该记住，有希望赚钱的行业就不愁没有投资者。但是，一个人要想开创一番事业，一般来说，最好自己拥有一半以上的资金，始终让自己处于主导地位，这样不仅有利于发挥自己的才能，而且有利于企业今后的发展。

（资料来源：作者根据网络资料整理。）

（3）编写商业计划书

创业企业对资金的需求，需要通盘考虑企业创办和发展的方方面面，要对企业有全面的筹划。编写商业计划书是一种对未来企业进行规划的较好的方式。商业计划书相当于企业的一张名片。在商业计划书中，创业者需要估计未来可能的销售状况和所需要的资源配备，进而计算出所需要的资金数额。

融资商业计划书是指在企业向外融资时所必须具备的文件，一份优质的融资商业计划书可大大提高项目融资的可能性。一份好的融资商业计划书的作用是：帮助创业者整理思路，把企业推销给企业家自己；指导企业运作，在计划中制定目标和里程碑，以指导未来的工作；吸引人才，有发展前景的创业企业对人才是极具吸引力的，当然如果加一点股权或期权就更好了；向投资人推销企业，说服投资人，让投资者充分了解企业的各方面情况和市场前景。

（4）确定融资来源

在确定了创业企业需要的资金数额之后，创业者需要进一步了解可能的资金筹集渠道，对自己的人脉关系进行一次详尽的排查，初步确定可以成为资金来源的各种关系；同时，需要收集各方面的信息，以获取包括银行、政府、担保机构、风险投资机构等能提供资金支持的机构的信息，以及政府新近出台的一些创业资金的支持政策、各种创业空间、创业孵化园等信息，从多方面入手寻找与筛选融资来源和对象。创业者要了解不同筹资渠道的优缺点，根据企业自身的特征以及对未来的规划，权衡利弊，选择所要采用的融资来源。

（5）做好融资谈判

选定拟采取的融资渠道之后，创业者需要与潜在的投资者进行融资谈判。要提高谈判获胜的概率，要求投资者对自己的创业项目非常熟悉，充满信心，并对潜在投资者可能提出的问题做出猜想，事先准备相应的答案，在谈判时抓住时机陈述重点，做到条理清晰。如果可能的话，向有经验的人士进行咨询，会提高谈判成功的概率。

### 4.3.2 创业资金测算

在企业经营的不同阶段都会涉及融资问题。在创业初期，合理地筹集创业所需资金是对创业者最基本的素质要求，也是其创办企业的前提。筹集不到足额资金会使企业出现资金断流，甚至被迫清算。而筹集的资金过多，又会导致资金的闲置，产生机会成本，从而导致企业经营效率低下。所以，创业者一定要能够对创业所需资金进行科学的估算。

#### 1. 创业资金的分类

创业资金按照不同的标准有不同的分类，而通过对创业资金进行不同的分类，可以帮助创业者全面考虑可能的资金需求。

（1）按照资金的用途，创业资金可以分为固定资产和流动资金

固定资产主要包括经营场地费用（企业用地和建筑费用）、设备费用（如企业所需的机器、工具、工作设施、车辆、办公家具等）、开办费（注册费、验资费、营业执照费、市场调查费、办公费、装潢装修费、技术转让费、加盟费、金额较大的培训费等）。一般来说，固定资产价值较高、使用时间较长，通过"累计折旧"，逐步分摊到今后的经营成本费用中，逐步回收。

流动资金也称运营资金，是指保证企业经营活动正常运转所需支出的资金。流动资

金主要包括原材料和商品存货、促销费用、工资、租金、保险费用（如社会保险和商业保险）、其他费用（包括水电燃气费、办公用品费、交通费、电话费等）和不可预见费（如罚款、物品被盗窃或丢失造成的损失等）。

（2）按照资金投入企业的时间，可分为投资资金和营运资金

投资资金发生在企业开办前，是企业在筹办期间发生各种支出所需要的资金。投资资金包括企业在筹建期间为取得原材料、库存商品等流动资产投入的流动资金，购建房屋建筑物、机器设备等固定资产，购买或研发专利权、商标权、版权等无形资产投入的非流动资金，以及在筹建期间发生的人员工资、办公费、培训费、差旅费、印刷费、注册登记费、营业执照费、市场调查费、咨询费和技术资料费等开办费用。

营运资金是从企业开始经营之日起到企业能够做到资金收支平衡为止的时间内企业发生各种支出所需要的资金，是投资者在创业后需要继续向企业追加投入的资金。收支平衡是指企业的支出和收入相等的状态。收支平衡前称为营运前期。

营运前期的时间跨度往往依企业的性质而不同，一般来说，贸易类企业可能会短于一个月；制造类企业包括从开始生产到销售收入入账，可能要持续几个月甚至几年；对于不同的服务类企业，营运前期的时间会有所不同。

需要注意的是，在进行资金测算时，我们往往会只算投资资金而忽略营运资金。但是在很多行业中，营运资本的资金需求要远远大于投资资本的资金需求。为保证创业者能够顺利地筹集到所需资金，创业者必须要考虑周全，充分估算创业所需资金。

**2. 测算所需资金**

合理地筹集创业所需资金是对创业者最基本的素质要求，也是其创办企业的前提。筹集不到足额资金会使企业出现资金断流，甚至被迫清算，但这也不意味着筹集的资金越多越好。世上没有免费的午餐，资金都是具有成本的，如果在资金使用过程中不能够创造出高于其成本的收益，创业企业就会发生亏损。

创业者必须要有一定的资金，才可以开展自己的经营活动。在进行资金的筹集时，创业者必须要考虑资金的成本，并不是资金越多越好。所以，创业者在进行资金的筹集之前必须要科学地计算所需的合理资金量。

（1）测算投资资金

在进行投资资金的测算时，创业者需要考虑开办企业必须购买的物资和一些必要的开支。不同行业所需的投资资金是不同的，创业者需要通过市场调查，充分了解本行业所需的投资资金。

需要创业者注意的是，在估算投资资金时，大部分创业者均能想到购置厂房、设备及材料等的支出，以及员工的工资支出，但通常会忽略如机器设备的安装费用、厂房的装修费用、创业者本身的工资支出、业务开拓费、广告费等，而这些可能会发生大额支出。

那么如何能够既清晰合理又全面地进行投资资金测算呢？通过表格的形式，将投资资金的项目一一列举，是一个科学、有效的办法。表 4.2 所示是投资资金估算常用的表格。

表4.2 投资资金估算表

| 序号 | 项目 | 数量 | 金额 |
|---|---|---|---|
| 1 | 房屋、建筑物 | | |
| 2 | 设备 | | |
| 3 | 办公家具 | | |
| 4 | 办公用品 | | |
| 5 | 员工工资 | | |
| 6 | 创业者工资 | | |
| 7 | 业务拓展费用 | | |
| 8 | 房屋租金 | | |
| 9 | 存货的购置支出 | | |
| 10 | 广告费 | | |
| 11 | 水电费 | | |
| 12 | 电话费 | | |
| 13 | 保险费 | | |
| 14 | 设备维护费 | | |
| 15 | 软件费 | | |
| 16 | 开办费 | | |
| 17 | …… | | |
| | 合计 | | |

表格中第1～3项（房屋、建筑物，设备，办公家具）的支出属于非流动资金支出。其中，房屋、建筑物的支出应该包括厂房的装饰装修费用，如果企业不是自建或购买厂房，而是在租来的房屋中办公，就应该填写在第8项房屋租金中，而且应关注房租的支付形式。一般来说，房屋租金多采用押1付3的方式支付，这样房屋租金的资金支出起码要预计4个月的租金数额；若房租采用半年付费或按年付费的方式，房屋租金的支出会更多。设备的支出包括机器设备的安装费用。

表格中第4～15项当中，办公用品、水电费等的支出属于流动资金支出，在计算创业资金时要考虑这些费用需长期投入。创业者在估算投资资金时，一定不要忽略了其自身的工资、业务开拓费、设备维护费等项目。

表格中的第16项是新创企业的开办费用。不同行业所需要的开办费用不同，如高科技行业筹建期间员工的工资和人员的培训费可能较高，有较高进入门槛的行业筹建期可能较长等。总之，开办费用的开支是企业无法避免的一项投资支出。

最后，不同行业所需要的资金支出不同，创业者应通过市场调查，对本行业所需的资金支出项目进行补充，也填写在表格中，并在最后一行计算合计数。

需要说明的是，创业者在估算投资资金时：一方面，要尽可能考虑所需要的各种支出，避免漏掉一些必需的项目，以充分估算资金需求；另一方面，应想方设法节省开支，减少投资资金的花费，如采用租赁厂房、采购二手设备等方法节约资金。

（2）测算营运资金

一般而言，创业者必须准备足够的流动资金来维持企业的正常运转。不同类型的企业对流动资金的规模要求不同，一些企业需要足够的流动资金来支付6个月的全部费用，还有一些企业只需要支付3个月的费用。创业者必须预测在获得销售收入之前，新企业能够支撑多久。

企业在投入运营后需要运转一段时间才能有销售收入。营运资金主要是指企业在达到收支平衡之前创业者投入企业的资金，这部分的资金主要是流动资金。在进行营运资金的估算时，创业者需要充分考虑企业未来的销售收入、成本和利润情况，通过财务预测的方式实现。

1）测算企业的收入。收入是指企业在从事销售商品、提供劳务和转让资产使用权等日常经营业务过程中所形成的经济利益的总流入。新创企业收入的估算是制订财务计划与编制预计财务报表的基础。在进行收入测算时，创业者应立足对市场调研，对行业营业状况进行分析，根据试销经验和市场调查资料，利用推销人员意见、专家咨询、时间序列分析等方法，以预测的业务量和市场售价为基础，估计每个会计期间的营业收入。具体可以通过表4.3进行预测。

表4.3　营业收入估算表

| 项目 | | 1 | 2 | 3 | 4 | …… | 合计 |
|---|---|---|---|---|---|---|---|
| 产品一 | 销售数量 | | | | | | |
| | 平均单价 | | | | | | |
| | 销售收入 | | | | | | |
| 产品二 | 销售数量 | | | | | | |
| | 平均单价 | | | | | | |
| | 销售收入 | | | | | | |
| …… | …… | | | | | | |
| 合计 | 销售收入 | | | | | | |

注：销售数量根据市场调查估算；平均单价根据市场调查和原材料成本估算；销售收入=销售数量×平均单价。

2）编制预计利润表。企业利润是企业一段时间内经营成果的展现。企业利润表按照营业利润、利润总额、净利润的顺序编制，是一个时间的动态报表。

创业者在编制预计利润表时，应根据测算营业收入时预计的业务量对营业成本进行测算，根据拟采用的营销方式，对销售费用进行测算；根据市场调查阶段确定的业务规模和企业战略，对可能发生的管理费用进行测算；根据预计采用的融资渠道和相应的融资成本，对财务费用进行测算；根据行业的税费标准，对可能发生的营业税费进行测算，以此计算新创企业每个会计期间的预计利润。成本预测表的格式如表4.4所示，预计利润表的格式如表4.5所示。

表4.4 成本预测表

| 项目 | | 1 | 2 | 3 | 4 | …… | 合计 |
|---|---|---|---|---|---|---|---|
| 产品一 | 销售数量 | | | | | | |
| | 单位成本 | | | | | | |
| | 销售成本 | | | | | | |
| 产品二 | 销售数量 | | | | | | |
| | 单位成本 | | | | | | |
| | 销售成本 | | | | | | |
| …… | …… | | | | | | |
| 合计 | 销售成本 | | | | | | |

注：销售数量根据市场调查估算；单位成本根据原料成本估算；销售成本=销售数量×单位成本。

表4.5 预计利润表

| 项目 | 1 | 2 | 3 | 4 | …… |
|---|---|---|---|---|---|
| 一、营业收入 | | | | | |
| 减：营业成本 | | | | | |
| 营业税金及附加 | | | | | |
| 销售费用 | | | | | |
| 管理费用 | | | | | |
| 财务费用 | | | | | |
| 二、营业利润（损失以"-"号填列） | | | | | |
| 加：营业外收入 | | | | | |
| 减：营业外支出 | | | | | |
| 三、利润总额（损失以"-"号填列） | | | | | |
| 减：所得税费用 | | | | | |
| 四、净利润（损失以"-"号填列） | | | | | |

注：营业收入=预测销售收入；营业成本=预测销售成本；营业税金及附加根据行业的税费标准对营业税金及附加费用进行估算；销售费用根据拟采用的营销组合对销售费用进行估算；管理费用根据企业规模和战略对企业经营的管理费用进行估算；财务费用根据预计采用的融资渠道和融资成本对财务费用进行估算；营业利润=营业收入-营业成本-营业税金及附加-销售费用-管理费用-财务费用；营业外收入包括与企业生产经营活动没有直接关系的各种收入，如非流动资产处置收入、政府补贴等；营业外支出包括与企业日常活动无直接关系的各项损失，如非流动资产处置损失、公益性捐赠、罚款等；利润总额=营业利润+营业外收入-营业外支出；所得税费用根据行业的税费标准对所得税进行估算；净利润=利润总额-所得税费用。

由于新创企业在起步阶段业务量不稳定，因此，对于新创企业初期营业收入、营业成本和各项费用的估算应按月进行，并按期预估企业的利润状况。一般来说，在企业实现收支平衡之前，企业的利润表都应按月编制，达到收支平衡之后，可以按季、按半年或按年度来编制。

3）编制预计资产负债表。资产负债表是总括反映企业在某一特定日期全部资产、负债和所有者权益状况的报表。资产负债表是根据"资产-负债=所有者权益"这一会计基本等式，依照流动资产和非流动资产、流动负债和非流动负债大类进行列示，并按照一定要求编制的一张静态的财务报表。预计资产负债表的格式如表4.6所示。

表4.6 预计资产负债表

| 项目 | 1 | 2 | 3 | 4 | 5 | …… | n |
|---|---|---|---|---|---|---|---|
| 一、流动资产 | | | | | | | |
| 货币资金 | | | | | | | |
| 应收款项 | | | | | | | |
| 存货 | | | | | | | |
| 其他流动资产 | | | | | | | |
| 流动资产合计 | | | | | | | |
| 二、非流动资产 | | | | | | | |
| 固定资产 | | | | | | | |
| 无形资产 | | | | | | | |
| 非流动资产合计 | | | | | | | |
| 资产合计 | | | | | | | |
| 三、流动负债 | | | | | | | |
| 短期借款 | | | | | | | |
| 应付款项 | | | | | | | |
| 应交税费 | | | | | | | |
| 其他应付款 | | | | | | | |
| 流动负债合计 | | | | | | | |
| 四、非流动负债 | | | | | | | |
| 长期借款 | | | | | | | |
| 其他非流动负债 | | | | | | | |
| 非流动负债合计 | | | | | | | |
| 负债合计 | | | | | | | |
| 五、所有者权益 | | | | | | | |
| 实收资本 | | | | | | | |
| 资本公积 | | | | | | | |
| 留存收益 | | | | | | | |
| 所有者权益合计 | | | | | | | |
| 负债和所有者权益总计 | | | | | | | |
| 六、外部筹资额 | | | | | | | |

一般来说，预计资产负债表在企业实现收支平衡之前也应该按月编制，在实现收支平衡之后可以按季、按半年或按年编制。

### 案例评析

#### 小夏的会计公司资金流分析

小夏是一名会计学专业的大学生，毕业时想自己开办一家会计咨询公司。通过与毕业后在外地创业的学长交流并进行了简单的市场调查，小夏觉得这个行业有很大的市场空间，他对必要支出进行了如下估算。

1）在昆明市中心的写字楼租一间办公室，每月需要 3 000 元左右租金。

2）购置 2 台计算机，每台 5 000 元。

3）1 套财务软件，大约需要 3 000 元。

4）2 台打印机，一台针式打印机用来打印输出的会计凭证和账簿，另一台打印一般的办公文件，2 台打印机大概需要 5 000 元。

5）1 台税控机（用于帮助客户进行纳税申报），价格 3 000 元；购置 3 套办公桌椅，每套 1 000 元。

6）购置饮水机 1 台，需要 500 元，每月大约需要 4 桶水，每桶水 15 元。

7）事先需置办一些办公用品及办公耗材，需支出 1 000 元，大约可供一个月使用。

8）电话费、网费每月 320 元左右，水电费每月 200 元。

9）同类会计服务公司的广告费一般每月 1 200～2 000 元，小夏准备每月花费 1 500 元。

10）公司开业初期需雇佣 1 名会计和 1 名外勤人员，两人的工资每月合计为 6 500 元，社会保险费每月合计 1 000 元。

11）开户、刻章直至办完整套开业手续，大约需要一个月的时间，需要的开业前的基本费用为 1 000 元。

每家客户每月可以收取 350 元的服务费，为每个客户服务的基本支出大约为 50 元/月。另外，客户在 60 户以内时基本上不用增加会计和外勤人员。于是，小夏简单算了一下，他创办会计公司需要的资金为 39 080 元，明细如表 4.7 所示。

**表 4.7 公司所需资金列表**

| 项目 | 数量 | 金额/元 | 项目 | 数量 | 金额/元 |
|------|------|---------|------|------|---------|
| 房租 | 1 | 3 000 | 办公用品 | 1 | 1 000 |
| 计算机 | 2 | 10 000 | 电话、网费 | 1 | 320 |
| 软件 | 1 | 3 000 | 水电费 | 1 | 200 |
| 打印机 | 2 | 5 000 | 广告费 | 1 | 1 500 |
| 税控机 | 1 | 3 000 | 工资 | 2 | 6 500 |
| 办公桌椅 | 3 | 3 000 | 社会保险费 | 2 | 1 000 |
| 饮水机 | 1 | 500 | 开业 | 1 | 1 000 |
| 水 | 4 | 60 | 合计 | | 39 080 |

由于开办公司的资金不是太多，而每户的利润也较为可观，加上小夏对自己的专业知识和开拓市场的能力非常自信，他觉得自己的公司一定会办得很红火。但是，为了以防万一，担心有些项目考虑不周全，小夏在筹集资金时还准备了一些风险资金，共筹集了 60 000 元。可是，令小夏没想到的是，公司刚刚经营了 3 个月就出现了资金断流，连支付房屋租金的钱都不够了。

**评析：**小夏只计算了公司开办所需要的投资资金的数额，而没有考虑营运资金的需求。应估算公司的营业收入、与此相关的利润情况，以及计算公司的收支平衡点，并据此估计其需要的营运资金数额。

本例中，公司每个月需要固定支出的资金包括：房租3 000元、办公用品1 000元、饮用水60元、电话费和网费320元、水电费200元、广告费1 500元、雇员工资及社会保险费7 500元，由此，企业每月的基本支出为以上各项之和13 580元。每个月主要的资金流入是客户支付的服务费用，每个客户300元。因此，公司资金收支平衡点业务量=13 580÷300=45.27（户），即客户量达到46户时才能实现资金的收支平衡。每个月可以增加6家客户，则达到盈亏平衡点的时间为8个月。这就意味着小夏要在开业后的8个月内继续追加投资，由此，公司需要投入的营运资金的数额为108 640元（13 580×8）。当然，每个月也会获得一部分提供会计服务的收入。

小夏在计算资金需求时支出项目考虑不够全面，如小夏自己的生活支出、业务开拓费、相关税费等，每月基本的生活支出和劳保支出应计算在创业所需的资金之内。

**拓展阅读**

### 如何估算创业需要多少资金

你认为自己已经为创业做好准备了吗？别那么着急。在付诸行动之前，你需要了解创业启动时需要花费多少资金。

你也许有一个大概的估算，但是要制作出可行的商业计划并顺利启动业务，这样的估算却不够详细。精确计算出所需的资金是成功的关键。低估了需求，创业者会在没有盈利前就捉襟见肘了。高估了成本，创业者又会无法凑齐数额较大的启动资金。

无论启动资本总额是5 000美元还是50万美元，创业者都需要计算出具体的数字。为此，所面临的挑战是找到可信可靠的信息。好消息是，创业者可以从许多渠道获取到具体的数额和宝贵的建议。以下八条途径可以帮助创业者估算创业启动资金。

**1. 同行**

管理咨询集团（Management Analysis Group，西雅图一家低成本运作的咨询公司）的老板斯蒂芬·贝茨（Stephen Bates）介绍，咨询经营与你类似业务的企业家，是计算创业初期运营成本的最佳信息来源。你未来的竞争对手可能不想帮助你，但是只要不在同一区域，他们都是非常乐意帮忙的。

**2. 供应商**

供应商也是一个研究创业成本不错的信息来源。洛杉矶南加利福尼亚大学格雷夫创业中心（Greif Entrepreneurship Center）的凯瑟琳·艾伦（Kathleen Allen）教授说，"创业者可以给直接供应商打电话，告诉他因为你打算创业，所以想了解某个行业的费用。他们通常都非常乐意帮助，因为他们也想从你身上寻找生意机会"。然而艾伦也警告大家不要过分相信初次接触的供应商，她建议"做些比较，你会发现创业成本会有很大的差异"。要向供应商询问设备租赁、大量购买的折扣额、信用条件、启动的库存量以及可能降低前期成本的其他选择。

### 3. 行业商会

艾伦说，"与同行和贸易商一样，商会也是一个非常好的信息来源，因为你可以直接跟特定的市场打交道"。根据不同的行业，商会可以提供启动费用明细和财务报表的样本、行业内相关的企业家和供应商名单、市场调研的数据和其他有用的信息。供应商的行业商会也是好的信息来源。

### 4. 退休企业高管

在美国，由小企业协会赞助的 SCORE（美国退休经理人服务公司）也是对创业非常有价值的资源。除了发表创业的相关刊物，SCORE 还可以为创业者推荐非常有经验的退休企业家，指导你完成公司启动的整个过程。当然需要自己进行实际操作，但是创业顾问将为你指明方向，并建议使用你自己可能忽视的资源。除了提供顾问指导服务，SCORE 还提供便捷的网络服务，为全美用户提供超过 12 400 位创业辅导员。弗莱德·托马斯（Rred Thomas）是 SCORE 前任总裁，也是佛蒙特州 SCORE 塞特福德中心的一名辅导员，据他介绍，"无论你想要一位拥有销售、餐饮、特许经营经验的辅导员，还是其他任何经验的辅导员，只要输入详细说明，就能得到拥有相应资格的辅导员名单"。

### 5. 创业指南

创业者可以从一些独立的出版社和商会获得创业启动指南。这些指南，尤其是信誉卓著的行业指南是研究创业启动资金的有利资源。要确保指南没有过时，还要记得不同地区的费用会相差很大。在阅读的过程中，注意那些能帮你降低启动成本的小提示。

### 6. 连锁加盟机构

如果你想购买特许经营权，特许经营权拥有者会给你启动费用的相关数据。然而，不要把这些数据当作绝对值，因为费用会因为地区的不同而有所变化。贝茨建议，"要通过自己的努力来检验特许经营权拥有者的结论对不对"。创业者可以给现有的特许经营商打电话，问问他们实际的启动费用是否符合特许经营权拥有者的预测值。

### 7. 创业相关文章

报纸和杂志的文章很少会为一个特定地区的特定业务逐项列出创业所需的费用。然而，创业相关的文章可以让你大致估算所需的启动成本，并帮助你列出需要调查的费用清单。经常使用可靠的信息来源，不要忘记查阅相关的行业杂志，可以了解供应商信息、行业所需成本和最新行业动态。

### 8. 创业顾问

一个合格的创业顾问可以提供关于启动资金的相关建议，甚至为你做很多调查，也可以帮你将自己的调查变成有用的财务预测和具体方案。而聘用专家的缺点是需要费用。如果你决定与顾问合作，要找熟悉你所处行业且有创业经验和实际运营经验的人。

单一的途径并不能帮助创业者了解具体创业成本的所有信息。但是通过不断努力，研究与估算启动资金，你最终能找到需要的具体数字。艾伦建议，使用一个她称为"三角测量"的步骤，也就是对每项费用，从三个不同途径获取三个数字，然后权衡这三个数字，最后得出一个你认为正确的数字。

科学细致的调研可以帮助创业者验证其创业想法是否实际可行，并且为创业者提供建议，从而提升创业成功的概率。只有创业者完成了创业启动成本估算，并且根据这个数字制作出相应的商业计划，这样才能说是为创业准备好了一切。

（资料来源：作者根据网络资料整理.）

### 4.3.3 创业融资渠道

在创业者开始创业之初，一般需要购买固定资产和持有一定数量的流动资金，所需资金的来源方向与通道就是创业融资渠道。创业者所需资金首先通过自有资金解决，不足部分则通过其他渠道获得。目前，创业融资渠道可分为私人资本融资、机构融资和其他融资。

**1. 私人资本融资**

私人资本包括自有资金、亲友资金、民间借贷和天使投资等。由于企业在创业初期的不确定性比较大，很难获得金融机构的融资，私人资本融资成为创业初期的主要融资渠道。

（1）自有资金

创业者的自有资金是成功创业的基础，创业者应将自有资金的大部分投入新创企业。首先，创办新企业是捕捉商业机会、实现价值的过程，将尽可能多的自有资金投入其中，可以在新企业中持有较多的股份，而在创业成功后，将获得较大的创业回报。其次，自我融资是一种有效的承诺。如果在投身创业的过程中投入自己的资金，这本身就是一种信号，告诉其他外部资金提供者，创业者对自己认定的商业机会十分肯定，对自己的新企业充满信心。这种信号会给其他资金所有者一种积极的暗示，增加对其投资新企业的可能性。再次，自有资金的投入是对债权人债权的保障。由于在企业破产清算时，债权人的权益优于投资者的权益，企业能够融到的债务资金一般以投资者的投入为限。最后，自有资金的投入有利于创业者分享投资成功的喜悦。因此，准备创业的人，应从自我做起，较早地将自己收入的一部分储蓄起来，作为创业储备资金。

（2）亲友资金

家庭成员和亲朋好友的资金是创业融资的重要来源。家庭是市场经济的主体，在创业中起到重要的支持作用。特别是在我国，以家庭为中心形成的社会网络关系，对包括创业融资在内的许多创业活动产生了重要影响。家庭成员和亲朋好友由于与创业者的个人关系而愿意给予投资，这有助于克服非个人投资者面临的一种不确定性：缺乏对创业者的了解。在创业初期，创业者往往缺乏正规融资的抵押资产，缺乏社会筹资的信誉和业绩。因此，非正规的金融借贷，如从创业者的家人、亲戚、朋友处获得创业所需的资金，是非常有效且常见的融资方法。

虽然从家庭成员和亲朋好友处获得资金相对要容易一些，但与所有融资渠道一样，向家庭成员和亲朋好友融资也有不利的方面，有时容易引起纠纷。为此，创业者必须明确所获得资金的性质是债权性资金还是股权性资金。

在借助传统的社会网络关系时，必须要用现代市场经济的游戏规则、契约原则和法律形式来规范融资行为，以保障各方利益，减少不必要的纠纷。为了避免日后出现问题，一方面，创业者必须将有利方面、不利方面、存在的风险告诉家庭成员和朋友，便于将日后出现问题时对家庭成员和朋友关系的不利影响降到最低；另一方面，用非个人投资者融资的商务方式来对待向家庭成员和朋友融资，对每一笔债权性资金都要讲明其利息率和还本付息计划，对股权性资金承诺未来支付的红利率及支付时间。如果能用对待其他投资者的方式对待家庭成员和朋友，就能避免将来可能产生的矛盾。在运用这些资金之前，创业者还可以事先用书面方式将相关事项确定下来，规定融资的所有细节，包括资金的数量、有关条件、投资者的权利和责任以及对业务失败的处理等。一般而言，制定一份涉及所有上述条款的正式协议，可以帮助避免未来可能出现的纠纷。

（3）民间借贷

民间借贷是指公民之间、公民与法人之间、公民与其他组织之间的借贷。除了从家庭成员及亲朋好友处融资外，还存在大量的其他资金供给主体。民间借贷作为正规金融的一种补充，顺应市场融资的需求，长期以来一直存在，并不断发展壮大。《中华人民共和国商业银行法》规定，只要民间借贷的利率不超过银行同期利率的4倍，即属合法。有些地区民间借贷以其优厚的吸存条件、简便的放贷手续以及良好的信誉而大受欢迎。

（4）天使投资

天使投资是自由投资者或非正式机构对有创意的创业项目或小型新创企业进行的一次性前期投资，是一种非组织化的创业投资形式。曾经的创业者、传统意义上的富翁、大型高科技公司或跨国公司的高级管理者是主要的天使投资者的来源。在部分经济发展良好的国家中，政府也扮演了天使投资人的角色。天使投资属于广义的风险投资的一种。

天使投资的融资程序简单，融资效率高，资金投放方式多样。天使投资人对新创企业不但可以提供资金支持，还可以提供专业知识指导和社会资源引进等方面的支持。天使资金通常以股权的方式注入公司。新创企业一旦创业成功，其投资回报率会非常高。

**2. 机构资金融资**

投资机构挑选被投资对象的程序比较正规，所拥有的资金数量也较大。机构融资渠道主要包括银行贷款、商业信用融资和融资租赁等。

（1）银行贷款

银行贷款是指银行根据国家政策以一定的利率将资金贷放给资金需要者，并约定归还期限的一种经济行为。它是新创企业的重要资金来源。银行贷款又因为贷款者的用途不同，而被分成多种贷款形式。根据不同的划分标准，银行贷款可以分为不同的贷款类型，具体如下。

1）按偿还期不同，银行贷款可分为短期贷款、中期贷款和长期贷款。

2）按偿还方式不同，银行贷款可分为活期贷款、定期贷款和透支。

3）按贷款用途或对象不同，银行贷款可分为工商业贷款、农业贷款、消费者贷款及有价证券经纪人贷款等。

4）按贷款担保条件不同，银行贷款可分为票据贴现贷款、票据抵押贷款、商品抵押贷款及信用贷款等。

5）按贷款金额大小不同，银行贷款可分为批发贷款和零售贷款。

6）按利率约定方式不同，银行贷款可分为固定利率贷款和浮动利率贷款等。

另外，按照企业贷款项目类别进行贷款，银行贷款又可以分为以下几种。

1）按货币种类划分，银行贷款可分为人民币贷款和外汇贷款。

2）按贷款期限划分，银行贷款可分为短期贷款、中期贷款和长期贷款。

3）按贷款经营模式划分，银行贷款可分为自营贷款、委托贷款、特定贷款及银行贷款。

4）按贷款用途划分，银行贷款可分为固定资产贷款、流动资产贷款及并购贷款。

5）按偿还方式划分，银行贷款可分为一次性还清贷款和分期偿还贷款。

6）按贷款利率划分，银行贷款可分为固定利率贷款和浮动利率贷款。

7）按担保方式划分，银行贷款可分为抵押贷款、质押贷款、保证贷款及信用贷款。

在多种银行贷款方式中，因为短期贷款的利率较低，资金供给和偿还比较稳定，贷款方式比长期贷款灵活、形式多样，所以更容易被创业者接受。但是短期贷款不能满足企业长期的资金需求。同时，由于是固定利率的方式贷款，企业的利益可能会随着利率的波动变化而受到影响。由于不同的贷款方式存在不同的优缺点，对于中小型的新创企业的创业者来说，通常选择的贷款方式有个人信用贷款、抵押贷款、担保贷款和小额贷款等。

银行贷款通常以风险最小化为原则，要求提供担保、房屋抵押，或者收入证明、个人征信良好才可以申请。在众多的融资方式中银行贷款因其安全稳定、成本较低的特性而备受欢迎。对于进入发展期或成熟期的企业，这种融资方式具有较强的适用性。创业者在向银行申请贷款时，还会涉及同工商、税务、中介机构等部门进行接洽，手续较为烦琐，所需时间较长。

（2）商业信用融资

新创企业步入正常运营之后，逐步开发并拥有了自己的客户和供应商，并通过在商品交易过程中以延期付款或预收货款等方式进行购销活动而形成资金的借贷关系。商业信用融资是新创企业常见的融资方式，主要有以下几种形式：应付账款、商业汇票、票据贴现和预收货款。商业信用融资形式可以帮助企业在资金缺乏时彼此帮助、渡过难关。

（3）融资租赁

融资租赁是一种以融资为直接目的的信用方式，是指出租人根据承租人对租赁物的特定要求和供货商的选择，出资向供货商购买租赁物，并租给承租人使用，承租人分期向出租人支付租金。在租赁期内，租赁物的所有权属于出租人所有，承租人拥有租赁物的使用权；租赁期满，租金支付完毕，租赁物归出租人所有，但承租人有优先购买权。

融资租赁实质上是一种融资方式，它将融资和融物集于一体。融资租赁对租赁企业的资质信用和担保要求不高，对于需要购买大件设备的新创企业及中小企业非常适用。企业不用支付高额费用购买设备而改为租赁，将固定投入转变为流动投入，可盘活企业营运资金，减轻企业资金压力。应注意的是，在融资租赁时，新创企业一定要选择资金实力强、信誉良好的租赁公司进行合作。

（4）风险投资

风险投资在我国是一个约定俗成的具有特定内涵的概念，是指创业投资。广义的风险投资泛指一切具有高风险、高潜在收益的投资；狭义的风险投资是指以高新技术为基础，生产与经营技术密集型产品的投资。

从投资的方面来说，风险投资是把资本投向有失败风险可能性的高新技术及其产品的研究开发领域，旨在促使高新技术成果尽快商品化、产业化，以取得高资本收益的一种投资过程。从运作方式来看，是指由专业化人才管理下的投资中介向特别具有潜能的高新技术企业投入风险资本的过程，也是协调风险投资家、技术专家、投资者的关系，利益共享，风险共担的一种投资方式。

风险投资一般采用风险投资基金的方式运作，其中主要包括以下几个阶段。

1）融资阶段。融资阶段主要解决钱的来源问题。一般来讲，提供风险资本来源的包括养老基金、保险公司、商业银行、投资银行、大公司及大学捐赠基金等。在融资阶段最重要的是解决投资人和管理人的权利、义务及利益分配的安排。

2）投资阶段。投资阶段主要解决钱去哪儿的问题。专业的风险投资机构通过项目初步筛选、尽职调查、估值、谈判、条款设计、投资结构安排等一系列程序，把风险资本投向具有潜力的创业企业。

3）管理阶段。管理阶段解决价值增值的问题。风险投资机构主要通过监管和服务实现价值增值，"监管"主要包括参与被投资企业董事会、在被投资企业业绩达不到预期目标时更换管理团队成员等手段；"服务"主要包括帮助被投资企业完善商业计划、公司治理结构及帮助被投资企业获得后续融资等手段。价值增值型的管理是风险投资区别于其他投资的重要方面。

4）退出阶段。退出阶段解决收益如何实现的问题。风险投资机构主要通过 IPO、股权转让和破产清算三种方式退出所投资的创业企业，实现投资收益。退出完成后，风险投资机构还需要将投资收益分配给提供风险资本的投资者。

风险投资是由资金、技术、管理、专业人才和市场机会等因素共同组成的投资活动，具有以下六个特点：一是以投资换股权方式，积极参与对创业企业的投资；二是协助企业进行经营管理，参与企业的重大决策活动；三是投资风险大、回报高，并且由专业人员周而复始地进行各项风险投资；四是追求投资的早日收回，而不以控制被投资企业所有权为目的；五是风险投资公司与创业者的关系是建立在相互信任与合作的基础上的；六是投资对象多为处于创业期的中小企业，且多为高新技术企业。

相比其他的融资方式来说，风险投资难度更大，但是并不是想象中那么遥不可及的事。创业者在进行创业融资时应该对风险投资报以信心。

创业者在国内找风险投资融资之前，应该做好充分的准备。对于创业者来说，如果所创企业符合风险投资家的项目选择标准，则风险投资是一种比较好的融资方式。通过风险投资不但可以筹集资金，还可以得到风险投资家们专业的帮助和指导。

**3. 其他社会融资**

（1）政府扶持基金

创业者还可以利用政府扶持政策从政府方面获得融资支持。随着我国经济的发展，政府对创业的支持力度，无论从产业的覆盖面还是政府对创业者的支持额度上都有了很大的进展，由政府提供的扶持基金也在逐步增加。

科技型中小企业技术创新基金是经国务院批准设立，用于支持科技型中小企业技术创新的政府专项基金，用以扶持和引导科技型中小企业的技术创新活动。根据中小企业和项目的不同特点，创新基金支持方式主要有贷款贴息、无偿资助和资本金投入等。另外，科技部的"863 计划""火炬计划"等，每年也会有一定数额的资金用于科技型中小企业的研发、技术创新和成果转化。

中小企业国际市场开拓资金是由中央财政和地方财政共同安排的专门用于支持中小企业开拓国际市场的专项资金。

财政部设有利用高新技术更新改造项目贴息基金，国家重点新产品补助基金。国家发展和改革委员会设有产业技术进步资金资助计划、节能产品贴息项目计划；工业和信息化部设有电子信息产业发展基金等。

各省份也为支持当地创业型经济的发展，纷纷出台了许多政策，支持创业。

（2）知识产权融资

随着《中华人民共和国公司法》（以下简称《公司法》）对于非货币出资比例的放宽，以及大量高科技企业的创立，知识产权融资在创业融资中的地位更显重要。知识产权融资既可以采用股权融资的方式，也可以采用债权融资的方式，主要有知识产权作价入股、知识产权抵押贷款、知识产权信托和知识产权证券化等方式。

### 4.3.4 融资渠道决策

**1. 融资渠道选择**

根据国外企业融资的结构理论，企业融资一般遵循这样一个规律：先内部融资，后外部融资，即先使用企业内部资金，不足时再向银行贷款；先债权融资，后股权融资，即先发行债券，最后再发行股票融资。同时，根据融资相关实践经验，创业企业在其生命周期的不同阶段，需要的资金量和可获得的融资渠道各不相同，所以创业者需要综合自身拥有的资源情况，遵循创业融资的原则，充分分析股权融资和债券融资的利弊，做出科学的融资决策。

不同类型的创业企业选择的融资策略不同。从创业融资角度看，创业企业可分为制造业型、商业服务型、高科技型及社区型等几种类型。各类型的中小企业的融资特点和融资方式选择如下。

（1）制造业型创业企业

制造业型创业企业的资金需求是比较多样和复杂的，这是由其经营的复杂性决定的。无论是用于购买原材料、半成品和支付工资的流动资金，还是购买设备和零备件的中长期贷款，甚至产品营销的各种费用和卖方信贷，都需要外界和金融机构的金融服务。

一般而言，制造业企业资金需求量大，资金周转相对较慢，经营活动和资金使用涉及面也相对宽，因此，风险也相应较大，融资难度要大一些。制造业企业可选择的融资方式主要有银行贷款、租赁融资等。

（2）商业服务型创业企业

商业服务型创业企业的资金需求主要是库存商品所需的流动资金和促销活动上的经营性开支。其特点是资金量小，借款频率高、周期短、随机性大，但是一般而言风险相对其他类型的中小企业较小。因此，中小型银行贷款是其最佳选择。

（3）高科技型创业企业

高科技型创业企业的主要特点是高风险、高收益。此类企业除可通过一般创业企业获得的融资渠道融资外，还可采用吸收风险投资公司投资、天使投资、科技型中小企业投资基金等进行创业。风险投资公司的创业基金是有效支持高新技术产业最理想的融资渠道。创业资本与其所扶持的企业之间是控股或参股关系，所以风险投资公司可从创业成功的企业的股份升值中较快地回收创业投资。

（4）社区型创业企业

社区型创业企业，如餐馆、美容美发店、水果店、便利超市和家政服务等，具有特殊性，具有一定社会公益性，容易获得各项优惠政策，如税收政策、资金扶持政策等。对于该类创业企业，应首先考虑争取获得政府的扶持资金。

### 2. 融资方式比较

根据资金的不同来源性质，融资可分为债权融资和股权融资。债权融资和股权融资各有优缺点，需要在融资之前进行了解，以便做出最有利于企业发展的融资决策。

（1）债权融资

债权融资是指企业通过举债的方式进行融资。对于债权融资所获得的资金，企业不仅要承担资金的利息，在借款到期后还要向债权人偿还资金的本金。债权融资形成企业的债务资本，是企业依法取得并依约运用、按期偿还的资本。向亲友借款、向金融机构借款、交易信贷和租赁、向其他企业借款，这些都是常用的债权融资方式。

债权性融资具有以下三个特点。

1）债权融资获得的只是资金的使用权而不是所有权。负债资金的使用是有成本的，企业必须支付利息，并且债务到期时须归还本金。

2）债权融资能够提高企业所有权资金的资金回报率，具有财务杠杆作用。

3）与股权融资相比，债权融资除在一些特定的情况下可能带来债权人对企业的控制和干预问题，一般不会产生对企业的控制权问题。

（2）股权性融资

股权融资是指企业的股东愿意让出部分企业所有权，通过企业增资的方式引进新的股东，同时使总股本增加的融资方式。对于股权融资所获得的资金，企业无须还本付息，但新股东将与老股东共同分享企业的盈利与增长。

股权性融资具有以下三个特点。

1）长期性。股权融资筹措的资金具有永久性，无到期日，无须归还。

2）不可逆性。投资人欲收回本金，需要借助流通市场。

3）无负担性。股权融资没有固定的股利负担，股利的支付与否和支付多少视公司的经营需要而定。

不同的融资方式具有一定的优点和不足，创业者需要熟悉不同融资方式的利弊，结合实际情况，考虑不同情况下的融资成本，以做出科学的融资决策。

债权融资的资金成本较低，合理使用还能带来杠杆收益，但债务资金使用不当会带来企业清算或终止经营的风险；股权资金的融资成本由于要在所得税之后支付，成本较高，但由于在企业正常生产经营过程中不用归还投资者，是一项企业可永久使用的资金，没有财务风险。创业者在筹集资金时应对债务资金、股权资金的优缺点进行比较，并考虑企业的资金需要量、资金的可得性、宏观理财环境、筹资的成本、风险和收益，以及控制权分散等问题来进行综合分析。

### 3. 融资方式选择

创业者在选择融资方式时，应对债权资金、股权资金的优缺点进行比较，并考虑企业资金的可得性、企业自身的风险收益特征、企业生命周期阶段、筹资的成本和风险，以及控制权分散等问题来进行综合分析。

（1）企业资金的可得性

对于创业初期急需资金的企业，无论选择哪一种方式，只要能够满足当时的资金需要，解企业的燃眉之急就是最好的。资金的可得性会成为创业者考虑的首要目标。当然，如果规划适当，则可以更加理性地进行决策。

（2）企业自身的风险收益特征

创业企业所处的行业不同，其面临的风险收益特征会有很大的不同，从而导致融资方式的选择会有所不同。对于高风险、预期收益不确定的创业企业，具有弱小的现金流、高负债率，低、中等成长和未经证明的管理层等特征，其融资方式最好选择个人积蓄、亲友资金；对于低风险、预期收益好预测的创业企业，一般是传统行业，有强大的现金流，低负债率、有优秀的管理层和良好的资产负债表等，可以选择债权性融资；对于高风险、预期收益较高的创业企业，它们往往具有独特的商业创意，属于高成长类，具有利基市场，也拥有得到证明的管理层，这类企业可以选择股权性融资。

（3）企业生命周期阶段

企业的生命周期阶段主要包括种子开发期、启动期、成长期。

在种子开发期，企业运行处于高度的不确定性中，较难获得外部资金，采用较多的融资方式一般是创业者个人积蓄、亲友款项、天使投资、创业投资以及合作伙伴的投资。

进入启动期阶段，创业者还可以使用抵押贷款的方式筹集资金。企业运行至成长期以后，资金需求量较以前有所增加，发展潜力逐渐显现，能够吸引外界资本的注意。加之前期的经验基础，在融资渠道上有了更多选择。

（4）筹资的成本和风险

企业在成长初期阶段，收益有不稳定性，为满足生产经营所需资金，更多地采用股权融资的方式。其中，战略伙伴投资、创业投资等是常用的融资方式，同时通过采用抵押贷款、租赁，以及商业信用的方式筹集部分生产经营所需资金。在企业成长后期，运行逐渐踏上轨道，成长性得到充分展现，资产规模不断扩大，现金流动性进一步提高，有能力偿还负债的本息，此时在保证更多的享有经营收益的情况下，创业者更多地采用各种负债的方式筹集资金，获得经营杠杆收益。

**4. 融资原则**

在进行创业融资时，创业者应该结合本企业的实际情况，在自己能够承受的风险基础上，遵循创业融资的原则，以尽可能较低的成本来获取足额的创业资金。一般来说，在进行创业融资时，应该遵循以下原则。

（1）效益性原则

新企业进行融资的目的是进行投资从而获得更大的经济效益，而通过融资吸纳的资金是要支付一定成本的。不同融资方式筹集的资金，其支付的成本也不尽相同。企业在进行融资活动时，应当考虑资金的成本，综合平衡资金的效益性。

（2）合理性原则

考虑资金的使用成本和企业的风险承受能力，新企业在融资时要合理地确定融资的金额和期限，并确定合理的融资结构。融资规模过大，不仅会导致资金闲置浪费，而且会导致融资成本增加，加大企业财务风险；融资规模过小，则导致企业资金供应紧张，影响企业正常运营和业务发展。

（3）及时性原则

在市场经济条件下，创业机会往往稍纵即逝，如果企业不能及时获得所需要的资金进行投资而致使新产品不能及时开发，不仅有可能导致新产品过时而丧失市场机会，还有可能使竞争对手提前进入而使竞争对手获得时间优势和"先入者优势"，导致自身产品丧失竞争力。

（4）合法性原则

合法性原则要求新企业在融资时，融资目的和采用的融资方式要符合国家法律法规的规定，通过合法的渠道来筹集企业所需要的资金，不能非法集资。

（5）杠杆性原则

创业者在筹集创业资金时，应选择有资源背景的资金，以便充分利用资金的杠杆效应，在关键的时候为企业发展助力。大多数优秀的风险投资在企业特殊时期往往会与企业家一起，将有效的资源进行整合，如选择投行、证券公司，进行首次公开发行（initial public offering，IPO）路演等，甚至还可以参与企业决策中，这种资源是无价的。因此，创业者不能盲目地"拜金"，找到一个有资源背景的基金更有利于企业的持续快速发展。

## 4.3.5 融资项目展示

对于风险投资和天使投资来说，需要创业者与投资者深入接触，只有充分展示创业项目的市场前景和盈利能力，才有可能赢得风险投资。对于自有资金来说，只需创业者对创业项目有足够的信心，相信创业项目的市场前景和盈利能力就可以，一般不需要进行融资项目展示；对于亲友融资，主要考验的是亲情和友情的积淀，更多的是对感情的投资而非对创业项目的投资；同时，银行贷款、商业信用、融资租赁和其他社会融资行为都有着明确规定的流程和所需提交的材料，只需按照规定及时提交所需材料即可。这些融资方式并不需要创业者向投资者或债权人进行创业项目展示。所以，融资项目展示主要针对风险投资和天使投资。

**1. 项目展示要点**

创业者需要具备同客户、合作者、员工以及投资者进行良好的沟通与交流的能力。当创业者面对投资者的时候，更需要好好准备自己的演讲稿，确保能够向投资者传达清楚企业的发展前景，让投资者觉得你的企业在未来可以盈利。对于投资者来说，最好的投资就是在收回资金的时候能够取得 10 倍或更多的增值。一般来说，让投资资金增值10 倍的企业应该符合以下指标。

（1）巨大的市场

对于新创企业来说，如果它身处一个亟待开发的新兴市场，或者创业者进入的是一个已有的巨大市场，它将更可能在未来产生更大的收益。投资者会更愿意投资这样的新创企业，这样的企业很可能在未来为他带来数以百倍的回报。

（2）成为市场中的赢家

这意味着创业者需要一支有战斗力的队伍，能够在难以置信的激烈竞争中脱颖而出。创业者需要展示自己的团队在执行力方面表现良好的记录，还需要在融资演讲稿中体现出团队的凝聚力以及团队技能组成的多样化，还要表现出团队准备独立承担一个大型商业项目的决心。

（3）把握发展潮流

能够把握发展潮流的新创企业才能在市场竞争中发展壮大。当前最好的商业创意有可能出现在创业者面前，但是这种机会非常稀少。对于在融资演讲稿中展示的新的商业创意，创业者需要告诉潜在的投资者"为什么现在正是时机"。同时，合适的商业模式能够让创业者获取用户、赚取盈利、迅速扩张。

（4）竞争的差异化

创业者需要向投资者表明，自己的企业可以进行可持续的差异化竞争。所有的大型市场都会吸引众多的竞争者，产品价格就会备受压力。一个新创企业需要清楚自身如何在长期的发展中确立竞争优势。是建立强有力的网络效应，还是发展难以复制的尖端技术，或者只是简单、直接地在各个方面都比其他竞争者表现得更为优秀。

（5）发展势头良好

投资者想要看到能证明新创企业能够持续发展的尽可能多的证据，这就意味着新创企业在团队、产品、目标用户以及收入方面都需要有良好的表现。这些表现不仅可以吸引投资者进行投资，还能进一步证明创业团队能很好地完成工作任务。对于创业者来说，应该站在投资者的角度来思考自己的企业是否满足这些指标，这样更有利于企业的发展和进步。

**2. 融资演讲稿**

融资演讲稿需要综合一家公司的过去成果、现阶段状况以及未来规划等内容。如果要了解一家新创企业，最好的办法就是阅读其创始人准备的融资演讲稿。虽然融资演讲稿没有固定的模板，但是可以总结出一些适用大多数公司的规律。一份完整的融资演讲稿可做成 PPT 的形式，其中应该包含以下内容。

（1）概述

无论你处于融资的哪个阶段，也不管你想要获得多少钱，都必须要让投资者迅速明白你的公司正在做什么。因此，需要在融资演讲稿开始处简洁明了地说明你的公司所做的事情。让投资者听完这部分后能明白你的公司是否在运营，是否发布了产品，有多少员工等这些基本信息。

（2）你为哪些人服务，解决什么样的问题

进行演讲的创始人要多花时间介绍你要为哪些人群解决什么样的问题，让投资者清楚你是要为用户解决一个新问题，还是使用新的方式为其解决一个老问题。向投资者着重表达你要解决的问题，以及你想给用户提供的更好的体验，最好能够利用一些实例来讲解，吸引投资者的注意力。

（3）你的解决方案

在介绍完以上两部分内容后，就可以介绍自己的产品了。在介绍产品时，需要着重介绍产品的核心功能以及它们为用户解决了哪些问题，可以通过现场演示或视频、图片的方式向投资者展示用户需要你的产品。

在解决方案中，创业者应将重点放在解决方案能够为用户带来哪些好处，以及它们如何产生这种效果上面，而不仅仅是介绍产品本身。要明确地告诉投资者你能带给用户什么，以及为什么用户会被它吸引。

（4）市场

你的公司不可能比它身处其中的市场还要大，需要向投资者解释为什么你的解决方案已经覆盖了相当大的市场规模，以及它在未来还会覆盖更广阔的市场空间。如果你正在打破现有市场的格局，还可以援引一些分析师的结论来说明这个市场有多么巨大以及它的增长势头多么迅猛。但是，创业者需要明白，在大多数情况下，直接告诉投资者你拥有多少用户以及你能从用户那里获得多少收入会更有效。

（5）竞争格局

每一个诱人的市场中总会形成一个错综复杂的竞争格局，其中包括了成熟企业中的竞争对手、新创企业竞争对手、竞争空间以及用户区分。告诉投资者现在市场中的企业有哪些，你会进入谁的市场，以及如何在竞争中突出差异化。重点放在你的差异化战略上面，不要将该部分内容变成刻板的产品特性并逐条比较，可以使用坐标图去对比与展示你和你的竞争对手，或者以其他你认为更好的方式去说明。

（6）商业模式

在这一部分中，你会谈及公司的收入模型、产品定价以及打算如何吸引并且转化用户。一般会涉及这几个方面。

1）到目前为止你是如何获取用户的？在未来会有什么改变？

2）用户通过哪些途径接触到你的产品？你为这些渠道付出了多少成本？

3）你如何转化用户？转化率是多少？

4）对于销售和市场方面，你有哪些发展计划？

公司创始人常常不会把阐述的重点放在以上几个方面，他们想要花更多的时间来分析自己的解决方案。但是，投资者都明白，在用户获取上面出现问题对于创业公司来说往往是致命的。所以，在融资演讲稿中用几页篇幅来谈论你的商业模式是非常必要的。

（7）团队

在这一部分，你应该对团队成员有一个简要的介绍，主要介绍他们的技能与工作背景，阐述在你的团队中各个成员技能的融合以及他们在团队中担任的角色。这部分内容也可以提前进行介绍，因为如果你的新创企业没有半路"夭折"，能够坚持下来的很大原因肯定在于团队。在与投资者面对面的会谈中，公司创始人可以在自我介绍之后就把演示的任务交给团队其他成员，这样做是很有帮助的。

（8）战略规划

在这一部分，你需要回答为什么要进行融资，以及在未来的几年中公司的目标是什么。你还要告诉投资者在未来 12～24 个月的计划中想要取得的关键性突破（产品、收入、新市场等方面），以及未来的融资计划。在阐述这部分内容的时候，应该使用一些高水准的财务模型描述未来两年你的公司在收入和支出方面的增长，并附上你所期望的用户月增长数量。

（9）融资进程

融资演讲稿的内容一般应以你想要筹集到多少钱作为结尾。

### 3. 项目展示技巧

（1）确保融资演讲稿的质量

相对于你的演说技巧来说，投资者对你的生意更感兴趣。当然，对于所有的创业公司来说，设计精良的融资演讲稿都会是一个好筹码，即使投资者关注的是你的企业，多少也会对你准备的材料评判一番。公司向投资者、用户甚至是自己的员工展示的所有材料都需要保证质量，因为它们代表了公司的形象。如果投资者发现你对融资演讲稿这么重要的文件都处理得一塌糊涂，他们将怀疑你对公司的形象是否在乎。

（2）内容不要太多，也不要过少

你可能听说过将融资演讲稿尽量控制在 10～15 页内容的建议，但是可别为了控制页数就在每一页 PPT 中都写满大量内容和细节描述。要确保在每一页 PPT 中清晰地表达核心观点，至于细节部分可以在其他地方详细说明。如果你想给投资者留下一份关于公司规划的完整版本，可能还需要准备另一份更为详细的文件。

（3）不要只谈产品

产品固然是非常重要的，但是不要只谈论截至目前你们做了哪些软件开发，以及在筹集到钱后你们将会进行更多的软件开发这些话题。你的演说重点应该放在为什么要开发这些软件上（如在很大的市场中具有明显的用户需求），然后用你的产品来帮助证明团队的实力，以及为什么要把赌注押在你所开发的产品上。

（4）不要在挖掘用户方面过于吝啬

很多创业者都会在产品方面大量投入，但是用于挖掘用户的资金却寥寥无几。一般投资者会关注你如何从用户身上获取盈利，以及你为销售与市场工作做出了哪些努力。提前准备好这方面的内容，不要等到被投资者问起的时候手忙脚乱。

（5）深刻理解竞争格局

不要仅仅以一个表格列出你的主要竞争对手，并吹嘘自己的产品比他们的产品多出哪些功能。你需要对整体竞争格局了然于心，其中包括直接竞争对手、相关市场以及潜在进入者。

（6）将你所处的市场定位为"大势所趋"

你应该在演说中表现出自己所投身的市场中蕴含着势不可挡的时代潮流，还需要向投资者解释为什么对这个市场进行投资是明智之举，并表明虽然你的公司还没有正式启动，但却不能动摇你对该市场的信心。最好的市场就是将技术进步和经济增长的趋势同时融入其中的市场。你需要在发言中旁征博引，向投资者解释为什么你所处的领域将会出现巨头公司。

（7）将你的公司定位为"不二之选"

不要在投资者面前表现得过于傲慢无礼，但是也要清楚地认识到即使你的公司没有获得来自某个投资者的投资，公司还是照样能够运行下去。创业者很容易在这方面陷入泥淖。创业者选择投资者就像挑选一个一路同行的搭档，而不是在恳求投资者对其提供帮助。千万不要以"如果我们筹集到了钱"来作为你的商业计划能够实现的前提。虽然你应该对投资人的反馈做出回应，但是也不要对投资者的每句话都过于在意。告诉投资人你会对他的反馈仔细思考，但是不要说："好的，我们会那么做的。"

**拓展阅读**

### 中国众筹融资的五个经典案例

众筹在我国还是初期阶段，各种众筹融资的案例很多，但成功运作的项目却是凤毛麟角。接下来分享国内众筹的五个经典案例，供大家阅读与了解。

**1. 美微创投——凭证式众筹**

朱江决定创业，但是拿不到风投。2012年10月5日，淘宝出现了一家店铺，名为"美微会员卡在线直营店"。淘宝店店主是美微传媒的创始人朱江，原来在多家互联网公司担任高管。消费者可通过在淘宝店拍下相应金额的会员卡，但这不是简单的会员卡，购买者除了能够享有"订阅电子杂志"的权益，还可以拥有美微传媒的原始股份100股。朱江在淘宝店里上架公司股权，4天之后收到80万元。

美微传媒的众募式试水在网络上引起了巨大的争议，很多人认为有非法集资嫌疑。果然还未等交易全部完成，美微的淘宝店铺被淘宝官方关闭了。证券监督管理委员会（以下简称证监会）也约谈了朱江，最后宣布该融资行为不合规，美微传媒不得不向所有购买凭证的投资者全额退款。按照《中华人民共和国证券法》的规定，向不特定对象发行证券，或者向特定对象发行证券累计超过200人的，都属于公开发行，都需要经过证券监管部门的核准才行。

后来，美微传媒创始人朱江复述了这一情节，透露了比"叫停"两个字丰富得多的故事：我的微博上有许多粉丝一直在关注着这事儿，当我说拿不到投资，创业启动不了的时候，很多粉丝说，要不我们凑个钱给你吧，让你来做。我想，行啊，这也是个路子，我当时已经没有钱了。这让我认识到社交媒体力量的可怕，之后我就开始真正地思考这件事情了：该怎么策划，把融资这件事情当作一个产品来做。于是，2013年2月我开始在淘宝店上众筹。大概一周时间，我们吸引了1 000多个股东，其实真正的数字是3 000多个，之后我们退掉了2 000多个……目前公司一共有1 194个投资者。钱拿到之后，我在上海开了一个年度规划会。我的助手接到一个电话："你好，我是证监会的，我想找你们的朱江。"刚开始我很坦然，心想为什么证监会会出来管？去证监会的时候，一路上心情很轻松，但在证监会的门口，我突然心情沉重起来了，应该是门口的石狮子震慑住了我。4个月时间里，我们和证监会一共开了9次会。我的律师在北京很有名，通过代持协议达成了这么多投资人的方案。这样的协议没有样板，都是律师一行一行给我打好的。律师告诉我，他做的这个代持协议，主要是针对工商、税务和公安，没想到是证监会来管我，这是最为开放的一个部门，我的运气很好。第一次会议上我就诚恳地认错，反省自己法律意识淡薄。证监会的领导说我一点都不淡薄，整个法律文件写得相当专业，不是法律意识淡薄的人写的。接下来的8次会议讨论的事情，就是之前的那张代持协议是有效协议还是无效协议，证监会联合多家部门，把我们公司的账都翻了一遍。

证监会所做的让我觉得最了不起的一件事情，是给1 194个投资人都打过电话。一半的投资人接到电话就直接挂了，都以为是骗子，在群里说，今天遇到骗子打电话来说是证监会，要了解美微传媒。我告诉他们的确是证监会在调查。据朱江描述，证监会重点问了所有投资人两个问题：第一，朱江有没有承诺你保本？第二，有没有承诺每年的固定收益率？

### 2. 3W咖啡——会籍式众筹

互联网分析师许单单这两年风光无限，从分析师转型成为知名创投平台3W咖啡的创始人。3W咖啡采用的就是众筹模式，向社会公众进行资金募集，每个人10股，每股6 000元，相当于一个人6万元。那时正是玩微博最火热的时候，很快3W咖啡汇集了一大帮知名投资人、创业者、企业高级管理人员，其中包括沈南鹏、徐小平、曾李青等数百位知名人士，股东阵容堪称华丽。3W咖啡引爆了中国众筹式创业咖啡在2012年的流行，几乎每个城市都出现了众筹式的3W咖啡。3W很快以创业咖啡为契机，将品牌衍生到了创业孵化器等领域。

3W的游戏规则很简单，不是所有人都可以成为3W的股东，也就是说不是你有6万元就可以参与投资的，股东必须符合一定的条件。3W强调的是互联网创业和投资圈的顶级圈子。他们投资这6万元不是为了未来可能带来的分红，而是3W提供的圈子和人脉价值。试想如果投资人在3W中找到了一个好项目，那么多少个6万元都赚回来了。同样，创业者花6万元就可以认识大批同样优秀的创业者和投资人，既有人脉价值，也有学习价值。很多大企业家和投资人的智慧不是区区6万元可以买的。

其实会籍式众筹股权俱乐部在英国的M1NT Club也表现得淋漓尽致。M1NT在英国有很多明星股东会员，并且设立了诸多门槛，曾经拒绝过著名球星贝克汉姆，理由是当初小贝在皇马踢球，常驻西班牙，不常驻英国，因此不符合条件。后来M1NT在上海开办了俱乐部，也吸引了500位上海地区的富豪股东，主要以外国人圈子为主。

**3. 大家投——天使式众筹**

2012年12月10日，李群林把他的众筹网站"大家投"（最初叫"众帮天使网"）搬上了线。在这之后，他做了5件"大事儿"——给"大家投"众筹了一笔天使投资、推出"领头人+跟投人"的机制、推出先成立有限合伙企业再入股项目公司的投资人持股制度、推出资金托管产品"投付宝"，"大家投"有了第一个自己之外的成功案例。

李群林之前是做技术和产品的，2012年想创业，可钱不够，想找投资却不认识天使投资人。环顾一圈，中国创业这么热，像他这样没有渠道推广自己的想法，苦于找不到投资人的创业者比比皆是。同时，除了那些能几十万元、上百万元投资的天使投资人之外，中国还有很多有点存款、闲钱的人。而且，目前中国的天使投资人还太少，远不能满足创业者的需求。李群林想到做一个众筹网站，把创业者的商业想法展示出来，把投资人汇聚起来，让他们更有效率地选择。

那时，中国最早的众筹网站已经推出1年多。最开始李群林也想去碰碰运气，看看能不能先帮自己筹到项目资金。但他发现，就像当时的法律规定那样，众筹网站给支持者的回报不能涉及现金、股票等金融产品，也就是对支持者来说，参与众筹是一项购买行为。李群林觉得这对自己来说有些不实际。做互联网项目，推出的大多是虚拟产品和服务，但鉴于中国互联网的免费特征，很难事先跟支持者约定回报的方式。而且，这种认购的方式吸引力有限，因为仅为了帮别人实现理想就拿出钱财来购买产品，也不太适合国人的务实精神，至少难以扩散开来。李群林判断，把众筹作为一种购买行为会限制它的成长速度和规模，只有把众筹作为投资行为才更符合大家参与众筹的需求。于是，他决定做一个股权融资模式的众筹网站。

第一个实验对象就是他自己的项目"大家投"。李群林把"大家投"的项目说明放在了网站上。那时，他的想法特别简单，创业者把自己的项目展示在网站上，设定目标金额和期限，投资人看了觉得不错就来沟通，然后投资成为项目股东，投的人多了，就逐渐把钱凑齐了。众筹完成，平台收取服务费。不久，有人给他建议，这么搞是不行的。投资需要专业能力，投资人需要带动，最好是设立"领投人+跟投人"的机制，通过专业的投资人，把更多没有专业能力但有资金和投资意愿的人拉动起来，这样才能汇聚更多的投资力量，同时在投资过程和投资后管理中，有一个总的执行人代表投资人进入项目公司董事会行使项目决策与监督权力。李群林采纳了这条建议，为"大家投"增加了这一条规则。投资人可以自行申请成为领投人，平台审核批准之后就可以获得这一资格。

"要想众筹得快，最好是创业者熟人+生人的结合"，聊起现在网站上还没筹资成功的项目，李群林反复强调这句话。众筹是一个汇聚陌生人的平台，创业者最好能先发动自己的熟人支持自己，然后由这些熟人的行为带动平台上的陌生人。这是李群林的经验之谈。"大家投"在3个月时间内成功筹得100万人民币，在项目团队只有自己一个人的情况下获得共计 12 个投资人的支持就是这样做到的。大家投的 12 个投资人中，有投资经验的只有 5 个人。这有点像美国人所说的最早的种子资金应该来自 3F，family（家庭）、friends（朋友）和 fool（傻瓜）。

在被一些天使投资人拒绝之后，李群林把目光转向了微博与各类创投沙龙活动，在上面找认同他的人。最后，他找到深圳创新谷的合伙人余波，余波觉得"大家投"的股权融资众筹模式在当时能填补新创企业融资渠道的空白，是构筑微天使投资平台的业务模式，所以决定做一做这种金融创新背后的推手。于是，创新谷成为"大家投"这个项目本身的第一个投资者，也是唯一一个机构投资者。有了创新谷的信用背书，"大家投"又成功吸引了 11 个跟投人。这 12 个投资人分别来自全国 8 个城市，6 个人参加了股东大会，5 个人远程办完了手续，这里面甚至有 4 个人在完全没有接触项目的情况下决定投资。

"大家投"的网站模式是：当创业项目在平台上发布项目后，吸引足够数量的小额投资人（天使投资人），在凑满融资额度后，投资人按照各自出资比例成立有限合伙企业（领投人任普通合伙人，跟投人任有限合伙人），再以该有限合伙企业法人身份入股被投项目公司，持有项目公司出让的股份。融资成功后，作为中间平台的"大家投"则从中抽取 2%的融资顾问费。

如同支付宝解决了电子商务消费者和商家之间的信任问题，"大家投"推出了一个中间产品叫"投付宝"，简单而言就是投资款托管。对项目感兴趣的投资人把投资款先打到由兴业银行托管的第三方账户，在公司正式注册验资的时候再拨款给公司。"投付宝"的好处是可以分批拨款，如投资 100 万元，先拨付 25 万元，根据企业的产品或运营进度决定是否持续拨款。

对于创业者来讲，有了投资款托管后，投资人在认投项目时就需要将投资款转入托管账户，认投方可有效，这样就有效地避免了以前投资人轻易反悔的情况，会大大提升创业者的融资效率。由于投资人存放在托管账户中的资金是分批次转入被投企业的，这样就大大降低了投资人的投资风险，所以投资人参与投资的积极性会大幅度提高，同时也会大幅度提高创业者的融资效率。

社交媒体的出现，使普通人的个人感召力可以通过社交媒体传递到除朋友外的陌生人，使其获得更多资源、资金，使创业成为可能。

**4. 罗振宇用众筹模式改变了媒体形态**

2013 年最瞩目的自媒体事件似乎在证明众筹模式在内容生产和社群运营方面的潜力。"罗辑思维"发布了两次"史上最无理"的付费会员制：普通会员，会费 200 元；铁杆会员，会费 1 200 元。买会员不保证任何权益，却筹集到了近千万元会费。爱就供养，不爱就观望，大家愿意众筹养活一个自己喜欢的自媒体节目。而"罗辑思维"的选题是由专业的内容运营团队和热心罗粉共同确定的，用的是"知识众筹"，主讲人罗振宇说过，自己读书再多，积累毕竟有限，需要找来自不同领域的牛人一起玩。众筹参与者名曰"知识助理"，为"罗辑思维"每周五的视频节目策划选题，由老罗主讲。中国人民大学的学生李源因为对历史研究极透，被老罗在视频中多次提及，也小火了一把。要知道，目前"罗辑思维"微信粉丝150多万，每期视频点击量均过百万。

罗振宇以前是央视制片人，正是想摆脱传统媒体的层层审批和言论封闭而离开电视台做起自己的自媒体的。靠粉丝为他众筹来养活自己，并且过得非常不错，这是自媒体人给传统媒体人的一次警示。

**5. 乐童音乐众筹——专注于音乐项目发起和支持的众筹平台**

据乐童音乐创始人马客介绍，近期完成了一个百万级的音乐硬件类产品众筹，成为原始会众多成功的融资经典案例之一。马客表示，目前乐童音乐的主要支出是人力成本，所得融资会更多地去做产品，内容上也会有变化，多去拓展音乐衍生品及艺人演出方面，突破现有音乐产业模式，探讨更多新的可能。

马客认为，众筹模式已经改变了很多的行业和链条，这种方式很有价值。之前曾入驻众筹网开放平台，它在资源整合和产品曝光方面给乐童音乐提供的帮助不少。与网信金融旗下的原始会合作发起的融资，他表示很受益，对股权众筹这种全新的融资方式抱有信心。

作为专注于做音乐的垂直类众筹网站，乐童音乐在音乐众筹、音乐周边的实物预售等方面已经取得了不小的成绩，在业内颇有名气。当谈及乐童音乐能够成功融资的秘诀时，他认为，除了明确的商业目标和未来规划，对于一个新创企业来说，还有团队的执行力，因为这会直接影响企业的运作。

据了解，除了乐童音乐，原始会还帮助过许多企业成功融资。公开资料显示，截至目前，原始会的合作创业项目已有2000多个，投资人（机构）超过1000位，成功融资的项目已有8个，融资额已经超过1亿元。原始会CEO陶烨表示，基于互联网的优势，众筹最终也会把传统线下融资改为线上融资。一方面，投资人可以在这个平台上找到海量的融资信息；另一方面，投资变化也可以在这个平台上找到。此外，在这个平台上，互联网投融资双方可以在这种海量信息中快速配对。乐童音乐之所以能够在原始会快速地融资成功，主要在于其项目足够优秀。"互联网金融是新兴行业，股权众筹市场潜力非常大，把线下的传统投融资逐渐转为线上投融资，它是一个变革性的东西，是一次革命。"

（资料来源：作者根据网络资料整理.）

# 本 章 小 结

创业团队是由两个或者两个以上的相互作用、相互依赖的个体，为了特定目标按照一定规则结合在一起的组织。

创业团队构成的5P要素包括：目标（purpose）、人（people）、定位（place）、权限（power）、计划（plan）。

创业团队常见类型：风铃型、环型、星型、散点型。

组建一支优秀的创业团队的策略：具有共同的理想，利益兼顾；打造互补性团队；打造稳定的初创团队；学会及时沟通。

创业资源是企业创立以及成长过程中所需要的各种生产要素和支撑条件的总和。

创业资源的特性：外部性，异质性，差异性，实现新效用。

影响创业资源获取的五个因素：创业导向，创业者资源禀赋，创业者资源整合能力，创业团队，外部环境条件和政府政策支持。

资源整合原则：识别利益相关者及其利益，管理好能够促进企业持续成长的人力资源，构建共赢机制，维持信任，长期合作。

从狭义上讲，融资是一个企业资金筹集的行为与过程，是企业根据自身的生产经营状况、资金拥有状况，以及企业未来经营发展的需要，通过科学的预测和决策，采用一定的方式，从一定的渠道向企业的投资者和债权人筹集资金，组织资金的供应，以保证企业正常运营需要的理财行为。

一般来说，创业融资的过程包括融资前准备确定融资来源以及做好融资谈判等。

在创业者开始创业之初，一般需要购买固定资产和持有一定数量的流动资金，所需资金的来源方向与通道就是创业融资渠道。创业者所需的资金首先是通过自有资金解决，不足部分通过其他渠道获得。目前，创业融资渠道可分为私人资本融资、机构融资和其他融资三类。

根据融资相关实践经验，创业企业在其生命周期的不同阶段，需要的资金量和可获得的融资渠道各不相同，创业者需要综合自身拥有的资源情况，遵循创业融资的原则，充分分析股权融资和债券融资的利弊，做出科学的融资决策。

## 讨论案例

### 快乐购失败的原因

2014 年年底，刘某手握着刚刚卖掉一个连锁项目所获得的 3 000 万元现金，开始了一个新的事业旅程。由于在经营连锁项目时接触互联网，并且看到了通过互联网招商所带来的巨大增长动力，刘某坚信互联网绝对是未来的投资方向，于是决定创造自己的蓝海。

刘某领衔策划团队，历经 3 个月的调查、走访与数据分析后，写出了"快乐购"的策划案。根据规划，"快乐购"平台的构建分为三步。第一步，打造差异化的定位，建平台，筑巢引凤。第二步，加大招商与推广力度，造影响，跑马圈地，与一些招商网站合作，许诺合作的零售终端，可根据签约时间与任务，获得 1 万～10 万元不等的进货授信额度以及年度 3 万～30 万元不等的网络推广支持。第三步，寻求资本合作，抓速度，一跃成龙。刘某知道，单靠自己的 3 000 万元现金，很难支撑起"快乐购"平台的长期投入与快速增长，只能支付启动期的花销；而接下来的快速发展，则需要更巨大的资金投入。平台搭建、O2O 渠道合作与消费者推广，已逐步按照自己的思路在实现。刘某聘请了职业经理人团队负责平台的运营，而自己将主要精力放在项目的推广与资本运作上，他期待着风险投资（VC）的关注与投入。短短 6 个月时间，"快乐购"平台日均独立 IP 访问量从 0 迅速增长到 5 万，注册会员达到 50 万人。可以说，平台取得了不错的成绩，也吸引了不少投资者的目光。本以为凭借还算不错的业绩可以顺利获得融资，但是由于种种原因始终没能洽谈成功。刘某介绍："在最初的几次接触中，谈判还算顺利，但是在涉及具体细节时出现了很多分歧，所以最终都没有谈拢。我想最重要的原因是双方对估值存在一定的分歧，很难达成一致，所以后来也就不了了之了。"

然而，当3 000万元的创始资金所剩无几时，VC的投资仍虚无缥缈。"快乐购"的O2O美梦未能成真，刘某最终决定放弃"快乐购"平台的梦想。

（资料来源：曾增，2017. 创业融资那些事儿[M]. 北京：中国铁道出版社.）

讨论问题：

试分析"快乐购"失败的原因。

## 课 后 习 题

**1. 单项选择题**

（1）人是构成团队最核心的力量，（　　）个以上的人就可以构成团队。

    A. 1         B. 2         C. 3         D. 4

（2）北京大学与贵航集团共同研究高分辨率无人机航空遥感系统的行为属于（　　）。

    A. 购买         B. 联盟         C. 并购         D. 采购

（3）相对内部资源而言，整合外部创业资源（　　）。

    A. 相对容易     B. 困难多     C. 时间短     D. 时间长

（4）关于天使投资，下列说法不正确的是（　　）。

    A. 天使投资是一种外部资金

    B. 投资程序简单

    C. 不是权益投资

    D. 还可以提供专业知识和社会资源方面的支持

（5）创业者在确定创业融资方式、融通资金数量时必须考虑的问题是（　　）。

    A. 资金成本             B. 资金种类

    C. 融资方法             D. 融资过程

（6）创业者要做好融资前的准备，下列说法不正确的是（　　）。

    A. 创业者要在平时注重自己的道德修养，培养良好的信用意识

    B. 创业者的关系网络形成了新企业的社会资本

    C. 创业融资不只是一个技术问题，还是一个社会问题

    D. 只要有好的创意，就不会融不到资金

（7）债券融资是指企业通过举债筹措资金，资金提供者到期收回本息的融资方式。下列说法不属于债券融资特点的是（　　）。

    A. 短期性         B. 可逆性         C. 负担性         D. 长期性

（8）下面与创业融资难没有关系的是（　　）。

A. 创业企业的融资规模相对较小

B. 创业企业几乎没有可以提供抵押的资产

C. 创业企业的失败率较高

D. 创业融资需求具有鲜明的阶段性特点

## 2. 多项选择题

（1）创业团队的 5P 要素包括（　　）。

A. 目标（purpose）　　　　　　　B. 人（people）

C. 定位（place）　　　　　　　　D. 权限（power）

E. 程序（procedure）　　　　　　F. 计划（plan）

（2）组建一支优秀的创业团队的策略包括（　　）。

A. 具有共同的理想　　　　　　　B. 建立一支互补性的团队

C. 打造稳定的初创团队　　　　　D. 学会及时沟通

E. 寻找相同或相似背景的伙伴

（3）创业资源是企业创立以及成长过程中需要的各种（　　）和（　　）。

A. 生产要素　　　　　　　　　　B. 生产资料

C. 支撑条件　　　　　　　　　　D. 资金

（4）创业资源分为（　　）和（　　）。

A. 自有资源　　　　　　　　　　B. 人力资源

C. 外部资源　　　　　　　　　　D. 物质资源

（5）创业资源中的"技术"资源指的是（　　）及（　　）。

A. 技术资产　　　　　　　　　　B. 技术开发能力

C. 专利技术　　　　　　　　　　D. 技术人员

（6）通过市场途径获取资源的方式包括（　　）。

A. 购买　　　　B. 联盟　　　　C. 租赁　　　　D. 并购

（7）创业者及其团队应该具备（　　）。

A. 人际沟通能力　　　　　　　　B. 沟通技巧

C. 顺畅的沟通机制　　　　　　　D. 社会背景

（8）创业资源按其存在形态分为（　　）。

A. 有形资源　　　　　　　　　　B. 自有资源

C. 外部资源　　　　　　　　　　D. 无形资源

（9）属于创业者或创业团队的自有资源的是（　　）。

A. 自有资本　　　　　　　　　　B. 技术

C. 创业机会信息　　　　　　　　D. 银行借贷

（10）属于创业者或创业团队的外部资源的是（　　）。

A. 投资资金　　　　B. 设备　　　　C. 技术　　　　D. 厂房

## 3. 讨论题

（1）分析《西游记》中唐僧师徒取经团队中各成员的特点及其在完成团队任务过程中的作用。

（2）创业资源获取的途径有哪些？

（3）创业者获取创业资源需要哪些技能？

## 参 考 文 献

李家华，2013. 创业基础[M]. 北京：北京师范大学出版社.

李家华，2015. 创业基础[M]. 2版. 北京：清华大学出版社.

李肖鸣，朱建新，2013. 大学生创业基础[M]. 2版. 北京：清华大学出版社.

迈克尔 B.波特， 2004. 管理就这么简单[M]. 陈桂玲，译. 哈尔滨：哈尔滨出版社.

孙洪义，2016. 创新创业基础[M]. 北京：机械工业出版社.

王艳茹，2017. 创业基础如何教：原理、方法与技巧[M]. 北京：清华大学出版社.

杨东礼，2017. 创业之初必知必会的财务知识[M]. 北京：中华工商联合出版社.

张玉利，薛红志，陈寒松，2013. 创业管理[M]. 3版. 北京：机械工业出版社.

JEFFRY A TIMMONS, STEPHEN SPINELLI, JR，2005.创业学[M]. 周伟民，吕长春，译. 4版. 北京：人民邮电出版社.

# 第 5 章
## 创 业 计 划

### 本章导读

"创业就是带领一群未知的人去一个未知的地方完成一个未知的任务，每一场创业都是一场 10 年的艰苦长征。所以，创业成功是小概率事件，只有极少数人适合创业。"

——孙陶然，《创业 36 条军规》

创业是不拘泥于当前的资源约束、寻求机会、进行价值创造的行为过程。人类社会从工业经济社会进入今天的知识经济社会，社会对人才的衡量标准是什么？我们认为，"有没有想法"是 21 世纪衡量人才的重要标准，要学会把想法变成自己的职业、变成自己的事业。科学的创业活动，就是帮助你学会产生好的想法，并且把想法变成事业的过程。撰写创业计划书是一个展望项目的未来前景、细致探索其中的合理思路、确认实施项目所需的各种必要资源、寻求所需支持的好的创业想法的过程。我们熟悉的荔枝微课（第三届互联网+中国大学生创新创业大赛全国总决赛金奖获得者之一）等企业都是从一份优秀的创业计划书开始的。还有大家熟悉的谷歌，在创业起步阶段也是靠一份优秀的创业计划书得到融资开始起步的。可见创业计划书在创业过程中起到举足轻重的作用。

撰写创业计划书有两个主要原因：一是内部原因，即创业计划书可迫使创业团队一起努力工作，全力以赴地解决风险创业中各个环节所遇到的问题；二是外部原因，即通过创业计划书可与外界进行创新价值方面的沟通，如与投资者进行沟通。撰写创业计划书可以迫使创业者系统地思考创业的各个因素。这是极其重要的工作，通常需要花上数日或者数个星期才能完成一份精心设计的创业计划书。创业者在这一过程中通常还要进行大量的市场调查，获取第一手资料。因此，撰写创业计划书也是一个需要全身心投入的过程。

本章主要学习三个方面的内容：一是有关创业计划书的概念、意义、作用和基本结构等；二是有关创业计划书中的资料如何收集的问题，也就是如何做好市场调查；三是如何撰写和展示一份能打动人的创业计划书。

### 关键术语

创业计划　市场调查　创业构想　执行摘要　项目概述　产品与服务　行业市场营销策略　团队介绍　财务计划　风险分析　撰写创业计划　展示创业计划

"橄榄绿：打造云南省第一支退役大学生军人军训服务提供商"，是云南师范大学3位退役大学生军人通过参加学校开设的"创新创业教育与实践"课程，在创业导师的指导下筹划的一个创业项目，曾获得第四届中国互联网+大学生创新创业大赛云南赛区金奖。该项目的创业团队敏锐地抓住了学生军训是每位中学生和大学新生入学的第一门必修课，尤其是高校大学生。3位退役大学生军人通过认真细致的市场调查，撰写出了"橄榄绿：打造云南省第一支退役大学生军人军训服务提供商"创业计划书，经历院赛校赛到省赛，最终获得优异成绩。该创业计划书的创业想法满足了市场需求，市场定位精准，团队建构合理，市场调查充分，分析全面，是一份优秀的创业计划书。

# 5.1 创业计划书

## 5.1.1 创业计划书的概念

创业计划书又称商业计划书，它是创业者在企业成立之前就某一项具有市场前景的新产品或服务，向潜在投资者、风险投资公司、合作伙伴等游说以取得合作支持或风险投资的可行性商业报告，用来描述创办一个新企业时所有的内部和外部要素，撰写创业计划书的过程是一个展望项目的未来前景、细致探索其中的合理思路、确认实施项目所需的各种必要资源、寻求所需支持的过程。创业计划书本质上是一种创业介绍或投资申请，是创业者把握企业发展的总纲领，是投资者决定是否投资的重要参考，是创业团队及合作者共同奋斗的动力和期望，为企业经营活动提供依据和支撑。同时，创业计划书是将有关创业的想法，借由白纸黑字最后落实的载体。创业计划书的质量，往往会直接影响创业发起人能否找到合作伙伴、获得资金及其他政策的支持。这是当前人们对创业计划书的概念理解。创业计划书也是一份全方位的商业计划，其主要用途是便于投资商能对你的项目做出评判，从而使你的项目获得融资。它是用于描述与拟创办企业相关的内外部环境条件和要素特点的文件，可以为业务的发展提供指示图，把握业务进展情况的标准。通常是市场营销、财务、生产、人力资源等职能计划的综合。

创业计划书是创业者叩响投资者大门的"敲门砖"，是创业者计划创立的业务的书面摘要，一份优秀的创业计划书往往会使创业者达到事半功倍的效果。

## 5.1.2 创业计划书的写作指南

为了赢得最好的印象，创业者需要一些重要的指南来指导其撰写创业计划书。撰写创业计划书应当遵循一定的结构和规律，尽管一些创业者富有创造性，并不想撰写那种千篇一律的创业计划书，但是偏离传统创业计划书的基本结构往往是错误的做法。一般来说，投资者都非常忙碌，他们想要看到的是那种能够很容易找到关键信息的创业计划书。如果投资者搜寻不到关键信息，他们就可能会拒绝，转而关注其他的创业计划书。撰写创业计划书需要注以下一些问题。

（1）科学甄别创业方向

对于撰写创业计划书的创业者个人而言，同样重要的是要根据个人目标和市场需求，对所构想出来的商业创意持续地做出评价。对于创业者来说，可能发生的最为糟糕的事情是，经历了撰写创业计划书、集资到创办企业之后发现商业创意和他的个人兴趣、专业特长、市场需求格格不入，最终使企业无果而终。

（2）按照规范撰写创业计划书

在创业计划书向合伙人、投资者公开或者发送给外界之前，需要注意的一点是，人们会对创业计划书的结构、体例和内容很敏感。如果整个创业计划书看起来马马虎虎，或者不完善，又或者显得粗心，会严重影响投资者或合伙人对该项目的理解和认可。因此，创业计划书的撰写要按照规范进行。尤其重要的是，创业计划书的执行概览或者由计划书概括形成的 PPT 文稿是最好的创业推荐材料，它们将给那些有意投资的风险投资商或者对创业计划感兴趣的其他人阅读，以便获得投资。

（3）严格控制创业计划书的篇幅

创业计划书撰写者最常见问题是："需要写多长和注意什么样的具体细节呢？"关于最优的页面数，不同的专家有不同的观点，但多数还是建议在 25～35 页。许多用于帮助写作创业计划书的软件包很容易获得，它们采用的是相互式、菜单驱动式的方法。这些软件包中有些程序很有用，但是，创业者需要避免使用样板文件，它们看起来就像是来自"预先录制好"的来源。软件包的益处是能够提供结构和节约时间，并能够使计划变得更加专业化，但计划中的信息应当根据个体创业的情况来加以修改。基于通过深入细致的市场调查而获得的数据和事实，创业计划书必须表现出新创企业的可预测性和一种激动人心的感觉，这项任务可由企业的创业者很好地完成。另外，雇用别人写作创业计划书等于在否定创业者及创业者团队写作创业计划书中可能获得的积极作用。

（4）重视创业计划书的外观

人们常说：第一印象管三年。创业计划书的外观必须加以认真设计，它应当看起来像是内行人制作的，但又不能给人一种在外观上花费了大量钱财的印象。采用透明的封面和封底来包装计划书是一种很好的选择。在写作创业计划书时，要避免对设计要素失去控制，包括文字处理方案，如粗体字、斜体字、字体大小和色彩等，过分使用这些工具会使创业计划书显得业余而不够专业。在创业计划书中，一些与体例相关的地方能够表现出你的细心，而且使创业计划书不显得浮华或者昂贵。例如，如果公司有设计精美的徽标（logo），应当把它放在创业计划书的封面和每页的页眉上。创业计划书的外观应注重简单的设计要素，如图表的颜色和徽标相呼应，这会让投资者认为创业者注重细节，也容易吸引投资者的眼球，并留下深刻印象。

### 5.1.3　创业计划书的作用及意义

创业是不是必须要制订一份创业计划书才会成功呢？有的企业是在没有创业计划

书的情况下创立的，如苹果、微软、戴尔和假日酒店。但是，更多的著名公司则是从一份优秀的创业计划书开始的，如亚马逊、荔枝微课、易趣、菲尔斯曲奇（Mrs.Fields）、红帽（Red.Hat）以及联邦快递等。

研究表明，没有商业计划书的公司比有计划书的公司更可能倒闭。Inc.杂志评选500家高绩效中小企业时发现，其中59%的公司有计划，41%的公司则没有计划。研究表明，任何行业中的高绩效公司，大多是那些积极制订计划的公司。

制订创业计划书，一方面是让创业者自己明晰创业思路，另一方面是使投资者明白这个项目的投资价值。在创业融资开始之前，创业计划书首先应该是给创业者自己看的。创业者应该以认真的态度对自己所有的资源、已知的市场情况和初步的竞争策略做尽可能详尽的分析，以充分发挥创业计划书的作用。具体来讲，创业计划书有五个方面的作用。

（1）创业计划书是创业者把握企业发展的总纲领

创业计划书的内容包含两点：一是企业追求的目标，二是为了实现这一目标的行动规划。通过制订创业计划，创业者能够明确创业方向、厘清创业思路，根据企业实际情况进行不断的调整和完善。创业计划通常是市场营销计划、生产和销售计划、财务计划、人力资源计划等的集成，同时也是提出创业计划的头3年内所有中期和短期决策制度的方针。

（2）创业计划书是投资者决定是否投资的重要参考

从融资的角度来看，创业计划书通常被喻为"敲门砖"。在一份详细完备的创业计划书中，往往包含了投资者所需要的信息：该企业的现实业绩和发展远景，市场竞争力和优劣势，企业资金需求现状和偿还能力，以及创业者和团队的能力与阵容等。这些都是投资者关心的重点，是投资者衡量企业实力和潜力的依据，也是投资者决定是否对企业投资的重要参考。

创业计划书作为一份全方位的创业计划，是对即将开展的创业项目进行可行性分析的过程，也是在向风险投资商、银行、客户和供应商宣传拟建的企业及其经营方式，包括企业的产品、营销、市场，以及企业的人员、制度、管理等各个方面。创业计划书在一定程度上也是拟建企业对外进行宣传和包装的文件。

一份完美的创业计划不但会增强创业者的信心，也会增强风险投资商、合作伙伴、员工、供应商和分销商对创业者的信心，而这些信心，正是企业走向成功的创业基础。

**拓展阅读**

### 荔 枝 微 课

荔枝微课专注知识分享，是一家国内大众知识分享平台，立志成为一所线上的社会大学，提升用户各项技能素养。在荔枝微课，一部手机即可实现讲课、听课，每个人都可以开课分享，也可以听课学习。平台支持零门槛开课，支持微信公众号、App和计算机多种方式听课、开课，拥有五大开课模式：PPT+语音互动、图文+语音互动、视频+语音互动、视频录播、音频录播。荔枝微课课程覆盖生活的方方面面，内容包括自我成长、情感关系、职场提升、投资理财、营销管理、育儿教育、方法技能、健身美妆、医疗健康、人文心理、历史国学、艺术时尚和美食摄影等。

荔枝微课由广州森季软件科技有限公司开发，并负责日常的维护与运营。广州森季软件科技有限公司成立于 2015 年 12 月 15 日，由毕业于华南理工大学的黄冠创办，公司主要提供信息技术咨询服务、文化艺术咨询服务、企业管理咨询服务等。2016 年 6 月，荔枝微课成立，平台上线，专注大众知识分享；2017 年 4 月，获得金沙江、高榕资本千万美元 A 轮融资；2017 年 7 月，发布"双千计划"，建立微课大学，扶持大众创业；2017 年 9 月，荣获中国大学生创新创业大赛金奖；2018 年 7 月，成立荔枝微课党支部；2018 年 8 月，荔枝微课联合创始人&CEO 黄冠入选福布斯，成为"消费科技"领域精英人物；2018 年 8 月，荣获中国双创大赛（广东·广州）冠军。

（资料来源：作者根据网络资料整理.）

（3）创业计划书是创业团队及合作者共同奋斗的动力和期望

创业计划书是创业者对创业想法的现实阐述，是理想与现实的连接桥梁。创业计划书中明确了企业的预期目标、公司战略、进度安排、团队管理、市场分析、财务问题等内容，是创业者创业想法具体化的途径，是创业团队奋斗的动力。一份完美的创业计划书可以增强创业者的自信，使创业者明显感到对企业更容易控制、对经营更有把握。这是因为创业计划明确了企业全部的现状和未来发展方向，也为企业提供了良好的效益评价体系和管理监控指标。创业计划书使创业实践有章可循。创业计划书通过描绘新创企业的发展前景和成长潜力，让创业团队和员工对企业及个人的未来充满信心，并明确要从事什么项目和活动，从而让大家了解将要充当什么角色，完成什么工作，以及自己能否胜任这些工作。因此，创业计划书对于创业者吸引所需要的人力资源和凝聚人心具有重要作用。

（4）创业计划书为企业经营活动提供依据与支撑

创业计划是为企业发展所作的规划。企业创立和成长过程需要由创业计划引领，创业计划的主要构思围绕企业，主要内容更是离不开企业，如资金计划、财务预算、产品开发、投资回收、风险评估等都与实现目标及企业发展息息相关。因此，创业计划是企业活动的有力依据和有效支撑，对创业行动具有指导作用。

（5）创业计划书有助于企业对外合作

创业者在寻找股东或者合伙人时，创业计划书是最有说服力的材料。编写一份优秀的创业计划书不是一件简单的事情，重要的创业计划书需要委托专业商务顾问协助编制。值得指出的是，国际上相关机构的创业计划书的审查人都是行家，质量不好的创业计划书很难吸引关注和投资。典型的例子是，虽然改革开放以来，我国正逐步成为国际资本一致看好的投资热土，但是在 2003 年南京举办的"世界资本论坛"上，主办方组织了一些优秀的海外投资方对 1 000 多家中国中小企业的融资项目进行了评审，但让人感到非常失望的是，几乎全部招商项目资料都打了水漂。这么多项目都没有获得海外投资者的青睐，是项目本身不好，还是项目投资回报不高？事实并非如此，而在于两个方面：一是我国中小企业的商业计划的草率与策划能力令投资商失望，二是与外商缺乏有效的沟通与交流。沟通问题不单是英语不流利，而是使用什么样的商务语言。符合国际惯例的商务沟通语言就是高质量的创业计划书。

### 5.1.4 创业计划书的基本结构

创业计划书（或商业计划书）有相对固定的格式，一般来讲包括封面、标题、目录、正文和附录，几乎包括投资者所有感兴趣的内容，如企业成长经历、管理团队、股权结构、产品服务、市场、营销、组织结构、财务管理、运营及融资方案等。而国内流行的是计划经济时期遗留的"项目可行性分析报告"，二者有较大差距，也有明显不同的侧重点。如果创业者只是写 2～3 页的可行性报告或集中在技术工艺的可行性上而忽视市场与商业模式，这样是不能吸引合伙人或投资者的眼球的。只有结构完整、内容翔实、数据丰富、体系完整、装订精致的商业计划书才能吸引各方投资者，让他们看懂你的项目。

#### 1. 封面

标准的封面应包括企业名称、地址、电子邮件地址、电话号码（座机与手机）、日期、主创业者的联络方式以及企业网址（若企业有自己的网站）。这些信息应集中置于封面页的上半部分。封面底部应有一句话，提醒读者对计划书的内容保密。如果企业已有徽标或商标，把它置于封面页正中间。如果有企业自己的网站，则可以将其置于封面页顶部，如图 5.1 所示。

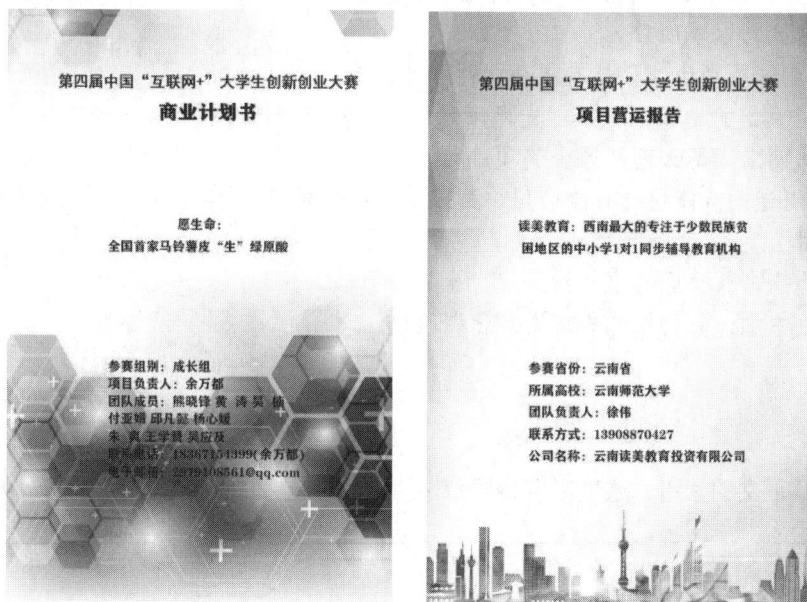

图 5.1　封面样例

如果已有产品或服务的设计简图或照片，且比较美观，可以将图片印在封面上。如果自己没有图片库，许多网站提供图片下载（注意标明引用出处及作者）。找一张与你的项目有关的图片放在计划书封面上，可能效果会很好。

封面上最重要的一项是计划书撰写者的联络方式，这能让计划书的读者轻松地联系到你。

### 2. 标题

标题明确了创业项目名称，体现了企业的经营范围。一般情况下需要注意三点：一是创业计划书的标题不要直接用公司名字（尤其是尚未成立的公司），二是创业计划书的标题尽量用一句话体现项目的定位和亮点，三是创业计划书要尽量避免过于技术化的题目。

### 案例介绍

#### 标题案例展示

1）废弃物资源化绿色高新科技处理商业计划。

2）健康智能网：最贴心的健康管理专家。

3）慧淬：全球首创的钢轨延寿服务专家。

4）粉丝网：打造第一粉丝社群媒体。

5）罗小馒：目前云南最火的"罗三长红糖馒头"（第三届"互联网+"大学生创新创业大赛全国总决赛季军项目）。

6）读美教育：云南中小学生课外辅导引领者（第四届"互联网+"大学生创新创业大赛云南赛区总冠军项目）。

7）云南麦丽斯生物科技有限公司创业计划书。

8）橄榄绿：打造云南省第一支退伍大学生军人军训服务提供商（第四届"互联网+"大学生创新创业大赛云南赛区金奖项目）。

9）杭州光珀智能科技有限公司（第三届"互联网+"大学生创新创业大赛全国总决赛冠军项目）。

10）愿生命：全国首家马铃薯皮"生"绿原酸。

11）玩中学：农村幼儿教育游戏化课程包。

（资料来源：作者根据个人教学讲义整理.）

### 3. 目录

目录是正文的索引。这里需要按照章节顺序逐一排列每章大标题、每节小标题以及对应的页码。

### 案例介绍

#### 译起玩：首个专注于东南亚语学和译服务平台

目　　录

## 案例介绍

### 橄榄绿：打造云南省第一支退役大学生军人军训服务提供商

#### 目 录

（资料来源：作者根据个人教学讲义整理.)

## 4. 正文

正文是创业计划书的主要内容，包括摘要、主体和结论三大部分。

（1）摘要

摘要就是简明扼要地介绍整个计划书的主要内容。计划书的摘要应注意三点事项。

1）摘要包括的主要内容：公司介绍、主要产品和业务范围、市场概貌、营销策略、销售计划、生产管理计划、管理者及其组织、财务计划、资金需求状况等。

2）在摘要中，企业必须回答下列问题：企业所处的行业，企业经营的性质和范围；企业主要产品的内容；企业的市场在哪里，谁是企业的顾客，他们有哪些需求；企业的合伙人、投资人是谁；企业的竞争对手是谁，竞争对手对企业的发展有何影响。

3）特别要详细说明企业自身的不同之处以及企业获取成功的市场因素。

## 案例介绍

### 译起玩：首个专注于东南亚语学和译服务平台

#### 摘 要

随着"一带一路"建设的快速推进，小语种人才需求呈井喷态势，各相关语种人才供应纷纷告急。教育部已要求 2017 年要实现与我国建交的所有国家的主要语言的全覆盖。目前，全国各高等院校新设 101 个外语专业（不包括英语专业），其中与"一带一路"沿线国家官方语言相关的专业有 65 个，涉及 34 种官方语言。这虽在一定程度上缓解了非通用语种人才紧缺的现象，但高校外语人才培养模式决定了人才培养周期较长，较难满足当下对语言翻译服务的迫切需求。在大量的小语种翻译人才需求的背景下，高校小语种学习者却面临着学习资源严重匮乏、现有资源太过老旧和零散、不成体系等问题，严重阻碍了小语种的学习，造成人才供需的严重失衡。"译起玩"团队结合自身专业特长，从小语种学习者的切身需求出发，打造了"译起玩"专业东南亚小语种学习和翻译平台，致力于研发中国第一个专注小语种学习和翻译（线上线下）的服务平台。"译起玩"团队将以优质的资源整合、互动体验，创造一个全面完善的、多功能的、实用性强的东南亚语言学习平台，使每一位小语种（中文）学习者获得最好的语言学习体验，给需要提供翻译服务的客户提供一个优质精准的东南亚语言翻译服务，打破目前国内小语种学习资源匮乏和现有资源老旧零散的窘境，解决市场上找小语种翻译信息渠道少且不规范化、翻译员不专业、翻译性价比不高的痛点。

（资料来源：作者根据个人教学讲义整理.）

（2）主体

主体是对摘要的具体展开，一般采用章节式、标题式逐一描述，条理清晰，内容翔实，有理有据，主要包括企业描述、产业分析、市场分析、营销计划、公司结构与管理团队、运营计划、产品/服务设计与开发计划、财务计划、风险及对策。

（3）结论

结论是对整个计划书的总结性概述，主要为体现文本的完整性。

**5. 附录**

附录是对主体部分的补充。受篇幅的限制，不宜在主体部分过多描述的内容，或不能在一个层面详细展示的内容，或需要提供参考资料、数据的内容，一般放在附录部分，以供参考，主要包括企业营业执照、审计报告、相关数据统计、财务报表、新产品鉴定、商业信函与合同、相关荣誉证书和各种管理制度等。

## 案例介绍

附件1：

### 橄榄绿：打造云南省第一支退役大学生军人军训服务提供商

#### 教官入校说明书

1. 装具

进驻学校前按负责人要求，准备好相应服装及装备，严禁携带明令禁止的物品。

2. 个人素质

立场坚定，带训期间严禁出现严重思想问题。服从负责人指挥，严禁出现任何不服从命令的情况，一旦发生扣罚工资。进驻学校后，服从管理规定，有任何违规问题扣除相应工资。

军事素质合格，按要求开展好军训工作。

严禁打骂、体罚学生，更不允许与学校教师及领导发生冲突。

中途有事须提前跟带队负责人请假，不得无故缺勤。

军训期间对训练内容有任何不清楚，必须找带队负责人询问。

不允许私自拉小团体，拉帮结派等。

不允许面向学生进行各种军用品售卖。

不得建立微信群、QQ 群等聊天群。

男女教官均需注意自身形象。

3. 管理方面

安全问题始终放在第一位，学生出现身体不适及时反映。

学生因事请假，务必有班主任签名的请假条，并经打电话确认后交由总教官方可离开训练场。

训练场上教官以身作则，不得衣冠不整，不得背手叉腰。

科学组训，正规化管理。

4. 待遇问题

吃住全包。工资待训练结束当天发放。

**附件 2：**

### 橄榄绿：打造云南省第一支退役大学生军人军训服务提供商

#### 教官施训与训练质量评估表

说明：为提高教官认真施训意识，提升施训水平，正视训练中的不足，规范教官管理，本着教官和学生共同进步的理念，现进行教官训练质量评估。本测试作为橄榄绿军训教育教官施训调研、评估的重要组成部分，实行匿名评估，请同学们认真、谨慎、如实作答。谢谢大家！前 13 题只需回答 Y（是的）或 N（不是）即可。

1）教官有无打骂、体罚和变相体罚学生的情况？（　　　）

2）教官训练过程中有无玩手机的情况？（　　　）

3）教官训练过程中有无跟同学或其他教官聊天的情况？（　　　）

4）教官是否有在训练间隙或休息时间抽烟的现象？（　　　）

5）是否认为教官素质能力过硬，能完成所有训练科目的示范？（　　　）

6）教官能否提起你对军训各科目的兴趣？（　　　）

7）进行一段时间训练后，自己对教官所教军事科目是否有所收获？（　　　）

8）教官有没有存在训练中不了解训练科目的情况？（　　　）

9）教官有没有认真耐心指导没有学会的同学？（　　　）

10）教官对训练中突然晕倒的同学有没有实施紧急救助措施？（　　　）

11）教官有无区别对待学生的情况？（　　　）

12）学生因身体原因，确需请假，教官是否有不批准的情况？（　　　）

13）教官施训技巧性强，有自己独特的方法，通过他的讲解与示范你是否能够快速理解并学会？（　　　）

14）你觉得教官在训练方面需要有哪些改进？请在空白处对我们的工作提出意见。

附件 3：

## 橄榄绿：打造云南省第一支退役大学生军人军训服务提供商
### 军训教官奖惩制度

教官奖励及标准：

1）介绍一名战友加入团队奖励 500 元。

2）签约一个学校奖励 10 000 元。

3）每期综合考评（200～500 分）。

① 有无违纪情况。

② 教官考勤记录。

③ 每期结束汇报表演得分。

④ 学生、老师反馈记录。

4）全勤奖：无请假记录，每期奖励 200 元。

5）工龄奖：顺利完成一个暑假的合约期，奖金 500 元；顺利完成一年合约期，奖金 1 000 元；顺利完成两年合约期，奖金 3 000 元；若其中某个周期未能正常工作，奖金酌情减少。

6）教官罚款项目及扣分细则。

① 迟到 10 分钟以内罚款 10 元/次。

② 迟到 10～30 分钟罚款 30 元/次。

③ 迟到 30 分钟以上按缺席处理，罚款 100 元/次。

④ 无故缺席、请"霸王"假一律按旷工处理，罚款 150 元/次。

⑤ 凡出现迟到、早退、缺席、旷工情形者，罚款在工资里扣除，充做办公经费。

⑥ 学生反映有打骂、体罚或变相体罚学生现象，经查属实，一次罚款 500 元。

⑦ 训练期间必须按规定着装，注意军容风纪，不得留长指甲、长头发，违反者罚款 100 元/次。

⑧ 私自调换训练队伍，一次罚款 50 元。

⑨ 凡出现教官有学生联系方式或者学生有教官联系方式的，一经查实，由教官承担违约责任，违约金 5 000 元。联系方式包括手机号码、QQ、微信、QQ 群、微信群等。

⑩ 若教官当众向学生表白，则扣发其当月工资，由其承担违约责任，违约金 5 000 元，并作辞退处理。

附件 4：

## 橄榄绿：打造云南省第一支退役大学生军人军训服务提供商
### 军训施训大纲

1. 军训目的

通过严格的军事训练，提高学生的政治觉悟，激发爱国热情，发扬革命英雄主义精神，培养艰苦奋斗、刻苦耐劳的坚强毅力和集体主义精神，增强学生的国防观念和组织纪律性，培养良好的学风和生活作风，掌握基本军事知识和技能。

2. 施训科目

① 国防军事理论教育。

② 军事技能训练。

停止间动作：稍息、立正、跨立、转体（向左转、向右转、向后转）、站姿、蹲姿、坐姿、敬礼、礼毕、呼号、掌声、军歌、拉歌。

行进间动作：踏步、齐步、正步、执旗手执旗动作、护旗手护旗动作。

表演类：军体拳、刺杀操、战场救护、倒功、防爆演练、战术表演。

汇报表演：阅兵式、分列式、其他表演类科目的汇报表演。

③ 整理内务、叠被子。

3. 施训流程

每一期军训为期 15 天，教官提前 3 天进行集训。15 天内完成所有科目的训练，最后一天进行阅兵式、分列式和汇报表演。其间进行两次学生内务检查，内务检查内容包括：被子叠放完成质量、床单有无褶皱、地面有无垃圾和积水、床边柜子是否有灰尘、垃圾桶是否干净、书籍物品摆放是否规范整齐。在训练过程中教官应严格按照施训大纲进行训练，每训练 45 分钟休息 15 分钟。

（资料来源：作者根据个人教学讲义整理.）

## 5.2 市 场 调 查

一份有价值的创业计划书，关键在于数据和资料的收集调查。整个调查过程首先需要确定调查内容，如市场需求调查、经营环境调查、竞争对手调查、经营策略调查等；然后根据需要调查的内容选择人员访问、电话访问、问卷调查、小组座谈、生产现场观察、包装现场观察、使用现场观察、销售现场观察、概率抽样、非概率抽样、实验法和试销法等市场调查方法；最后按照确定目标、正式调研、分析资料、撰写报告等步骤开展市场调查工作。

### 5.2.1 市场调查的概念

市场调查（marketing research），又称作市场研究、市场调研，是市场营销学、传播学、广告学或统计学中一门重要的科目，简称为市调，就是指运用科学的方法，有目的地、系统地搜集、记录、整理有关市场营销信息和资料，分析市场情况，了解市场的现状及其发展趋势，为市场预测和营销决策提供客观的、正确的资料。

市场调查是市场营销活动的起点，它通过一定的科学方法对市场进行了解和把握，在调查活动中收集、整理、分析市场信息，掌握市场发展变化的规律和趋势，为企业进行市场预测和决策提供可靠的数据和资料，从而帮助企业确立正确的发展战略。市场调查的内容很多，有市场环境调查，包括政策环境、经济环境、社会文化环境的调查；有市场基本状况调查，主要包括市场规范、总体需求量、市场的动向、同行业的市场分布占有率等；有销售可能性调查，包括现有和潜在用户的人数及需求量、市场需求变化趋势，本企业竞争对手的产品在市场上的占有率、扩大销售的可能性和具体途径等；还可对消费者及消费需求、企业产品、产品价格、影响销售的社会和自然因素、销售渠道等开展调查。

**拓展阅读**

### 2010年中国十大市场调研公司

第一名，央视市场研究（CTR）。CTR成立于1995年，2001年改制成为股份制企业，主要股东为中国国际电视总公司和北京特恩斯市场研究咨询有限公司（TNS）。2010年营业额达55 000万元，员工数量为500人。

第二名，央视—索福瑞媒介研究（CSM）。CSM是CTR和TNS合作成立的中外合资公司，拥有世界上最大的电视观众收视调查网络，提供独立的收视调查数据，为中国内地和香港地区传媒行业提供可靠的、不间断的收视率调查服务。2010年营业额达30 000万元，员工数量为1 200人。

第三名，上海尼尔森市场研究有限公司。它是全球首屈一指的媒介和资讯集团。尼尔森公司为私营公司，其业务遍布全球100多个国家，总部位于美国纽约。2010年员工数量为2 000人。

第四名，北京特恩斯市场研究咨询有限公司（TNS）。它是中国专项市场研究公司中的佼佼者，致力于为客户提供商业咨询，帮助客户进行商业决策。2010年营业额为23 600万元，员工数量为500人。

第五名，北京益普索市场咨询有限公司。益普索（Ipsos）是全球领先的市场研究集团，1975年成立于法国巴黎，1999年在巴黎上市，2000年进入中国，专注于营销研究、广告研究、满意度和忠诚度研究、公众事务研究等四大领域的市场研究服务。2010年营业额为20 000万元，员工数量为900人。

第六名，新华信国际信息咨询（北京）有限公司。1992年新华信在北京成立，在中国开展市场研究咨询服务和商业信息咨询服务，为企业提供营销解决方案和信用解决方案。2010年营业额为25 000万元，员工数量为700人。

第七名，零点研究咨询集团。它是中国专业研究咨询市场的早期开拓者，旗下有"零点调查"（专业市场调查）、"前进策略"（转型管理咨询）、"指标数据"（共享性社会群体消费文化研究）和"远景投资"（规范的投资项目选择与运作管理服务）等业务，提供专业调查咨询服务。2010年营业额为10 223万元，员工数量为258人。

第八名，北京捷孚凯市场调查有限公司。总部位于德国纽伦堡的GFK集团，是全球五大市场研究集团之一，拥有80年的发展历史，业务涉及专项研究、医疗保健研究、消费电子零售研究、消费者追踪、媒介研究等五大领域。2010年营业额为6 700万元，员工数量为150人。

第九名，北京新生代市场监测机构有限公司。新生代成立于1998年，2003年引进外资，成为中外合资企业。新生代从 1998 年开始持续跟踪和监测中国市场的变迁，提供市场和消费者变化的数据，协助客户进行商业决策。2010 年营业额和员工数量不详。

第十名，慧聪邓白氏研究。它的前身为慧聪网旗下的慧聪研究院，成立于 1993 年，并于 2003 年随慧聪国际整体在香港地区上市。2010 年营业额为 5 000 万元，员工数量为 400 人。

（资料来源：作者根据网络资料整理.）

### 5.2.2　市场调查的意义

创业者为什么要进行市场调查呢？总体来讲，市场调查的作用是为企业解决特定的营销决策问题而收集、加工和提供信息。具体而言，市场调查的意义有如下四个方面。

（1）有助于更好地吸收国内外先进经验和最新技术，改进企业的生产技术，提高管理服务水平

当今世界，科技发展迅速，新发明、新创造、新技术和新产品层出不穷，日新月异。这种技术的进步自然会在商品市场上以产品或服务的形式反映出来。通过市场调查，可以得到有助于我们及时地了解市场经济动态和科技信息的资料信息，为企业提供最新的市场情报和技术生产情报，以便更好地学习和吸取同行业的先进经验和最新技术，改进企业的生产技术，提高人员的技术水平，提高企业的管理水平，从而提高产品或服务的质量，加速产品或服务的更新换代，增强产品和企业的竞争力，保障企业的生存和发展。

（2）为企业管理部门和有关负责人提供决策依据

我们知道，任何一个企业都只有在对市场情况有了实际了解的情况下，才能有针对性地制定市场营销策略和企业经营发展策略。在企业要针对某些问题进行决策时，如进行产品策略、价格策略、分销策略、广告和促销策略的制定，通常要了解的情况和考虑的问题是多方面的，主要有：本企业产品在什么市场上销售较好，会有发展潜力；在具体的市场上预期可销售数量是多少；如何才能扩大企业产品的销售量；如何掌握产品的销售价格；如何制订产品价格，才能保证销售和利润两个方面都能上去；怎样组织产品推销，销售费用又将是多少；等等。这些问题只有通过具体的市场调查，才可以得到具体的答复，而且只有通过市场调查得来的具体答案才能作为企业决策的依据，否则就会形成盲目的和脱离实际的决策，而盲目则往往意味着失败和损失。

（3）增强企业的竞争力和生存能力

由于现代化社会大生产的发展和技术水平的进步，市场的竞争变得日益激烈。市场情况在不断地发生变化，促使市场发生变化的原因主要是产品、价格、分销、广告、推销等市场因素和有关政治、经济、文化、地理条件等市场环境因素。这两种因素往往又是相互联系和相互影响的，而且不断地发生变化。因此，企业为适应这种变化，只有通过广泛的市场调查，及时地了解各种市场因素和市场环境因素的变化，从而有针对性地

采取措施，通过对市场因素，如价格、产品结构、广告等的调整，去应对市场竞争。对于企业来说，能否及时了解市场变化情况，并适时、适当地采取应变措施，是企业能否生存和发展的关键。

（4）其他作用

市场调查有利于为企业的决策和调整策略提供客观依据；有利于企业发现市场机会，开拓新市场；有利于准确的市场定位，更好地满足顾客的需要，增强竞争力；有利于企业建立和完善市场营销信息系统，提高企业的经营效益；是企业宣传品牌的一种方式；等等。

**拓展阅读**

**卖馒头年赚 10 亿！吊打狗不理，开店 2 600 家，中国版"肯德基"绝了！**

最近，来自东北的一款"双黄蛋"网红雪糕出了问题。原本可以借着天气越来越热大赚一把，结果在某地某小店被抽检查出细菌超标。虽然最后是虚惊一场，但是前前后后经过 10 天得以"解冻"，"双黄蛋"的损失肯定小不了。当网红一时爽，但是想当好网红也不容易，尤其是餐饮行业真正的"网红"应该是什么样？

**1. 打败百年老字号，街头"夫妻店"要上市了**

有一家不是网红却胜似网红，专门做包子馒头的"夫妻店"要在 A 股上市了！

巴比馒头，创立了 16 年，做早餐连锁的，如今是华东地区最大的馒头连锁品牌，一旦成功在 A 股 IPO，也将成为"馒头第一股"。巴比馒头所属中饮巴比食品股份有限公司的招股书显示，截至 2018 年年底，巴比馒头在全国范围内共有 2 656 家门店，其中 15 家系直营，2 641 家系加盟。2018 年年营收达到 9.9 亿元，净利润高达 1.4 亿元（表 5.1）。这样的业绩，已经把很多"老前辈"远远地抛在了身后。

表 5.1　中饮巴比食品股份有限公司利润

单位：万元

| 年份 | 2018 年 | 2017 年 | 2016 年 |
| --- | --- | --- | --- |
| 营业收入 | 99 021.09 | 86 659.18 | 71 975.43 |
| 营业利润 | 17 753.17 | 14 361.19 | 4 877.25 |
| 利润总额 | 18 932.83 | 15 056.69 | 5 405.32 |
| 净利润 | 14 289.27 | 11 260.11 | 3 719.07 |
| 归属于母公司所有者净利润 | 11 254.49 | 11 254.49 | 3 762.10 |
| 扣除非经营性损益后的归属于母公司所有者净利润 | 9 624.27 | 9 624.27 | 6 061.96 |

说起包子和馒头，在国内可以叫得出名字的可不少。就拿笔者所在的华北地区来说，天津有百年老字号"狗不理"包子，前几年在新三板上了市，但 2018 年的营收才刚刚过亿。北京有 70 年老字号"庆丰包子铺"，经历过民营、国有、混改几个阶段，在北京随处可见其门店，全国门店超过 300 家。但庆丰包子铺直到 2014 年才开始爆

发式增长，到 2016 年才第一次实现营收过亿元，2018 年营收超过了 14 亿元。

不论出身背景，还是历史渊源，巴比馒头都是小字辈的，且既没有当下众多新锐创业企业动辄亿级的融资，也没有大佬的背书。巴比馒头到底是怎么做到的？

**2. 15 天开黄一家店偷着哭，"除了做包子我别无所长"**

巴比馒头创始人刘会平，来自"包子之乡"安徽怀宁江镇。初中还没毕业，刘会平就已经开始学做包子。到 1997 年，19 岁的刘会平出师，自己去外地打工。第一站广西南宁，租了门店自己带徒弟做包子。但一年下来，生意并不怎么样。前前后后 3 年左右，刘会平攒下了 4 000 块钱。他又从亲戚朋友那里借钱，凑了 1 万元，准备在上海开店。他在上海开的第一家包子铺，只开张了 15 天，就入不敷出，背着一屁股债，关了店。他只能一个人无助地悄悄流泪。转战上海的第一战，刘会平折得嘎嘣利落脆。但于他而言，连放弃包子转行的资格都没有，就像他在一次电视采访中说的那样，他只有做包子这一门手艺，别的什么也不会，"逼得我必须把这件事情做好"。人是被逼出来的！几天没出房门，终于有一天刘会平开窍了，问题的根源在包子馅的口味上，他做的包子其实并不差，符合外地人的重口味，但是喜欢清淡、口味偏甜的上海人不爱吃。

首先，刘会平开始做产品的改进。为了弄清楚上海人的饮食习惯和口味，他每天骑着一辆破自行车大街小巷地转，品尝上海本地特色小吃，把城隍庙所有小吃摊都尝遍了，同时还仔细观察上海人都到什么地方买早餐。只是当时的他还不知道，这叫"市场调研"。然后，再选用上好的原材料改良自己的包子馅料，经过不下百次的试验，终于做出了符合上海人口味的包子馅。如今在研发新品的时候，同样如此，几十次的试验都是少的。

其次，刘会平改变了选址策略。新店选址不再像第一家那样选在菜市场旁边，而是选了一个聚集着很多上班族却缺少早餐店的繁华地段，不但人流量大，而且上班族早上对于早餐的需求既是刚需又足够大。只不过，身边的人没有一个看好他的选择，就连交警都打击他，说在这样的黄金地段，开这样的小店，迟早要喝西北风。因为店面的租金就比之前贵几倍，只有家里两个姐姐心疼他，选择借钱支持他。2001 年，"刘师傅大包"在一片质疑声中开张了。没过多久，所有的质疑都烟消云散了。十几平方米的小铺面，很快就吸引了上海人的目光，很多上海人不惜坐几站公交车跨区专门买他家的包子，队伍从早排到晚，一天能卖四五千个包子。

"刘师傅大包"为什么如此受欢迎？表面上是刘会平抓住了上海人的味蕾，背后其实是刘会平对做包子这件事的认真态度，他取得了上海人的信任。这主要体现在原材料的选择上。面粉，刘会平根据自己对品质的要求，专门找生产面粉的大厂定制；中盐的食盐；海天的草菇老抽；三花植脂淡奶……都是市面上能叫得出来的大品牌。另外，还有号称"上海第一肉"的"爱森肉"，虽然贵（比普通肉贵 30%～50%），但深受上海人的喜爱和信任。馅料的处理也十分严格，如青菜馅的包子，青菜从挑选菜叶到做成馅料，要经过分解、浸泡、一次清洗、二次清洗、杀菌、过冷、切粒等七道工序。那一年，刘会平不但还清了债，还净赚了 10 多万元。

**3. "土包子"要做麦当劳、肯德基，"不伦不类"成网红**

2003 年，刘会平赚到了他人生中的第一个 100 万元。也是这一年，他注册了公司。当时刘会平在思考一件事，肯德基和麦当劳卖的不就是汉堡加可乐吗，商业模式也很简单，之所以能够做得那么成功，就是因为品牌影响力。他觉得包子是中国人吃了上千年的食物了，包罗万象，能开发很多种类，也可以标准化生产，包子馒头加豆浆，也完全可以做成连锁品牌。

为了对标洋快餐，同时也为了更能吸引年轻上班族的眼球，2003 年"刘师傅大包"决定改名。什么"口头香包子""麦香包子"，取了一堆，都没有让他感觉眼前一亮，最后灵感乍现，想到了"巴比馒头"（上海人习惯把包子和馒头统称为馒头），一来朗朗上口，二来也能吸引年轻人的眼球，但这个名字在刘会平朋友们口中却是"不伦不类"。

正当刘会平准备大展拳脚时，又迎来一段插曲。原本 2004 年 11 月之前，刘会平还没打算开放加盟，因为才刚刚起步，标准化还没有做好，仓促地开放加盟对以后的发展很不好。但是有一天，有人找上门来，说巴比馒头怎么又搞起加盟了？刘会平一查，原来是有人山寨了巴比馒头，放出加盟信息，收取加盟费，骗了不少人。这是要毁了他的节奏。最后，刘会平和那家冒牌公司打了一场官司，历经 5 个月，他赢了。

官司虽然赢了，可是想和巴比馒头"沾亲带故"的早餐店却见多不见少。无奈之下，刘会平又和工商部门联合打假。

这个时候刘会平意识到，巴比馒头的品牌影响力足够大了，得加快脚步，做好开放加盟的准备工作。借着一场官司和一波打假，刘会平正式开放加盟，巴比馒头走上了快车道。

这么一个连高中都没读过的包子师傅，在后来的公司经营中，自建工厂，配送统一，食材统一，馅料统一，采购统一，生产统一，口味统一，最终实现品质统一，做到了标准化。他还专门研发了技术，保证速冻的生包子、生馒头蒸出来口感、味道和现做的一样。就这样，巴比馒头有了坚实的基础，使快速加盟开店有了可靠的保证。

**4. 真正的网红研究如何长红、普通网红沦为一场"热闹"**

排队、生意火爆、名字个性，貌似除了不具备"装叉"属性，巴比馒头具备网红店的所有气质。作为早年成名的"网红"，它与近年来的各类网红店截然不同。当年的水货，靠奇葩卖点和营销上的噱头走红，快速开店，结果只红了 1 年，就熄火了，8 个月开 52 家加盟店的神话也彻底被遗忘，原因就是产品不行。各种借势网红茶饮开起来的"×××茶"火了不知道多少家，也不知道倒闭了多少家，如"答案茶"，曾经的排队场景已经不复存在，假店泛滥，新鲜劲儿早已过了，和普通奶茶店没有一点差别。当年的桃园眷村、雕爷牛、黄太吉、泡面小食堂等，他们都抓住了一波流量红利，但无一例外都是靠营销走红，靠资本强行撑起一副框架，其内核并不实在。而"土包子"起家的巴比馒头确实是一点点真刀真枪干出来的，归根结底靠的是在保持核心产品线不变的前提下，做最基本的用户研究，做产品的升级创新。否则就像刘会平最开始开店 15 天关门那样，在餐饮这个高淘汰率的行业里，早已经不知道"死"多少次了。最近一两年的巴比馒头和之前也不一样了，有了堂食，也有了便利店。未来刘会平还想做生鲜配送，做餐饮的私人订制。至于接下来的新尝试能否成功，自然谁也说不准，但市场竞争压力大，他如果不能在原有的核心产品线基础上扩展业务模式，或许被市场淘汰也是早晚的事。

传统行业喜欢自诩"特殊""专业"，网红店则无时无刻不想靠标新立异吸引眼球，但无论是普通得不能再普通的包子馒头，还是花式包装的网红奶茶，关键在于怎么去做，怎么焕新思维，能否真正地打动用户，而不是搞一堆噱头吸引一群以看热闹为主的人。

网络上，有一部系列纪录片《中国创业者》，其中一段讲的是刘会平在一次巡店时发现，原来卖 1.5 元一杯的普通装豆浆远不如现在 2.5 元一杯带隔热纸套的受欢迎。那个 2.5 元的豆浆比 1.5 元的质量更好吗？显然不是！现在的消费者缺好东西吗？恰恰相反！市场上好东西很多，每天都有大量的新生事物出现在人们面前。但消费者真正缺的，却是那些像包子一样，虽然最普通，却最能解决用户需求的产品。

（资料来源：作者根据网络资料整理.）

从以上的案例可以看出，市场调查和预测能为企业解决特定的营销决策问题而确保企业的生存和发展。它的作用与营销决策的各种问题密切相关。因此，对于新创企业者而言，了解市场调查，经常开展市场调查具有重要的作用。

### 5.2.3 市场调查的内容

创业者开展市场调查，主要调查什么内容？一般来讲，市场调查包括市场需求调查、经营环境调查、竞争对手调查和经营策略调查。

**1. 市场需求调查**

市场需求调查是指调查现有市场的购买需求和趋势。购买需求包括购买力、购买动机、需求量和需求的影响因素。购买趋势是指基于购买需求的趋势和走势。

**拓展阅读**

#### 金缘婚典网站市场需求分析

**1. 背景资料**

金缘婚典是以婚庆礼仪业务为龙头，以创新意识和创作实力为核心的一家融婚庆礼仪、文艺演出、录音编辑、鲜花装饰、快送及电视短片的编导、拍摄、合成、制作为一体的文化艺术服务实体。

金缘婚典旗下汇聚一流的婚庆策划、金牌司仪、金奖摄像师和一流摄制、礼仪设施，为客户提供一条龙的婚礼服务。

金缘婚典婚庆旗下汇聚省内著名演艺人员，包括青年歌唱家、青年演奏家及舞蹈、戏剧、曲艺各艺术类的一线演员，拥有高级策划、撰稿、省级导演、专业音响师、灯光师和先进的设备。

金缘婚典追求艺术品位和文化氛围，特聘九位专家、学者担任公司顾问，包括著名教授、省级导演，为公司开拓发展勇攀高峰而呕心沥血、献计出谋。

金缘婚典的宗旨是：诚信立根本、技艺求精深、服务必优秀、欢乐送万人。

为了在激烈的竞争中有良好的业绩，公司决定在互联网上寻求更大的发展空间，希望能通过互联网将业务向外拓展，并吸引更多的新人。

**2. 婚庆行业背景分析**

目前，以婚庆服务、婚纱摄影、婚礼用品、婚庆产品为代表的婚庆行业逐渐形成，随着人民群众物质和精神生活的不断提高，新婚人群对婚礼消费的需求已逐步发展为个性化、多样化。婚庆消费由单纯的餐饮推广到婚庆服务、婚礼用车、婚纱摄影、婚庆用品、婚礼服饰、珠宝首饰、家用电器、室内装饰、蜜月旅游、房地产、汽车等经济领域中诸多行业的诸多方面，同时消费者对婚庆行业的需求和期望值也在不断提高。据统计，上海2006年登记结婚人数162 663对，相关消费200多亿元，除去购房，一般每对新的婚庆消费在10万元以上。每年的黄金节假周，更是结婚高峰期。

与婚庆相关的产品、服务已构成庞大的产业链，形成了一个产业——婚庆经济产业。目前，全国市场中与婚庆相关的产业链已达到40多个门类，如婚礼婚宴服务、婚纱设计、婚纱首饰、房地产、房屋装修、保险、金融和旅游业等。目前，全国每年因婚庆而产生的狭义消费已高达2 500亿元人民币。

**3. 新乡市婚庆市场分析**

据新乡市民政部门统计，新乡市每年结婚人口为3万多人，人均结婚服务类消费3 000多元（如摄像、照相、司仪、车辆、花卉、酒店布置、演出、乐队、婚礼咨询等）。中高等收入以上的能达到人均5 000～10 000元。而其他婚庆用品的消费在3万～10万元（如喜糖、喜烟、喜酒、喜宴、礼品、喜字、喜帖、新房家具、珠宝等）。

目前新乡市有婚庆公司8家，除金缘婚典之外，还有花天喜事、天顺人和、龙祥等。在这8家婚庆公司里，金缘婚典无论是舞台道具的丰富性，还是场景布置、司仪主持在新乡市都有较强的实力。

**4. 网站构建的目的分析**

目的简述如下：

1）树立金缘婚典的品牌形象，宣传金缘婚典。

2）说明金缘婚典提供的婚庆产品和婚庆服务的内容、特点和与众不同之处。

3）吸引顾客，建立并保持顾客的忠诚度。

4）及时向顾客公布金缘婚典发展动态，特别推荐优惠的产品或服务项目。

5）建立反馈体系，回答顾客各类问题，开展在线服务。

6）拓展金缘婚典传统的管理、经营模式。

### 5. 与其他同类网站的比较分析

（1）与"王婆喜铺"的比较，如表 5.2 所示。

**表 5.2 与"王婆喜铺"的比较**

| 婚庆用品比较 | 王婆喜铺 | 金缘婚典 |
|---|---|---|
| 目标市场定位 | 中高档收入的消费群体 | 大众型消费群体 |
| 产品经营方式 | 自主开发品牌经营 | 品牌代理 |
| 婚庆产品 | 中式文化产品 | 大众婚庆用品 |
| 主要销售区域 | 上海 | 新乡市 |
| 交易模式 | 只有 B2C 模式 | B2C、B2B 两种模式都有 |
| 内容增值服务 | 很少 | 较多 |

（2）与"花嫁喜铺"的比较

"花嫁喜铺"是一家提供全套婚庆服务的专业公司，集策划、设计、制作为一体。现有南昌路本部、武宁店、海宁店、浦东店、徐汇店、大柏树店共 6 家门店，服务网络遍布全市。

花嫁喜铺与金缘婚典都属于婚庆类综合门户网站，都是既提供婚庆类产品，又提供婚庆类服务。但从二者的网站上看，花嫁喜铺的网站上更多的是女性用品的展示，婚庆主题的产品和服务相对较少。

（3）与"宁夏婚庆网"的比较

"宁夏婚庆网"是由银川迅雷网络科技有限公司自主开发的公益性网站。宁夏婚庆网针对准备结婚的新人们的所有需求，整理出一整套的服务资源体系。以银川地区为试点，通过对婚庆公司、酒店、婚纱摄影、金店、房地产、家装、美容美体、家政服务、婚庆用品等一系列相关行业进行走访、调查，对结婚的整个流程进行了细致准确的分析，宁夏婚庆网为结婚新人提供了最权威、最前沿、最实用的信息资源。

### 6. 金缘婚典的竞争优势

1）价格优势：金缘婚典由厂家直接供货，保证了价格方面的优势。

2）产品优势：对顾客不满意的产品保证退换货，而且可以采用货到付款的方式。

3）售后服务优势：没有达到顾客满意的效果，可以不退押金，或按一定比例扣除押金。

4）在客户服务方面的优势：金缘婚典设立咨询热线电话，同时设立客服中心。

5）"洽谈通"：顾客可以在线咨询产品、服务、婚礼等各方面的问题。

6）网上婚礼业务：个人网上婚礼是在互联网上免费为新人建立一个婚礼主页。

（资料来源：作者根据网络资料整理.）

### 2. 经营环境调查

经营环境调查分为宏观环境调查和行业环境调查。

　　宏观环境指影响企业的各种宏观力量，包括经济环境（社会经济结构、经济发展水平、经济体制和政策、当前经济状态）、社会和文化环境（人口因素、社会流动性和各阶层对企业的期待、消费者心理、文化传统和价值观）和政治法律环境（政治局势、政府行为、法律法规、路线方针等）。宏观环境调查是通过对上述宏观影响因素的具体局面进行分析研究，为企业发展做出科学决策提供依据。

　　行业环境调查是调查经营项目所属行业的历史、现状、趋势、结构、行规和管理。

**拓展阅读**

### 经营环境案例分析：巨人集团和青岛海尔集团

　　巨人集团曾经是我国民营企业的佼佼者，一度在市场上叱咤风云。该企业以闪电般的速度崛起后，又以流星般的速度迅速在市场上沉落了。这样一家资产过亿，年产值数十亿的企业破产，究其原因，管理层的决策失误是很重要的一个方面。在 1993 年以前，该企业的经营状况是非常乐观的，但是 1993 年国家有关进口计算机的禁令一解除，国外众多"超重量级选手"蜂拥进入我国市场，一些头脑理智的企业纷纷压缩规模、调整结构，可巨人集团的管理层却急于寻求新的产业支柱，轻易迈出了经营房地产和保健饮品的多元化经营的脚步。而当时巨人集团的资金不足，又没有得到银行等金融机构的资金支持，没有实力同时在两个全新的产业展开大规模投入。到了 1994 年，巨人集团管理层已经意识到集团的问题。如果企业管理层明确地建立了授权和分配责任的方法体系，就能在很大程度上增强企业的控制意识。一个良好的企业组织应该让企业的各个组成部分及其每个成员都了解自己在企业中的位置、承担的责任以及拥有的权力等。

　　控制环境是内部控制的关键。控制环境确定了一个企业的基调，它影响着整个企业内部所有人员的控制意识，是其他要素的基础；也影响着企业程序运用的一致性以及会计系统和控制程序运用的总体效果。其中，管理层的态度最为重要，它决定了整个企业的态度和行为。而当时的巨人集团管理内部出现种种隐患，如创业激情基本消失、出现大锅饭现象、管理水平低下、产品和产业单一以及开发市场能力停滞。但管理层还是回避了企业内部产权改造及经营机制重塑的关键问题，想通过再一次掀起的发展和扩张热潮，将企业重新带回到过去辉煌的时期。在保健饮品方面大规模投入，这样的投入带来了短暂的效益，可很快企业的问题暴露无遗，包括企业整体协调乏力、人员管理失控、产品供应链和销售链脱节等。针对此问题，巨人管理层进行了整顿，但是未能从根本上扭转局面，最终全线崩溃。巨人集团总裁史玉柱在检讨失败时曾坦言：巨人的董事会是空的，决策是一个人说了算，权力过度集中在少数高层决策人手中，负面效果同样突出。巨人集团沉落，其计划过程失败也是主要原因，主要包括：计划动因不明确；计划非理性，试图超越规范；过程失控，如计划制订较为粗放，计划执行过程中缺乏必要的反馈与检讨；计划柔性不足，在市场状况即企业经营状况发生变化时缺乏对策；企业原有经营管理模式及经营管理层的经营理念与计划不匹配；人才的压力也是导致计划失控的原因之一。

海尔集团在1984年曾一度亏损147万元，濒临破产倒闭，可是经过18年的奋斗，到2001年海尔集团实现了全球营业额超过600亿元人民币。目前，海尔集团在49个国家和地区拥有18 000多个营销点，产品销往87个国家和地区。海尔是中国家电行业唯一一家五大产品全部通过国际质保体系认证和国内首家通过ISO 14001认证的家电企业，也是中国第一个进入美国UL认证名录的企业，并通过了欧盟EN 45001认证，是中国第一家产品在国内就可以获得国际认证的企业。2000年5月，海尔集团被美国著名的科尔尼管理咨询公司和美国《财富》杂志评为全球"最佳营运公司"。

海尔集团能够在这么短的时间里取得如此高的成就，其成功的经验是很多的，但是，其中很重要的一个因素是海尔集团有非常健全的内部控制制度，而内部控制中的环境控制起到了重要的作用。首先，海尔集团的管理当局重视基础管理，有不断地组织变革的思想，注意把市场竞争机制引入企业内部，注重学习美国式的开放创新、个性舒展与日本的吃苦耐劳、团队精神，并将其与中国的传统思想创造性地结合起来，逐步形成了独具魅力的海尔管理体系，如实行全方位管理法（OEC）账表化管理，做到日事日毕，日清日高，事事有人管，人人都管事，管人凭业绩，管事凭考核；坚持管理高质量，不做表面文章，注重管理实效，以法治厂，无一例外。其次，人事政策合理和有效。在企业的内部控制中人的因素是至关重要的，如推行激励机制等。对于在岗的干部每月考评一次，根据考评结果进行选拔上岗或淘汰降职；而工资的发放则采取分档进行，绩效联酬等方法。再次，有合理的组织结构及明确的职责划分方法。海尔的管理当局认为合理的组织结构能够保证企业内部控制活动的有效进行。海尔集团从1984年开始，经历了几次重大的机构调整，从直线职能式管理、矩阵结构管理到"市场链管理"，最终形成了责权明确的四个层次的管理体系，各个层次各负其责，形成了各部门、各单位之间相互联系、相互制约的内部控制体系。

通过以上两个典型案例可以看出，巨人集团的失败很大程度上是因为企业内部控制的失控，尤其是控制环境中企业经营管理层的经营管理理念和经营方式的失误；而海尔集团的成功经验在于企业管理层的经营风格、文化理念及先进的管理方法等。总之，目前我国很多企业控制环境的现状是不容乐观的，存在的主要问题有：第一，公司治理结构不完善，如股东大会不能发挥应有的作用，一股独大的现象比较普遍，独立董事不独立，内部控制问题严重，监事会的功能有限，内部审计职能未能充分体现，经营者的约束机制和激励机制不健全等；第二，不注重人力资源的有效利用，缺乏良好的人力资源政策，不能激发员工的积极性；第三，组织结构和职责权限不明确，机构臃肿、人浮于事的现象严重；第四，对企业的监督不力。如上所述，很多企业的内部审计机构形同虚设，未能发挥应有的职能作用，而债权人对企业的监控作用也很小，因此造成一些企业看似有健全的内部控制制度，但是对企业效益的提高却很难发挥作用。

加强和完善控制环境的对策和建议具体如下。

第一，改善公司治理结构。公司治理结构是公司内部控制环境的最高层次，公司治理结构的完善，将为公司内部控制环境奠定坚实的基础。内部控制作为管理当局为履行公司目标而制定的一系列规则，与公司治理结构是密不可分的。因此要完善内部控制制度，必须首先从公司治理结构开始。改善公司治理结构可以从以下几个方面入手：改善投票表决制度，优化股权结构，平等对待所有股东。鉴于我国许多公司国有股一股独大造成的种种弊端，笔者认为促进股东大会有效运作，增强中小股东积极参与的有效措施是：制度、优化股权结构。董事会接受股东会的委托对内管理公司事务、对外代表公司同第三方进行交易活动，对业务执行起决策作用。总经理由董事会委任，具体负责公司经营管理的日常工作。内部控制从制订、完善到贯彻实施等，董事会都起着决定性的作用。很多公司的董事会存在诸多问题，这对改善内部环境是极为不利的。因此，应积极加强董事会的建设，确立董事会是公司内部控制系统的核心。健全独立董事制度，遏制"内部人控制"，给予监事会更大的监督权力，加强对董事会行为和活动的制约效能，提高监事会的监控力度。

第二，健全对经营者的约束与激励机制。完善公司经理层的运作机制，就是要健全对经营者的约束与激励机制。首先，对由国有企业改制上市的公司制企业，要取消经理人员的行政任命制度，全面推选聘任制的竞争市场，使任命、考核更具规范化、法治化。其次，加强对经营者的制衡约束，通过所有者约束机制、市场约束和国家法律约束来完善对公司经理层的约束机制。所有者约束主要表现为公司董事会对经营者的直接约束，不仅表现在经营者的行为会受到董事会授权范围的约束和接受董事会的评判和监督，还表现在经营者若经营不善没有实现董事会预定目标，则可以被解聘。市场约束包括产品市场约束、资本市场约束和经理人市场约束等。公司若经营不善，则产品市场上的份额就会下滑。在资本市场上，公司股价下跌或公司举债过多，公司筹资就会发生困难，甚至还可能被其他公司接管兼并，而经理人就会被解聘或被驱出经理人市场。外部市场存在激烈的竞争，给经理人以很大的压力。国家法律约束就是通过有关的法律特别是经济法律体系来规范经理人的行为。通过这些约束机制，加强对经营者的监督约束，使其为公司利益而积极工作。再次，健全经营者激励机制，调动其积极性。如果只有制衡约束机制，还不能保证股东利益的最大化，所以必须运用各种积极的激励机制调动经营者的积极性。可以借鉴国外经验，推行适当的经营者持股制度，实施长期激励。例如，股票期权制度，即通过让经营者拥有一定数量的公司股票期权，使经营者利益与公司长期利益联系起来，实现经营者与所有者共担风险、共享利益的一种激励制度。上海贝岭、联想集团、方正（香港）有限公司逐步实施了经理人股票期权计划，有效地激励了经营者工作的积极性。公司将年薪制和给予经理人一定份额的公司股份或股票期权等几种分配形式结合起来，合理地扩大经理人与企业一般职工的收入差距，使经理人个人资产的积累与增长和企业的长远发展紧密地联系在一起。此外，由于企业董事会中"内部人控制"现象严重，十分有必要引进独立董事制度。独立董事的加入，有利于公司内部的检查、监督和评价，有利于强化公司的制衡机制，有效地遏制"内部人控制"。但是，我国"引进"独立董事制度后，却没有发挥独立董事的应有作用，反而成为上市公司的"摆设"和"花瓶"，究其原因是在推行独立董事制度上还存在缺陷。笔者认为首先应该将独立董事的推荐制改为委派制，并建立健全相关的独立董事的职责、问责、监督等管理制度，使独立董事的职位名副其实。最后，加强监事会的监控职能。监事会是代表股东大会对董事会及其成员、经营管理机构及其成员进行监督的权力机构，以确保股东的利益与公司的长远发展。目前，我国监事会独立性差，监控职能较弱，因此要采取措施，加强监事会的监控职能，增强监事会的独立性。同时应对经理层，尤其是总经理的年薪、激励报酬、期权计划和退休计划等细节每年至少进行一次披露，并与类似的公司相比较，从而不断完善经营者的激励机制。

第三，加强债权人对公司的监控作用，尝试建立主银行制度。债权人是公司重要的利害相关者，《中华人民共和国公司法》第一条明文规定保护公司、股东、债权人的合法权益。但由于债权人的"外部人"地位和公司有限责任的特性，其权益往往受到侵害。因此，完善公司治理结构，应保障债权人的权益，加强债权人对公司的监控作用。银行是企业的第一大债权人，可以说，银行这一债权人参与公司治理是必要的，且将对公司良好治理结构和机制的形成起到重要作用。因此，笔者认为，尝试建立主银行制，加强债权人对公司的监控作用，将有助于克服国有公司"内部人控制"的弊端，有效推动公司的发展。

第四，注重人力资源的开发和利用。前已述及，内部控制受企业的董事会、管理层及其员工的影响，企业员工的素质、品行等都会影响企业内部控制的效率和效果；反过来，内部控制也会影响人的行为。因此企业必须建立良好的人力资源政策，对企业员工进行培训，提高员工的素质，并且应建立适当的聘用机制、考核机制及激励机制等。

第五，建立优良的企业组织结构。一个优良的组织结构应该根据不相容职务相互分离的原则，使得每一项业务的完成必须由两个或两个以上的部门在相互联系、相互制约的基础上完成，做到每个部门、每个员工都能各司其职，明确自己在企业经营中的位置和作用。

第六，加强对企业内部控制的监督。对企业内部的控制过程必须进行恰当的监督，通过监督活动在必要时加以修正。而企业的内部审计部门既是内部控制的组成部分，也是监督企业内部控制的主要力量。内部审计不仅仅是对企业内部各成员进行监督、评价，还应对企业的内部控制和经营管理活动提供咨询和给出建议，具体包括：对企业内部控制系统设计的适当程度和有效性进行检查、评价和建议；对企业各成员在履行职责过程中的经营质量进行评价和建议；对企业的风险管理进行评价和建议等。

第七，在现代市场经济的前提下，企业应建立信息和沟通系统，以便于了解自身所处位置，及时加以处理；要有恰当的控制活动，包括业务的授权、职责的分工以及凭证与记录的使用控制等。只有这样，才能充分发挥内部控制的作用，从而提高企业的管理水平，提高经济效益。

（资料来源：作者根据网络资料整理.）

### 3. 竞争对手调查

竞争对手调查是一项关于竞争环境、竞争对手和竞争策略的调查研究。竞争对手调查的目的是通过各种渠道搜索信息，查清竞争对手的状况，包括数量与规模、分布与构成、产品及价格策略、渠道策略、营销策略、竞争策略、研发策略、财务状况及人力资源等，了解竞争优势和弱势。

**拓展阅读**

### 黄亮和李燕的创业故事：竞争对手调查

黄亮和李燕用了两个星期的时间以联系业务的名义走访了几家企业，对他们的情况有了大致的了解。其中，进行实地调查的有两家企业，其他企业拒绝了黄亮的调查请求。关于这几家企业的情况，黄亮都是托亲戚朋友根据他列出的简单调查表探听得来的。

他们发现，附近已经有 5 家朱砂泥工艺品生产企业，这些企业都是家庭式的个体小企业，最早的已经开工 3 年，多数创办不到 1 年。这些企业雇佣的工人数量从 1 名到 9 名不等，工艺品的生产采用手工操作，规模最大的企业使用 9 个工作台。在这些企业中，年产量最少的 7 200 件，最多的约 67 000 件，平均年产约 37 000 件。他们做的都是低价的简单工艺品，零售价为 29～33 元。每家企业的工艺品品种只有 3～4 个，款式大同小异，而且都是仿制别家的产品，只略加改动，没有多少创新。产品的包装也比较简单，有的用较为普通的包装盒装产品，有的干脆不做任何包装。单价的区别主要在于规格不同。另外，外观、运输距离和销售环节的因素也影响单价。这些企业很少做广告，有些企业连商标都没有设计。没有一家企业在旅游景点开店，他们大多找些亲戚或熟人在旅游景点摆摊，同时也将产品批发给商店和其他摊贩。

此外，他们还打听到兰州郊区有 3 个小厂，用钢模制坯，产品精致，品种多，质量稳定，单价也较高，最贵的达到 50 元。黄亮认为自己还没有能力与这 3 家企业竞争。经过这样一番摸底调查，黄亮和李燕对自己的企业构思有了信心，脑子里浮现出很多想法。与此同时，他们也感到压力更大，于是下决心一定要比别人做得好。

至于更远处的竞争对手的情况，黄亮和李燕没有足够的时间去了解。根据从互联网上查到的旅游业统计数字和在旅游现场了解到的情况，去年仅敦煌一处旅游景点就销售朱砂泥工艺品 30 万件以上，再加上其他几个景点，共销售 60 万件。而本地几家企业的产量加起来也不到其销售总量的一半，这说明外来产品数量超过了一半。旅游景点的外来产品和本地产品相比，造型和质量上都要好一些，价格平均每件贵 1 元。黄亮和李燕推断，外地的竞争对手应该也是一些小型企业，只是起步早一些。从价差看，外地企业与景区的距离大致在 300～400 千米，他们的销售增加了一个运输环节，因此，外地企业的产品不具备价格优势。

（资料来源：人力资源和社会保障部职业能力建设司，中国就业培训技术指导中心，2017. 创办你的企业：创业计划培训册[M]. 2 版. 北京：中国劳动社会保障出版社.）

#### 4. 经营策略调查

经营策略调查是指调查本企业产品的价格、销售渠道、广告、商标及外包装等存在的问题的跟进情况，包括销售策略调查、广告策略调查和其他调查。

销售策略包括营销策略、促销策略和销售方式。营销策略包括销售渠道、销售环节和宣传方式。促销策略包括有奖销售、折扣销售、附赠销售、低价销售和折本甩卖等。销售方式包括批发、零售、代销、直销和特许经营等。销售策略调查就是对上述内容进行资料收集、直接取证，在整理分析后做出科学决策。

广告策略调查就是调查竞争对手在网络、电视、广播、报纸、杂志、街头、车身、墙体等媒介上进行的营销情况。

其他调查是指对产品设计、形状、包装、口味、价格等方面是否迎合消费者口味和接受能力的调查。不同身份、年龄、性别的消费者对同一产品具有不同的需求，只有把握了这些不同需求，才能生产研制出不同形状或口味的产品，从而打开销路，增加效益。

### 5.2.4 市场调查的步骤

分析了市场调查的内容以后，创业者应该清楚市场调查的步骤。为了防止调查的盲目性，市场调查工作必须有计划、有步骤地进行。一般来讲，市场调查可分为确定目标、正式调研、分析资料和撰写报告四个阶段。

1）确定目标。市场调查的内容很多，范围较广。企业在不同的发展阶段或不同的战略实施阶段所要了解的信息是不同的。科学的市场调查需要明确调查目标，有针对性地获取关联信息，高效地解决问题，否则会造成人力资源的浪费。

2）正式调研。首先，确定应该搜集哪些资料，哪些资料是重要的，哪些资料是次要的，做到心中有数。接下来要确定搜集资料最有效的方式。不同的调查目标采用不同的调查方法，因此要熟悉询问、观察、实验、抽样等各种调查方法的优缺点，选择最有效的方式。例如，调查市场需求这一与消费者密切相关的领域，以询问法最佳，因为只有面对面的直接交流，才能深入了解消费者对产品或服务的建议和意见。

3）分析资料。通过广泛深入的调查获得数据资料后，按照去伪存真、去粗取精、查缺补漏的原则，对数据和资料进行整理与分析。调查员首先对这些资料分别从价值大小、使用领域等角度进行分类，以方便取用；然后进行全面检查，多余的先剔除，遗漏的再补齐；最后对资料进行认真的分析与整理，并将分析结果以统计图表的形式展示出来。

4）撰写报告。根据对调查材料的分析与整理，撰写一份调查报告是阶段性市场调查的最后一步。调查报告是对供求关系、营销状况、消费情况等调查内容所做的书面报告。它既是市场调查的一部分，又是企业促进管理水平、提升竞争能力的必要活动。调查报告重在调查结果，从中得出调查结论。

**拓展阅读**

#### 购物中心顾客行为的调查报告

购物中心是一种大型的零售设施或零售网点，在西方被称为 shopping center，也叫 shopping mall。购物中心通常由开发商承建，然后将经营面积或店铺出租给零售商或其他类型的服务经营者，由承租者从事商品与服务的经营活动。开发商与经营者之间是一种租赁关系。开发商收取租金，并向经营者提供相应的服务。

　　本案例对西安世纪金花购物中心的顾客行为进行了调查，主要回答三个问题：①购物中心的顾客都是什么人？②不同顾客群体间的惠顾行为都有什么差别？③哪些因素对他们的购买行为有显著性影响？

　　调查与分析的结果表明：第一，高学历者、中青年和本地人是购物中心的主要惠顾群体；第二，不同顾客群体在惠顾动机、购物的计划性和惠顾购物中心的频率等惠顾行为方面是有差异的；第三，影响顾客在购物中心购买行为的因素主要有购物的计划性（包括购物动机）、逗留时间、经常性和性别；第四，影响食品购买的因素与影响其他产品购买的因素有所不同。除逗留时间对二者均有影响以外，经常性和年龄只对食品的购买与否有显著影响，而计划性和性别只对其他产品的购买有显著影响。另外，对惠顾过程的满意与否可能更多地对购买其他产品有影响，而对食品购买的影响程度很小。本研究在理论上有助于我们了解消费者在购物中心的行为特点，在实践上则有助于购物中心的开发商、购物中心的实际经营者和购物中心产品的供应商根据顾客的行为差异和自己的目标市场制定更为有效的经营策略。

　　　　　　　　（资料来源：庄贵军，2014. 市场调查与预测[M]. 2 版. 北京：北京大学出版社.）

## 5.2.5　市场调查的方法

　　市场调查是收集营销数据的行为过程，市场调查的方法根据营销数据的来源选择。常用的市场调查方法有：询问法、观察法、抽样法、实验法、试销法。

### 1. 询问法

　　询问法是调查员准备好调查表或提纲，向被调查者了解情况，获取信息的过程，是市场调查中最常用的方法。询问法又分为人员访问、电话访问、问卷调查和小组座谈。人员访问是调查者通过与被调查者面对面交谈来获取市场信息的一种调查方法。按照访问地点，人员访问又分为街头访问和入户访问。电话访问是通过打电话的方式向被调查者获取信息。问卷调查是被调查者按照事先设计的题目现场做答。按照问卷媒介的不同，又分为传真问卷、信函问卷、网络问卷、报刊问卷和实地问卷五种。小组座谈是从目标市场中抽取一群人，一般以 6～8 人为宜，来探讨相关话题的一种调查方式。与问卷调查相比，小组座谈是了解消费者内心想法最有效的工具，小组座谈主要用于调研产品概念、产品测试、满意度和用户购买行为等方面。

**拓展阅读**

### 调 查 宝

　　调查宝是一个简单易用的在线问卷调查系统，由上海南康科技有限公司创立于2010 年。它的界面友好、使用简捷，每个人都可以轻松地开展调查活动。通过这个系统，用户可以进行在线调查问卷的设计、调查数据的收集和统计以及统计结果的生成。它的基本功能向用户免费开放，同时也以较低的价格提供高级版本以及增值服务。

与其他调查系统相比，调查宝具有快捷、易用、低成本的优势，因此，被企业和个人大量使用。

调查宝使用流程如下。

（1）问卷设计

调查宝的问卷设计界面为所见即所得，支持28种题型，可以在问卷中设置跳转逻辑、引用逻辑、给形象设置分数等多种功能，同时还提供数十种专业问卷模板供选择。

（2）个性定义

用户可以对自己设计的问卷进行多种属性的设置（如是否公开、是否设定密码等），也可以对问卷的外观以及完成后的跳转页面等进行个性化的设定。

（3）多种方式发送

用户可以通过邮件邀请的方式来发送问卷，也可以将问卷直接分享至微博、QQ、人人网等社会化网络，还可以用 iframe（HTML 标签，作用是文档中的文档）和万维网服务（Web Service）等方式嵌入网站或博客中。

（4）统计分析

调查宝向用户提供实时的在线单体统计、分类统计、交叉统计等统计方式，也允许用户自定义统计分析报表。用户可以在线查看分析结果，也可以下载分析报告或原始数据。

（5）质量控制

调查宝提供配额管理和自定义筛选规则的功能，可以按照用户的要求严格控制调查的质量，使每一个调查都能够严谨、高效地执行。还可以根据填写问卷的时间、来源地区和网站等筛选出符合条件的答卷集合。

（6）下载调查数据

调查完成后，用户可以下载统计图表导出为 Word 文件并保存、打印，或者下载原始数据导出为 Excel 文件，进而导入 SPSS 等分析软件进一步分析。

（资料来源：作者根据网络资料整理.）

### 2. 观察法

观察法是一种直接的极具现场感的调查法。调查员到某个现场对调查对象进行实地观察，依据市场调查目标，系统地记录调查对象的各种行为方式。依据场地不同，观察法又细分为生产现场观察法、包装现场观察法、使用现场观察法和销售现场观察法等。它有几个特点：有一个明确的目的；有事前计划；对观察结果有详细的计划；有意识地控制误差。

### 3. 抽样法

抽样法是从全部单位中抽取一部分样本进行考察和分析，通过部分归纳整体的一种调查方法。抽样法有概率抽样和非概率抽样两种。概率抽样调查是习惯上的抽样调查，是指按照概率论和数理统计原理从调查对象中随机抽取样本，通过样本数量关系对总体特征做出估计和判断。

### 4. 实验法

实验法是指实验先行、实验可行才进行大规模推广的一种市场调查方法。它要求先设定一个实验环境，预设各种影响因素或条件，通过实验对比，对市场需求、市场环境或营销过程中的某些变量之间的关系及其变化进行例行分析。

### 5. 试销法

试销法是指试销商品在小范围内进行销售实验，直接调查消费者对试销商品的反映和喜爱程度，并以此调查资料为依据进行市场预测的方法。试销的商品一般是指尚未在当前市场上销售过或还未正式进入市场的新产品或改进的老产品。这种方法应用范围广泛，凡是试制的新产品或老产品改变了性能、款式、花色、包装、价格等，预测其市场销售前景，均可采用此法。市场试销方式是多样的，如设试销专柜或设立试销门市部，也可委托商店试销。因为市场试销要求顾客直接付款购买，所以能够真实地了解顾客对试销商品的购买态度，了解消费者对产品花色、外观、质量的意见，了解产品价格是否合适，以及对顾客的销量等市场需求情况。通过市场试销进行市场预测，其结果是比较可靠的。

**拓展阅读**

#### 三个"斑竹"的创业故事：调查顾客需求

张华、王剑和孙梅是湖南某大学的校友。张华是国际经济贸易专业的学生，曾任学校学生会副主席，现在在一家计算机公司打工，做销售工作，为人沉稳，有主见。王剑是会计专业四年级的学生，正在实习期间，是个会精打细算的人。孙梅是艺术设计专业三年级的学生，性格开朗，能写会画，曾经在全省"公益广告设计大赛"中拿过冠军。他们三个人喜欢上网冲浪，经常在校园网的论坛上发帖讨论大学生创业的话题，被同学们称为"斑竹"，三人也因此成为非常要好的朋友，经常聚在一起，无话不谈，非常投机。

按照创业计划书上的时间安排，张华、王剑和孙梅根据学到的市场调研的方法，在确定了目标市场后，对目标客户进行了深入的调研。他们以大学生社会调查的名义先打电话预约，然后登门拜访了市区内拥有计算机数量较多的 26 家公司，拥有 100 台以上计算机的 8 家网吧以及 68 位个人消费者。在两周的时间里，他们几乎踏遍了城区的大街小巷。这个方法很有效，多家公司、单位和网吧，也很高兴地接待了他们。对个人客户，他们主要发动同学联系比较熟悉的人，也得到了良好的回应。他们将收集到的信息汇总后进行分析发现，除个别大公司之外，目前大多数公司和单位所用的鼠标垫都是随意采购或随机赠送的，这些客户普遍能够接受在鼠标垫上印上自己企业的标识或产品的广告，把这些时尚鼠标垫作为公司的办公设施或赠送客户的礼品。

他们希望的价格平均在 10~30 元，但销售计算机的公司由于要把鼠标垫作为礼品赠送给客户，需求量比较大，因此他们希望价格在 10 元以内。在他们走访的个人客户中，有 50%的人希望鼠标垫上能有自己独有的图案，如自己或爱人的照片、宠物的照片、特别喜欢的个性图案，他们普遍认为如果特别定制，20 元的价格也是可以接受的，但这些客户多半希望能够送货上门、货到付款，其中打算把鼠标垫作为礼物赠送的还希望能配备精美的包装。

（资料来源：人力资源和社会保障部职业能力建设司，中国就业培训技术指导中心，2017. 创办你的企业：创业计划培训册[M]. 2 版. 北京：中国劳动社会保障出版社.）

# 5.3　创业计划书的撰写与展示

在写创业计划书之前，创业者要先清楚两个关键问题：一是明确谁是读者；二是创业者希望从读者那里获得什么。读者是投资人还是创业大赛评委？创业者希望读者能够给计划书评出高分还是投资计划书的创业业务？希望读者收购创业公司还是接受创业者的投标？不同的读者关注点不一样，创业者需要聚焦读者关注的点来展开创业计划。创业大赛的评委更关注项目的产品、商业模式、市场分析和管理团队，而投资人关注的是能否以较低的风险来获取高额的回报。此外，在撰写计划书的时候，创业者的脑海中应该设想读者的疑问，这些疑问会帮助创业计划得到完善。

有效的创业计划应该是一个综合的过程，包括识别创业机会、筛选机会并初步确定可行性、创业项目可行性分析和撰写创业计划书。因此，在撰写创业计划之前，需要对创业的构想进行研讨，寻找合适的创业项目并对其进行可行性分析。

## 5.3.1　研讨创业构想

创业者获得了一个新的创意和想法后，需要创业团队认真对创意进行初步的判断和构想，厘清创业思路。为了尽量避免创业失败，需要研判该创意是否适合创业，制订一份创业计划书，对创业计划的可行性进行分析。要想让创业构想在以后的企业运营中发挥良好作用，创业者应该从创业项目、创业团队、产品与服务、行业或目标市场、财务五个方面进行深入思考。

**1. 寻找合适的创业项目**

要找到一个好项目，并不是拍一下脑袋就能想出来的，可以尝试通过以下三种方法挖掘项目。

（1）找痛点

所谓找痛点就是观察生活中遇到的烦恼或者不愉快的事，然后再将这些麻烦转化成有用的商业创意。在人们的日常生活中，总会感受到生活或工作上的诸多不便（痛点），如果某个创意可以为人们解决痛点问题的同时又可以让创意实施者获得利润，这样的创意就具有了商业价值。例如，充电宝就是发现手机没电又找不到插座充电的痛点；行车记录仪就是为了解决碰瓷这样的难题。在寻找用户痛点的过程中，一方面要站在用户的角度思考，另一方面也不能仅仅流于表面，要从深度和精度上做文章，从用户的行为习惯中去分析，从已有产品的缺陷里找方案。

当在解决某个问题而又陷入困难时，不妨思考一下别人是如何解决类似问题的，看看别人的解决方案是否适合自身面临的问题。例如，在瑜伽练习中，有一些瑜伽动作在普通垫子上很容易摔倒或打滑，美国著名瑜伽品牌 Yogitoes 的创始人苏珊·尼科尔斯因为买不到防滑的瑜伽垫而在市场上寻找防滑产品，最终她发现了一种底部有橡胶圈的狗食钵。她想办法找到一家制造商，模仿狗食钵，做出了一种带有 PVC 垫圈的防滑瑜伽垫，从而创建了 Yogitoes 品牌瑜伽垫，该品牌已持续经营超过 10 年。

此外，对现有的产品或者技术进行升级迭代，或者通过资源整合，也可以形成一个新的项目。很多爆款产品的出现，都是踩着传统产品的肩膀来实现的。例如，现在十分流行的一款保温杯，就是在质疑传统保温杯没有设计感、保温效果不好、带出去没面子等一系列问题的基础上，从多个角度出发，着力打造的一款更好看、更有社交属性的保温杯，最终大卖。

**案例评析**

### Keep 创始人王宁的创业故事

王宁说，他是一个对尺码有自尊心的人，每当服装因为肥胖升级了尺码，他的内心都是崩溃的。

2014 年大学毕业季，180 斤的王宁为了找到体面的工作和漂亮的女朋友，开启了减肥之旅。

对于一个囊中羞涩的大学生来说，是不可能去健身房请教练进行专业指导的，所以跑步是最简单的减肥方式。效果很明显，大概两个月，王宁就减了 20 斤左右，但是很快就遭遇了瓶颈。

王宁开始上网检索大量关于减肥和健身的资料，发现减肥是一个科学的过程，需要有氧与无氧的深度结合。通过学习，他掌握了一套健身和减肥的方法，很快从 160 斤瘦到了 130 斤。

这次减肥给王宁的人生带来了很大的改变，虽然女朋友还是没找到，但信心大增。几乎每个人见到他，都会问"你是如何减肥的？"

一个行走的招牌，自然容易成为众人追捧的"顾问"。那段时间，不时有好友前来请教，独乐乐不如众乐乐，喜上眉梢的王宁毫不吝啬地将自己在网上搜索到并且尝试过的素材链接发给他们。

一堆堆链接砸过来，朋友不禁纳闷，这么多链接，先练哪个？怎么练？诸如此类的问题回答多了，王宁就想，为何不做一款移动健身 App，把这些健身资料和训练视频整合进去，让更多人看到呢？

这就是王宁做 Keep 的最初想法。

起初，王宁和初创团队做了很多前期准备工作，发现很多人每周都运动，但每天都运动的人很少，而在美国，以每日和每周为运动单位的人占90%左右。

不仅仅在运动习惯上，中国体育产业占总国内生产总值（GDP）不到1%，而发达国家早已超过3%。中国体育用品占了整个体育产业70%的份额，而发达国家占据70%的市场份额的却是体育服务。

此外，在百度指数上，跟健身、瑜伽、跑步等体育运动相关的关键词，从2011年尤其是2014年之后，上升非常快。再看看朋友圈，早年秀美食、秀奢侈品是主流，而如今，秀运动的已经越来越多了。

就这样，王宁认为做健身App是有机会的，而Keep也确实做到了。

5天完成天使投资。

80天iOS（苹果公司开发的移动操作系统）版本上线。

产品上线15天，iOS获得App Store官方首屏推荐。

产品上线25天完成A轮融资。

产品上线50天，注册用户破百万。

产品上线60天完成A+轮融资。

……

产品上线15个月完成3 200万美元C轮融资。

产品上线18个月获得腾讯C+轮战略投资。

产品上线30个月，注册用户数突破1亿。

（资料来源：作者根据网络资料整理.）

**评析：** 从以上案例可以看出，王宁的痛点是要不断重复地回答朋友们的询问和发送资源链接。为了解决这个痛点，他想到"做一款移动健身App，把这些健身资料和训练视频整合进去"，从而产生了最初的Keep。有了创业想法后，王宁和团队开始对国人的运动习惯、喜好、现状、趋势等展开调研，通过数据分析，他们认为就做健身App是有机会的，从而开始付诸行动。

（2）市场缝隙

市场缝隙意味着潜在的商业机会，就是从红海中找蓝海，可以参考那些做得大的企业或者品牌，寻找他们有哪个方面没有做到或者做得不够好，从这个空白切入市场。在日常生活中，人们经常会碰到一种情况：需要的商品在某个特定区域买不到。例如，沃尔玛、家乐福等大型超市提供的商品只针对大众消费，往往会留下许多市场缝隙，如进口商品少，服装款式质量普通和电子产品种类有限等。正因为如此，市场上才会有时装精品店、特色小吃店、社区水果店等的存在。

在考虑市场缝隙的时候，创业者可以站在用户的角度思考，重新审视产品的属性，才有可能找到痛点并精准切入。例如，要做一款空气净化器，就要考虑其侧重点是在净化PM2.5还是甲醛，价格方面是走高端路线还是用性价比作撒手锏，使用这款空气净化器的目标人群更多的是年轻人还是老年人，购买之后的耗材有没有很好的解决方案等。"三个爸爸"空气净化器就是站在用户角度做好产品的典型例子。创始人抓住了家长想要给孩子健康的生活环境，进行产品的研发和改进，以解决密闭的室内缺氧、空气不流通问题，进而又过渡到新风系统，做好了产品迭代升级。

（3）环境变化

变化是创业机会的重要来源，最重要的几个环境变化是经济变化、社会变化、技术变化和政策变化，这些领域的变化往往能刺激新的商业机会的产生。例如，抖音走红的原因之一是它综合利用了几种共存的趋势：智能手机和通信技术的不断发展，短视频耗费的流量越来越少（技术变化）；越来越多的人使用智能手机观看以及拍摄制作视频，"95后""00后"喜好新潮娱乐（社会变化）；年轻用户成为社交媒体的主导者，而青少年与年轻人可支配的金钱更多了（经济变化）。

1）经济变化。经济变化会影响商业创意的实施，当经济稳定增长的时候，消费者往往更愿意购买一些非必需的消费品。例如，利率的下调通常会带动住房、家具等产品的销量增长；企业裁员和股市急剧下滑会带动奢侈品的需求下降。在研究经济因素对商机的影响时，需要研判谁有可支配的钱以及他会把钱花在哪里。

2）社会变化。社会变化能改变个人和企业的行为方式以及产品选择策略，会影响消费者的生活方式以及所需产品服务的类型。许多时候，产品或服务满足人们需求不只是因为产品或服务表面的使用价值。例如，送餐业务的出现并不是因为人们不喜欢在家做饭，而是因为人们的生活过于忙碌、没时间做饭，或是家里人少的时候做饭太麻烦。当前正在影响人们生活方式的一些社会变化有人口老龄化、移动智能设备的使用量不断增长、劳动人口越来越多样化、消费者越来越关注健康食品和绿色产品、农村人口不断向城市迁移、个性化需求和订制产品的需求逐渐增长等。

3）技术变化。技术进步、技术变化是创业机会的来源之一。技术本身并不是识别创业机会的关键，相反，关键在于认识到如何利用技术来解决人们生活的不便、满足人们的需求。例如，随着健康知识的普及和技术的进步，围绕"水"就带来了许多创业机会，上海有不少创业者加盟"都市清泉"而走上了创业之路；餐厅的点菜平台能够让顾客搜索喜欢的菜式，免去了服务员站在旁边等待点菜的尴尬，节约了人力成本；市场上的蔬菜水果流通时间长，人们没时间去市场买菜但又想买新鲜、健康的蔬菜水果，从而有了社区生鲜团购。此外，当一种新技术被发明并投入市场后，往往会出现更多的产品推动该技术的发展。例如，智能手机的发明催生了智能手机配件以及手机 App 等相关产业。

4）政治行为与政策变化。政治行为与政策变化是创业机会识别的基础，如果商业创意不符合政府规定或者被政府限制，这样的创意将不能实施。有时候，政府行为与政策的变化能带来一些机会。例如，2014 年民航局印发了《关于促进低成本航空发展的指导意见》后，在国内掀起了低成本航空的一个新高潮，原来一枝独秀的春秋航空多了西部航空、华夏航空等伙伴。又如，2018～2019 年，国家鼓励的项目领域是农业优势特色产业，扶持的主体是新型农业主体，生态化、价值化、标准化、产业化和资本化是农业品牌的入口。例如，国内最大的养殖企业温氏股份靠养鸡和养猪达到市值千亿元。支持该企业持续扩大规模并能稳定发展的重要原因是他们依靠信息和互联网技术，将散落在各个乡镇村庄的养殖户连接在一起，进行统一的管理，实现了规模化生产。

## 2. 评估创业团队

寻找到合适的创业项目后，创业团队需要评估自身具备的创业优势。新创企业进行创业团队的研讨与分析非常必要，因为人是企业的核心，人的才能、智慧、人与人之间的协作能力决定了企业的发展。无论是单独创业，还是团队创业，新创企业都应该评估企业的管理能力。

（1）管理能力

创业团队的管理能力主要包括两个方面：创业团队的创业热情和创业团队对市场的了解程度。创业的过程总是伴随着挫折，创业热情是新创企业坚持下去的动力，是团队奋斗的源泉。在创业项目落地之前，创业团队必须了解相关的行情，做好市场调研，进行有效的客户调查，才能做到心中有数，而不是盲目地创业。

除此之外，创业者的人格特质、先前经验、职业、社会关系网络、团队成员的创新能力、团队的财务管理经验和水平、团队成员的专业背景等也与创业团队的管理能力有关。在业界具有良好声誉，重视诚信、正直、无私、公平等做人处世原则的创业者，对创业机会的评价具有加分效果。团队是否具备相关产业经验或专业背景直接关系到创业团队对所需投入产业的相关经验与了解程度的多寡，从而影响新创项目的成功率。

（2）提升创业团队管理能力的方法

一个好的创业团队，在各项经营管理与技术专业工作上，通常能够以理性、客观的态度坦诚面对各种问题，不刻意欺骗客户与投资者，不逃避事实。创业团队要设计出清晰的组织构架，才能提高企业的工作效率，从而创造价值；其次，要制定企业的战略目标，然后有计划地解决每一个目标；再次，明确权利与责任，创业者不是万能的，CEO的重要职责是用好团队成员和下属；最后，在创业的不同阶段，管理方式要"因地制宜"，不断改善管理方法。

## 3. 研讨产品与服务

产品与服务是创业项目最核心的问题之一，要考虑清楚项目会提供什么样的产品与服务，这些产品与服务在多大程度上解决了消费者的现实生活问题，或者提供的产品与服务给消费者带来了哪些好处。

（1）产品与服务的需求

产品的需求必须明确，要仔细思考产品的意义和合理性，产品是否能解决消费者的烦恼，能否让消费者兴奋，以及是否能填补市场空隙。不论何种产品或服务，只要能说清楚这几个问题，产品或服务的可行性就靠谱了一大半。例如，抢票软件，面对的消费者主要是在外生活工作的年轻人，针对的场景是节假日出行网络购票困难，解决的是一直盯着手机手动刷票的问题。

（2）产品与服务的功能

确保详细讨论产品和服务的功能和特点，以及消费者能从中获取的价值。要做到这一点，需要从消费者的角度出发，站在消费者的立场上仔细评估，往往需要靠调查或调研来完成。调查内容主要是消费者购买产品或服务的意愿程度，再附加相关话题，如价格、地点、要求等。"三个爸爸"创始人以为孩子制造空气净化器为出发点，通过对买家的数据分析和多方调研，发现大部分人买净化器都是为了家里的孩子，于是将产品定位在儿童市场，此后包括公司名称、品牌等都是围绕着这个定位来做。他们还通过用户群的方式收集用户的反馈意见，然后对产品的功能进行改进和优化。

**拓展阅读**

### 珍爱网的理念陈述书

**1. 产品**

珍爱网为成年单身男女提供婚恋、婚介、交友和征婚服务，为会员提供信息交流服务和一对一的电话人工服务。珍爱网针对忙碌的城市白领，打造"网络征选+电话红娘服务"的高效在线婚恋服务模式，通过"你来登记资料和要求，我来做媒"的服务方式，让会员利用珍爱网平台为亲友或自己做媒。

**2. 目标市场**

珍爱网的目标市场定位是 25～45 岁的城市白领人士。市场基础是我国庞大的单身人口数量。数据显示，2013～2018 年，我国单身人口数量逐年增长，至 2018 年，已达到约 2.4 亿人，占全国总人口比重的 17.3%。此外，我国的移动交友、网络婚恋渗透率已经提升至 49.1%。在众多因素的共同作用下，我国网络婚恋交友行业规模稳步增长。

**3. 竞争定位**

珍爱网利用科技驱动和人工智能，打造双屏直播模式和"珍爱学堂"，用技术的力量做好在线婚恋。此外，珍爱网"网络筛选+人工红娘+线下直营店"三位一体的服务模式，充分保证了服务质量。它的主要竞争对手有世纪佳缘、友缘在线、百合网等平台。

**4. 管理团队**

珍爱网由原美国投资银行摩根士丹利职业经理人、留美博士李松和原美国戴尔公司职业经理人陈思创办经营。李松是美国哥伦比亚大学金融学博士，曾任纽约贝尔斯登公司的债券部副总裁和摩根士丹利公司亚洲区执行董事，也是手机位置社交服务商嘀咕网的创办人和董事长。陈思毕业于厦门大学国际贸易市场营销专业，曾在多家著名互联网上市公司担任重要管理岗位。

（资料来源：作者根据网络资料整理.）

### 4. 研讨行业或目标市场

行业与市场分析是创业公司生存的外部环境，创业者必须重视这一部分。行业与目标市场是完全不同的概念。行业是指向生产并向特定市场销售同类产品与服务的一个公司群，既可以界定公司的同类企业，也可以界定竞争对手，如计算机软件行业、家政行业、汽车行业、通信行业、出版行业等。目标市场则是指被企业选定为服务对象或试图吸引的部分市场，企业选定目标市场后将全力为该目标市场服务，而不是试图占有或者服务于整个市场，如 Keep 选定"90 后""00 后"群体作为目标市场。

（1）行业吸引力

行业的吸引力分析主要针对新创企业所归属产业领域的基本情况，以及企业在整个产业中的地位。不同的行业吸引力不同，对新创企业最有吸引力的是大型的、成长中的行业，是朝阳产业而非夕阳产业，是盈利性较强、有成长空间的细分型的产业。创业者要选择能够进入的行业，要考虑行业的环境与成长趋势。例如，现在的人们对健康越来越关注，绿色食品和健身行业对创业者较为有利。此外，行业提供的产品或服务对消费者的重要程度也是要考虑的重要因素之一。例如，药品对人们的重要性决定了制药行业的高盈利性；随着社会进步，人们的生活节奏越来越快，没有时间做家务是近年来家政行业崛起的重要原因之一。

（2）目标市场吸引力

市场是指销售公司产品与服务的地方，用来确定公司的客户与机会。目标市场是指市场中有一部分具有相似需求的消费者组成的细分市场，而不是整个市场，这样可以避免与一些行业领导企业直接竞争，有利于企业的发展。

目标市场的吸引力分析主要针对企业产品与服务的市场情况，找到产品与服务的细分市场，分析企业在市场竞争中的位置，列举竞争对手，对未来的市场发展趋势做出预估。分析时，一定要保证针对的是细分市场。例如，屈臣氏在中国的目标市场定位在 18～35 岁、月收入在 2 500 元以上的女性人群，他们认为这个目标群体有较强的消费能力、不太喜欢去大卖场或超市购物、比较注重个性、追求舒适的购物环境，在选址方面趋向于选择最繁华的地段、具有大量客流的街道或是大商场，而事实证明屈臣氏的市场判断是准确的；屈臣氏降低货架高度、增大走廊宽度、注重商品摆放的内在联系和逻辑性，提高顾客选择的时间和舒适度，利用主题式商超氛围、专业化的购销理念、自有品牌战略、终端促销创新理念作为制胜法宝，在众多大城市创造了一个个店铺销售业绩神话。

（3）市场时机

创业者要判断拟实施的商业创意的机会窗口是否打开，当前是不是进入新市场的最好时机。机会窗口指的是企业实际进入新产品或服务市场的时间期限。新的产品或服务市场出现，机会窗口就会打开；随着市场成长，企业进入市场并设法占据有利可图的地位；在某个时间点，市场已经成熟，机会窗口就会关闭。另外，创业者需要研究拟进入行业的经济发展状况来确定进入市场的时机是否合适。例如，在过去的几年里，服装零售行业因电商冲击，利润率下降、销售额降低，说明现在不是进入服装零售行业的好时机。

**5. 研讨财务**

财务计划需要花费较多的时间来制作和具体分析，其中包括三大报表的制作和分析，即现金流量表、资产负债表和损益表。财务分析没有必要十分详细。财务计划的预测是建立在一系列的假设条件基础上的，这里说的财务研讨和分析也是初步的。

（1）研讨启动资金

列出开办企业所需要的各类支出，包括房租、水电、人力、办公设备、生产设备、宣传等项目，计算所需的最低运营费用。由于创业的过程中有许多未知因素，原则上，启动资金应比测算的资金高出一定额度，以备不时之需。

（2）研讨营运能力

营运能力是以公司各项资产的周转速度来衡量企业资产利用的效率。周转速度越快，表明公司的各项资产进入生产、销售等经营环节的速度越快，其形成收入和利润的周期就越短，经营的效率自然就越高。

（3）盈亏平衡分析

创业公司在创业初期失败大多是因为创业资本被过多用于购买固定资产，固定资产越高，越难达到收支平衡。创业公司需要尽快获利，否则将面临亏损甚至破产。盈亏平衡分析不仅可以适用创业公司前期的项目规划，而且适用创业公司的日常运营。

在企业运营过程中，各种不确定因素（如投资、成本、销售量、产品价格、项目寿命期等）的变化直接影响财务方案的经济效果，当这些因素的变化达到某一临界值，即盈亏平衡点（BEP）时，即可以判断财务方案对不确定因素变化的承受力，为最终决策提供财务依据。

**拓展阅读**

## 可行性分析模板

可行性分析模板首先是简介，其次是产品/服务可行性、产业/目标市场可行性、组织可行性和财务可行性四大部分，最后是小结和提出结论。表5.3是简洁版的可行性分析模板，初筛要在一个小时内完成，而全面可行性分析需要的时间更长。

表5.3 可行性分析模板

| 简介 |
| --- |
| A. 企业名称 |
| B. 创业者姓名 |
| C. 企业简介 |
| 第一部分 产品/服务可行性 |
| A. 产品/服务的合理性分析 |
| B. 产品/服务需求分析 |
| 第二部分 产业/目标市场可行性 |
| A. 产业吸引力分析 |
| B. 目标市场吸引力分析 |
| C. 市场时机分析 |
| 第三部分 组织可行性 |
| A. 管理能力分析 |
| B. 资源充裕性分析 |
| 第四部分 财务可行性 |
| A. 初创现金需求 |
| B. 同类企业财务业绩 |
| C. 企业整体财务吸引力预估 |

|  |  |  | 续表 |
| --- | --- | --- | --- |
| 小结与结论 |  |  |  |
| 产品/服务可行性 | 不可行 | 不确定 | 可行 |
| 产业/市场可行性 | 不可行 | 不确定 | 可行 |
| 组织可行性 | 不可行 | 不确定 | 可行 |
| 财务可行性 | 不可行 | 不确定 | 可行 |
| 总体评价 | 不可行 | 不确定 | 可行 |
| 为进一步完善可行性，对各部分改进的建议 |  |  |  |

　　需要强调一点，虽然可以使用可行性分析来评价具体创意的特点，但在调查和分析的过程中，仍可以改进、调整和修订创意。可行性分析其实就是利用各种方法（访谈产业专家、调查预期消费者、研究产业趋势、考虑融资问题等）仔细审查一个抽象的创意，对这个创意进行仔细的推敲和调查。这些工作不仅可以确定创意的可行性，还有利于改进和塑造创意。

（资料来源：布鲁斯 R.巴林杰, 2016. 创业计划书 从创意到方案[M]. 陈忠卫，等译. 北京：机械工业出版社.）

### 5.3.2 分析创业可能遇到的问题和困难

　　创业好比登山，创业成功就是登上山顶，在攀到顶峰的过程中往往会因某些因素或问题阻碍创业者前进。创业是一条漫长而艰辛的道路，创业者需要考虑创业资源、团队以及市场等方面的问题。

**1. 资源方面**

　　缺少资源是创业者面临的一个很大问题，如缺少资金、缺乏人才、没有社会关系、技术创新不足等，每一个问题都很有可能让创业项目中途夭折。

　　创业需要充足的资金作保障，资金不足是创业企业发展过程中需要面对的主要问题。新创企业通常很难获得银行的贷款，而大部分的创业者自筹资金是不足的，同时又难以拉到投资。资金的短缺影响着企业的发展。

　　人力资源是企业的核心要素，人才的缺失也是新创企业的一大困难。人力资源包括专业技术人才、生产销售人才、财务管理人才等，无论缺失哪种人才，都会让新创企业走向险滩。缺乏有经验的销售精英，会导致产品销售不出去；缺乏生产线管理者，会导致无法按时交出产品；缺乏财务管理人员，会出现企业盈亏状态不明晰。创业者本身不可能是多个领域的专家，所以适当聘请专业人才十分重要。

　　技术资源的价值具有不确定性，如果技术过于超前，消费者不容易接受，可能会面临在市场环境无法实施的可能性；如果技术滞后，会导致创业企业丧失竞争力。企业可以通过加强对技术方案的可行性论证、建立灵敏的技术信息预警系统和创新联盟，来减少技术开发和技术选择的盲目性，从而分散技术创新风险。

### 2. 团队方面

对于初次创业者来说，团队管理能力不足，视野与思路相对狭隘，缺乏快速找准市场、打开局面的能力，对公司化的运作理解不够，创业团队构成不合理和团队成员流失等都是普遍现象。最令人痛心的结果就是团队分裂，企业元气大伤。根据一家国外研究机构对 100 家成长最快的小公司所做的调查结果显示，有 50% 的创业团队没能在公司中共事 5 年。好未来董事长张邦鑫说，企业的危机始于人才招聘，能力不足可以后天培养，但是价值观的不同会让企业分崩离析。优秀的创业团队应该有共同的价值观，还要有执行力。不同的创业者，在公司发展的不同阶段，管理的方式要"因地制宜"。在创业的过程中，要观察团队，发现问题，不断改善管理方法。即使公司规模大如丰田，"改善"仍是其管理方法的核心之一。

### 3. 市场方面

市场敏感度不强是初次创业者面临的一个问题，同时也成为一个企业发展的瓶颈。尤其是对于大学生创业者来说，他们对市场不熟悉，只懂简单的理论而不会灵活运用，或者盲目开发市场，这些都会导致失败的发生。在现实中，许多新创企业的市场营销观念滞后，或者简单地将营销理解为销售，缺乏有效的营销策略和实践经验，导致营销战略只是停留在了解市场层面，而不能有效利用市场。只片面注重产品的质量与类型，没有对消费者的市场需求进行深入调研，也是导致企业长期难以跻身市场并与其他企业竞争的原因之一。

创业企业只有基于对市场发展方向的有效把握，才能抓住市场，降低企业发展风险。对创业项目进行详细分析，展开充分的市场调查，制定合理的新产品开发策略，做到"人无我有，人有我无"，有利于保持企业的市场竞争力。

### 4. 创业者自身方面

创业初期，创业者一人身兼数职，压力巨大；创业后，生意冷清，压力倍增。选择创业，就意味着选择了诸多压力。精神压力和体力透支导致的对创业活动的放弃是很多创业者失败的原因之一。

创业者要懂得合理安排工作，分配时间，释放压力。在创业前认真考虑并分析创业中可能遇到的问题并制定应对措施，在创业初期组建一支优秀的创业团队，将繁重的创业工作进行合理分配，正视压力并懂得分解压力，尽快适应创业的生活状态。

### ■ 案例评析

#### 胡腾"思迈人才中介"创业失败

胡腾是北京师范大学 2000 级国际贸易专业的学生，2003 年 8 月到武汉成立了思迈人才顾问有限公司，3 个月后亏损严重，一元钱贱卖公司。这样的案例在大学生创业中并不少见，映射出大学生创业的某些困境。

**1. 立志创业**

2002 年 7 月，胡腾陪一位学长参加大学生招聘会。那天，他和学长不停地奔走在各个招聘点，广泛散发应聘资料，然而，忙活了一整天，学长和其他大部分毕业生一样最终没有找到合适的工作。这件事对胡腾的触动很大，由此他想到了开办一家公司，帮助大学生找工作，然后收取一定的中介费。这样既帮助了大学生就业，又为自己找到了工作，岂不是双赢？

2003 年 7 月，胡腾详细写了一份筹办公司的计划书。在他的不断劝说下，他的姨父支援 3 万元，他的父母给了他 5 万元的创业基金。胡腾的 6 位同学又凑了 4 万元，成了他公司的股东。

**2. 择址武汉**

北京成本高，上海朋友少，西安位置偏，所以首选地定在了九省通衢之地——武汉。

8 月 27 日，胡腾正式注册成立了思迈人才顾问有限公司，任总经理，并建立了专业的人才网站——思迈人才网。思迈公司的主旨是为企业和个人提供人才评估、咨询、培训、交流、猎头、人事代理等服务，为高校毕业生就业开通绿色通道，提供求职培训、素质测评、推荐安置工作等服务。

开业之初，由于人才网络、企业网络没有运作起来，各种服务项目没法开展，于是胡腾决定从最基础的为大学生找家教和其他兼职做起。

**3. 经营失败**

为了便于开展工作，胡腾在武汉各高校聘请了 24 名代理人，他们的主要任务是负责收集大学生寝室电话，散发公司传单，召集召开大学生求职聚会等。这些聘请的代理人作为公司的员工，由公司发工资。

为了宣传公司，胡腾决定散发一些广告来提高公司知名度。设计好宣传单后，胡腾计划印制 8 种宣传品，他分别给 12 家广告公司打了电话，让对方先报价，最终选中了一家报价较低的广告公司。但是，这家以低价位赢得了合同的公司在拿到合同后，最终仅印制了 3 种宣传品。

要做家教业务，首先要联系学生。按事先的构想，9～10 月是思迈免费服务期，在发送传单之后应该会有 2 000～3 000 人成为思迈会员。实际情况却是，因怀疑思迈免费服务的真实性，很多学生不敢来，最后 2 万张宣传单换来的仅是 200 名免费会员，大大低于原先的设想。

联系学生不理想，家长方面也遇到了挫折。为取得家长需求信息，胡腾花了 5 000 元在报纸上刊登广告，最后 5 000 元广告费换来了 35 个客户，且多是需要美术、音乐等特殊家教的，最终没有做成。

**4. 一元卖公司**

10 月份，胡腾开始意识到自己并不适合管理一家公司，决定聘请职业经理人来管理。10 月 10 日，经理人正式接管思迈公司，但仅接手一个星期后便辞职了。6 名同学见状，随后抽走了 4 万元的股份。

胡腾盘点发现，3 个月的时间，公司净亏 7.8 万元。面对这种情况，胡腾决定将思迈以 1 元钱价格转让，他提出的条件是接手人不能变更公司的办公地址，不能变更公司的营业项目。他希望把思迈转卖给真正有志于从事人才中介的公司或个人。

（资料来源：作者根据网络资料整理.）

**评析**：在创业者自身方面，胡腾没有利用自己的专业特长来创业，反而选择毫无经验的人才中介，此外，他没有实际的工作经验和创业经验，对市场缺乏了解。在团队方面，公司缺乏有效的分工和管理机制，员工自愿上班、存在投机心理，没有激励机制，缺乏财务监管机制，团队成员分化、撤资也是创业失败的重要原因之一，在创业资源方面，胡腾未结合自身优势导致自有的创业资源匮乏，包括资金筹备不足、缺乏专业的人才资源和技术资源，以及社会经验不足等是公司失败的主要原因。市场方面，胡腾对人才中介市场不熟悉，缺乏有效的实践经验。在创业的过程中，可能会遇到各种困难和阻碍，创业者须提前对创业项目和团队进行全面分析，尽可能寻找解决方案，降低创业失败的风险。

### 5.3.3　凝练创业计划的执行摘要

风险投资者认为，"一个好的摘要是大家了解这家新公司的吸引力所在。希望在摘要里能看到关于公司长期使命的明确论述，以及其人员、技术和市场的总体情况"。摘要涵盖了创业计划书的要点，要求一目了然，以便投资者能在最短的时间内评审出创业计划并作出判断。

摘要是创业计划书的浓缩，一般包括公司所处的行业与市场，公司经营的性质和范围；公司的主要产品和技术内容；公司的目标市场在哪里，谁是企业的目标客户，他们有哪些需求；已经完成的工作，拥有哪些合作伙伴；竞争对手是谁，竞争对手对公司的发展有什么影响，公司的竞争优势是什么；公司的发展规划；公司的资金需求、财务信息和退出计划等。

摘要的撰写要尽量简明扼要，不需要进行详细分析，多给结论式的阐述，使人能够最快地了解计划书的主要内容，一般 1～2 页即可。它是对整个创业计划的高度凝练，是计划书的精华所在。摘要出现在计划书的开头部分，但要放到最后来写，只有其他部分撰写完成，才能写出摘要。

摘要部分的撰写一定要有针对性，突出投资者或者评委感兴趣的方面。写完后，至少要仔细检查一遍，做到准确无误。在描述中，要尽全力推销企业的创意和竞争力，展示团队，介绍项目背景、主营业务、为什么可以获得成功、读者需要做什么、如何取得回报等，列出重要数据论证项目可行性，数据起到的作用不容小觑。不要详细说明产品特点、功能、市场竞争等，选择重点内容用 1～2 句话带过即可。这里还需要注意，摘要需要突出的是正面的内容，所以风险分析只需在正文部分做详细介绍。

> **拓展阅读**
>
> #### 一个连锁书店创业计划的摘要
>
> 该项目的推广者计划开发一个全新的连锁书店，从而充分利用尚未开发的近 10 亿英镑的英国零售市场空白，人口的变化和即将取消的监管给这个市场带来了巨大的

发展潜力。分散的图书销售市场正在合并成为少量的全国性连锁书店，而该项目正好看到了建设连锁书店的大好前景。项目管理团队拥有在英国开发和运营多达 150 家分支机构的大型连锁书店的管理经验。

这个项目的构想是在城镇的黄金地段打造单层的综合书店，在这些地方行业竞争相对有限，因此，这些书店有可能成为当地的主导图书销售商。它们将在更低廉的成本基础上售卖和竞争对手不一样的产品，提供全新的环境和服务。书店销售的图书有 3 万多个品种，同时销售的还有补充产品，这些书店具有专业性的权威，同时具备友善的氛围，从而能吸引到比竞争对手更广泛的客户群体。

与多层书店相比，单层结构的设计能够避免产生更多的人力和建设成本。此外，较低的成本得益于集中采购和密集的批发供货方式。通过利用大型数据库，采购质量得以提升，而与此同时管理的成本也会有所减少。由于储备了更多大众通俗类书籍，书店的库存周转情况要比那些囤积了大量学术性书籍的竞争对手好。

项目推广者计划筹措 75 万英镑的资金，在项目第一年新开 3 家书店，接下来将进一步筹款 400 万英镑，以每年 8 家店的速度进行扩张，最后达到开设 50 家连锁书店的目标。根据预测，每平方英尺（约合 0.092 9 平方米）的销量为 300 本，库存 80 本，书店和整个企业将分别在运营的第二年和第四年实现盈利。

附录里的预测显示，业务将获得快速的发展，带来具有吸引力的资产净值回报。在运营的第五年，投资回报率将达到 30%。筹款的最高需求为 350 万英镑，这个高峰将在第四年到来。不过，项目推广者计划在第二轮融资时筹得足够的资金填补空缺，在快速发展的同时满足一些不可预测的需求。项目推广者自己将在普通段上投入 20 万英镑，同时寻找能提供同等投入的投资人。根据预测，投资人将在 3～8 年之内通过商业出售实现投资回报。

（资料来源：布莱恩·芬奇，2017. 如何撰写商业计划书[M]. 印墨楠，译. 北京：中信出版集团.）

### 5.3.4 把创业构想变成文字方案

对创业构想进行研讨之后，需要把构想形成文字方案，也就是创业计划书。如何写好一份创业计划书？一份完整的创业计划书应该包括哪些内容？创业计划书没有固定的模板，但一份能够打动人的创业计划书，一般情况正文应该包括项目概述、产品与服务、行业与市场分析、营销策略、财务计划、团队介绍和风险分析七个部分。

**1. 项目概述**

虽然摘要部分已经对项目的整体情况作了大致介绍，但因为篇幅限制，仅是点到为止，并没有详细介绍。项目概述需要比摘要更详细地介绍项目的情况，包括公司（项目）介绍、产品或服务情况、发展历史和发展规划、团队和外部合作者等内容。

（1）公司（项目）介绍

与摘要相比，公司（项目）介绍需要更加详细，包括公司（项目）基本情况、logo、宗旨（使命）和目标。

对于新创企业，该部分需要拟一个弹性比较大、经营范围比较广的名称，避免限制企业业务的拓展和经营方向的改变，如"拟在某个时候成立公司，公司名称叫什么，专注于什么产品或服务……"。

对已创业企业，应直接阐述公司的名称、地址、注册资本、股权结构等，然后介绍公司的 logo、宗旨和目标。每个公司都有自己的 logo 和宗旨。例如，苹果公司的 logo 是"咬了一口的苹果"，宗旨是"追求高科技的好产品，为人们的生活带来方便，同时具有科技、环保、人性、智能、创新"。公司的目标应具体，最好用数据来表示，一般需要制定 3～5 年的目标。知名企业的使命和愿景如表 5.4 所示。

表 5.4　知名企业的使命和愿景

| 企业名称 | 使命 | 愿景 |
|---|---|---|
| 华为 | 聚焦客户关注的挑战和压力，提供有竞争力的通信解决方案和服务，持续为客户创造最大价值 | 丰富人们的沟通和生活 |
| 联想 | 为客户利益而努力创新 | 未来的联想应该是高科技的联想、服务的联想、国际化的联想 |
| 万科 | 建筑无限生活 | 成为中国房地产行业领跑者 |
| 迪士尼 | 让世界快乐起来 | 成为全球的超级娱乐公司 |
| 沃尔玛 | 给普通百姓提供机会，使他们能与富人一样买到同样的东西 | |
| 耐克（Nike） | 体验竞争、获胜和击败对手的感觉 | |

（2）产品与服务情况

简要描述公司的产品或服务，提出本计划书的主打产品与服务是什么，产品与服务的独特卖点是什么，有什么优势，市场定位如何。假如某位拟创业者打算开一家绿植店，他需要解释清楚他的绿植店与其他绿植店有什么不同，绿植店的主要产品有些什么，地理位置如何，价格定位如何，主要面向哪些客户群体，客户体验如何等。

（3）发展历史和发展规划

发展历史包括创意是如何产生的，产品与服务的现状、技术水平和如何保持创新能力、已经投入了哪些人力与物力等。发展规划可以按时间顺序对未来的业务发展提供可行的计划，指出未来发展的关键点在哪里。发展规划可以分短期、中期和长期来分别介绍。

案例评析

### "译起玩"东南亚语学和译平台发展规划

1. 平台规划

"译起玩"学习+翻译服务平台涉及小语种学习的方方面面，具有现代化教学特点，即趣味学习。项目理念："玩转语言学习，只做地表最强翻译"。为学习者（用户）提供名师授课、语言学习达人直播、学友联盟、同等趣味性学习段位者 PK、单词过关、学习任务打卡、一对一语伴交流帮助、文化传播、动态分享及高效精准的内容翻译等服务。

**2. 发展规划**

前期：先进行融资，我们计划融资80万元。本团队由8个人组成，每个人可以通过大学生创业贷款及亲情融资等方式融资50万元，接下来将会向企业推销我们的学习网站，通过他们的投资实现80万元的融资。前期主要是进行融资和平台开发等相关工作。

中期：平台已经初步完成并投放市场，然后，对学习平台进行宣传、试用和不断完善。在宣传上，我们的宣传方式有很多种，可进行广告投放，让更多消费者了解使用我们的网站；并对正在使用平台的消费者进行市场调研来不断优化平台，让更多的消费者受益。

后期：经过前期的宣传和平台完善，公司进入盈利模式后将会有更多的消费人群和周转资金，以此来不断创新我们的互联网学习模式和方法，助力新时代的发展。

（资料来源：作者根据2018年第四届云南省"互联网+"大学生创新创业大赛资料整理.）

**评析**："译起玩"属创意项目，对平台的功能规划、项目特点及产品理念进行了简要介绍。在发展规划部分，"译起玩"仅对公司的发展做了简要规划，缺少发展历史的说明，如创意是如何产生的，准备到哪一阶段了。总体来说，"译起玩"项目概述部分的产品与服务情况写得简明扼要，发展规划分前期、中期、后期进行分阶段规划，不同阶段的规划较为中肯，可以让读者感受到这是一个有规划、有远见的团队。

（4）团队和外部合作者

创业是团队行为，在写计划书时需要说明创业活动的领导者和关键人物。简要介绍3~5位关键人物，如公司的CEO、技术骨干和合作伙伴，着重从关键人物的背景、领导力和个人品质方面进行介绍。最后，强调创业团队整体在知识结构、能力构成等方面的互补性，让投资者或者评委知道这是一个团结并具有创业实力的优秀团队。

**2. 产品与服务**

无论是风险投资者还是创业大赛评委，他们在看计划书的时候，第一个要厘清的问题就是这个项目的产品和服务，项目的产品和服务在多大程度上解决了消费者的现实生活问题，给消费者带来了什么好处，创业者在创业计划书中要重点阐述产品与服务。一般来说，产品与服务介绍应该包括产品与服务的概念、性能及特征、主要产品与服务介绍、产品与服务的市场竞争力、研究与开发过程、自主知识产权和相关许可等。

（1）产品与服务的概念、性能及特征

产品与服务的概念、性能及特征可以从产品的名称、logo、产品包装、产品文化方面对产品进行说明，让投资者或评委看过之后对产品有基本的概念。撰写过程中，建议将上述内容逐个展开进行描述，产品logo、包装可配图进行详细说明。

### 优衣库品牌介绍

优衣库（UNIQLO）是日本著名的休闲品牌，是排名全球服饰零售业前列的日本迅销（FAST RETAILING）集团旗下的实力核心品牌。其坚持将现代、简约自然、高品质且易于搭配的商品提供给全世界的消费者，所倡导的"百搭"理念也为世人所熟知。

**1. logo 含义**

"UNIQLO"是 unique clothing warehouse 的缩写，以为消费者提供"低价良品、品质保证"为经营理念。简约的字母设计，红色方块背景，带有强烈的价格促销刺激感，利用巧妙灵透有特色的设计把简洁、高品质与现代的服装效果第一时间以最直观的方式呈现给消费者。优衣库的 logo 如图 5.2 所示。

图 5.2　优衣库 logo

**2. 品牌定位**

优衣库产品线丰富，定位清晰准确，品牌服务于全年龄段消费群体，通过量贩式运作实现物美价廉的品牌特性，打造出品牌广泛的消费群体和接受度。

**3. 企业理念**

声明：改变服装，改变常识，改变世界。

使命：真正优质服装，创造前所未有的崭新价值的服装，让世界上所有人能够享受身着称心得体、优质服装的喜悦、幸福和满足；通过开展独特的企业活动，为人们充裕的生活作出贡献，实现企业与社会和谐发展。

价值观：站在顾客的立场上；革新和挑战；尊重个体，公司与员工共成长；坚持正直诚信。

**4. 行动准则**

开展一切以顾客为中心的经营活动；追求完美，追求最高水准；充分发挥多样性优势，通过团队合作取得更大的成就；雷厉风行做好每件事；以现场、现物、现实为本，开展确切、实际的经营活动；作为拥有崇高伦理观的地球市民而行动。

（资料来源：作者根据网络资料整理.）

（2）主要产品与服务介绍

创业计划应清晰地介绍项目的产品与服务，让读者阅读后能明白项目是做什么的。有些项目的产品是一个系列或者几个系列，如花食类，包括各种花做成的饼、糕点、羹类等产品，不需要对每个产品一一做详细说明，可以给产品分类，按类别进行说明，或者挑选主要的产品或服务进行说明。描述时，要集中介绍清楚一个核心产品，其他相关产品问题一般都会迎刃而解。此外，还应讨论产品与服务的作用，以及消费者能从中获取的价值。表述时应当尽量避免技术细节，尽可能简单地进行解释，站在用户的角度对功能进行说明，做到图文并茂。如果项目的产品是一个 App，可以从 App 的功能模块图开始，然后逐一介绍每个模块的功能，不需要描述这个功能的后台如何搭建、开发技术等，创业者要站在用户的角度，详细介绍这个功能可以做些什么，能为用户带来哪些好处。例如，"译起玩"项目致力于开发一款集东南亚语言学习和翻译的 App，其计划书在产品与服务部分介绍了项目的构架、平台简介，并对 App 的学习板块和翻译板块的功能进行了详细的介绍，此外，还对项目的其他服务，如语伴圈、文化空间等进行了简要介绍。

（3）产品与服务的市场竞争力

竞争力也是产品与服务部分不可或缺的内容，创业者需要说明项目和竞争对手的不同之处，说明产品和服务真正打动人的细节在哪里，以突出产品和服务的竞争力。如果已经有竞争对手在提供类似的产品和服务，那就要花力气去证明消费者能从该项目中获取更多的价值。要做到这一点，需要从消费者的角度出发，站在消费者的立场上仔细评估，如果以同样的标准进行衡量，项目提供的产品和服务相对于其他类似产品有什么优势和不足。只有当一个新的产品与服务优于市场上其他已有的产品与服务时，才可能受到顾客的青睐。在阐述这部分内容时，可以通过举例和类比的方法，对产品与服务的竞争优势进行论证。

创业者在构思和撰写产品与服务的市场竞争力时，最常见的问题就是不知道如何表述竞争力的来源。产品的竞争力可以来源于产品的差异化和经营的差异化。产品的差异化即项目的产品与别的产品的不同点，可以是产品质量、功能上的差异，也可以是外观、包装等方面的差异。经营的差异化是指企业在经营上的差异赋予产品的可感知的差异，可以是来自售后服务、品牌塑造、促销等方面的差异，也可以是来自质量稳定、快速供货商的差异。如果公司的产品差异化和经营差异化都不显著，那么这个公司就要去思考如何获取产品竞争力。

**拓展阅读**

### 产品介绍与竞争力分析

对于投资人而言，需要详细了解产品或服务，但并不需要了解产品核心技术，而是要知道产品或服务能否解决消费者的现实生活问题，以及产品最终的商业价值。

**1. 产品介绍**

（1）卖点

卖点是将产品变成价值的关键因素，也是投资人最关心的问题。对产品本身而言，卖点主要来自两个方面：自身特点与营销技巧。从产品本身来说，投资人只想知道产品解决了什么市场问题、如何解决市场问题。创业者不需要详细说明产品的研发技术，只需要让投资人知道产品本身是具有商业价值的就足够了。从营销技巧来说，这是让市场接受产品并愿意消费的推广方式。只有让消费者能够掏钱购买产品，才能实现营收。

（2）需求

创业者首先要明确了解产品的受众群体。除了对产品潜在的消费群有明确的选定之外，还要对产品的目的、销售环节等都给出准确定义。确定目标市场之后，分析消费条件，预测消费者购买数量，再以此得出产品价格，最后计算市场占有率。让投资人清楚地知道产品在市场上的需求量足够大，才能证明未来投资人能得到多少投资回报。

（3）服务

除了产品以外，主营服务的企业也需要针对企业提供的服务有一系列的阐述。创业者需要介绍以下六个方面的内容：提供服务的性质、服务的直接对象、服务的收费情况、申请使用的要求、使用服务的方法、使用服务的条件。

（4）使用

这部分介绍产品如何使用，相当于产品的使用手册或用户指南。这部分的内容是根据产品属性的不同和完成的难易程度而定的。使用方式较为复杂的产品，除了文字说明之外，还可以借由图片帮助投资人更容易理解产品的使用方法。一般情况下，产品介绍需要包括四个方面：特点展示、功能介绍、使用步骤、注意事项。

**2. 竞争力分析**

在让投资人清楚了解了产品之后，投资人还需要知道产品的竞争力在哪里，为什么产品能够在市场上脱颖而出，这也是创业者需要在 BP（商业计划）中详细分析的部分。

（1）开发评价

对产品进行开发评价就是将产品的价值突出表现出来，尤其是产品的需求说明、服务说明和使用说明等方面的特色。通过开发评价，能够体现产品在销售时的状况，给投资人自主分析的空间。开发评价主要包含定位、性能和成本三个阶段。

（2）市场价值

独特的市场价值是让消费者认可的产品价值。在竞争分析中要着重与同类产品进行对比，突出在同类产品中的优点，这往往可以通过市场所欠缺的功能和产品的性价比着手。例如，充电手机壳的诞生就解决了用户需要随身携带一块充电宝的问题，既能保护手机，又能给手机充电，符合用户的需求，这就是产品的独特市场价值。

（3）市场份额

首先，通过市场营销推广等渠道争取市场份额，让投资人相信产品在未来的发展潜力。不同的营销策略有不同的市场份额争取模式。主攻价格策略的企业可以根据市场因素，提出符合产品长期发展的价格定位策略。通过产品的包装、设计等能够给用户带来深刻印象的内容，就是产品策略。其次，促销策略主要是通过活动的形式推出促销的策略和方式，以此吸引消费者购买产品。最后，选择渠道策略，产品的流通渠道有很多种，包括直销、分销、经销、代理等，企业需要选定合适的渠道获取市场份额。

产品的竞争力就是产品能在市场上存活的核心因素。任何产品都存在竞争对手，所以创业者要战胜竞争对手，在市场上脱颖而出，争取足够的市场份额，使产品真正具有商业价值。

（资料来源：作者根据网络资料整理.）

（4）研究与开发过程

产品与服务的研究与开发过程的介绍包括已经投入开发和未来打算开发的产品与服务。投资者需要投资的是能将成果转换为市场产品并能获取利润的创业者，研究与开发的过程可以为他们提供信息。为什么要把未来要开发的产品也写出来？这是因为创业者要做到洞悉市场变化，需要不断对产品进行改进和推陈出新，满足客户需求，这也是后续可持续竞争优势的保证。

（5）自主知识产权和相关许可

上述部分是对产品优势的论证，如何保证这样的优势不会被别人复制？申请专利、版权等自主知识产权。创业者应该强调所拥有的技术壁垒或提供有效的自主知识产权证明自身可以防止别人的盗用和模仿，这些也是产品的竞争优势。此外，要考虑提供的产品或服务是否涉及一些法规要求，是否需要获得某些许可，说明已经提出的许可申请或即将提出的申请，如技术控制协会、邮政服务、卫生部门的许可证，由此来论证产品与服务的可行性。

### 3. 行业与市场分析

行业与市场分析是创业企业生产的外部环境，在整个创业计划中起着举足轻重的作用。如果对市场调研和分析的重视度不够，那么这份计划书会变得很糟糕。市场调研是赢得市场的关键，是为了了解客户的需求。市场调研需要对行业现状、市场环境、消费者、竞争对手、发展趋势等方面进行调研。通过市场调研能够分析消费者对产品的购买意愿、购买原因、购买方式、消费心理和关注点等信息，同时还能够了解行业竞争对手，让企业做好定位，了解自己在行业中的位置，明白企业今后的发展方向。创业者需要投入大量的时间、精力去做市场调研，才能对产品与服务面临的市场做到心中有数，从而制订相应的创业计划并实施创业。

行业与市场分析需要对行业分析、市场细分及定位、市场环境、市场需求及增长趋势、竞争情况及项目的竞争优势等内容进行说明。

（1）行业分析

行业是一个企业群体，在这个企业群体中的成员企业由于其产品在很大程度上的相互替代性而处于一种彼此紧密联系的状态，并且由于产品可替代性的差异而与其他企业群体相区别。

行业分析主要介绍创业项目所属领域的基本情况，以及公司在整个产业中的地位，需要从以下几个方面来把握：根据项目的业务确定属于什么行业，这个行业有什么特征；该行业的现状如何、存在什么问题，处于哪一个阶段，技术成熟度如何，利润率如何；该行业的发展趋势、未来走向如何；国家发展该行业的政策导向是鼓励、支持还是限制，社会文化环境如何，竞争者的现状如何；竞争者、消费者、供应商和销售渠道等。

如果把企业比作一棵树，那么行业环境就是企业的雨露、阳光、养分等。例如，零售行业进入门槛不高，企业竞争激烈，整个行业呈现出经营品种多、周转速度快以及行业毛利率低的特点；制药企业首先要取得政府颁发的生产许可证，行业进入门槛高，再加上药企资金投入大，对高级专门人才的需求大，工艺复杂等，其利润率要高于一般行业。因此，同行间的企业更具有可比性。

行业分析主要是对整个行业进行大致分析，从宏观角度解读这个行业的发展状况。例如，中国移动视频直播市场发展时机成熟，移动直播迎来春天，用户基础迅速扩大，移动端增长迅猛，PC 端优势稳固，平台阶梯性逐步显现。在撰写行业分析的时候，可以使用 PEST 分析法进行行业环境分析。

**拓展阅读**

### PEST 分析法

PEST 是指对宏观环境进行分析，从政治（politics）、经济（economic）、社会（society）、技术（technology）四大类影响企业的主要外部环境因素进行分析，如图 5.3 所示。公司战略的制定离不开宏观环境，而 PEST 分析法能从各个方面比较好地把握宏观环境的现状及变化的趋势，有利于企业对生存发展的机会加以利用，及早发现并避开环境可能带来的威胁。

图 5.3　PEST 分析法

政治环境是指一个国家或地区的政治制度、体制、方针政策、法律法规等方面。这些因素常常影响企业的经营行为，尤其是对企业长期的投资行为有着较大的影响。需要分析的因素包括征税、政府对市场的影响、产业政策、政府扶持、国际贸易现状、货币政策和利率水平、法律许可等。

　　经济环境是指企业在制定战略过程中须考虑的国内外经济条件、宏观经济政策、经济发展水平等多种因素。需要考虑当地、国家和全球的经济因素，如经济周期、就业水平、通货膨胀、利率和汇率、房价与股市经济发展阶段、消费者收支状况和经济发展状况等。

　　社会环境主要是指组织所在社会中成员的民族特征、文化传统、价值观念、宗教信仰、教育水平以及风俗习惯等因素。例如，人口增长速度、年龄结构、人口从农村向城市迁移、社会和文化的转变等。市场由有购买欲望同时又有支付能力的人构成，这类人群的多少会直接影响市场的潜在容量。

　　技术环境是指企业业务所涉及国家和地区的技术水平、技术政策、新产品开发能力以及技术发展的动态等。技术因素需要考虑竞争者的研究及开发支出水平、新的市场、生产方法、新技术的使用率等方面。

（资料来源：作者根据网络资料整理．）

　　（2）市场分析

　　市场分析是对市场供需变化的各种因素及其动态、趋势的分析。分析过程是：搜集有关资料和数据，采用适当的方法，分析、研究、探索市场变化规律，了解消费者对产品品种、规格、质量、性能、价格的意见和要求，了解市场对某种产品的需求量和销售趋势，了解产品的市场占有率和竞争单位的市场占有情况，了解社会商品购买力和社会商品可供量的变化，并从中判明商品供需平衡的不同情况（平衡或供大于需，或需大于供），为企业生产经营决策（合理安排生产、进行市场竞争）和客观管理决策（正确调节市场、平衡产销、发展经济）提供重要依据。

　　市场的核心是"人"，做市场分析的时候要分析市场的刚需，即用户的痛点和真实需求。目标市场分析首先要通过市场细分区别不同的消费者群体，并描述他们的特征；其次，选择目标市场，即评价和细分好的消费者群体，从中选择最有潜力的一个或几个作为核心客户群体；最后，在每一个目标市场，为建立竞争优势进行市场定位，即建立与传播产品或服务的关键特征和利益。

　　1）市场细分。市场细分是指根据消费者的不同需求，把整体市场划分为不同的消费者群体的市场分割过程。可以从地理环境、人口统计、消费心理、消费行为等因素进行细分。地理上针对的是全世界、全中国、西南地区、某个省、某个市还是某个县城的人群？人口方面又可以细分为老、中、青、男、女、高收入、中等收入、教师、学生、公务员、企业等方面来考虑。消费心理因素包括人们的生活方式、社会阶层、个性等方面。消费行为因素包括忠诚度、产品使用率等方面。例如，饿了么的客户群体主要是高校学生、都市白领和宅男宅女，他们对外卖食品的真实情况、优惠信息和派送时间的机动性比较看重。

　　为什么要进行市场细分？因为市场细分可以促进公司了解市场。很多新创企业都会陷入一个误区，认为公司提供了产品或服务，消费者就会来购买。细分市场后，企业会找出自己的目标市场，后期的一系列活动都会针对目标市场进行。

**拓展阅读**

### 消费者购买行为分析

消费者市场涉及的内容千头万绪，应从哪里入手进行分析呢？市场营销学家归纳出以下七个主要问题：

1）市场由谁（who）构成？购买者（occupants）是谁？

2）消费者购买什么（what）？购买对象（objects）是什么？

3）消费者为何购买（why）？购买目的（objectives）是什么？

4）消费者的购买活动有谁（who）参与？购买组织（organizations）是什么？

5）消费者怎样（how）购买？购买方式（operations）是什么？

6）消费者何时（when）购买？购买时间（occasions）是什么？

7）消费者何地（where）购买？购买地点（outlets）是什么？

由于后7个英文单词的开头都是O，所以称为"7O"研究法。

消费者生活在纷繁复杂的社会之中，购买行为受到诸多因素的影响。要透彻地把握消费者购买行为，有效地开展市场营销活动，必须分析影响消费者购买行为的有关因素。

1）文化因素，具体包括文化、亚文化和社会阶层。

2）社会因素，具体包括相关群体、家庭和角色行为。

3）心理因素，具体包括消费者认知过程、消费者的个性、消费者的学习能力以及消费者的态度。

4）个人因素，具体包括经济因素、生理因素和生活方式。

（资料来源：钱峰，郭瑛，2010. 市场营销与产品服务[M]. 北京：中国水利水电出版社.）

2）目标市场。市场经过细分、评估后，可能得出许多可供进军的细分市场，创业者要对各细分市场的吸引力作出评价，并决定向哪个细分市场或哪几个细分市场进军。在评估目标市场的时候，要考虑三个方面的因素，即目标市场的吸引力、市场竞争的结构、企业的战略目标和资源能力。通过分析和评估，企业已对细分市场的潜力、竞争结构及本企业的资源能力有了系统的了解后，可以进行目标市场的选择。选择企业有能力占领和开拓，并且能带来最佳营销机会与最大经济效益的某一个或几个细分市场作为目标市场，充分发挥现有的资源优势。企业在选择目标市场时，可以参考五种市场覆盖模式：市场集中化、产品单一化、市场单一化、有选择的单一化和市场全面化。在选择目标市场的过程中，要考虑企业现有的资源和所处的发展阶段。如果企业拥有雄厚的技术能力和优秀的管理能力，则可以实施差异性市场营销策略，采用产品单一化、市场单一化或有选择的单一化策略。

拓展阅读

## SWOT 分析法

SWOT 分析法是对企业内外部条件各方面内容进行综合和概括，进而分析企业的竞争优势（strengths）、劣势（weaknesses）、机会（opportunities）和威胁（threats）的一种方法，如表 5.5 所示。

表 5.5　SWOT 分析矩阵

| 外部因素 | 内部能力 | |
| --- | --- | --- |
| | 优势 S | 劣势 W |
| 机会 O | SO 组合（利用这些） | WO 组合（改进这些） |
| 威胁 T | ST 组合（监视这些） | WT 组合（消除这些） |

SWOT 分析有以下三个步骤。

（1）分析环境因素

通过各种调查方法和专家团队分析企业所处的各种环境因素，即优势因素、劣势因素、机会因素和威胁因素。

（2）构造 SWOT 矩阵

将列出的各个影响因素根据影响度排序，构造 SWOT 矩阵。将对企业发展有直接、重要、迫切、久远的影响因素优先列出来，而将那些间接、次要、不急、短暂的影响因素排在后面，最后将得出的 SO、WO、ST、WT 策略分别填入对应的表格中。

（3）制订行动计划

对 SO、WO、ST、WT 策略进行分析和选择，确定企业目前应该采取的具体战略和策略。

（资料来源：邓立治，2015. 商业计划书：原理与案例分析[M]. 北京：机械工业出版社.）

3）市场定位。企业确定目标市场后，还要在目标市场上给企业的产品做出具体的市场定位决策，使企业的产品在目标消费者心目中树立一种独特的观念和形象。市场细分和目标市场抉择是寻找"靶子"，而定位就是将"箭"射向"靶子"，即指出企业具体追逐的目标市场。例如，在汽车市场中，宝马公司将市场定位在豪华汽车生产上，雪佛兰的定位则是功能型汽车；在豪华汽车市场中，宝马的定位是运动驾驶，雷克萨斯的定位则偏重豪华性能。

市场定位的目的在于"攻心"，即在消费者心中确立位置。定位的实质就是针对消费者的内心需求，打"攻心战"，让消费者认同和接受产品与服务。在市场定位前要进行详细的市场调查和研究，一是调查消费者对某类产品的各种属性的重视程度；二是调查竞争对手的目前市场位置，做到"知己知彼"。

在撰写市场定位的时候，要找出企业产品与竞争产品的差异性，列出适合产品的营销组合关键因素，针对主要目标市场进行产品定位。不同的目标市场，其产品定位不同。

**拓展阅读**

## 可口可乐的目标市场

风行全球 110 多年的可口可乐公司是全世界最大的饮料公司，也是软饮料销售市场的领袖和先锋。其产品包括世界最畅销五大名牌中的四个（可口可乐、健怡可口可乐、芬达和雪碧）。产品通过全球最大的分销系统，畅销世界超过 200 个国家及地区，每日饮用量达 10 亿杯，占全世界软饮料市场的 48%。

可口可乐的消费者群体主要是学生、白领和层次较高的自由职业者，年龄分布集中在"小于 16 岁"和"16～30 岁"这两个年龄段，是一个年轻、富有激情、热爱运动、追求时尚的群体。

### 1. 市场细分

可口可乐公司根据自身的发展状况，结合不同消费者群体的需求，对不同产品进行了市场细分，针对不同的目标客户进行了不同的产品定位，并制定不同的市场策略，比较典型的如表 5.6 所示。

表 5.6　可口可乐公司产品市场的营销策略

| 产品 | 目标客户 | 产品定位 | 策略 |
|------|----------|----------|------|
| 可口可乐 | 忠实消费者，年龄层有儿童、年轻人、中年人，范围最广 | 活力、怡神、畅快 | 无差别性市场策略，产品满足大众需要，容易保证质量，降低销售成本 |
| 健怡可口可乐 | 崇尚健康、积极向上、追求成功完美的年轻人 | 健康、新潮、高品位 | 差别性市场策略，根据社会发展的特点，开发了健康型新口味 |
| zero 可乐 | 追求健康、美观的成年人 | 健康、美丽 | 差别性市场策略，满足人们的个性化需求 |
| 特殊包装的可乐 | 收藏爱好者 | 怀旧、经典 | 差别性市场策略，为了满足一些收藏者的需要，可口可乐特制了很多怀旧口味、经典系列等 |

### 2. 目标市场

可口可乐能实现长期发展目标有赖于海外市场，产品可以说是遍布全球。从 1979 年进入中国市场以来，它在中国发展的这几十年里，已有超过 9 亿人品尝过可口可乐，剩下的从没有接触过可口可乐的人就成为可口可乐公司发展的目标了。可口可乐一贯采用的是无差异市场涵盖策略，目标客户显得比较广泛。近几年，可口可乐把广告的受众集中到年轻人身上，广告画面以活力充沛、健康的青年形象为主。

### 3. 市场定位

可口可乐综合各层面人士的认定，确定其饮料产品属于清凉型，被誉为"清凉饮料之王"，适销的时间和空间范围很大；更属于兴奋型，适用于各个年龄、职业群体及社会生活各种场合。消费特点初次为冲动性购买，使用后留有好感则习惯性重复购买。餐饮业、娱乐场所、家庭、学校、单位购买受季节性影响较小。

（资料来源：作者根据网络资料整理.）

（3）市场规模及未来变化趋势

在确定目标市场的时候，首先要确保市场足够大到可以维持企业的生存，并且未来的需求必须是增长的。从目前选择的目标市场对未来的市场进行分析和预测，并准备好应对变化的措施。在预测市场的时候可以从现有市场的规模、增长率、市场结构、已发生和正在发生的变化、影响顾客购买的因素、顾客使用的产品正在发生什么变化、顾客的消费习惯等方面进行分析。例如，在分析尿不湿产品的市场变化时，可以从国家三孩生育政策，尿不湿的使用者、购买者、影响者、决策者，国内尿不湿产品市场的格局等方面来考虑。

市场规模分析主要是分析目标产品或行业的整体规模，可能包括目标产品或行业在指定时间内的产量、产值等，具体根据人口数量、人们的需求、年龄分布、地区的贫富调查所得的结果。可以列举一些数据和图表，让创业计划更有竞争力，同时也真实客观，还可以对竞品之间的数据进行分析与对比，从不同阶段获得不同的数据，体现不同的市场态势。

**拓展阅读**

### 抖音的市场发展趋势分析

抖音是字节跳动公司旗下一款可以拍短视频的音乐创意短视频社交软件，上线于2016年9月26日。抖音主要以专业生产内容（professional generated content，PGC）+用户生成内容（user generated content，UGC）为运营模式，依靠互联网信息技术的算法，取得完美的平衡与流量的持续性，在一定程度上提升了用户的参与度，扩大了抖音短视频的影响力。

**1. 用户规模**

抖音的用户集中在一、二线城市年龄小于35岁的年轻人群，35岁以下用户人群占比已超90%，男女性别比例为4:6，女性用户居多。抖音的用户主要分为两类：内容发布者和内容观看者，两种身份有重叠。百度发布的2018内容创作年度报告显示，短视频应用用户规模已经达到5.94亿人，占整体网民规模的74.19%，如图5.4所示。

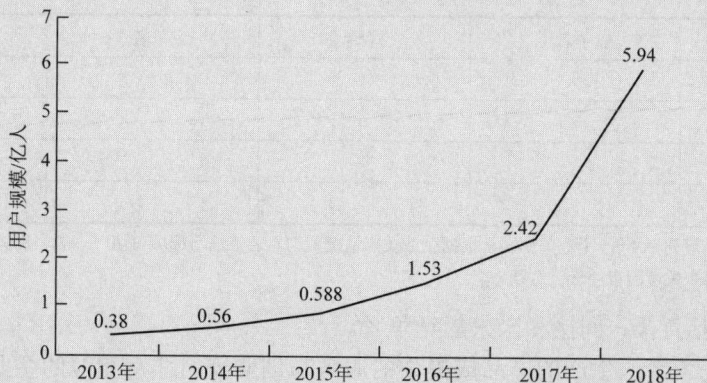

图5.4 2013～2018年中国短视频用户规模统计图

**2. 应用市场反馈**

抖音成立于 2016 年 9 月，经过了半年的产品探索期后，积累了一定数量的优质用户和原创内容，下载量在 2017 年 3 月开始迅速增长，其间因为一些名人效应进入爆发式增长，目前，抖音国际版的下载量已经突破 10 亿。抖音 2019 年 1 月发布的《2018抖音大数据报告》显示，截至 2018 年 12 月，抖音国内日活跃用户数突破 2.5 亿。从搜索榜单和应用榜单看，抖音几乎都排在前列。

**3. 发展趋势分析**

抖音成长到现在，短视频本身的重要性已经降低，而抖音的社区属性逐渐成为吸引用户的主导因素，评论区已经形成一种独特的社区氛围。发展至今，抖音短视频的拍摄手法越来越高，玩法越来越复杂。最初的抖音吸引年轻人是因为其"潮""酷"，而如今，抖音试图让更多的人有表达的机会，就如抖音总经理张楠说的，"抖音会继续潮下去，但更打动我的是抖音上温暖人心的瞬间"。

抖音要维持运营，必然要寻求商业变现，但短视频行业竞争非常激烈，并且短视频营销尚处于起步阶段，商家多数还处于观望状态。另外，广告模式粗糙，内容中夹杂着广告，会极大地影响用户体验。

（资料来源：作者根据网络资料整理。）

（4）竞争者分析

对竞争者进行详细分析，有助于企业了解竞争对手所处的位置，把握获得竞争优势的机会。除非是完全新型的领域或模式，竞争不激烈，否则一般的产品或服务都会在市场分析部分单独列出对竞品做全方位优劣对比的内容。

竞争者分析要阐明的有四点：一是公司的直接竞争对手有哪些，二是竞争对手的发展现状如何，三是公司在各个维度上与竞争对手相比有何优劣势，四是公司的间接竞争对手和潜在竞争对手又是谁。竞争者分析方格（表 5.7）是整理和展示企业竞争者信息的得力工具。

表 5.7　竞争者分析方格

| 名称 | 竞争者 1 | 竞争者 2 | 竞争者 3 | 竞争者 4 |
|---|---|---|---|---|
| 关键因素 1 | | | | |
| 关键因素 2 | | | | |
| 关键因素 3 | | | | |
| …… | | | | |

注：竞争对手一般列举 4～5 个，关键因素根据企业实际情况罗列。表格填写选项可填"一般、优势、劣势"，表示你与竞争对手相比，每个关键因素处于什么状态。

竞争者包括直接、间接和未来的竞争者。

1）直接竞争者：生产的产品或提供的服务与创业公司非常相似的企业。直接竞争者非常重要，因为与创业公司争夺的是同一个客户群体。

2）间接竞争者：生产的产品或提供的服务与创业公司接近的企业。间接竞争对手也很重要，因为他们的产品可能成为创业产品的替代品。例如，可口可乐的间接竞争对手包括咖啡、牛奶、豆浆、茶和水等。

3）未来竞争者：市场上会有一些潜在的竞争对手，目前虽然不是创业公司直接或间接对手，但他们随时可能进入创业公司竞争者行列。

波特五力竞争模型（图5.5）是行业内部竞争状况分析最有力的工具，很多创业者都会使用波特五力竞争模型来做竞争者分析。这个模型从现有企业间竞争者、潜在进入者、供应商、购买者和替代品五个方面来进行竞争分析。

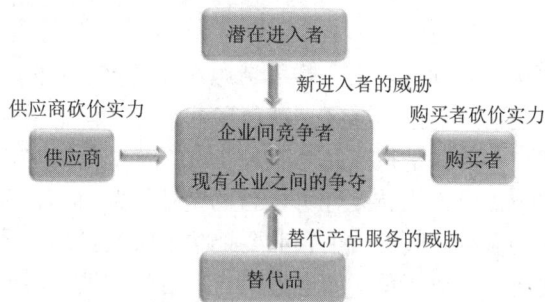

图5.5　波特五力竞争模型

**拓展阅读**

## 波特五力竞争模型

波特五力竞争模型一般用于电商产品的竞争分析，更加契合交易的流程，从以下五个维度可进行比较全面的分析。

**1. 供应商**

供应商是指上游的供货商，可以理解为电商平台的商家，产品的产业链上游。例如，创业者要从淘宝买床单，先分析供应商有哪些床单厂，经营情况如何，亏损还是盈利，商业模式是什么，一套床单的成本是多少，利润大概是多少。

**2. 购买者**

购买者是指一般用户，即在电商平台上买东西的用户。例如，购买床单的一般是家庭妇女，要分析她们有什么样的需求，比较看重价格还是质量，愿意付出多少时间与金钱等。

**3. 潜在进入者**

潜在进入者是指想进入这个行业但还未进入的企业。例如，一旦一款游戏火了，腾讯就想要进入这个市场分一杯羹，那么腾讯就是潜在进入者，所以需要对腾讯的情况进行分析，并对它进入市场后的结果进行预测，估计它能抢占多少市场份额等。

**4. 替代品**

替代品是指可以替代创业者的商户。例如，天猫、京东等线上商城能否完全替代家乐福，有没有自己的核心竞争力。

**5. 企业间竞争者**

企业间竞争就是产品的竞品。例如，淘宝和京东、探探和陌陌，都是互为竞品，若要在竞争中获胜，以探探和陌陌为例，就要研究探探和陌陌在功能和用户上有多少差距，未来朝哪个方向发展等。

（资料来源：作者根据网络资料整理.）

**4. 营销策略**

分析了产品和市场后，创业者下一步要考虑产品的推广，制订市场营销计划。

在撰写营销策略之前，要先学会区分销售和营销。销售是企业以自有产品与服务为基础来吸引和寻找客户，目的是把产品与服务卖好。营销是以客户需求为导向，并把如何有效创造和满足客户需求作为首要任务，目的是让产品好卖。营销是一种战略思考，注重建立能持续销售的系统。假设一个企业要把暖手宝卖给坦桑尼亚人，从销售角度来说，企业采用销售技巧让客户买单，如电话销售、上门推销，甚至用一些更为激进的手段，即便如此还是卖不出去；从营销角度来说，企业在做这件事之前，需要先对坦桑尼亚市场做一个调查，就会发现坦桑尼亚全年的最低气温都要高于25℃，暖手宝市场需求极低，所以坦桑尼亚不属于目标市场，不应该把暖手宝卖给坦桑尼亚人。销售是将产品和服务快速卖出去，收回成本，获取利润。营销需要站在更高的角度进行系统的分析并做出决策，符合消费者的需求，从而让消费者深刻了解该产品进而购买该产品。发传单、打广告等用来辅助销售的活动不算是营销，只能算是销售活动。简单来说，营销的目的是"让产品好卖"，要保障产品投资的成功。

营销策略是指企业为销售其产品和服务所采用的总体方法，它为营销的相关活动打下基础。制定营销策略需要从市场调研、市场推广、品牌策划、销售和客户服务等方面考虑，在计划书中应对产品、价格、渠道和促销四个方面进行描述。

（1）市场调研

市场调研需要调查现有市场的购买需求和趋势。购买需求包括购买力、需求量和需求的影响因素。例如，小李想经营一家小超市，他应当去调查附近居民对小超市的需求程度、居民的购物倾向、需求量、附近有几家超市、小超市的市场占有率、认同程度等情况。

市场调研就是运用科学的方法，有目的、有计划、系统地收集、整理和分析研究有关市场营销方面的信息，提出解决问题的建议，供营销管理人员了解营销环境，发现机会和问题。有效的市场调研必须是有针对性的、有计划的、科学的和能解决问题的。调研的首要任务是确定调查对象和调查方法，要选择具有代表性的调查对象，根据企业当前的人力、物力和财力策划调查样本的数量，根据实际情况，考虑采用普查、典型调查或是抽样调查。

（2）产品策略

产品策略的内容包括产品定位与组合策略、产品差异化策略、新产品开发策略、产品的生命周期运用策略及品牌策略等。

1）产品定位与组合策略。首先，要明确企业能提供什么样的产品和服务去满足消费者的要求。一家公司不应该长期只生产一种产品与服务还应同时生产经营多种产品。产品组合是销售者售予购买者的一组产品，包括所有产品线和产品项目。例如，宝洁公司生产清洁剂、牙膏、肥皂、纸尿布及纸巾，有五条产品线；宝洁的牙膏产品线下的产品项目有3种，佳洁士牙膏是其中一种，而佳洁士牙膏又有三种规格和两种配方。

2）产品差异化策略。寻找差异，把细分作为营销活动的基础。伴随着技术革新和人们对于营销理论研究的不断深入，实现差异的空间范围变得异常，甚至超越了细分的范畴，差异化营销已成为现代化营销战略中的一种。产品差异化的体现方式有很多，可以是用户、服务内容、价值观等。例如，与微信相比较，陌陌除了有头像、昵称外，还有用户角色、年龄性别标签、个性签名、在线状态等参数，而且其成员列表具有微信没有的排序功能。又如，在诺基亚引领的功能机时代，手机行业的金科玉律是"续航时间长、不易损坏的手机是好手机"，但苹果手机却把功能机厂商最引以为豪的优点去掉了——苹果手机不仅续航能力差，而且因为屏幕大也不抗摔，导致了其他功能性厂商对它的轻视，结果苹果手机却凭借简洁且漂亮的iOS主题、流畅的触屏操作等优点大卖。

3）新产品开发策略。市场营销意义上的新产品含义很广，除因科学技术在某一领域的重大发现所产生的新产品外，还包括：在生产销售方面，在功能和形态上发生改变，与原来的产品产生差异的产品，甚至是从原有市场进入新的市场产品；在消费者方面，能进入市场给消费者提供新的利益或新的效用而被消费者认可的产品。创业计划需要展现3~5年公司运营状况，如果5年内只经营一种产品会让投资者觉得风险太大，还会让人觉得这个公司的创新力不足。因此，在产品策略部分，对新产品的开发是很有必要的。

4）产品的生命周期运用策略。产品的生命周期指的是产品从投入市场到最终退出市场的全过程。该过程一般经历产品的导入期、成长期、成熟期和衰退期四个阶段。在导入期，也称为启动阶段，产品需要迅速从理论变为实际，寻求天使客户①进行快速验证。在成长期，可以利用前期的天使用户进行推广，扩大产品影响力，加强运营团队和自媒体建设，做好数据分析，围绕用户和数据进行产品迭代，采取各种激励手段将流量化为客户。在成熟期，企业需要维系好老客户，继续做好数据分析和产品迭代，进一步提高营收能力。在衰退期，企业要考虑的是如何接触那些流失的客户并将他们拉回来，以及思考机会的创新和项目的转型。

5）品牌策略。品牌策略的核心在于品牌的维护与传播。如何把品牌做到消费者心坎里去，是品牌策略中最重要的一个环节。企业可以创造一个品牌、联合一个品牌、合作或租借一个品牌。例如，华为创造荣耀品牌，海尔推出高端家电品牌卡萨帝；TCL通过合作取得了黑莓手机、Palm掌上电脑和阿尔卡特手机品牌的一定年限的使用权；索尼、爱立信就是品牌联合的产物。一个品牌必须在消费者心中代表某种价值，而且这个价值是独特的，融合功能、情感和精神，所以创业者必须去用心提炼。

---

① 天使客户是指那些愿意尝试早期产品，有购买愿望和推广热情的客户。

此外，产品包装对产品的销售也很重要，同一家企业的产品要用同样的图案、同样的风格；注意等级包装，高档优质产品用优质包装；必要的时候可以选择变换包装，如不同的促销活动可以使用不同的包装。

**拓展阅读**

### 欧乐 B 的产品营销策略

欧乐 B（Oral-B）是全球知名的电动牙刷领导品牌，以科技引领质量生活为理念，旨在为消费者提供高质量的刷牙体验和专业口腔护理服务。为此，欧乐 B 在完善产品功能，提升顾客产品满意度的同时，加大品牌影响力，以此来开拓欧乐电动牙刷市场。以下围绕产品组合优化及新产品开发两个方面进行阐述。

（1）产品组合优化

1）针对不同年龄段的消费者进行产品细分：欧乐 B 电动牙刷类型包括儿童型和成人型，在这些不同类型的电动牙刷中整合，推出系列产品。

2）推出产品组合优化装，提供套装产品销售服务。家庭装针对家庭用户，提供标准型的产品套装；情侣装针对情侣关系用户，提出"关爱口腔，关爱你我"理念，推出配套专业护理产品；礼品装是为重大节日提供的特别产品组合，并辅以一定价格优惠以及附加礼品（如漱口水、牙线等）策略；针对高消费需求的顾客，在产品优化基础上，推出限量版至尊洁净电动牙刷系类组合，满足他们对于差异性产品的需求。

（2）新产品开发

针对电动牙刷的不同系类，提出"1+X"配合产品开发新思路，在原有的电动牙刷产品上，以注重用户体验为导向，侧重配合使用产品的长期发展性，生产新产品，如电动牙刷专业健齿牙膏、电动牙刷辅助漱口水、电动牙刷护理工具等。

（资料来源：作者根据网络资料整理.）

（3）价格策略

定价是否得当直接关系企业的销售额和利润率。如何制定合理的价格，既能被顾客所接受，又能带来更多利润，这是市场营销策略的重要环节。价格决定公司的利润多少，合理的定价非常重要。价格一旦确定，提价就很难了，哪怕是产品成本增加了。

产品定价一般包括成本定价法和价值定价法。成本定价法是在产品成本的基础上加上一定的百分比来确定产品价格。价值定价法是在顾客愿意支付价格的基础上扣除一部分作为缓冲。成本定价法仅基于企业自身来确定定价，而不考虑市场对产品或服务的估价，消费者被动接受价格，而且提价困难。价值定价法建立在顾客对产品的认知价值基础上，企业可以通过在营销计划中的市场定位、品牌、促销等因素来影响消费者的认知价值。

在市场环境中，新创企业一般都存在竞争对手，创业者可以依照三个步骤来综合进行定价。第一步，产品成本分析，确定生产的成本、营业费用、管理费用、财务费用和研发费用，通过各项费用相加得到产品的成本。第二步，分析竞争对手的情况，考察别人怎么定价怎么卖，可以通过考察各主要竞争对手在低档、中档及高档产品上的定价区间，然后加以加权平均计算出行业的产品平均价格，再结合自己的经营和销售目标确定产品价格。第三步，消费者分析，通过实地访问、现场调查了解消费者所认可的合理价格加以定价。注意，"一分钱一分货"，为区分产品档次，产品的价格也不可定得过低。通过综合产品成本分析、竞争对手情况分析和消费者分析三种方法，得出各个方法计算下的价格区间，进而采用各区间的合理交集作为最终产品的价格。

在定价的时候，不要尝试用低价去换取市场份额，这种做法只会赢得销量而不会赢得利润，而且后期提价会困难重重。

**拓展阅读**

### PAF 定价策略

Prime Adult Fitness（PAF）是一家为 50 岁及 50 岁以上人群服务的健身中心。该中心规模相当于一般的 Bally 健身中心或 Gold's 健身房的 2/3 规模。该中心特色之一是健身器材、课程和训练都专门针对客户设计；特色之二是提供按摩和理疗服务。

PAF 采用价值定价法（与成本定价法相对），初始入会费和月会员费的定价基于以下两个标准：

① 经营区域内直接竞争对手目前的定价。

② 目标顾客对其服务的认知价值。

PAF 价格与直接竞争对手和全美平均价格的比较如表 5.8 所示。

表 5.8 PAF 价格与直接竞争对手和全美平均价格的比较

单位：美元

| 收费项目 | PAF | 经营范围内直接竞争对手 | 全美平均价格 |
|---|---|---|---|
| 初始会员费 | 单人：150 | 单人：145 | 单人：150 |
| | 夫妻：150 | 夫妻：165 | 夫妻：199 |
| | 家庭：- | 家庭：165 | 家庭：199 |
| 月会员费 | 单人：70 | 单人：72.50 | 单人：55 |
| | 夫妻：92.50 | 夫妻：87.50 | 夫妻：89 |
| | 家庭：- | 家庭：87.50 | 家庭：89 |

这个价格安排经过 3 个焦点小组的审查，没有发现严重的反对提议。

（资料来源：布鲁斯 R.巴林杰，2016.创业计划书 从创意到方案[M]. 陈忠卫，等译. 北京：机械工业出版社.）

（4）渠道策略

渠道包含企业的产品从产出地到达消费者手中这个过程所经历的所有活动。选择渠道的关键，首先是要正确思量目标顾客通常在哪里购物消费，然后选择最经济最有效的办法使你的产品在这些地方占有一席之地。分销渠道的设计要考虑顾客、企业、产品、竞争、环境和中间商等特性，具体影响因素如表 5.9 所示。营销渠道策略是整个营销系统的重要组成部分，是规划的重中之重。它对降低企业成本和提高企业竞争力具有重要意义。

表 5.9　分销渠道设计关键因素特性

| 关键特性 | 具体影响因素 |
| --- | --- |
| 顾客因素 | 顾客人数、地理分布、购买频率、平均购买数量、对不同营销方式的敏感性 |
| 企业因素 | 总体规模、财务能力、产品组合、渠道经验、营销政策 |
| 产品因素 | 易腐烂的、体积大的、非标准化专业性产品、一般直接渠道 |
| 竞争因素 | 竞争对手的分销渠道 |
| 环境因素 | 经济形势 |
| 中间商因素 | 中间商在物流配送、宣传促销、信用条件、退货特权、人员训练和送货频率等方面的特点 |

　　营销渠道包括直销渠道和分销渠道。直销指厂家直接销售商品和服务，直销者绕过传统批发商或零售渠道，直接从顾客那里接收订单。分销渠道的参与者主要包括生产者、批发商、代理商和零售商，可能还需要支持分销系统正常运转的物流公司、仓储、人才供给机构、金融公司、广告商和一些市场调研机构。例如，从事直销或进行网络销售，就必须考虑清楚是否计划开列库存产品清单，是由自己独立完成订单业务，还是交给其他物流公司来传递服务。如果打算使用中间商销售产品，就要简要说明如何选择中间商，以及中间商与各销售网点如何接触。例如，瑞典家具公司宜家在世界各地自设卖场，专卖宜家自行设计生产的产品，直接面向消费者，控制产品的终端销售渠道，成功地使 IKEA 卖场成了一种生活方式的象征。

　　在撰写创业计划书时，渠道策略部分需要明确企业的分销渠道是另辟蹊径还是与他人合作，是多渠道销售还是直销形式。撰写创业计划书的关键是要做好销售设计方案，包括具体的销售策略、销售中可能遇到的难题的化解方式、营销队伍的建设与管理、不同阶段的销售目标和方向等。

**拓展阅读**

### 华为的营销渠道

　　由于华为产品类型众多，因此在渠道宽度上采用了分销渠道，能够实现点、线、面的全覆盖，快速拓展市场，增加销售，较强地控制好渠道，能够加强同经销商的沟通、管理，并提高经销商的销售水平。同时，华为采取了线上线下相结合的销售模式，主要以线下渠道为主，包括运营商渠道和核心零售渠道。

　　在发达国家和地区的市场，华为坚持以直销模式为主，把华为的营销网络与客户接触面扩大。利用直销网络提高市场反应速度和质量，把客户的有指导性、建设性的需求高效地吸收反馈到研发和服务体系中。

　　在发展中国家和地区的市场，华为在"营销网络铺开"方面不断加大投入力度。一方面适当增设分支机构，加大营销人员深入一线的工作比重；另一方面建立代理和分销渠道建设方法和体系。这两个方面工作的加强提高了市场关系的覆盖面，把市场的触角延伸到用户的第一线。

在欠发达国家的市场，华为建立有影响力的渠道关系，并合理控制直销分支机构建设规模和成本，完成在产品市场布局上的工作，等待市场的发展。

（资料来源：作者根据网络资料整理.）

（5）促销策略

促销是企业综合运用人员推销、广告、营业推广和公共关系等手段，引发、刺激消费者的购买欲望和兴趣，从而产生购买行为的一系列活动。根据促销手段的出发点与作用的不同，可分为两种促销策略：推式策略和拉式策略。推式策略是以直接的方式，运用人员推销手段，把产品推向销售渠道，这种方式适用于企业规模小、资金不足、市场较为集中、分销渠道短、销售队伍大、产品价值高的情况。拉式策略采用间接的方式，通过广告、公共宣传等措施吸引消费者主动购买产品，这种方式适用市场广大、产品多属便利品、快速宣传、需求呈有利趋势、产品性能独特、能引起消费者共鸣的情况。

新创企业成立之初，急需依靠促销来打开产品市场，促销活动可以是折扣、刮奖、广告、展示会和社交媒体宣传等。无论采用哪种形式的促销活动，都需要在计划书中进行描述。

**拓展阅读**

### 小米手机市场营销策略

**1. 产品策略**

1）产品定位：小米手机的产品理念是"为发烧而生"，目标人群是"手机发烧友"，产品推广初期有助于通过发烧友提高品牌的知名度，从而扩大影响。采用"发烧"用户参与模式，通过论坛等直观交流方式收集用户的建议，可以更多地了解消费者的需求和喜好，驱动小米成为最令用户满意的手机。

硬件配置超越同价位其他品牌手机的配置，所以高配低价、高性价比，成为小米手机的卖点与亮点。

2）产品外包装：简约环保，符合小米的特点，可承受重压，抗摔。

**2. 价格策略**

1）竞争导向定价法：高配与软硬一体，以及手机配件及免费软件比市场上同配置产品价位低，同时又保证质量，具有价格优势。

2）心理定价策略：尾数定价法，如1 999元。

3）小米手机战略优势：最低廉的高端智能手机。

**3. 渠道策略**

1）在线销售：采用网络直销的线上销售渠道。以网络为载体进行B2C电子商务销售方式。开设小米官网为企业提供销售渠道，同时具有调查、服务、咨询一体的特点。网络直销可以节约成本，杜绝假冒产品，同时扩大品牌影响力。

2）物流：小米的配送业务，采用凡客的物流配送体系。

3）网站服务优势：小米公司建立了自己的官方网站，包括帮助中心、服务支持、小米之家等体系。

4）合作营销：与中国联通、中国移动、中国电信达成协议，出售合约机，预存话费送手机和购机入网送话费。与各大运营商的合作，增加了新的销售渠道和销售量，扩大产品的影响力。

**4. 促销策略**

1）电视广告：2014年春节联欢晚会，投放1分钟"我们的时代"广告。

2）微博：定期开展微博抽奖活动，吸引消费者眼球。

3）论坛：通过小米社区和论坛将"米粉"进行整合，交流小米手机使用心得，发布各类小米手机的信息；举办各类活动，提升用户的"黏性"，培养大批的小米手机忠实粉。

4）降价：老产品为新产品铺路。

5）高调的发布会：采用苹果公司的策略，为产品发布召开声势浩大的发布会，吸引媒体关注，为产品上市打下良好的基础。

6）事件营销："我是手机控""小米手机青春版""工程机先发"等。

7）饥饿营销：限量抢购，影响消费者的心理，越来越多的人愿意去"抢"手机。

8）电子邮件营销：建立完善的客户系统，每隔一段时间向用户发送新闻邮件，通过一些实际利益让用户把邮件转发给好友。只要满足某些条件，该用户就能获得小米公司提供的奖品或一些其他东西。

（资料来源：作者根据网络资料整理.）

**5. 财务计划**

好的财务计划可以帮助企业降低经营风险，提高企业的评估价值，提高企业获得资金的可能性。如果说整份创业计划书是创业者在筹资过程中所做事情的整体概括，那么财务计划就是创业计划的臂膀，为创业计划书提供有力的支撑。绝大部分的企业创业失败是因为资金断流，一份好的财务计划可以帮助企业降低经营风险。如果财务计划准备得不好，会给风险投资者留下创业者缺乏经验的印象，可能会降低风投对创业公司的估值。创业团队至少要有一个熟悉财务的成员，可以避免财务报表漏洞百出。

如同第3章所说，创办和经营企业需要物质资源、人力资源、社会资源和技术资源等不同资源，创业者需要进行资源需求分析，列出所需的流动资产和非流动资产，计算购置资产所需支付的资金。财务计划需要花费较多的精力来做具体分析，在写创业计划书的时候，一般需要介绍企业的历史经营状况数据和未来财务整体规划。

（1）历史经营状况数据

历史经营状况数据针对的是既有企业，初创公司不需要、也没有这部分数据。企业在过去几年的经营状况是未来发展的重要参考，投资者会以此作为抉择的重要依据。在这一部分，创业者需要提供过去3年的现金流量表、资产负债表和损益表。现金流量表（表5.10）用来反映企业在一定期间现金及现金等价物的流入和流出情况，现金流包括经营活动现金流、投资活动现金流和筹资活动现金流。现金等价物一般指企业持有的期限短、流动性强、易于转换为已知金额现金的投资。资产负债表（表 5.11）用来反映企业在特定日期所拥有或控制的经济资源、承担的现时义务和所有者对企业净资产的要求权，主要由资产、负债和所有者权益构成。损益表（表 5.12）也称预计利润表，反映企业在一定期间的盈利状况，主要提供企业相关经营成果方面的信息。

**表 5.10　现金流量表**

| 项目 | 第一年 | 第二年 | 第三年 |
|---|---|---|---|
| 一、经营活动产生的现金流量： | | | |
| 　销售商品、提供劳务收到的现金 | | | |
| 　收到的税费返还 | | | |
| 　收到的其他与经营活动有关的现金 | | | |
| 　　经营活动现金流入小计 | | | |
| 　购买商品、接受劳务支付的现金 | | | |
| 　支付给职工的现金 | | | |
| 　支付的各项税费 | | | |
| 　支付的其他与经营活动有关的现金 | | | |
| 　　经营活动现金流出小计 | | | |
| 　经营活动产生的现金流量净额 | | | |
| 二、投资活动产生的现金流量： | | | |
| 　收回投资所收到的现金 | | | |
| 　取得投资收益所收到的现金 | | | |
| 　处置固定资产、无形资产、其他长期投资回收现金净额 | | | |
| 　收到其他与投资活动有关的现金 | | | |
| 　　投资活动现金流入小计 | | | |
| 　购建固定资产、无形资产和其他长期资产所支付的现金 | | | |
| 　投资所支付的现金 | | | |
| 　支付的其他与投资活动有关的现金 | | | |
| 　　投资活动现金流出小计 | | | |
| 　投资活动产生的现金流量净额 | | | |
| 三、筹资活动产生的现金流量： | | | |
| 　吸收投资所收到的现金 | | | |
| 　借款所收到的现金 | | | |
| 　收到的其他与筹资活动有关的现金 | | | |
| 　　筹资活动现金流入小计 | | | |
| 　偿还债务所支付的现金 | | | |
| 　分配股利、利润或偿还利息所支付的现金 | | | |
| 　支付的其他与筹资活动有关的现金 | | | |
| 　　筹资活动现金流出小计 | | | |

| 项目 | 第一年 | 第二年 | 第三年 |
|---|---|---|---|
| 筹资活动产生的现金流量净额 | | | |
| 四、汇率变动及现金等价物的净增加额 | | | |
| 五、现金及现金等价物的净增加额 | | | |

表 5.11　资产负债表

| 资产 | 期末余额 | 负债及所有者权益 | 期末余额 |
|---|---|---|---|
| 流动资产： | | 流动负债： | |
| 　货币资金 | | 　短期借款 | |
| 　交易性金融资产 | | 　应付票据 | |
| 　应收票据 | | 　应付账款 | |
| 　应收账款 | | 　应交税费 | |
| 　预付款项 | | 　　流动负债合计 | |
| 　应收利息 | | 非流动负债： | |
| 　应收股利 | | 　长期借款 | |
| 　其他应收款 | | 　其他非流动负债 | |
| 　存货 | | 　　非流动负债合计 | |
| 　　流动资产合计 | | 所有者权益： | |
| 非流动资产： | | 　实收资本 | |
| 　固定资产 | | 　资本公积 | |
| 　无形资产 | | 　盈余公积 | |
| 　其他非流动资产 | | 　未分配利润 | |
| 　　非流动资产合计 | | 　　所有者权益合计 | |
| 　资产总计 | | 　负债和所有者权益总计 | |

表 5.12　损益表

| 项目 | 第一年 | 第二年 | 第三年 |
|---|---|---|---|
| 一、营业收入 | | | |
| 　减：营业成本 | | | |
| 　　营业税金及附加 | | | |
| 　　销售费用 | | | |
| 　　管理费用 | | | |
| 　　财务费用 | | | |
| 　　资产减值损失 | | | |
| 　加：公允价值变动收益 | | | |
| 　　投资收益 | | | |
| 　　其中：对联营企业和合营企业的投资收益 | | | |
| 二、营业利润 | | | |
| 　加：营业外收入 | | | |
| 　减：营业外支出 | | | |

续表

| 项目 | 第一年 | 第二年 | 第三年 |
|---|---|---|---|
| 其中：非流动资产处置损失 | | | |
| 三、利润总额 | | | |
| 减：所得税费用 | | | |
| 四、净利润 | | | |

（2）未来财务整体规划

创业计划书中，需要对未来的财务进行预测，这部分的数据要以财务报表的形式进行展示，对未来3~5年的财务情况进行预测。预测的财务报表包括预计现金流量表、预计资产负债表和预计损益表，如表5.10~表5.12所示。通常，首先进行预计损益表的编制，其次是预计资产负债表和预计现金流量表。

此外，投资者可能会关心一些具体的财务数据，如销售收入、销售成本、管理费用、销售费用、资金支付、债务利率、收入税率、存货周转和资产利用率等。对财务情况进行预测之后，还需要分析企业的盈亏平衡点、资金来源和使用等。

要写好财务计划，就必须事先明确以下几个问题：单件产品的生产成本是多少？以什么价格来销售？利润是多少？产品的预计销量如何？雇佣哪些人生产、加工、销售产品？工资预算是多少？创业的启动资金是多少？如果有融资需要，还需要在财务计划部分对需要的融资数额进行说明，如希望获得多少投资？投资者可以获得什么回报？

### 案例评析

#### "译起玩"财务分析

通过对"译起玩"平台的成本支出和收入利润进行财务预估分析得出，平台将在上线运营6个月后达到收支平衡。

**1. 成本核算费用表**

成本核算费用表如表5.13所示。

**表5.13 成本核算费用表**

单位：万元

| 费用 | 第一年 | 第二年 | 第三年 | 第四年 | 第五年 |
|---|---|---|---|---|---|
| 营业费用 | 45 | 40 | 40 | 40 | 55 |
| 管理费用 | 20 | 25 | 30 | 35 | 45 |
| 财务费用 | 15 | 20 | 25 | 30 | 40 |
| 合计 | 80 | 85 | 95 | 105 | 140 |

注：此数据皆为预算，最终以实际运营过程中所需金额为准。

**2. 期间费用预算**

可将资金的31%投入课程建设费，20%投入水电及资金流转，18%投入技术研发，17%投入宣传推广及商城进货，14%作为员工工资发放。

### 3. 期间利润预算表

期间利润预算表如表 5.14 所示。

表 5.14 期间利润预算表

单位：万元

| 业务模块盈利 | 第一年 | 第二年 | 第三年 | 第四年 | 第五年 |
| --- | --- | --- | --- | --- | --- |
| 线上翻译学习盈利 | 50 | 55 | 70 | 65 | 70 |
| 线下翻译学习盈利 | 35 | 30 | 30 | 50 | 50 |
| 附加业务盈利 | 15 | 20 | 15 | 30 | 65 |
| 合计 | 100 | 105 | 115 | 145 | 185 |

注：此数据皆为预算，最终以实际运营过程中所需金额为准。

### 4. 投资说明

公司计划注册资金 80 万元人民币，公司初步预计引入外部投资 20 万元人民币，出让 25% 的股权。预期股份分配占比可依据企业自身实际情况进行调整。

### 5. 融资方案（风投、银行贷款）

项目投融资一般有两种情况。一种是只投入资金，不参与项目运作。此种投融资方案比较简单，主要是考虑各投资方的投资比例，按照项目实现的经济效益，按股份提成。其中参与项目运营的一方，应该根据协商，获得相应的项目运营报酬。另一种是各融资方，不但投入资金并且投入精力，参与项目运营。这种投融资方案较为复杂，在考虑各投资方的投资比例的同时，要建立起独立的项目营运机构，各投资方分配运营责任，参与管理。因此，在制订投融资方案时，应根据方式的不同，制订相应的投融资协议。企业在制订投融资协议时，应注意以下几点。

1）初创公司投资人不宜过多，主要是因为投资人过多使股权结构复杂化，不利于以后投资者投资。

2）投资人股份之和应该小于创始人的股份。

3）应该有一个主导的投资人，即比其他投资人股份多。

### 6. 其他资金来源

1）学校对项目研发的资金支持（项目已推送省级重点科研项目）。

2）大学生创业贷款。

3）外资外商直接投资。

4）其他。

### 7. 投资回报

根据对未来几年公司经营状况的预测，公司能保持相对较高的利润增长。为满足企业所有者的分配需求，给予潜在投资者信心，公司拟从净利润中提取合理比例的资金作为公司所有者第一次现金股利回报。但考虑实际情况和公司的发展需求，在实际操作中，第一年不会给予任何形式的分红，从第二年以后，每年按照公司净利润的 25% 左右的标准进行分红。

### 8. 退出机制

目前，国际上风险资金退出的方式主要有三种：首次公开发行（IPO）、收购、注销。

其中，采用 IPO 方式的企业通常要有健全的资本市场的支持；而注销则意味着风险企业的失败。因此，结合公司的经营目标，以及中国资本市场的现状，我们决定采用由管理者自身收购或者由风险投资者继续持股成为战略投资者的方式。我们有信心使第二种方式成为风险投资者的首选，但如果选择第一种方式，我们将在第三年实现风险资金的完全退出。

（资料来源：作者根据 2018 年第四届云南省"互联网+"大学生创新创业大赛资料整理.）

**评析：** "译起玩"属创意项目，没有历史经营数据，仅需分析未来的财务规划。他们虽然对未来 5 年的财务进行了大体规划，但缺少预测的财务报表，包括预计损益表、预计资产负债表和预计现金流量表，导致财务数据的可信度降低，另外，融资方案写得太简单，没有结合项目提出自己的融资方案，更像是融资方案的指导意见。

### 6. 团队介绍

在投资界，有这样一种说法，"宁可投资一流团队，二流项目；也不投一流项目，二流团队"。在所有的创业资源中，人是最宝贵的资源，只要团队好，模式、市场和利润都是可以创造的。很多投资者和评委经常会在看了摘要之后直接阅读创业团队介绍，以此来评估企业创办者的实力。而且，在相互竞争的创业计划书中能够胜出获得投资的，往往也是有好的管理团队的而不是有好的创意或者市场计划的。因此，团队介绍的描述在创业计划书中具有举足轻重的地位。这部分的内容包括管理团队和企业结构两个部分。

（1）管理团队

新企业的管理团队一般由创业者和几个关键的管理人员构成。在创业计划书中，要从企业的创始人开始，简要介绍团队每个成员的履历，包括姓名、岗位、职务和责任、以前的工作和相关经历、以前的业绩、教育背景等。履历描述要尽可能简洁，要说明这样做人事安排的理由（为什么安排他担任这个职务而不是别人）。履历介绍完之后，要介绍公司股权的分配，可以使用表格的形式对股权进行描述。但在设计股权结构的时候要注意，要考虑企业未来发展对人才的需求，留出一定的股权比例给以后要引进的关键人才。

**拓展阅读**

**管理团队需避免的常见错误**

在组建初期管理团队和撰写创业计划书的这部分内容时，有一些常见错误需要避免。这些错误发出了一些危险信号并损害了创业计划书的可信度。

1）将不称职的朋友或家人安排到重要的管理岗位。

2）将你在其他行业的成功自动地转移到新行业。

3）提出一种"由一个人组成的团队"哲学，意味着一个人（或者一组人）大包大揽，而没有计划地支撑一个团队。

4）雇用高级经理人员却不分享企业所有权。

5）没有披露管理团队技能或能力空缺。

6）填补已经披露或明显存在的技能或能力空缺的计划模糊不清。

不管你的管理团队和创业计划中出现这些错误中的哪一个，你都应该检查是否应该修改或纠正。

（资料来源：布鲁斯 R.巴林杰，2016. 创业计划书　从创意到方案[M]，陈忠卫，等译. 北京：机械工业出版社.）

（2）企业结构

企业结构部分要集中讨论公司将如何组织。即使公司目前的规模很小，也应该说明当前要如何组织，当公司规模成长后又该如何组织。在阐述企业结构的时候，可以以图形的方式来描述公司组织机构、内部的权利与责任。组织结构图就是一种有效的企业结构说明方式。如果不能绘制组织结构图，那就要提供企业重要组织机构的文字叙述，但要注意精简文字，不要用过多篇幅来描述企业结构，并注意分清主次。

为做好科学管理，创业者需要了解企业各部门及其职责分工，提高企业内部工作效率。在公司的运行过程中，可能会设立行政部、人事部、财务部、企划部、市场部、技术部和产品开发部等部门。不同的部门承担着不同的工作职责，如企划部负责制定公司长远发展战略、经营规划等工作，产品开发部负责产品设计、试制、编制技术规范等工作。

此外，如果企业有可以进行经营管理咨询的相关专家，可以建立一个顾问委员会，同时，在创业计划书中对每个顾问委员进行介绍。如果还有其他专业人士为企业提供服务或帮助，也应在计划书中对其进行介绍。

## 案例评析

### "译起玩"项目团队介绍

**1. 团队简介示例**

| 照片 1 | 姓名 1 | 职务 1 | 个人简介 1 |
| 照片 2 | 姓名 2 | 职务 2 | 个人简介 2 |

……

**2. 团队管理**

目前有 8 名团队成员，分别是……均是云南师范大学学生，成绩优异，具有较强的科研能力、管理经验和理论功底，能吃苦，将在实践中慢慢积累经验。将通过紧密的团队合作、明确的专业分工使我们的企业成为充满朝气、更具实力的集体。

公司成立初期组织结构采取扁平化的直线职能制，拟定人员规模为 20 人。后期为加强市场控制，将采取以产品为划分方式的事业部制组织结构。由股东代表组成董事会，实行总经理负责制，下设综合部、财务部、市场部、服务部、人力资源部和内容研发部，共计 6 个部门。

**3. 指导教师**

照片　　　　　　　　简历：

武汉大学软件工程硕士，高校创业指导师……

**4. 项目顾问**

| 泰语教师 | 姓名 | 学历 |
| --- | --- | --- |
| | 教学科研情况 | |
| 老挝语教师 | 姓名 | 学历 |
| | 教学科研情况 | |
| 缅甸语教师 | 姓名 | 学历 |
| | 教学科研情况 | |
| 越南语教师 | 姓名 | 学历 |
| | 教学科研情况 | |
| …… | …… | …… |

**5. 发展初期**

在创业初期,团队的成员即为各部门的管理层。在企业发展中期,增加融资,接纳10个股东,组成公司的董事会股东。一个企业的成功因素最重要的就是人的素质、能力及品德。所以,对领导层的选择极为慎重。首先,总经理是经全体董事会成员面试择优录取而选举产生的职业经理人,具有丰富的企业管理经验,熟悉多种先进的管理模式,具有很强的分析和创新能力,先后从事企业管理和管理咨询工作。其次,公司各职能部门经理是经至少两位董事长及总经理共同面试的,选择的是相关方面业务能力较强的专业人士,具有一定的经验。面试要以新时代、新思想、新面貌的理念,考查面试者各方面的能力、素质、道德品质。公司时刻谨记"细节决定成败,创新创造未来"。

**6. 发展后期**

股东会:履行法律赋予股东会各项职责,享有公司的最高决策权。

总经理(副总经理):在股东的领导和授权下,负责对整个企业的运营、监管,协调并监督各部门成员之间的工作,与大企业进行日常的沟通和业务往来。

技术部:对总部提供给自己的技术做基础研究和技术研究,并不断改进与更新。特别是新项目和新技术的开发,设备的充实与功能多元化,必须和已有的客户保持联系,得到较直接的改进依据,作为研究、改进和开发的依据。

人力资源部:配合总经理对公司职员进行考核和面试,并进行人事调动和挖掘。

市场部:对具体市场营销措施进行审批和监督,进行具体的市场营销等方面的活动策划及处理公司公关问题,经总经理审批后负责实施。

财务部:负责公司财务工作,保证所有的财务活动的合法审批登记,维护公司的利益,负责处理公司账务,编制报表,纳税申报。负责分析公司财务状况和投资活动的可行性,帮助公司融资。

内容研发部:负责收集整合现有小语种学习资源,对分类词汇学习、结合场景语法学习,精品录播课程和互动直播课程等高质量的独家学习内容进行研发。

客服部:由于公司主营产品是线上经营,将设置客服电话,负责收集客户对公司的产品或服务的建设性意见,努力做到态度良好,服务质量高效。

(资料来源:作者根据2018年第四届云南省"互联网+"大学生创新创业大赛相关资料整理.)

**评析:**从以上案例可以看出,"译起玩"项目的团队介绍结构清晰,简明扼要,通过照片加表格的形式呈现整个团队成员、指导教师、顾问团的背景。团队的组织结构根据发展初期和后期进行简要说明，符合项目的实际情况。注意，该部分切忌照搬照抄和大篇幅赘述。

### 7. 风险分析

创业有风险，创业者要具备风险承受能力。美国的创业失败率为70%，国内的大学生创业失败率高达95%。同样，投资也有风险，国外风险投资的失败率为85%～90%，而在国内，风险投资的失败率高达95%。每个风险投资者都关心他投资的项目或者企业的风险和收益，所以创业者需要在计划书中对风险进行说明。

在创业的过程中会遇到很多问题，可能是创业者自身的问题，也可能是创业企业的问题。例如，创业者自身知识、能力和资源不充分，这三个因素是创业者自身的原因，是完全可以通过后期的努力改善的。再如，项目不适合或者市场太小，技术不成熟或者太过陈旧，团队组建或管理不力，资源不够充分等问题，属于企业层面的问题，在风险分析部分要介绍如何规避这些风险。

为进一步深入剖析企业面临的风险并进行针对性的管理，可以按照创业风险的内容进行分类，具体可以划分为技术风险、市场风险、财务风险、管理风险和环境风险等。技术风险因不确定性因素导致的技术开发受阻或技术替代会导致投资的失败，包括开发风险、转化应用风险和技术寿命风险。市场风险可能包括新产品或新技术对市场需求不适应、市场接受的不确定性、市场需求增长速度的不确定性、市场竞争的不确定性等因素，它是导致新产品、新技术等失败的核心风险之一。财务风险是指因资金不能适应需求而导致创业失败的可能性，财务是公司的命脉，财务风险的控制对创业公司尤为重要，要慎重考虑。管理风险主要的影响因素包括创业者的素质、决策风险和组织风险。企业的组织结构必须根据企业成长的不同阶段进行调整。环境风险是指企业所处的社会环境、政策、法律环境变化或因意外灾害而造成创业失败的可能性。创业者必须时刻关注环境风险的分析和预测，尽量把环境风险降到最低限度。

任何企业发展到一定阶段，都会面临创业者与投资人的退出问题。风险资本的退出使得创业者和投资人有机会套现先前的投资。例如，美团收购摩拜，摩拜的创始团队和投资人获得大量套现。

在创业计划书风险分析部分，需要关注以下关键问题。

1）公司将会面临哪些基本风险？哪类风险是最影响公司生存和发展的？

2）公司将会采取哪些措施应对面临的相关风险？

3）市场和技术中最大的风险可能分别出自哪里？

4）公司有哪几种退出方式？首选的退出方式是哪种？投资回报是多少？

5）如果选择以公司上市为基本退出方式，商业计划书中是否有以公司上市为目标的相关运营计划？

## 案例评析

### "译起玩"风险分析及规避

**1. 风险分析**

尽管公司有广阔的销售市场及广大的客户群,但风险是一定存在的,因此,团队会以强烈的责任心对投资者负责,全面分析公司运营后会遇到的各种风险及应对策略。

(1)教育平台风险

由于教育平台"门槛"低,而且又一度受到各种投资者的青睐,社会各界人士纷纷投身教育行业,以期有机会获得风险投资甚至上市。由此,教育行业呈现火热化、多元化、分散化等特点,导致教育机构"倒闭"的风险一直存在。

(2)市场竞争风险

近年来,翻译已经从原来的政府和事业单位、科研机构的工作发展成为专门职业。翻译服务作为新兴的现代服务产业,正成为文化经济中仅次于教育行业的又一新兴产业。这意味着我们面临着强劲的竞争对手,我们必须打造属于自己公司的核心翻译人才,才能在翻译市场有一席之地。

(3)财务状况风险

大学生是行业的新进入者,未拥有自己的渠道,缺乏宣传、销售渠道;创业前期资金短缺,团队成员缺少充裕的资金,若项目投入实施,资金能否及时周转将会成为制约公司发展的最大阻力;技术不成熟,研发时间短且开发经验不足;新兴产业发展潜力大,但稳定性不足;消费者对新产品的接受时间未知,公司有可能背负财务风险。

**2. 风险规避**

1)当企业拥有大量现金流时,要考虑能否合理利用现金流以提高使用合理性,多余的现金能否投入到增加产能或相关的固定资产类投资上,投入到一些必要和相关的投资补充上,以强化对市场的控制力,符合企业将来的发展战略。

2)在企业做出投资决策时,通过对选择的投资对象提出的财务资料的分析,尤其是企业自由现金流量的大小,可以了解被投资企业的财务政策、获利能力、持续发展能力、风险及资金的现值,可以让投资企业对投资对象的回报能力有一定的了解,这在客观上提高了资金的安全性。

3)关注自由现金流量,就是要关注影响其产生和变化的主要因素,要处理好企业持续发展和股东分红之间的关系,既要满足必要的资本支出以保证企业的可持续健康发展,又要满足公司股东现金分红的需求,保证公司投资者对公司的信心。既要防止损害股东利益,又要避免过分强调所谓股东利益的过度经营问题。

(资料来源:作者根据2018年第四届云南省"互联网+"大学生创新创业大赛资料整理)

**评析**:风险部分不宜花大篇幅描述,"译起玩"的风险分析部分列出了教育平台风险、市场竞争风险和财务风险,并提出了相应的规避方法,字数不多,语言翔实,给读者一种实在的印象。在风险的分析中可以加入技术风险(App开发)和人力资源风险(团队分化),这两种风险几乎是每个初创团队都会面临的,"译起玩"也不例外。

### 5.3.5　创业计划书的撰写与展示技巧

创业计划书的读者是投资人、创业大赛评委、团队成员或合作者。一份好的创业计划书至关重要，它可以向读者展示创业企业的产品与服务、竞争优势、现状以及规划等重要信息，而创业者必须抓住读者关注的点来进行撰写。如果要融资，必须在计划书中介绍融资计划；如果参加创业大赛，鉴于评委要在有限的时间内看很多的计划书，创业者必须突出项目的特色与亮点来抓住评委的眼球。

**1. 创业计划书的撰写原则**

创业计划书并不是字数越多越好，创业者在撰写创业计划书的时候应遵循以下原则。

（1）语言简洁，表述清晰

在撰写计划书时，语言要平实简洁，通俗易懂，能够清晰地描述撰写内容。介绍清楚项目的要点，尽可能多用图表，少用文字，少用很大的图片，描述的时候少用华丽的语言，多提要点和关键点，不要带过多的感情色彩。排版不要花哨，简单朴素、风格统一即可。

（2）突出重点，主次分明

"溪不在深，有鱼则清"。在写计划书的过程中，要做到面面俱到，但也要突出关键内容，做到主次分明。投资人最关心的是产品体系和市场需求，不要花大篇幅在公司的组织结构、风险分析等方面，应重点介绍产品与服务、行业与市场分析。

（3）结构完整，不套用模板

创业计划书没有固定的模板，不同的项目写的内容会不一样，展现项目的差异化很重要，不要太在意用什么样的格式和什么样的模板。计划书的结构要完整，基本要素要齐全，可以在章节安排上有变化。例如，有的创业者把商业模式单独作为一章来撰写，有的把竞争者分析单独列出，有的把项目的发展与规划单独介绍，创业者可根据项目的需要，按照自己的方式来安排计划书的结构。

（4）内容真实，有说服力

创业计划书的内容一定要真实，分析做到有理有据，切忌盲目自信和说空话。在撰写的时候，要明确指出企业的市场机会、竞争威胁和潜在风险，还要分析可能的解决办法，不要含糊其词。前期做好调研和资料准备，表述的时候尽量用数据对市场、财务等进行论证，打动投资者。前期的调研越充分，资料越完善，越能做到有的放矢，胸有成竹。

**拓展阅读**

#### 撰写创业计划书的六个 C（六要素）

第一个 C 是 concept，概念。概念指的就是撰写计划书，要让别人可以很快地知道卖的是什么。

第二个 C 是 customers，顾客。有了卖的东西以后，接下来要确定卖给谁，谁是顾客。顾客的范围要很明确，比如，认为所有的女人都是顾客，那么要弄清楚 50 岁以上的女士和 5 岁以下的女童是不是也是客户。也就是说适合的年龄层在哪里要界定清楚。

第三个 C 是 competitors，竞争者。东西有没有人卖过？如果有人卖过，是在哪里卖的？有没有其他的东西可以取代？这些竞争者是直接竞争者还是间接竞争者？

第四个 C 是 capabilities，能力。要卖的东西自己会不会，懂不懂？比如开餐馆，如果做菜师傅不做了找不到人，自己会不会炒菜？如果没有这个能力，合伙人要有这个能力，至少要有鉴赏的能力，不然最好不要做这个行业。

第五个 C 是 capital，资本。资本可能是现金也可能是资产，是可以换成现金的东西。那么对于资本在哪里？有多少？自有的部分有多少？可以借贷的有多少，都要很清楚。

第六个 C 是 continuation，永续经营。当事业做得不错时，将来的计划是什么？

任何时候只要掌握这 6 个 C，就可以随时检查，随时更正，不怕遗漏什么。

（资料来源：作者根据网络资料整理.）

**2. 创业计划书的撰写技巧**

创业者在撰写计划书的时候要注意以下细节，提高创业计划书的可读性，同时提高创业企业融资或获奖的概率。

（1）五分钟的考试

投资者和专家评委都很忙，他们没有时间一字一句仔细地阅读创业者的计划书，一般情况下，他们阅读一份计划书只用 5 分钟左右。他们主要关注产品服务、行业与市场、资产负债、团队等方面的内容。创业者在撰写计划书的时候一定要有侧重点，着重描述投资者和评委的关注点。

（2）内容要完整

一份好的计划书应该包括摘要、项目概述、产品与服务、行业与市场分析、营销策略、团队介绍、财务计划和风险分析八个部分的内容。在撰写计划书的时候，任何一部分内容都不能遗漏，可以在章节上有所调整，但要保证都有说明。

（3）提高撰写水平

大学生缺乏社会实践经验和实际训练，创业计划书撰写水平不高，可以通过阅读别人的创业计划书来提高撰写水平。在阅读的过程中，看到别人的一些做法，要将认为有参考价值的内容标记下来，同时寻找计划书中的不足之处。如果能坚持阅读十几份创业计划书，一定会有不小的收获。

（4）做好充分准备

在撰写创业计划书之前，要对创业机会、市场等进行充分调研，寻找可能会用的资料，做好充足的准备。对创业计划的内容进行最详细的论证，数据的来源要真实可靠，准备回答所有与创业计划有关的提问。

### 3. 创业计划书的展示技巧

在展示创业计划书之前，首先，明确创业计划的听众是谁，即可以是风投，也可以是创业比赛的评委，要有针对性地撰写创业计划和制作 PPT。其次，决定由谁负责陈述 PPT 的内容，千万不要让多个成员换着陈述，确定一个合适的人来进行陈述很关键。记住展示的核心元素是人，不是 PPT。PPT 一定要做得简明扼要，而且演讲者要将观众的目光吸引到自己身上，想方设法使展示生动有趣，充满激情。麻省理工的一项权威调查表明，沟通涉及三个层面：视觉（身体语言）占 55%，声音（语音语调）占 35%，口头表达（用语用词）占 7%。在演讲的过程中，可以通过向观众提问，或者提高音量、使用丰富的表情和肢体语言，吸引观众注意力。展示计划书的目的是推出项目、推出团队，演讲者的表达能力、面部表情、对项目的了解程度，以及 PPT 的设计制作都是评判的关键因素。

准备工作做好后，紧接着就是展示设计好的 PPT。PPT 是创业团队的第一张脸，是敲门砖，投资人见 PPT 如见团队，第一印象很重要。一定要记住，PPT 的重点要放在听众感兴趣的地方，并尽可能简单。一些专家给出了 6—6—6 法则，就是每行不超过 6 个词语，每页不超过 6 行，连续 6 张纯文字的 PPT 后需要一个视觉停顿，可以采用有图的 PPT 来充当这个停顿。一般情况下，展示的 PPT 文档的内容以不超过 12 页为宜。如何设计并制作这样的 PPT？好的 PPT 要做到"内外兼修"，必须满足四大要点：逻辑清晰、观点鲜明、文字精练、视觉美观。

开始部分是标题幻灯片，写上项目名称，不要直接用公司名称，尤其是对尚未成立公司的项目。这张幻灯片必须醒目、整齐，要包含团队信息和联系方式。

然后是内容部分。

第一页 PPT：概述。用一句话描述项目，要尽量体现项目定位和亮点。例如，粉丝网：打造第一粉丝社群媒体；罗小馒：目前云南最火的"罗三长红糖馒头"。写好项目的描述后，要对产品或服务以及带来的潜在收益进行一个简单的说明。这页 PPT 的目的是让观众对这项创业计划以及它的潜在价值形成总体上的认识，吸引听众的注意力。

第二页 PPT：问题。对行业背景、发展趋势、市场规模、政策法规等因素进行简要的分析，注意分析要有针对性。通过这些分析，创业者发现问题（痛点），并找出出现这样的问题的原因，最好能有调研数据或者案例来证实问题是确实存在的，并分析潜在顾客的需求。市场调研数据很重要，因为数据可以向观众证明创业者通过与潜在顾客的对话，了解顾客确实存在这样的痛点。该页 PPT 的目的是向听众传递问题的严重性，并表明这个问题有着巨大的潜在市场，而你的项目可以很好地解决这个问题。

第三页 PPT：解决办法。针对第二页 PPT 提出的问题，创业者有什么解决办法，说明该解决方案区别于其他解决办法的独特之处，在多大程度上可以改变顾客的生活。要把准备做的事情讲清楚，让听的人一目了然，不要整页 PPT 都是大段文字，可以用图来进行说明。

第四页 PPT：机会和目标市场。明确产品将面对的用户群是谁，要能够清楚地定位项目具体的目标市场，并对市场的前景进行展望，说明采取什么办法可以实现目标。可以通过图表的方式来描述目标市场的规模、预期销售额和预期市场份额等信息。

第五页 PPT：技术。创业者需要介绍清楚计划如何完成解决方案，即产品或服务的独特之处，对技术的描述尽可能用通俗的语句，不要使用专业术语。还要说明可能涉及的知识产权问题，以及怎样保护你的技术不被盗用和复制。如果有产品的样品，这里可以放上产品的图片。

第六页 PPT：竞争。可以做一个表格来描述项目的直接、间接和未来的竞争者，说明与这些竞争相比，项目的优势在哪里。这样的 PPT 更能从视觉上直观描述项目的竞争优势。

第七页 PPT：市场和销售。描述总体的市场计划和营销策略，说明消费者的购买动机，激起消费者的购买欲望的营销策略，通过何种渠道推广和销售产品。

第八页 PPT：项目团队。包括创业团队的人员规模和组成，团队主要成员的分工、背景和特长。此外，还需说明团队成员的个人能力与岗位的匹配度以及团队的核心竞争优势。

第九页 PPT：财务规划。介绍未来 3～5 年的盈利情况、财务状况及现金流状况，尽量把内容浓缩在一张 PPT 上，不要直接粘贴各种报表，只需要描述总体的数据。即使某些具体数据因篇幅限制不能展示在 PPT 上，也要对每个数据做到了如指掌，准备好对数据背后的假设进行解释。如果有融资诉求，还需展示你的资金使用计划以及预期融资后的进展。

第十页 PPT：进展。用数据描述已经取得的进展，向听众展示你已经走到哪一个阶段，让观众知道你正在做什么。可以从发起人、管理团队、前期投资者、合作关系等方面进行介绍，不要弱化已经取得的成就。

第十一页 PPT：总结。总结项目的最大优势、团队的最大优势，表明团队的努力方向。如果参加的是创业大赛，还需要对评委的工作给予感谢，并准备好回答关于创业计划的任何提问。

**拓展阅读**

### 路演过程中应当避免的错误

讲一个好的商业故事跟说一段精彩的八卦完全不同，虽然使用的手法基本相似，但是讲商业故事的时候不是容易过于平淡，就是容易过于离奇，尤其是关于创业这一类的。在现实生活中经常碰到这种例子。我们不可能具体教一个企业怎么去讲故事，但至少可以告诉你应该避免哪些错误。

**1. 只是叙述**

跟听众交流的时候，不要只是平铺直叙，而是要告诉他们你做了什么以及你感受到了什么，用真情实感去打动他们，然后让他们自然而然地产生共鸣。马克·吐温说过，别只是描述老妇人在嘶喊，要把这个妇人带到现场，让观众真真切切地听到她的尖叫声。

**2. 太多专业术语**

我们都见过无数枯燥的记者发布会以及充斥了各种费解的专业名词的营销宣传

片，发现听众是难以听懂他们到底在说什么的。乔布斯在宣扬他的变革观念思想时说，"在我看来市场占有率就预示着产品价值。这是一个瞬息万变的世界，没有哪个公司能让消费者记住他们所有的复杂信息，所以，我们只能简化那些特征以便消费者能记住。"

### 3. 不够个性化

讲故事的时候要尽量人性化故事的主角，把人物勾画得活灵活现，让听众迫不及待地想参与其中，或者迫不及待地想知道接下来会发生什么。人心相通，只有塑造真实的故事才能让人产生共鸣。

### 4. 总是从头开始叙述

没有必要总是从头开始讲故事，除非要说的是怎么安全降落一架飞机，或者怎么组装一个宜家（IKEA）的家具。用新颖的跳跃式的方式来讲故事比罗列经年大事记要好得多。当你在考虑用什么样的素材讲故事的时候，你可以把它们当作单个的互不牵连的元素看待，先记在便利贴上，然后来回排列组合。这个练习可以帮你改变以往按照顺序来做事的习惯。

### 5. 造假

好的营销策略是尽量把讲故事的方式融入企业文化中去，甚至让它成为企业诚信文化的一部分。让每个人都参与其中是很重要的一个办法。故事本身可以体现一个公司正在做什么，哪些地方做得还不错，哪些地方需要改进。当领导层抱着透明、诚实、人性的态度讲述企业故事的时候，他们的员工会更加积极地工作，哪怕在企业有困难的时候也会如此。

（资料来源：作者根据网络资料整理.）

## 本 章 小 结

创业计划书又称商业计划书，它是创业者在企业成立之前就某一项具有市场前景的新产品或服务，向潜在投资者、风险投资公司、合作伙伴等游说以取得合作支持或风险投资的可行性商业报告，用来描述创办一个新企业时所有的内部和外部要素。撰写创业计划书的过程是一个展望项目的未来前景、细致探索其中的合理思路、确认实施项目所需的各种必要资源、再寻求所需支持的过程。

创业计划书很重要，它是企业的推销性文本，有助于新公司获得投资人的认可，它是展示创业者商业想法的机会和载体，是新企业的重要起点。

创业计划书的作用：创业计划书是创业者把握企业发展的总纲领，是投资者决定是否投资的重要参考，是创业团队及合作者共同奋斗的动力和期望，为企业经营活动提供依据与支撑，有助于企业对外合作。

一般情况，创业计划书包括封面、标题、目录、正文、附录。

市场调查是指运用科学的方法，有目的、有系统地搜集、记录、整理有关市场营销的信息和资料，分析市场情况，了解市场的现状及其发展趋势，为市场预测和营销决策提供客观的、正确的资料。

市场调查的作用是为企业解决特定的营销决策问题而收集、加工和提供信息。

市场调查的内容包括市场需求调查、经营环境调查、竞争对手调查和经营策略调查。

市场调查可分为确定目标、正式调研、分析资料、撰写报告四个阶段。

常用的市场调查方法有询问法、观察法、抽样法、实验法和试销法。

有效的创业计划应该是一个综合的过程，包括识别创业机会、筛选机会并初步确定可行性、创业项目可行性分析和撰写创业计划书。

寻找合适的创业项目有三个途径：找痛点、寻找市场缝隙和分析环境变化。

寻找到合适的创业项目后，创业团队需要评估创业团队、研讨产品与服务、研讨行业或目标市场、研讨财务、对项目进行可行性分析。

创业计划书没有固定的模板，但一份能够打动人的创业计划书，一般情况下正文应该包括项目概述、产品与服务、行业与市场分析、营销策略、财务计划、团队介绍和风险分析七个部分。在正文完成之后，还应该提炼创业计划的摘要。

创业计划书的具体写作环节，从封面到摘要，从项目概述、产品与服务到风险分析，每个部分都有具体的撰写内容和写作技巧。

撰写创业计划书应该遵循四个原则，把握四个撰写技巧。

创业计划书的展示至关重要，关键因素包括演讲者的表现和PPT的设计制作。一般情况下，展示的PPT文档的内容以不超过12页为宜。

## 讨论案例

### 坚卓公益教育 创业计划书

#### 第一章 项目摘要

全国不发达地区与民族地区超过三千万青少年人群由于教育资源贫瘠而无法完成最基本的学业。

内容包括公司简介、问题根源、教育实践、政策需求、实践成果、解决方案、核心产品、目标用户、坚卓优势、核心团队、收益来源、产品定价、产品研发、收入预测、发展规划和投资意向。

#### 第二章 不发达地区及民族地区教育生态圈

一、从不发达地区及民族地区基础教育入手，如民族教育服务系统、地域、师资等优势资源。

二、从不发达地区及民族地区教学设备入手，如专递课堂、中央课堂、坚卓多功能教学辅助设备。

#### 第三章 坚卓公益——不发达地区与民族地区教育脱贫引领者

一、主营产品介绍

标准化产品——坚卓多功能教学辅助设备、配套在线课程服务产品、产品logo、产品文化、产品功能、课程播放和学习资源。

二、研究与开发

方案概述、总体设计方案、软件资源。

## 第四章　社　会　效　益

为云南民族地区教育精准扶贫贡献力量；促使社会各界更加关注边疆及民族地区教育以及农村留守儿童问题，并对此采取一定的解决措施；帮助留守儿童"敞开心扉，启迪智慧，放飞梦想"；吸引国内外知名公益基金关注；申请教育项目资金；培养偏远山区孩子的学习兴趣及能力。

## 第五章　团　队　情　况

介绍技术团队、管理团队及团队成员的职责和背景，介绍的顺序是职位由高至低。

## 第六章　市　场　分　析

一、产业背景

经济环境分析：网络经济中移动端经济增长明显；社会环境分析：农村网民快速增长，网络基础设施相对薄弱，移动互联网的发展更具优势；技术环境分析：西南地区"三通"情况得到改善、技术不断创新，能很好地帮助拓展教学场景。

二、市场规模及趋势

介绍云南省在线教育市场规模、全国在线教育市场规模，以及中小学在线教育市场规模及增长趋势。

三、市场趋势预测

1. 根据针对 2014～2016 年的中国在线教育细分领域结构的统计，学前在线教育和中小学在线教育占比较小，但仍然拥有较大的发展空间。

2. 随着移动互联网的发展，让移动端成为下一个互联网的主要战场。

3. 在国家政策方面，推进网络建设，特别是农村网络建设。

## 第七章　竞　争　分　析

一、与传统教育方式相比较

与传统教育方式相比较，其优势主要体现在共享教学资源、满足不同层次中小学学生的需求、突破时间与空间的限制、教学实践和优质教学资源等方面。

二、与其他"互联网+教育"平台相比较

1. 对于竞争者的分析，如沪江、跟谁学、好未来、一起作业网。

2. 与其他"互联网+教育"平台相比较，对坚卓科技产品的竞争优势进行分析。

## 第八章　营　销　策　略

一、价格策略

1. 标准化产品——坚卓多功能学习机

多功能学习机的合理定价为 500 元/套。

2. 在线课程服务产品

与坚卓多功能学习机相配套，定价为 0 元。每节课的制作成本在 67～83.75 元之间。

二、目标市场

1. 标准化产品——坚卓多功能学习机

偏远山区中小学校、偏远山区中家境稍好的中小学生，这些客户群因为优质教育资源的缺失，可能需要这样的低价格且优质的学习机去改善虚拟教育环境。对于偏远山区的中小学校来讲，这属于中端的学习教具，但对于中小学生来讲，这属于高端的学习工具。

2. 在线课程服务产品：偏远山区购买了多功能学习机的用户

针对购买了多功能学习机的用户，我们提供 12 年的免费课程服务。课程涵盖民族学、自然科学、计算机科学、逻辑学和应试教育科目等，使偏远山区的孩子通过"互联网+教育"依旧能够享受优质的教育资源。

三、营销渠道策略

多功能学习机产品的营销渠道策略为"经销商+直销"；在线课程服务产品的营销渠道策略为配套多功能学习机产品进行直销。

四、市场进入策略

1）多功能学习机产品的市场进入策略为"低价+公益"。

2）在线课程服务产品的市场进入策略为"民族化+现代化（全公益）"。

五、推广策略

1）多功能学习机产品的推广策略按近期、中期、后期进行描述。

2）在线课程服务产品的推广策略按近期、中期、后期进行描述。

### 第九章 项目进程及规划

介绍项目历程、项目进展、项目规划。

### 第十章 财 务 分 析

介绍当前股本情况、本量利分析、预计会计报表及附表、项目价值评估、回收期与内部效益率（IRR）。

### 第十一章 投 资 分 析

介绍资金需求计划、资金用途、融资方案（风投、银行贷款）、其他资金来源（政府项目拨款、基金会支持）和投资回报。

### 第十二章 风 险 控 制

SWOT分析、风险控制。

### 第十三章 投资者退出方式

退出时间、退出方式。

### 第十四章 附 录

······

（资料来源：作者根据2017年第三届中国"互联网+"大学生创新创业大赛资料整理.）

**讨论问题：**

1）这份创业计划书的结构是否完整？有哪些特色？有哪些不足？

2）假如让你写这个项目的创业计划书，你觉得哪些方面是重点内容？应该如何写？

3）假如让你设计上述项目的路演PPT，你要如何设计？

## 课 后 习 题

### 1. 单项选择题

（1）下列关于市场调查内容不正确的是（　　）。

    A. 市场需求调查　　　　　　　　　B. 经营环境调查

    C. 竞争对手调查　　　　　　　　　D. 创业风险调查

（2）不同的产品或服务应当采用不同的市场调查方法。请为"某品牌新口味食品"选择最合理的一个调查方式（　　）。

    A. 询问法　　　B. 观察法　　　C. 抽样法　　　D. 试销法

（3）在开展市场调查的过程中，首先要做的是（　　）。

    A. 调查内容的确定　　　　　　　　B. 调查方法的选择

    C. 开展调查　　　　　　　　　　　D. 收集资料

（4）（　　）是整个创业计划书的浓缩和提纲，涵盖计划书的重点、要点和亮点。

    A. 摘要　　　B. 项目概述　　　C. 团队介绍　　　D. 产品介绍

（5）公司（项目）介绍不包括（　　）。

    A. 公司（项目）基本情况　　　　　B. logo

    C. 宗旨和目标　　　　　　　　　　D. 产品情况

（6）行业与市场分析是创业公司生存的（　　），如果创业者不重视对这部分的编写，那么这份计划书将会是最糟糕的计划书。

    A. 内部环境　　　B. 外部环境　　　C. 社会环境　　　D. 政治环境

（7）创业计划书展示的第二张PPT是（　　）。

    A. 概述　　　B. 问题　　　C. 解决办法　　　D. 市场

### 2. 多项选择题

（1）市场调查的步骤包括（　　）。

    A. 确定目标　　　　　　　　　　　B. 撰写报告

    C. 正式调研　　　　　　　　　　　D. 分析资料

（2）市场调查的内容包括（　　）。

    A. 经营策略调查　　　　　　　　　B. 经营环境调查

    C. 竞争对手调查　　　　　　　　　D. 市场需求调查

（3）经营环境调查分为（　　）。

    A. 宏观环境调查　　　　　　　　　B. 销售策略调查

    C. 广告策略调查　　　　　　　　　D. 行业环境调查

（4）创业计划书的结构包括（　　）。

    A. 标题　　　B. 目录　　　C. 正文　　　D. 结论

（5）创业计划书的作用分析正确的是（　　）。

A. 创业者把握企业发展的总纲领

B. 投资者决定是否投资的重要参考

C. 创业团队及合作者共同奋斗的动力和期望

D. 为企业经营活动提供依据与支撑

（6）一份能够打动人的创业计划书，一般情况应该包括（ ）。

A. 摘要      B. 项目概述      C. 产品与服务

D. 行业与市场分析      E. 营销策略      F. 财务分析

G. 团队介绍和风险分析

（7）项目概述部分需要阐述（ ）。

A. 公司（项目）介绍      B. 产品情况

C. 发展历史和发展规划      D. 团队和外部合作者

E. 风险分析

（8）行业与市场分析需要对（ ）进行说明。

A. 行业分析      B. 市场环境

C. 市场需求及增长趋势      D. 市场细分及定位

E. 主要产品和技术的内容      F. 竞争情况及项目的竞争优势

（9）在撰写创业计划书的时候，要清晰认识以下问题（ ）。

A. 五分钟的考试      B. 内容要完整

C. 提高撰写水平      D. 做好充分准备

（10）营销计划包括市场调研、市场推广、品牌策划、销售和客户服务等，在创业计划书中应该对（ ）进行描述。

A. 市场      B. 产品      C. 价格      D. 渠道

（11）在风险分析部分，可能需要回答以下几个问题：①公司将会面临哪些基本风险？哪类风险是最影响公司生存和发展的？②面临相关风险，公司将会采取哪些措施进行应对？③市场和技术中最大的风险可能分别出自哪里？④公司有哪几种退出方式？首选的退出方式是哪种？投资回报是多少？⑤如果选择以公司上市为基本退出方式，商业计划书中是否有以公司上市为目标的相关运营计划？下列选项正确的是（ ）。

A. ①②③      B. ①②④      C. ②③⑤      D. ②④⑤

## 3. 讨论题

（1）创业计划书的重要性表现在哪些方面？一份完整的创业计划书应该包括哪些内容？

（2）根据本小组的创业项目，思考怎样展开市场调研，要调研哪些内容。

（3）在创业的过程中，创业者会遇到哪些问题和困难？如何应对？

（4）请对本小组的创业项目进行前期资料准备，共同完成小组项目创业计划的撰写。

## 参 考 文 献

爱德华·布莱克韦尔，2009. 创业计划书[M]. 褚芳芳，闫东，译. 北京：机械工业出版社.

格雷厄姆·弗兰德，斯蒂芬·泽尔，2010.商业计划指南[M]. 朱必祥，译. 大连：东北财经大学出版社.

李家华，2013. 创业基础[M]. 北京：北京师范大学出版社.

李家华，2015. 创业基础[M]. 2 版. 北京：清华大学出版社.

孙陶然，2015. 创业 36 条军规[M]. 北京：中信出版社.

王文元，夏伯忠，1991. 新编会计大辞典[M]. 沈阳：辽宁人民出版社.

袁岳，2010. 市场调查操作手册[M]. 北京：中国经济出版社.

# 第 6 章

## 新企业的开办及创新创业职业规划

### 本章导读

凡事都要脚踏实地去做，不驰于空想，不骛于虚声，而惟以求真的态度作踏实的工夫。以此态度求学，则真理可明，以此态度做事，则功业可就。

——李大钊

选择创办新企业的创业者犹如足球场上即将临门一脚的球员，前期准备充分、运筹帷幄方可水到渠成、一蹴而就；反之，如果犹豫不决、仓促应对，就可能会前功尽弃、功亏一篑。因此，在创办新企业之前，创业者需要充分了解关于企业创办的流程及相关管理问题的应对策略等内容。

"凡事预则立，不预则废"。人生旅程犹如大海航行，人生规划就是人生的基本航线，有了航线，航行者才不会漫无目的，迷失方向，才能更加顺利和快速地驶向成功的彼岸。一份行之有效的创新创业规划将有助于发掘自我潜能，增强个人实力，提升应对竞争的能力。合理的规划有助于引导个人正确认识自身的个性特质、现有与潜在的资源优势，帮助个人重新对自己的价值进行定位并使其持续增值，对自己的综合优势与劣势进行对比分析，树立明确的职业发展目标与职业理想，评估个人目标与现实之间的差距，搜索或发现新的或有潜力的职业机会。个人事业的成败，很大程度上取决于有无正确适当的目标。没有目标如同驶入大海的孤舟，不知道自己将走向何方。只有树立了目标，才能明确奋斗方向。一份好的职业生涯规划犹如大海中的灯塔，将会引导我们避开险礁暗石，走向成功。

通过本章的学习，我们将了解企业的组织形式、创办流程及相关法律法规，知晓企业选址的策略及应遵守的法律和伦理问题，了解职业生涯规划的相关理论，掌握自我评估及创新创业职业规划的基本策略。

### 关键术语

企业组织形式　注册流程　选址策略　社会认同　职业生涯规划理论　职业生涯规划策略

**雷军：创办小米前后我的一些思考**（节选）

　　我曾经看过一本书《基业长青》，是关于如何创办百年企业的。于是我就问自己，怎么办一个百年企业呢？我首先想的是，在中国，谁做到了百年。

　　我第一个想到的是同仁堂。

　　在研究同仁堂的时候，我发现同仁堂最重要的是其司训："品味虽贵必不敢减物力，炮制虽繁必不敢省人工"，意思是做产品，材料即便贵也要用最好的，过程虽烦琐也不能偷懒。换句话说，要真材实料。

　　但这个事说起来简单，做起来是很难的，所以同仁堂的老祖宗又讲了第二句话："修合无人见，存心有天知。"你做的一切，只有你自己的良心和老天知道。这句话，是关于怎么保证第一句话被执行的。

　　这让我很受震动。我就在想，经过几十年努力，中国已经是世界工厂，但为什么之前中国产品往往被认为是劣质产品呢？有时候大家开玩笑说，我们中国人太聪明，总有人喜欢走捷径、喜欢"偷工减料"，才有了这样的刻板印象。如果我们想基业长青，那就得真材实料，而要想坚持下去，就要把真材实料变成信仰。

　　我认为要基业长青，就是要做到两条：第一真材实料，第二对得起良心。

（资料来源：作者根据网络资料整理.）

# 6.1　新企业的开办

## 6.1.1　企业组织形式选择

　　新创企业可采用不同的组织形式，可以是创业者个人独立创办的个人独资企业，或者由创业者团队创办的合伙制企业，或者以法人为主体的有限责任公司和股份有限公司。对创业者而言，各种企业组织形式没有绝对的好坏之分，各有利弊。但无论选择什么样的形式，都必须根据国家的法律法规要求和新创企业的实际情况，科学衡量各种组织形式的利弊，决定合适的组织形式。

### 1. 个人独资企业

　　个人独资企业是最常见的企业法律组织形式。个人独资企业又称个人业主制企业，是指依法设立，由一个自然人投资并承担无限连带责任，财产为投资者个人所有的经营实体。当个人独资企业财产不足以清偿债务时，选择这种企业形式的创业者须依法以其个人其他财产予以清偿。在各类企业当中，个人独资企业的创设条件最简单。根据《中华人民共和国个人独资企业法》的规定，只要满足以下五个条件，就可以申请设立个人独资企业。

1）投资人为一个自然人。

2）有合法的企业名称。

3）有投资人申报的出资。

4）有固定的生产经营场所和必要的生产经营条件。

5）有必要的从业人员。

个人独资企业成功与否依赖于所有者个人的技能和能力。当然，所有者也可以雇用有其他技能和能力的员工。

### 2. 合伙企业

如果两个或两个以上的人共同创业，那么可以选择合伙制作为新企业的法律组织形式。根据《中华人民共和国合伙企业法》的规定，合伙企业是指自然人、法人和其他组织依照本法在中国境内设立的普通合伙企业和有限合伙企业。合伙企业包括普通合伙企业和有限合伙企业两种形式。两者之间的区别主要在于有限合伙企业有两种不同的所有者：普通合伙人和有限合伙人。其中，普通合伙人对合伙企业的债务承担无限连带责任，而有限合伙人以其认缴的出资额为限对合伙企业债务承担责任，一般不享有对组织的控制权。另外，普通合伙企业合伙人可以用货币、实物、知识产权、土地使用权或者其他财产权出资，也可以用劳务出资，但有限合伙企业有限合伙人不得以劳务出资。

除了要有合伙企业的名称、经营场所以及从事合伙经营的必要条件之外，设立合伙企业还应当具备以下几个条件。

1）合伙企业必须有两个以上合伙人，合伙人应当具备完全民事行为能力，且能够依法承担无限责任。

2）合伙人应当遵循自愿、平等、公平、诚实信用原则订立合伙协议，合伙协议应载明合伙企业的名称、地点、经费范围、合伙人出资额和权责情况等基本事项。

3）合伙人应当按照合伙协议约定的出资方式、数额和缴付出资的期限，履行出资义务。合伙人出资可以用货币、实物、土地使用权、知识产权或者其他财产权利。上述出资应当是合伙人的合法财产及财产权利。合伙人以劳务出资的，其评估办法由全体合伙人协商确定。

### 3. 有限责任公司和股份有限公司

公司是现代社会中最主要的企业形式。它是以营利为目的，由股东出资形成，拥有独立的财产，享有法人财产权，独立从事生产经营活动，依法享有民事权利，承担民事责任，并以其全部财产对公司的债务承担责任的企业法人。所有权与经营权分离，是公司制的重要产权基础。与传统"两权合一"的业主制、合伙制相比，创业者选择公司制作为企业组织形式的一个最大特点就是仅以其所持股份或出资额为限对公司承担有限责任；另一个特点是存在双重纳税问题，即公司盈利要上缴公司所得税，创业者作为股东还要上缴企业投资所得税或个人所得税。根据《公司法》的规定，公司是指依照《公司法》在中国境内设立的有限责任公司和股份有限公司两种类型。

（1）有限责任公司的设立

设立有限责任公司，应当具备下列条件。

1）股东符合法定人数。根据《公司法》第二十四条规定，有限责任公司由五十个以下股东出资设立。

2）有符合公司章程规定的全体股东认缴的出资额。有限责任公司的注册资本为在公司登记机关登记的全体股东认缴的出资额。法律、行政法规以及国务院决定对有限责任公司注册资本实缴、注册资本最低限额另有规定的，从其规定。股东可以用货币出资，也可以用实物、知识产权、土地使用权等可以用货币估价并可以依法转让的非货币财产作价出资；但是，法律、行政法规规定不得作为出资的财产除外。对作为出资的非货币财产应当评估作价，核实财产，不得高估或者低估作价。法律、行政法规对评估作价有规定的，从其规定。

3）股东共同制定公司章程。有限责任公司章程应当载明下列事项：公司名称和住所；公司经营范围；公司注册资本；股东的姓名或者名称；股东的出资方式、出资额和出资时间；公司的机构及其产生办法、职权、议事规则；公司法定代表人；股东会议认为需要规定的其他事项。股东应当在公司章程上签名、盖章。

4）有公司名称，建立符合有限责任公司要求的组织机构。

5）有公司住所。

一人有限责任公司，是指只有一个自然人股东或者一个法人股东的有限责任公司。一个自然人只能投资设立一个一人有限责任公司。该一人有限责任公司不能投资设立新的一人有限责任公司。一人有限责任公司应当在公司登记中注明自然人独资或者法人独资，并在公司营业执照中载明。

（2）股份有限公司的设立

设立股份有限公司，应当具备下列条件。

1）发起人符合法定人数。设立股份有限公司，应当有两人以上二百人以下为发起人，其中须有半数以上的发起人在中国境内有住所。发起人承担公司筹办事务，应当签订发起人协议，明确各自在公司设立过程中的权利和义务。

2）有符合公司章程规定的全体发起人认购的股本总额或者募集的实收股本总额。股份有限公司采取发起设立方式设立的，注册资本为在公司登记机关登记的全体发起人认购的股本总额，在发起人认购的股份缴足前，不得向他人募集股份；股份有限公司采取募集方式设立的，注册资本为在公司登记机关登记的实收股本总额，法律、行政法规以及国务院决定对股份有限公司注册资本实缴、注册资本最低限额另有规定的，从其规定。

3）股份发行、筹办事项符合法律规定。

4）发起人制订公司章程，采用募集方式设立的经创立大会通过。公司章程应当载明下列事项：公司名称和住所；公司经营范围、公司设立方式；公司股份总数、每股金额和注册资本；发起人的姓名或者名称、认购的股份数、出资方式和出资时间；董事会的组成、职权和议事规则；公司法定代表人；监事会的组成、职权和议事规则；公司利润分配办法；公司的解散事由与清算办法；公司的通知和公告办法；股东大会会议认为需要规定的其他事项。

5）有公司名称，建立符合股份有限公司要求的组织机构。

6）有公司住所。

### 6.1.2 企业注册流程及法律伦理问题

**1. 企业注册流程**

按照现行法律法规，创业者注册新公司需遵循一定的流程，并需要到相应的政府部门登记审批。相关审批登记项目包括公司核名，经营项目审批、公司公章备案、验资、申领营业执照和银行开户等。

（1）公司核名

注册公司第一步就是公司名称审核，即查名。创业者需要通过工商行政管理局进行公司名称注册申请，由工商行政管理局审定后给予注册核准，并发放工商企业营业执照。

此过程中申办人须提供法人和股东的身份证复印件，并提供2～10个公司名称，写明经营范围和出资比例。

（2）经营项目审批

若新创企业的经营范围中涉及特种行业许可经营项目，则需报送相关部门审核批准。特种许可项目涉及旅馆、印铸刻字、旧货、典当、拍卖、信托寄卖等行业，需要消防、治安、环保、科委等行政部门审批。特种行业许可证办理，根据行业情况及相应部门规定不同，分为前置审批和后置审批。

（3）公司公章备案

企业办理工商注册登记过程中，需要使用印章，该印章由公安部门刻出。公司用章包括公章、财务章、法人章、全体股东章和公司名称章等。

（4）验资

按照《公司法》规定，投资者需按照各自的出资比例，提供相关注册资金的证明，通过审计部门审计并出具"验资报告"。

（5）申领营业执照

申领营业执照需提交的相关材料包括公司章程、名称预先核准通知书、法人和全体股东的身份证、公司住所证明复印件（房产证及租赁合同）、前置审批文件或证件、生产性企业的环境评估报告等。

根据国务院办公厅《关于加快推进"五证合一、一照一码"登记制度改革的通知》（国办发〔2016〕53号）精神，从2016年10月1日起正式实施"五证合一、一照一码"，在更大范围、更深层次实现信息共享和业务协同，巩固和扩大"三证合一"登记制度改革成果，进一步为企业开办和成长提供便利化服务，降低创业准入的制度性成本，优化营商环境，激发企业活力，推进大众创业、万众创新，促进就业增加和经济社会持续健康发展。

原来分别由不同部门核发的营业执照、组织机构代码证、税务登记证、社会保险登记证和统计登记证，现统一由工商行政管理局核发加载法人和其他组织统一社会信用代码的营业执照。

（6）银行开户

新创办企业需设立基本账户，企业可根据自己的具体情况选择开户银行。银行开户应提供的材料包括营业执照正本，组织机构代码证正本、公司公章、法人章与财务专用章、法人身份证以及国、地税务登记证正本等。

### 2. 创办企业必须考虑的法律问题

（1）专利与专利法

专利被用来记述一项发明，并且创造一种法律状况。在这种情况下，专利发明通常只有经过专利权所有人的许可才可以被使用。专利制度主要是为了解决发明创造的权利归属与发明创造的利用问题。专利法可以有效地保护专利拥有者的合法权益。创业者对其个人或企业的发明创造应及时申请专利，以寻求法律保护，使自己的利益不受侵犯，或者在受到侵犯时，有法律依据提出诉讼，要求侵害方予以赔偿。

（2）商标与商标法

商标，是指在商品或者服务项目上所使用的，由文字、图形、字母、数字、三维标志和颜色以及上述要素的组合构成的显著标志。它用以识别不同经营者所生产、制造、加工、销售的商品或者提供的服务。商标是企业的一项无形资产，具有很高的价值。这种价值体现在独特性和所产生的经济利益上。保护和提高商标的价值，可以为企业带来巨大的收益。商标包括注册商标和未注册商标。目前，我国只对人用药品和烟草制品实行强制注册。通常所讲商标均指注册商标。注册商标包括商品商标、服务商标、集体商标和证明商标。注册商标的有效期为 10 年，可以申请续展，每次续展注册的有效期也为 10 年。商标注册申请人必须是依法成立的企业、事业单位、社会团体、个体工商户、个人合伙以及符合《中华人民共和国商标法》第十七条规定的外国人或者外国企业。

（3）著作权与著作权法

著作权也称版权，是指作者对其创作的文学艺术和科学作品依法享有的权利。著作权包括发表权、署名权、修改权、保护作品完整权、复制权、发行权、出租权、展览权、表演权、放映权、广播权、信息网络传播权、摄制权、改编权、翻译权、汇编权以及应当由著作权人享有的其他权利等 17 项权利。对著作权的保护是对作者原始工作的保护。著作权的保护期限为作者有生之年加上去世后 50 年。我国实行作品自动保护原则和自愿登记原则，即作品一旦产生，作者便享有版权，登记与否都受法律保护；自愿登记后可以起证据作用。国家版权局认定中国版权保护中心为软件登记机构，其他作品的登记机构为所在省级版权局。

我国于 1990 年 9 月 7 日公布了《中华人民共和国著作权法》（以下简称《著作权法》）。计算机软件属于版权保护的作品范畴。依照《著作权法》的规定，制定的《计算机软件保护条例》于 1991 年 6 月 4 日公布。在该条例中计算机软件是指计算机程序及其有关文档。

除了与知识产权相关的法律法规外，还有反不正当竞争法、合同法、产品质量法、劳动法等法律法规也是创业者及其新创企业所应当了解和关注的。

**3. 创办企业应注意的伦理问题**

创业伦理是创业者在开拓市场、资本积累、互惠互利、协同合作、个人品德、后天修养等方面的一些行为准则。创业者组建一个新企业后，势必要进入市场竞争的圈子，相应地也要遵守这一圈子所共同维护的行为规范。当一个创业者成长为一个企业家时，他会越来越重视自己在社会中的形象，并开始重视自身的伦理和自己企业的伦理建设。

（1）创业者与原雇主之间的伦理问题

不少新企业是创业者辞职后创建的。辞职进行创业，必须遵循以下两个重要原则。

1）职业化行事。首先，雇员恰当地表露离职意图十分重要，同时，在离职当天，雇员应处理完先前分配的所有工作，而且不应该在最后几天的工作中忙于安排创办企业事宜。这些并非职业化的行事风格，也是对当前雇主的时间与资源的不当使用。如果雇员打算离职后在同一产业内创业，务必注意不能带走属于当前雇主的资料信息。另外，只有当雇佣关系终止后，雇员才能说服其他同事到新企业工作，或真正开创一家与雇主竞争的企业。

2）尊重所有雇佣协议。对准备创业的雇员来说，充分知晓并尊重自己曾签署的雇佣协议至关重要。在一般情况下，雇员在职期间甚至离开公司之后，都必须严格遵守保密协议。如果签署了非竞争协议，要合理地离开公司，雇员就必须遵守相关协议。

（2）创业团队成员之间的伦理问题

创建者之间就新企业的利益分配以及对新企业未来的信心达成一致非常重要。创建者协议（或称股东协议）是处理企业创建者间相对的权益分割、创建者个人如何因投入企业股权或现金而获得补偿、创建者必须持有企业股份多长时间才能被完全授予等事务的书面文件。

通常，创建者协议的重要议题涉及某位创建者逝世或决定退出带来的权益处理问题。大多数创建者协议包含一个回购条款，该条款规定，在其余创建人对企业感兴趣的前提下，法律规定打算退出的创建人有责任将自己的股份出售给那些感兴趣的创建人。在大多数情况下，协议还明确规定了股份转让价值的计算方法。回购条款的存在至关重要，这是因为：①如果某位创建者离开，其余创建者需要用他或她的股份来寻求接替者；②如果某位创建者因为不满而退出，回购条款就给其余创建者提供了一种机制，它能保证新企业股份掌握在那些对新企业前途充分执着的人的手中。

（3）创业者和其他利益相关者之间的伦理问题

创业者和其他利益相关者之间的伦理问题涉及以下几点。

1）人事伦理问题：这些问题与公正公平对待现有员工和未来员工有关。不符合伦理的行为范围非常广泛，包括从招聘面试中询问不恰当的问题到不公平对待员工的方方面面。

2）利益冲突：这些问题与那些挑战雇员忠诚的情景相关。例如，如果公司员工出于私人关系以非正当商业理由将合同交给其朋友或家庭成员，这就是不恰当的行动。

3）顾客欺诈：这个领域的问题通常出现在公司忽视尊重顾客或公众安全的时候，如做误导性广告、销售明知不安全的产品等。

拓展阅读

## 桥香园兄弟官司纠纷不断　判决3处房产平分

"本是同根生，相煎何太急。"昆明市中级人民法院对桥香园江氏兄弟涉及3亿多元的不动产纠纷进行了一审判决：纠纷中的12处房产，其中3处由二人平分。另据了解，目前江氏兄弟还有一起名誉权官司正在审理。

从一个不足160平方米的小店开始，逐渐发展成为有百余家加盟店的餐饮巨头，桥香园的确当得起云南过桥米线"代言人"这样的称号。不过，2011年一场官司却让这家餐饮巨头此后陷入无休止的纷争之中。纷争的主角是这家餐饮企业的老板——江勇和江俊。

2011年8月1日，哥哥江勇被免去了桥香园副董事长职务。同年8月18日，他把弟弟江俊告到了昆明市中级人民法院，要求承认其合伙人身份。

经过你来我往的"互博"，2014年11月12日两人迎来了终审判决，法院判定两人平分"桥香园"，双方各占50%的合伙份额。

分家后，兄弟间的距离好像越来越远。2016年，哥哥江勇又一纸诉状将弟弟江俊告上法庭，请求法院依法对涉及3亿多元的不动产进行分割。同年1月14日，昆明市中级人民法院受理该案，并进行公开审理。

2017年1月19日，江氏兄弟纠纷再次下判。据判决书显示，原告江勇向法院提出，请求法院依法将两人共有财产分割50%给他，应分割财产价值15 026.235万元。同时，江勇还提出诉讼费应由江俊承担。

2015年后，蒙自桥香园老店便一直闭门谢客。针对这家店的现状，江俊的代理律师代晨解释说，2015年5月29日江勇带领一批人将该店关闭后，派人"驻守"该店，自己不经营的同时也不允许弟弟经营，导致蒙自桥这一地标性建筑荒废到了现在。"我们今天已经把诉状准备好，将递交给蒙自法院。"代晨表示，江俊将为此起诉江勇，要求其赔偿自2015年关店到现在的经营、租金、员工工资等损失，在纠纷结束后，蒙自桥香园老店也有望再度开门迎客。

（资料来源：作者根据网络资料整理.）

### 6.1.3　新企业选址策略和技巧

**1. 选址的重要性及影响因素**

从世界各地新创企业成功和失败的经验来看，选址的重要性不言而喻。据香港工业总会和香港总商会的统计，在众多开业不到两年就关门的企业中，由于选址不当导致关闭的企业失败数量占总量的50%以上。这是因为企业竞争力的内容具有复杂性和多层次性，一家新创企业的持续竞争力必然受到该地区商业环境质量的强烈影响。

从深层次上看，选址对于创业成功的重要性还在于区域竞争优势的独特性和集聚性等效应。新企业选址是一个较复杂的决策过程，涉及的因素比较多。归纳起来，影响选址的因素主要有五个方面，即经济因素，技术因素，政治因素，社会、文化因素和自然因素。

（1）经济因素

在关联企业和关联机构相对集中地区的新企业容易成功。某一领域内相互关联的企业和机构在选址上进行集中后可以形成集群，这是一个地区经济竞争力的标志。若一家企业能够建在一个好的企业聚集区，区域内的各家企业间就会产生一种竞争与合作的关系。一方面，竞争对手之间展开激烈的竞争以求在竞争中胜出并保住市场；另一方面，在相关行业间的企业及地方机构间还存在着广泛的合作关系，一群具有竞争力的企业和一系列高效运转的机构共同实现该地区的繁荣。因此，新企业在选址时应考虑将自己建在一个好的产业集群中。具体说来，选择接近原料供应或能源动力供应充足地区的新企业具有相对成本优势；选择接近产品消费市场的地区具有客户优势；选择劳动力充足且费用低、劳动生产率高的地区具有人力优势。

（2）技术因素

技术因素对高科技创业企业的成功是显然的，但技术本身的进步却更加难以预测，从某种意义上说技术市场的变化是最为剧烈和最具不确定性的因素。因此，为了能够了解和把握技术变化的趋势，许多企业在创业选址时常常考虑将企业建在技术研发中心附近，或建在新技术信息传递比较迅速、频繁的地区。

具有较强社会资本的产业集群内的企业要比没有这种资本的孤立的竞争者更加了解市场。这是因为这些企业与其他关联实体间不断发展的、建立在信任基础上的并且是面对面的客户关系能够帮助企业尽早了解技术进步、市场上的零部件及其他资源的供求状况，融洽的关系能够使新创企业通过不断的学习和创新及时改善产品服务和营销观念以进一步增强企业的存活力。

（3）政治因素

政府对市场的规制也是值得创业者重视的一个方面。创业者要评价现在已经存在的及将来有可能出现的影响产品或服务、分销渠道、价格以及促销策略等的法律和法规问题，将企业建在政府支持该产业的地区。

（4）社会、文化因素

由于人们生活态度的不同，人们对安全、健康、营养及对环境关心程度的不同，也会影响创业者生产产品的市场需求，特别当创业者准备生产的产品与健康或环境质量等有密切关系时更是如此，此时，应优先考虑将企业建在其企业文化与所生产产品得到较大认同的地区。

（5）自然因素

选址也需要考虑地质状况、水资源的可利用性、气候的变化等自然因素。有不良地质结构的地区，会对企业安全生产产生影响。水资源缺乏的地区，对于用水量大的企业来说会对正常生产产生不利影响。

**2. 选址的步骤**

一个科学而行之有效的选址过程，一般遵循市场信息的收集和研究、多个选点的评价、最终厂址的确定等步骤。

（1）市场信息的收集和研究

在企业创业的早期阶段，不只是选址阶段，信息对创业者来说都是非常重要的。有研究表明，市场信息的使用会影响企业的绩效，而市场信息与选址决策的关系更是显而易见。因此根据影响选址的因素，创业者自己或借助专业的中介机构收集市场信息是出色地完成选址决策的第一步。

1）创业者应考虑从二手资料中收集信息，因为对创业者而言，最明显的信息来源就是已有数据或第二手资料。这些信息可以来自期刊、图书馆、政府机构、大学或专门的咨询机构。在图书馆可以查到已经发表的关于行业、竞争者、顾客偏好的去向、产品创新等信息，还可以获得有关竞争者在市场上所采取的战略方面的信息；互联网也可以提供有关竞争者和行业的深层信息，甚至可以通过直接接触潜在消费者而获得必要的客户信息。

2）创业者应亲自收集新的信息，获取第一手资料。获取第一手资料的过程其实就是数据的收集过程，可使用多种方法，包括观察、上网、访谈、试验及问卷调查等。

3）要对收集到的各方面信息进行汇总、整理。一般来说，单纯对问题答案的总结可以得到一些初步的印象，接着对这些数据进行交叉制表分析可以获得更加有意义的结果。

（2）多个选点的评价

通过对市场上各种信息进行收集、汇总、整理以及初步的、简单的定性分析后，创业者可以得出若干新企业厂址的候选地，此时可以借助科学的定量方法进行评价。目前，最常用的有关选址的评价方法有量本利分析法、综合评价法，运输模型法、重心法和引力模型法等。

量本利分析法只是从经济角度进行选址的评价。实际上，影响选址的因素是多方面的，同时各种因素也不一定完全能用经济利益来衡量，因此采用多因素的综合评价方法是选址评价中一个常用的方法。多因素评价就是先给不同的因素以不同的权重，依次给不同选择下的各个因素打分，然后求出每个方案的加权平均值，最后选择加权平均值最高的方案是最佳方案。

（3）最终厂址的确定

创业者依据已经汇总整理的市场信息，以及其所要进入的行业特点和自己企业的特征，借助以上一种或几种方法进行评估，最终完成选址决策，从而迈出自己创业至关重要的第一步。

**拓展阅读**

### 星巴克选址策略分析

星巴克是全球著名咖啡连锁企业，在世界各地约有 20 000 家门店。星巴克的开店扩张能力之强，绝不亚于老牌的连锁企业麦当劳等。它特有的选址策略为其迅速扩张占领市场提供了强有力的支持。

星巴克选址策略的六个关键点如下。

**1. 注重有效客流，找到聚客点**

只有人流达到一定数量，才有可能被选中。星巴克在选定商圈后，会测算有效客流，确定主要流动线，选择聚客点，把聚客点相隔不远的位置作为门店选址的地方。处在客流的主要流动线上，意味着单位时间里经过的客流量最大；处于聚客点的位置，说明人群会在这里聚集驻足。

**2. 明确目标客户，以受过高等教育的中高收入人群为目标对象**

星巴克在中国的消费对象定位是追求品位、时尚的中高收入人群，综合群体年龄段在 16～45 岁。只有一个区域的消费群体的消费实力和生活品位符合星巴克的定位，星巴克才会根据选址的具体要求进行进一步考察。

**3. 重视可视性，橱窗就是最好的招牌**

消费者走在大街上能否一眼就能看到星巴克门店，看到店招和橱窗，这对门店招徕客人和增加营收非常重要。

虽然星巴克目前的品牌知名度较高，但咖啡行业竞争非常激烈，要保持这样的优势，品牌的展示度非常重要，良好的可视性则是品牌的有力展示。首先，门店位置具有优势。其次，店招导向明确。最后，橱窗、场景富有吸引力，橱窗内的人是窗外人眼中的风景；橱窗外行走的人是窗内人眼中的风景。

**4. 注重交通便利性，有流量才有更多的销售机会**

交通便利和店址的可达性，是消费者选择消费的重要条件。停车位多少，商圈辐射多大面积，辐射面积内有多少停车位，这些是星巴克认真考虑的问题。这样考虑的目的是增加客人进店率。

**5. 集中式开店，降低配送成本**

星巴克初创时，曾经在同一条街上、面对面开了两家门店，这是一般连锁企业的禁忌。开一家店可能销售额很高，但是不能保证挣钱！很多产品的物流成本很高，特别是星巴克糕点，要求在零下 18℃ 的条件下无缝对接。

单店的销售额虽然高，但是经营成本也很高，星巴克在某地开设第一家店，会在今后连续开店，通过增加门店数量降低物流成本，所以不要指望独享"星巴克"，反过来，城市是否具备连续开店的可能，也是星巴克区域选择的重要依据。

从竞争角度思考，在优质消费力集中区域开店，可独享市场，排斥竞争对手。

**6. 开店的成熟环境很重要，能给星巴克带来长期稳定的收益**

星巴克认为开店需要成熟、稳定的商业环境。成熟、稳定的商业环境可以使门店产生稳定收益，以保证企业收益的增长性和稳定性。选择经济发展成熟、商业环境稳定的门店在星巴克变得格外重要。

（资料来源：作者根据网络资料整理.）

### 6.1.4　新企业的社会认同

新企业在发展的最初阶段往往面临如何建立包括消费者、供应商和投资者在内的利益相关者对其产品、服务或商业模式乃至组织自身的理解和认识的问题。在漫长的经营、成长过程中，企业要想做大、做强、做久，仅仅做到提供顾客所需要的产品和服务、遵纪守法是不够的，还要进一步符合道德标准，主动承担社会责任，通过良好的行为表现获得社会各界的广泛认同。

**1. 社会责任与社会道德**

新企业能否取得成功不仅取决于创业者是否能够把握和实现新的创业机会，还取决于由这种创业活动所引发的新的经济活动在多大程度上符合现有制度规范的要求或是新建立的制度规范，从而能够为利益相关者、一般公众和社会整体制度所认可和接受。因此，创业活动不仅受到市场环境的影响，而且受到社会规范和价值体系的约束。

**2. 道德与道德管理**

广义上讲，道德就是以一种可接受的方式进行任何活动时，所需遵守的原则或参考标准。具体来说，道德就是判断好与坏、对与错的一套行为准则。

创业者面临着特殊的道德困境，包括利益冲突、个性特点、利益相关者的社会责任、开放程度等。利益冲突主要与道德和经济平衡的问题有关，个性特点主要与人际关系和个人问题有关。在许多情况下，个人问题或个性人格往往会引发困境。利益相关者的社会责任涵盖了管理合理化的压力，强调了行为准则的重要性。开放程度表明创业者对于价值与期望的要求更加公开。在这些困境中，创业者面临着每天都要做出经营决策的挑战。许多决策是复杂的，并且需要道德上的考虑。

尽管道德给创业者带来了复杂的挑战，但创业者的价值观对于建立一个道德化的组织非常关键。创业者在做出关键决策的时候都有机会展示诚实、正直和道德。创业者的行为对于所有其他员工来说都是一个榜样。

**3. 企业社会责任及其承担**

社会责任问题日益受到各国政府和民众的广泛关注。《公司法》第五条明确规定，《公司法》不仅将强化公司社会责任理念列入总则条款，而且在分则中设计了一套充分强化公司社会责任的具体制度。可见，企业社会责任在我国具有法律地位。

我国新企业在创建伊始就应清醒地认识到推行企业社会责任是人类文明进步的标志，劳工权益保护不仅是西方国家的要求，也是现代企业的历史使命，须符合《中华人民共和国劳动法》等许多现行法规的要求。创业者应该从以下几个方面着手提高企业承担社会责任的意识和能力。

1）制定与实施体现企业社会责任的竞争战略。突破传统企业竞争战略，在勇于承担企业社会责任的同时，打造企业新的竞争优势是我国新一代创业者的必然选择。

2）把企业社会责任建设融入企业文化建设中。企业文化建设其实是企业发展战略的一部分，既可以提高企业竞争能力，也可以使人在工作中体会生命的价值。把企业社会责任作为新时期企业文化整合和再造的重要内容，已成为企业文化发展的大趋势。

3）把社会责任的理念付诸实实在在的行动。在企业的日常经营管理过程中，不仅要对股东负责，对员工负责，还要对客户、供应商负责，对自然环境负责，对社会经济的可持续发展负责。

**拓展阅读**

## 百度社会责任季度报告：3年用 AI 找回 6 700 名走失者

2019 年 7 月 15 日，百度官方微信号发布了百度企业社会责任季度报告。报告显示，百度通过整合平台资源、运用创新技术以及联合公益伙伴，在寻找走失者、助力盲人改善生活、控烟、反对家暴等公益领域取得了新的成果和进展。

报告显示，在过去 3 年内，百度帮助超过 6 700 个走失者与家庭重新团聚。在 2019 百度人工智能（AI）开发者大会上，百度 CEO 李彦宏对外透露，"百度 AI 寻人"从 2016 年启动至今，用户发起的照片比对超过了 20 万次。

目前，用户只需在百度 App 上搜索"AI 寻人"，就可进入"百度 AI 寻人"智能小程序。简单上传一张照片，就能与民政部全国救助寻亲网的数万条走失人口数据进行一键比对，并自动给出相似度最高的多个参考结果。

另外，基于 AI 技术，百度还发起了一项"AI 助盲行动"。5 月 19 日全国助残日，百度宣布先期计划在 3 个月内，在广州、成都、西安、太原、青岛、郑州 6 大城市进行盲人按摩店 AI 试点改善。此外，百度还向全国盲人家庭捐赠上千台小度人工智能音箱，用于改善盲人工作与生活环境。

在提升听障儿童交流能力方面，百度的人工智能技术同样发挥了重要作用。5 月，百度联合壹基金、58 集团共同发起"听障儿童无障碍阅读计划"。百度成立专门的产品研发团队，将开发全球首款听障儿童 AI 手语翻译小程序，借助光学字符识别（OCR）、自然语言处理（NLP）、增强现实（AR）等 AI 技术，将绘本文字翻译为手语，帮助听障儿童实现无障碍阅读。

对听障人士而言，手语是与外界交流的渠道，但如果没有人翻译，交流就无法成立。一家名叫诺百爱的科技公司，通过百度飞桨（PaddlePaddle）构建机器学习框架，对不同肌电信号进行对应信息训练，从而得到肌电与肌肉对应关系、肌电与手势的对应关系，打造出手势翻译臂环，让手语翻译成为可能。

除此之外，人工智能技术还能被用于提供控烟解决方案。

在 5 月 31 日第 32 个世界无烟日，李彦宏还提出了用技术控烟的解决方案——"百度 AI 控烟"。该项目将百度飞桨技术应用于对人类吸烟动作的深度学习，能对吸烟行为进行准确的识别、提取、标注和保存。使用者在餐馆、公交站、火车站、写字楼等重点控烟场所都可以搭建自己的 AI 控烟模型，为实现公共场所全面禁烟提供帮助。

（资料来源：作者根据网络资料整理.）

# 6.2 创新创业职业规划

## 6.2.1 职业生涯规划理论

### 1. 霍兰德的类型论

美国职业指导专家霍兰德（Holland）于20世纪70年代初期创立了"人格类型论"。其理论源于人格心理学概念，认为职业生涯的选择为个人人格的反映与延伸，企图以职业的选择及过程来表达自己、说明个人的兴趣和价值。霍兰德认为，兴趣就是人格，兴趣量表的结果也可以代表一个人的人格特质。霍兰德本身的职业咨询经验及研究所形成的职业辅导模式，即由职业与人格类型的分析，协助个人选择适合自己的职业。霍兰德职业兴趣类型如图6.1所示。

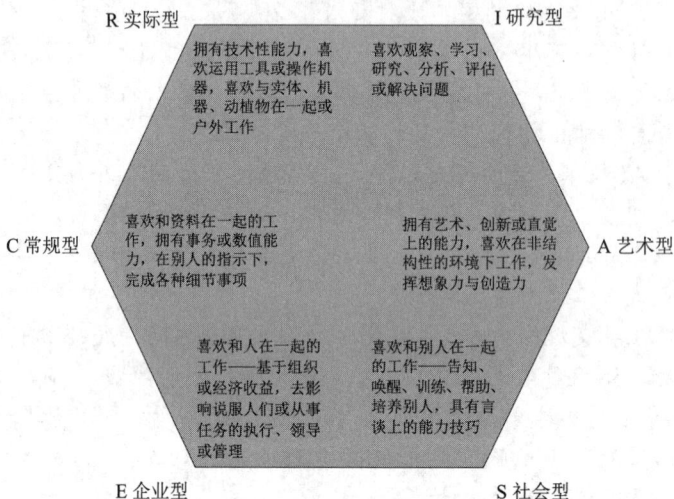

图 6.1 霍兰德职业兴趣类型

霍兰德人格类型理论有以下基本原则：

1）职业选择是个人人格的延伸和表现。

2）个人的兴趣组型即是人格组型。

3）同一职业团体内的人有相似的人格，因此他们对很多情境与问题会有相类似的反应方式，从而产生类似的人际环境。

4）人可区分为六种人格类型，既实际型、研究型、艺术型、社会型、企业型和常规型。个人的人格属于其中的一种。人所处的环境也可以相应地分为六种类型，即实际型、研究型、艺术型、社会型、企业型和常规型。

每一种特定类型人格的人会对相应职业类型中的工作或学习感兴趣，人们寻求能充分施展自己能力与价值观的职业环境，个人的行为取决个人和所处的环境特征之间的相互作用。个人的人格与工作环境之间的适配和对应，是职业满意度、职业稳定性与职业成就的基础。人格类型论是一种人格与职业类型匹配的理论。霍兰德提出了人格类型与职业类型模式，认为不同类型的人格需要不同的生活或工作环境。

霍兰德从实际经验出发，并经过长期的实验研究把人的性格类型主要划分为六种，并指出各种性格类型之间的相近、中性和相斥的关系，具有科学性。他把性格类型与职业指导结合起来，致力于性格类型和职业的匹配，对职业指导具有重大意义。但是，心理学的研究表明，一个人对某一种职业很有兴趣，并不意味着他一定能把这项工作做好，对工作的兴趣是做好工作的重要条件，但不是唯一条件，因为影响职业的心理因素是多种的和复杂的。

性格类型论根据某种原则，把所有的人划归为某些类型，使直观地了解人的性格变得极为便利。类型论具有重大的理论意义和实践意义，它的研究成果已被许多学科所采用。它的产生最早是临床医学实践的需要，现在已广泛地应用到教育、医疗、管理、军事和职业选择等领域。但是，类型论把人极端复杂的性格概括为少数几个类型，必然会忽视中间型。与此相关，如果将一个人划入某种性格类型，就会只注意这种类型中有关的特征，而忽视其他特征，即只注意一个人一个方面的特征，而忽视其他方面的特征，这样就会导致简单化和片面性。另外，类型论也容易将人的性格固定化、静止化，忽视性格的变化和发展，特别是容易忽视影响性格形成和发展的环境因素。因此，我们应该把偏重于从质上分析性格和整体了解的类型论与从量上分析性格的特质论结合起来。

**2. 生涯发展理论**

舒伯的生涯发展理论有国际化的视角，已经广泛应用于各国的各级学校和社会机构。作为生涯辅导的大师，舒伯首次提出了职业生涯的概念，他的生涯发展理论的提出是生涯辅导发展史上的分水岭，实现了职业指导到职业生涯辅导的转变。他建构了一套完整的生涯发展理论，其理论观点是现今生涯辅导的重要理论基础。

舒伯根据自己的"生涯发展形态研究"结果，参照布勒（Bueller）的分类，将生涯发展阶段划分为成长、探索、建立、维持与衰退五个阶段（图6.2），具体如下。

（1）成长阶段

成长阶段：出生至14岁。该阶段孩童开始发展自我概念，开始以各种不同的方式来表达自己的需要，且经过对现实世界的不断尝试，修饰自己的角色。

这个阶段发展的任务是：发展自我形象，发展对工作世界的正确态度，并了解工作的意义。这个阶段共包括三个时期：①幻想期（4～10岁），以"需要"为主要考虑因素，在这个时期幻想中的角色扮演很重要；②兴趣期（11～12岁），以"喜好"为主要考虑因素，喜好是个体抱负与活动的主要决定因素；③能力期（13～14岁），以"能力"为主要考虑因素，能力逐渐具有重要作用。

（2）探索阶段

探索阶段：15～24岁。这个阶段的青少年，通过学校的活动、社团休闲活动、打零工等机会，对自我能力及角色、职业做了一番探索，因此选择职业时有较大的弹性。

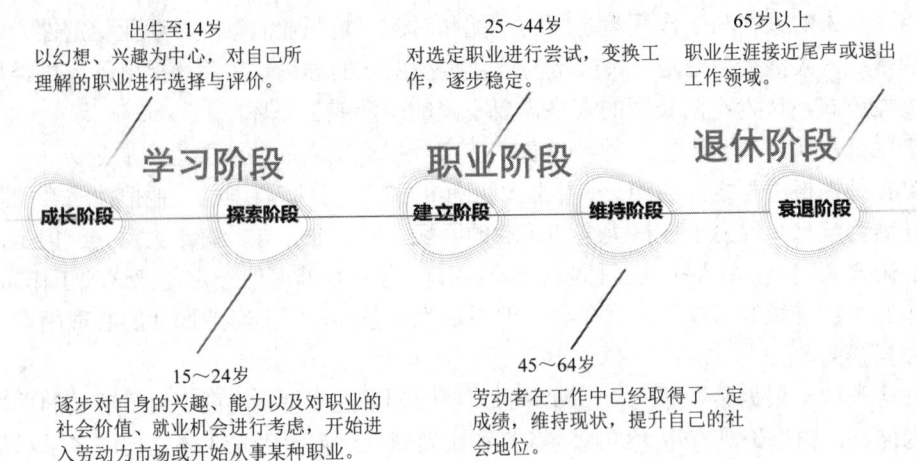

图 6.2　舒伯生涯发展阶段论

这个阶段发展的任务是：使职业偏好逐渐具体化、特定化并实现职业偏好。这个阶段共包括三个时期：①试探期（15～17 岁），考虑需要、兴趣、能力及机会，做暂时的决定，并在幻想、讨论、课业及工作中加以尝试；②过渡期（18～21 岁），进入就业市场或专业训练，更重视现实，并力图实现自我观念，将一般性的选择转为特定的选择；③试验并稍作承诺期（22～24 岁），生涯初步确定，并试验其成为长期职业生活的可能性，若不适合则可能再经历上述各时期以确定方向。

（3）建立阶段

建立阶段：25～44 岁。由于经过上一阶段的尝试，合适者会谋求变迁或做其他探索，因此该阶段较能确定在整个事业生涯中属于自己的位置，并在 31～40 岁开始考虑如何保住这个位置，并固定下来。

这个阶段发展的任务是统整、稳固并求上进。这个阶段又包括两个时期：①试验-承诺稳定期（25～30 岁），个体寻求安定，也可能因生活或工作上若干变动而尚未感到满意；②建立期（31～44 岁），个体致力于工作上的稳固，大部分人处于最具创意时期，由于经验丰富往往业绩优良。

（4）维持阶段

维持阶段：45～64 岁。在这个阶段，个体仍希望继续维持属于他的工作，同时会面对新的人员的挑战。这一阶段发展的任务是维持既有成就与地位。

（5）衰退阶段

衰退阶段：65 岁以上。由于生理及心理机能日渐衰退，这个阶段的个体不得不面对现实从积极参与到隐退。这一阶段往往注重发展新的角色，寻求不同方式以替代和满足需求。

在上述舒伯的生涯发展阶段中，每一阶段都有一些特定的发展任务需要完成，每一阶段都需达到一定的发展水准或成就水准，而且前一阶段发展任务的达成与否关系到后一阶段的发展。

舒伯是生涯辅导理论的大师，其生涯发展论综合了差异心理学、发展心理学、自我心理学以及有关职业行为发展方向的长期研究成果。舒伯本人比较喜欢将其理论命名为"差异—发展—社会—现象的心理学"。舒伯汲取了这四大学术领域中有关生涯发展的精华，建构了完整的生涯发展理论。其理论观点是现今生涯辅导重要的理论基础，指导了目前生涯辅导的具体实施，得到了各国生涯辅导界的普遍支持。

舒伯不断地发展与完善自己的生涯发展理论，该理论前期大多局限于舒伯的发展阶段和对职业的自我观念论上，这些可以解释个体一生的生涯发展，其涵盖范围很广，但深度不足。随着"生涯彩虹图"的提出，深度不足的问题得以弥补。

舒伯的理论研究非常注重实际应用。他在理论的基础上形成了生涯辅导策略，对实践中的生涯评估、辅导措施以及指导方式和方法有很大的指导意义。在他的职业生涯晚期，他专门从事他的生涯发展理论的应用研究。特别是舒伯和他的同事发展了评估工具用以测量职业生涯决策的准备（职业生涯发展量表），关注职业生涯发展任务（成人生涯关注量表）显著生活角色（显著性量表）和价值（价值量表）。这些评估工具组成了舒伯被称为生涯发展评估和辅导模式的核心。这些评估工具中的大多数都已经被国际研究工作所采用，有深远的国际影响。

### 3. 帕森斯的特质因素理论

职业指导的正式创立一般以美国波士顿大学教授帕森斯（Parsons）1908 年在波士顿创办职业指导局为起点。帕森斯主张在公立学校开设职业课程，配置专门的职业咨询工作者。1909 年，帕森斯在其出版的《选择职业》一书中首次提出"特质因素论"，这是最早期的职业指导理论。

特质因素论认为，每个人都具有稳定的特质（即个人的人格特征，包括一个人的价值取向、态度和行为表现等特有的思想和行为模式），而职业也具有稳定的因素（即客观工作要求人必须具备的知识结构、能力等条件）。一个人在选择职业的过程中，应当首先清楚认识个人的主客观条件，即对自我的认知，如个人兴趣、能力、资源、局限及其他特征；与此同时，还应当清楚了解职业世界，如各种职业岗位所需技能要求、工作环境、薪酬福利、发展前景等；在掌握上述两类信息的基础上，将主客观条件与各种可能的职业岗位相对照，最后选择一个与个人相匹配的职业。这就是帕森斯的"职业指导的三大原则"。

帕森斯的特质因素论第一次系统阐述了科学的职业指导方法，是职业指导最基本的理论，至今仍对职业指导工作具有重要的指导意义。特质因素论注重在实际辅导中，借助心理测量工具的使用和解释，对咨询者进行指导。

### 4. 克朗伯兹的社会学习理论

社会学习理论由班杜拉（Bandura）于 20 世纪 70 年代提出，它以经典行为主义、强化理论和认知信息加工理论为基础。克朗伯兹（Krumboltz）将社会学习理论引入生涯辅导领域。他认为，个人的社会成熟度在很大程度上依赖于对他人行为的学习和模仿，并由此决定他们的职业导向。

克朗伯兹提出了影响职业决策的 4 种因素，具体如下。

1）遗传因素，包括种族、性别、外表特征、智力和动作协调能力等。个人由于遗传的特质，在某种程度上决定了个人的职业表现或影响个人所获得的经验。

2）环境因素，通常在个人控制之外，来自人类活动（如社会、文化、政治、经济、家庭、教育等）或自然力量（如自然资源的分布或自然灾害等）对职业决策的影响。

3）学习经验，克朗伯兹认为，每个人有独特的学习经验，这对于个人的生涯抉择具有重要的影响。他提出了两种类型的学习经验，即工具式学习经验和联结式学习经验。个人为了得到好的结果，在特定的环境中采取一定的行为，其后果对个人会有重要的影响作用。克朗伯兹认为，生涯规划和职业所需的技能可以通过工具式学习经验而获得。联结式学习经验，即个人通过观察真实和虚构的模型，通过对人、事之间的比较来学习对外部刺激做出反应。某些环境刺激会引起个人情绪上积极或消极的反应。如果原来属于中性的刺激与使个人产生积极或消极情绪反应的刺激同时出现，这种伴随在一起的联结关系就会使中性的刺激也具有积极或消极的情绪作用。

4）处理任务的技能，包括解决问题的能力、工作习惯、心理状态、情绪反应和认知的历程等。

克朗伯兹认为，在个人发展的历程中，上述四种因素相互作用，从而形成了个人对自我和世界的推论。一般所谓的个人兴趣、价值观等实际上都是学习的结果。个人学习经验的不足或不当，可能会导致形成错误的推论、单一的比较标准、夸大式的灾难情绪等种种问题，从而有碍于生涯的正常发展。因此，克朗伯兹特别强调丰富而适当的学习经验的重要性。

社会学习理论强调，生涯辅导不仅仅是将个人特质与工作相匹配，其重点在于个人应通过参与各种不同性质的活动，获得多种多样的学习经验，这些学到的技能都有可能在未来的工作中派上用场，并能拓展个人的兴趣，培养个人适当的自我信念和世界观。因此，生涯教育应当融合于普通教育之中。该理论从社会学习的观点来解释人类生涯选择的行为，弥补了其他职业辅导理论在这方面的不足，具有重要的指导意义。

**5. 心理动力论**

美国心理学家鲍丁（Bordin）、纳切曼（Nachmann）等人以弗洛伊德个性心理分析理论为基础，吸取了特质因素论和心理咨询理论的一些概念和技术，对职业团体进行了大量的研究，于20世纪60年代后期提出了一种强调个人内在动力和需要等动机因素在个人职业选择过程中的重要性的职业选择和职业指导理论，称为心理动力论。

心理动力论者认为职业选择为个人综合快乐原则与现实原则的结果。个人在人格与冲动的引导下，通过升华作用，选择可以满足其需要与冲动的职业。职业指导的重点应着重"自我功能"的增强。若心理问题获得解决，则包括职业选择在内的日常生活问题将可顺利完成而不需再加以指导。

鲍亭等依据传统精神分析学派的观点，探讨职业发展的过程，视工作为一种升华作用，而影响个体职业选择的动力来源则是个人早期经验所形成的适应体系、需要等人格结构。它们影响个人的能力、兴趣及态度的发展，进而左右其日后的职业选择与行为有效性。个人生命的前六年决定着他未来的需要模式，而这种需要模式的发展受制于家庭环境，成年后的职业选择取决于早期形成的需要。如果缺少职业信息，职业期望可能因此受到挫折，在工作中会显示出一种婴儿期冲动的升华。若个人有自由选择的机会，则必将选择能以自我喜欢的方式寻求满足其需要而又可免于焦虑的职业。

心理动力论者认为，社会上所有职业都能归入代表心理分析需要的、分属以下范围的职业群：养育的、操作的、感觉的、探究的、流动的、抑制的、显式的、有节奏的运动等，并认为除了那些由于文化水平和经济因素而无法自由选择的人之外，可以适用其他所有的人。

### 6.2.2 大学生职业生涯规划常见问题

#### 1. 职业生涯发展目标不明确

职业生涯发展目标不明确主要表现在有的大学生对自己的学业进行规划时发现不喜欢所学专业，但又没有找到自己喜欢的专业；希望将来能成就一番事业，但又找不到成就事业的专业方向。因此，有很多学生会问诸如"我到底喜欢什么？""我能做好什么？"等问题。

这些现象的产生，主要是大学生在入学前的自我探索不够。高考填报志愿时，很多是由家长、老师代劳，在进行专业选择时没有充分考虑自己对所填报专业的兴趣，没有深入地思考自己今后到底适合做什么。进入大学后，有些学生的学习目的不明确，学习动力不强，甚至有的大学生沉迷于与学业无关的事情而不能自拔，导致因学习成绩不合格而被迫退学的现象时有发生。

#### 2. 职业生涯发展长期目标相互冲突

职业生涯发展长期目标相互冲突主要表现在有些大学生的兴趣不在被录取的专业上。就其本专业来说，学生应该完成规定的学习任务才能够取得毕业资格，而兴趣与爱好又会导致学生将很多精力放在与所学专业关系不大的学习上，处于这种状态之下的大学生会感到无从抉择、无所适从，甚至出现录取分数很高，但学生因不喜欢该专业而要求退学的现象。

#### 3. 职业生涯发展短期目标冲突

职业生涯发展短期目标冲突主要表现在有些大学生不能分清主次，盲目"跟风"。例如，看到别人参加社团活动锻炼综合能力，自己刚入学就参加了几个社团，一学期下来，由于忙于参加各种社团活动，在学业考试时没能取得自己期望的成绩，后悔莫及；有的学生干部没能处理好学习和社团工作的关系。这些问题的出现主要是因为有些大学生不能将目标系统化，主次不清，没有一个逐步实现各种目标的计划。短期目标冲突甚至导致综合素质很高、能力很强的学生由于学业成绩不理想而影响生涯发展。

#### 4. 抉择困难

抉择困难主要表现为有些学生在进行具体的职业生涯抉择时迷茫和犹豫。究其原因，主要是这部分大学生希望"鱼和熊掌兼得"，不愿意放弃任何事情，而现实生活中有些事情必须做出选择。

### 5. 信念不合理

信念不合理主要表现在有些学生以自我为中心，自私自利，在做各种规划时只想到自我的发展，没有合作意识和集体精神，做事情时功利性很强。长此以往，这样的学生会出现人际关系紧张、敏感、多疑、为达目的不择手段等现象，严重影响将来的职业生涯发展。

### 6. 意识缺乏

意识缺乏主要表现在有些学生缺乏上进心，对外界事物缺乏足够的兴趣，凡事都需要别人帮助，依赖性很强，在问题面前裹足不前，用外归因的方式思考问题，常常怨天尤人，总以为社会对自己不公平。这样的学生生活没有目标，学习没有动力，职业生涯没有规划。

## 6.2.3　大学生职业生涯规划的意义

职业生涯规划，是个人发展与组织发展结合，对决定一个人职业发展的主客观因素进行分析、总结和测定，确定一个人的事业奋斗目标，并选择实现这一事业目标的职业，编制相应的工作、教育和培训的行动计划，对每一步骤的时间、顺序和方向做出合理的安排。

良好的职业生涯规划应具备以下特征。

1）可行性。规划要有事实依据，并非是美好的幻想或不着边际的梦想，否则将会贻误职业生涯的良机。

2）适时性。规划是预测未来的行动，确定将来的目标，因此各项主要活动何时实施、何时完成，都应有时间和时序上的妥善安排，以作为检查行动的依据。

3）适应性。规划未来的职业生涯目标，牵涉多种可变因素，因此规划应有弹性，以增加其适应性。

4）持续性。人生的每个发展阶段应能连贯衔接。

职业生涯规划要根据自身的兴趣、特点，将自己定位在一个最能发挥自己长处的位置，可以最大限度地实现自我价值。职业生涯规划实质上是追求最佳职业生涯的过程，一个人的事业究竟向哪个方向发展，他的一生要稳定从事哪种职业类型，扮演何种职业角色，都可以在此之前做出设想和规划。

## 6.2.4　大学生职业生涯规划的原则

职业生涯规划说到底是一份人生的规划，它对人生道路来说具有战略意义，至关重要。要制订科学的职业生涯规划方案，在规划时应坚持以下原则。

1）清晰性原则。考虑目标、措施是否清晰、明确，实现目标的步骤是否直截了当。

2）挑战性原则。考虑目标或措施是否具有挑战性，还是仅保持其原来状况而已。

3）变动性原则。考虑目标或措施是否具有弹性或缓冲性，是否能随着环境的变化而做相应调整。

4）一致性原则。考虑主要目标与分目标是否一致，目标与措施是否一致，个人目标与组织发展目标是否一致。

5）激励性原则。考虑目标是否符合自己的性格、兴趣和特长，是否能对自己产生内在激励作用。

6）合作性原则。考虑个人的目标与他人的目标是否具有合作性与协调性。

7）全程原则。拟定职业生涯规划时必须考虑职业生涯发展的整个历程，做全程的考虑。

8）具体原则。职业生涯规划各个阶段的路线划分与安排，必须具体可行。

9）实际原则。实现职业生涯目标的途径很多，在做规划时必须要考虑自己的特质、社会环境、组织环境以及其他相关因素，选择切实可行的途径。

10）可评量原则。规划应有明确的时间限制或标准，以便评量、检查，使自己随时掌握执行状况，并为规划的修正提供参考依据。

### 6.2.5 大学生职业生涯规划中的自我评估

自我评估是这样一个过程：通过收集关于自己的信息，做出明智的职业选择，这是职业生涯规划的第一步。自我评估包括价值观、兴趣、人格和技能。价值观：看重的东西，如成就感、地位和自主性。兴趣：喜欢做什么。人格：一个人的个人特征、内动力、需求和态度。技能：擅长的活动。

**1. 价值观**

选择职业时，价值观可能是最重要的考虑因素。如果规划职业时不考虑价值观，将很有可能不喜欢自己的工作，也不能取得成就。例如，需要工作自主性的人，不会喜欢那种所有行为都由别人决定的工作。

价值观有两种：内在价值观和外在价值观。内在价值观与工作本身和对社会的贡献有关；外在价值观则包括外在要素，如工作环境、加薪潜力等。

**2. 兴趣**

美国著名职业指导专家约翰·霍兰德于1959年提出了具有广泛社会影响的职业兴趣理论。他认为人的人格类型、兴趣与职业密切相关，其中兴趣是人们活动的巨大动力。凡是具有职业兴趣的职业，都可以提高人们的积极性，促使人们积极地、愉快地从事该职业，且职业兴趣与人格之间存在很高的相关性。霍兰德认为人格可分为常规型、艺术型、实际型、社会型、研究型和企业型六种类型。

1）常规型。尊重权威和规章制度，喜欢有秩序的、安稳的生活。惯于按照计划和指导做事，按部就班，细心有条理。不习惯自己对事情作出判断和决策，较少发挥想象力。没有强烈的野心，不喜欢冒险。

2）艺术型。热爱艺术，富于想象力，拥有很强的艺术创造力。乐于创造新颖、与众不同的成果，渴望表现个性，展现自己。做事理想化，追求完美。擅于用艺术形式来表现自己和表现社会。进行艺术创作或创新时，不喜欢受约束和限制。

3）实际型。喜欢使用工具或机械从事操作等动手性质的工作，动手能力强，通常喜欢亲自体验或实践理论和方法甚于与其他人讨论，一般不具有出众的交际能力，喜欢从事户外工作。

4）社会型。乐于助人和与人打交道，乐于处理人际关系。喜欢从事对他人进行传授、培训、帮助等方面的服务工作。愿意发挥自己的感染力和说服力引导别人。通常他们有社会责任心，热情、善于合作、善良、耐心，重视社会义务和社会道德。

5）研究型。喜欢理论研究，潜心于专业领域的创新和应用；喜欢探索未知领域，擅长使用逻辑分析和推理解决难题。不喜欢官僚式的管理行为过多地影响研究工作。

6）企业型。对其所能支配的各种资源能够进行有效的计划、组织、领导和控制。喜欢影响别人、敢于挑战，自信、有胆略、有抱负，沟通能力出色，擅长说服他人，追求声望、经济成就和社会地位。

### 3. 人格

职业人格是一个人为适应社会职业所需要的稳定的态度，以及与之相适应的行为方式的独特结合。职业人格由个人的生活环境、所受的教育以及所从事的实践活动的性质决定。良好的职业人格一经形成，往往能使职业观成为一种自觉的行为表现，反映在行动上表现出有自制力、创造力、坚定、果断、自信和守信等优良品质。健全的职业人格是人们在求职和就业后顺利完成工作任务，适应工作环境的重要心理基础。

健康的职业人格包含以下三个层面。

（1）良好的职业性格

高度的责任心、团结协作、勇于创新、认真细致、勤奋好学、坚毅自信和严于律己等特点，是每一个从业人员必须具备的基本性格特征。而每一种特定的职业又要求从业者具有适应职业特点的职业性格。例如，服务行业要求从业者具有耐心、礼貌、热情大方等性格特征，如果缺少了这些性格，或与这些性格格格不入，就很难胜任这项工作。因此，良好的职业性格对从业者综合职业能力的形成与提高有着极大的推动作用。

（2）积极的创新意识

创新原本是人的基本特征，人类就是在不断地"首创前所未有"的过程中前进的。创新强调的是个性的发展，从某种程度上说，没有个性就没有创新，没有特色。因此，积极主动的创新意识、创新精神和创新能力是健康职业人格不可缺少的一部分。

（3）较强的社会能力

实践能力可以概括地分为职业能力和社会能力，职业能力指本行业必备的专业技能，是上岗后能胜任工作的保证。社会能力指从事职业活动所需要的社会行为能力，如环境适应能力、人际交往能力和团结协作能力等，是一个人生存与发展的必备条件。

职业人格可以分为以下五种类型。

1）工具型人格。工具型人格的特点是思想单纯，思维简单，情绪反应低，可接受枯燥、重复、繁重的工作。

2）技术型人格。技术型人格的特点是具备相当的思维变通能力，可以创造性地处理专项事物。

3）专家型人格。专家型人格的特点是在一定领域内能够达到相当高的专业水准，甚至具备一定的权威性。

4）管理型人格。管理型人格的特点是性格精细，富于耐心，自制力强，善于处理错综复杂、烦琐无趣的事物。

5）社交型人格。社交型人格的特点是精于人情世故。

从创业角度说，社交型人格的人成功率最高，因为他们最能发现社会需求并实现理想。管理型人格有可能对内达到井然有序，但作为创业者，他们很难在市场的激荡中辨清方向。专家型人格可以独立作业，往往会成为顾问，或者成立个人工作室。技术型人格构成未来社会的中产阶级。工具型人格的优势在于勤勤恳恳，踏实有为。

当然，对具体的个人而言，每个人的人格都不是单一的，而是复合型的，就是两种或者两种以上的人格同时有所体现。

**4. 技能**

职业技能一般主要包括学习能力、文字和语言运用能力、数学运用能力、空间判断能力、形体知觉能力、颜色分辨能力、手的灵巧度、手眼协调能力等。此外，任何职业岗位的工作都需要与人打交道，因此，人际交往能力、团队协作能力、对环境的适应能力，以及遇到挫折时良好的心理承受能力都是我们在职业活动中不可缺少的能力。

自我评估只是职业规划过程的开始，而非结束。需要衡量各种职位，看看它们是否与自己心里的评估结果相吻合。尽管自我评估显示出某类特定职位与自己的兴趣、技能、价值观相符，但并不意味着这就是自己的选择。同样，尽管自我评估显示某类特定职位不适合自己，这也不意味着自己就完全不去考虑。

### 6.2.6 创新创业职业规划策略

党中央、国务院高度重视大学生创新创业工作。习近平总书记指出，创新是社会进步的灵魂，创业是推动经济社会发展、改善民生的重要途径，青年学生富有想象力和创造力，是创新创业的有生力量，希望广大青年学生在创新创业中展示才华、服务社会。为大力支持大学生创新创业，2021年9月，国务院办公厅印发《关于进一步支持大学生创新创业的指导意见》，进一步提出坚持创新引领创业、创业带动就业，支持在校大学生提升创新创业能力，支持高校毕业生创业就业，提升人力资源素质，促进大学生全面发展，实现大学生更加充分更高质量就业的总体要求，为支持大学生创新创业提供了政策保障。

新时代中国青年生逢盛世、共享机遇，富有想象力和创造力，思想解放、开拓进取，勇于参与日益激烈的国际竞争，成为创新创业的有生力量。在国家持续出台创业扶持政策的大背景下，广大青年积极投身大众创业、万众创新热潮，踊跃参加"创青春"中国青年创新创业大赛、中国国际"互联网+"大学生创新创业大赛等创业交流展示活动，用智慧才干开创自己的事业。2014年以来，在新登记注册的市场主体中，大学生创业者超过 500 万人。在信息技术服务业、文化体育娱乐业、科技应用服务业等以创新创意为关键竞争力的行业中，青年占比均超过 50%，一大批由青年领衔的"独角兽企业""瞪羚企业"喷涌而出。中国青年自觉将人生追求同国家发展进步紧密结合，在创新创业中展现才华、服务社会。

如何在创新创业的浪潮中走在前列，尽早做好创新创业的规划至关重要。只有这样，才能认清自我，不断探索开发自身潜能的有效途径或方式，才能准确地把握人生方向，塑造成功的人生。创新创业职业规划的重要性在个人层面上主要表现为：有助于使个人认清自己发展的进程和事业目标，作为选择创新创业项目与承担任务的依据；把相关的工作经验积累起来，准确、充分地利用有关的机会与资源，指引自我不断进步与完善。实践证明，在创新创业活动中能够有所成就的，往往是那些有着清晰职业规划的人。

对于一个立志创业的人来说，职业生涯规划与其创业规划在一定程度上很相似。要制定一份好的规划，原则上，应该把握三个主要内容：自己能够做什么，社会需要什么，自己有什么资源。因此，就有必要进行自我分析、环境分析和关键成就因素分析。

（1）自己能够做什么

对于一个创业者来说，只是知道自己想干什么，还是不够的，更重要的是应该知道自己能够做什么、做得到什么。当然，这也是相对而言的，因为一个人的潜能发挥是一个逐渐展现的过程。但是，一个人对自己的兴趣、潜能有一个基本的认识，仍然是一项具有前提性的工作。

（2）社会需要什么

一个人在明确自己想做什么、能做什么的同时，还应考虑社会的需求是什么这一重要因素。如果一个人所选择的创业领域既符合自己的兴趣又与自己的能力相一致，但却不符合社会的需求，那么这种创业的前景无疑会变得暗淡。由于分析社会需求及其发展态势并非一件易事，因此，在选择创业目标时，应该进行多方面的探索，以求得出客观而正确的判断。

（3）自己有什么资源

要创业，就必然依赖各种各样的资源。创业者应该清楚地审视自己所拥有或能够使用的一切资源，是否足以支持创业的启动和创业成功之后的可持续进行。这里所说的资源，不仅指经济上的资金，还包括社会关系，即通过自己既有人际关系以及既有人际关系的进一步扩展所可能带来的各种具有支持性的东西。

## 本 章 小 结

新创企业的组织形式主要有个人独资企业、合伙制企业、有限责任公司和股份有限公司。

新创企业相关审批登记项目包括公司核名、经营项目审批、公司公章备案、验资、申领营业执照和银行开户等。

影响企业选址的因素主要有政治因素、经济因素、技术因素、社会文化因素和自然因素。

霍兰德人格类型理论基本原则：①职业选择是个人人格的延伸和表现；②个人的兴趣组型即是人格组型；③同一职业团体内的人有相似的人格，因此他们对很多情境与问题会有相类似的反应方式，从而产生类似的人际环境；④人可区分为实际型、研究型、艺术型、社会型、企业型和常规型六种人格类型。

舒伯根据自己的"生涯发展形态研究"结果，将生涯发展阶段划分为成长、探索、建立、维持与衰退五个阶段。

帕森斯职业指导三大原则：①清楚认识个人主客观条件；②清楚了解职业世界；③将主客观条件与各种可能的职业岗位相对照，最后选择一个与个人相匹配的职业。

克朗伯兹提出影响职业决策的四种因素：遗传因素、环境因素、学习经验、处理任务的技能。

心理动力论者认为职业选择为个人综合快乐原则与现实原则的结果，个人在人格与冲动的引导下，通过升华作用，选择可以满足其需要与冲动的职业。

职业人格主要有工具型人格、技术型人格、专家型人格、管理型人格和社交型人格。

## 讨论案例

清道光年间，广州暴发瘴疠，有个叫王泽邦的人，小名叫王阿吉（老了之后人称王老吉），研制出一款凉茶，意外治好了疫病，因而被称"凉茶王"。

1949年之后，王家后人中的一部分留在广州创办企业，最终公私合营，王老吉的配方、商标等即被收归国有，后来发展为现在的广州医药集团有限公司（以下简称"广药集团"）；王家后人中的另一部分去了香港，在港澳等地继续卖凉茶。

20世纪90年代，广东东莞商人陈鸿道取得王泽邦先生第五代玄孙王健仪女士的许可，王健仪将凉茶的配方传授给加多宝使用。

1995年，陈鸿道在东莞设厂生产红色易拉罐王老吉，但是没多久他发现，王老吉的商标在此前已被广药集团注册。因不愿意放弃庞大的市场，陈鸿道随即找到广药集团，希望授权独家经营权。随后，双方达成了协议。

1997年2月13日，双方签订协议，陈鸿道1997年向广药集团支付商标使用费200万元，自1998年以后每年向广药集团支付250万元商标使用费。

2000年双方再次签署合同，鸿道集团使用"王老吉"商标权利的有效期延长至2010年5月2日。

2002～2003年，双方又签署两份补充协议，将商标租赁时限分别延长至2013年和2020年，根据这两份补充协议，加多宝每年给广药的商标使用费，即便到2020年，也仅为537万元。

2012年，中国国际经济贸易仲裁委员会裁决，加多宝母公司鸿道集团停止使用"王老吉"商标；2013年，广州市中级人民法院裁定，加多宝立即停止使用"王老吉改名为加多宝""全国销量领先的红罐凉茶改名为加多宝"等"碰瓷"广告语；2014年，广东省高级人民法院一审判决：红罐凉茶装潢所有权归王老吉所有，加多宝不得再使用红罐包装；2015年，广州市中级人民法院判决，加多宝使用的"独家配方"等宣传用语，对王老吉构成侵权，责令立即停止……

以上诉讼均以广药集团获得胜利告终，加多宝不仅要登报道歉还得赔钱。

（资料来源：作者根据相关资料整理.）

**讨论问题：**

1）结合案例讨论，创办企业过程中有哪些必须考虑的法律问题？
2）结合案例讨论，为什么说商标是企业的一种无形资产，具有很高的价值？

# 课 后 习 题

## 1. 单项选择题

（1）注册企业的第一步是（　　）。

　　A. 审核公司名称　　　　　　　　B. 银行开户
　　C. 公司公章备案　　　　　　　　D. 申领营业执照

（2）在各类企业中，创立条件最简单的组织形式是（　　）。

　　A. 有限责任公司　　　　　　　　B. 股份有限公司
　　C. 个人独资企业　　　　　　　　D. 合伙制企业

（3）注册商标的有效期为（　　）年。

　　A. 5　　　　　B. 10　　　　　C. 15　　　　　D. 20

（4）喜欢从事对他人进行传授、培训、帮助等方面的服务工作的职业性格类型是
（　　）。

　　A. 常规型　　　　B. 艺术型　　　　C. 社会型　　　　D. 研究型

## 2. 多项选择题

（1）注册商标包括（　　）。

　　A. 商品商标　　　　　　　　　　B. 服务商标
　　C. 集体商标　　　　　　　　　　D. 证明商标

（2）合伙人订立合伙协议时应当遵循的原则包括（　　）。

　　A. 自愿　　　　B. 平等　　　　C. 公平　　　　D. 诚实信用

## 3. 讨论题

（1）结合自身情况分析自己属于哪类职业人格？该职业人格类型适合从事何种行业？
（2）结合自己的职业生涯规划谈谈是否会选择创业？为什么？

## 参 考 文 献

董文强，潘初春，2007. 大学生职业生涯规划[M]. 西安：西北工业大学出版社.

钟谷兰，杨开，2008. 大学生职业生涯发展与规划[M]. 上海：华东师范大学出版社.

# 第 7 章
## 创新创业教育与思政教育

📚 **本章导读**

　　创业课程首先是思政课程。创业先"正心"，唯如此，创业教育才能达到真正的目的，为社会培养更多的有着"中国梦"的创业者。他们不一定是要创建企业，而是无论在任何岗位上工作，都应以创业者精神为指导，为社会创造新的价值。

——罗国锋

　　中国青年政治学院原副校长李家华教授与东北大学罗国锋教授在 2017 年首届创业者精神论坛上提出了"广义创业者"的概念，倡导用"创业者精神"铸就创业者的灵魂。他们提出的"人人皆可创业，人人需要创业精神"理念诠释了"大众创业、万众创新"。

　　创业是难于就业的，但创业并不是高不可攀的。在正确的思维模型指引下，创业者需要长期的摸索前行，才能够渐入佳境。没有人生来就擅长创业，但只要敢于行动，善于学习，每个人都可以在创业的过程中"调适"并找到自己的位置。当今时代，创新创业思政不是思想政治教育的边角料，而是思想政治教育的重要组成部分。双创是国家战略的一部分，是民族复兴的重要动力，每个人都有责任通过创新，让我们的祖国更加强大。

　　立德树人是高校的根本使命，其核心是把思想政治工作贯穿到育人始终，培养新时代中国特色社会主义的合格建设者和接班人。随着"大众创业，万众创新"的不断发展与推进，高校亟待对创新创业教育进行改革，而这场改革的重要支点就在于将"课程思政"理念有效融入高校的创新创业教育。

　　本章以云南师范大学"创新创业教育与实践"课程为例，对照思想政治教育目标，挖掘通识选修课的育人内涵，探索思想政治教育内容与创新创业课程的具体融入路径，研究创新创业通识课的育人机制。

📖 **关键术语**

　　创新创业教育　　思想政治教育　　创业教育　　课程思政　　价值引领　　家国情怀
法治观念　　社会责任　　工匠精神　　团队协作

导入案例

### 弘扬企业家精神 勇担社会责任

企业家是企业的领导者、决策者，是企业的灵魂，是社会的脊梁。爱国，是近代以来我国优秀企业家的光荣传统。在他们身上凝聚的企业家精神是一种变革和创新精神，是问道求真的精神，是敬天爱人的精神，是勇担社会责任以客户为核心的精神。弘扬企业家精神，勇于承担社会责任，需要企业家心中有国、心中有责、心中有情。

心中有国。爱国是每个中国人的责任和义务，对于作为社会精英的企业家来说更应如此。从清末民初的张謇，到抗战时期的卢作孚、陈嘉庚，再到新中国成立后的荣毅仁、王光英等，都是爱国企业家的典范。今天，新时代的企业家更应以老一辈企业家为榜样，要心中有国，用以国为先的责任和担当续写新时代企业家为国奉献的新篇章。

心中有责。这里的责包括对社会负责、对用户负责、对员工负责，只有真诚回报社会，以工匠精神做好每一款产品或服务，诚信对待客户，有责任和担当的企业才能真正得到用户的认可。在汶川大地震时，我国著名企业家王永庆、邵逸夫以个人的名义捐款 1 亿元，这是他们"国家有难，匹夫有责"的家国情怀体现。

心中有情。为将之道，当先治心。修心、正己，用心、用情磨炼企业家的胆识和魄力，保持判断力、分析力、决断力、敏锐力和执行力，用真情与真诚办企业，这样的企业家必将有面对困难的坚韧之情，与国同患难的家国情，勇于开拓进取创新发展的激情，在关键时刻与国家同生，与人民同在，与社会同行，真正担负起大企业家的责任与担当。

（资料来源：作者根据网络资料整理.）

## 7.1 创新创业课程思政的必要性和可行性

### 7.1.1 创新创业教育背景

2012 年 8 月 1 日，教育部办公厅印发的《普通本科学校创业教育教学基本要求（试行）》（教高厅〔2012〕4 号）提出，在普通高等学校开展创业教育，把创业教育融入人才培养体系，贯穿人才培养全过程，面向全体学生广泛、系统开展。高等学校要结合学校实际，把创业教育教学效果作为学校本科教学评估的重要内容，作为本科人才培养质量的重要指标，加强自我评估和检查，并体现在学校本科教学质量年度报告中，主动接受社会监督。

2015 年 5 月 4 日，国务院办公厅印发《关于深化高等学校创新创业教育改革的实施意见》（国办发〔2015〕36 号），明确提出高校创新创业教育的三个总体要求和九项重要任务。

2015 年 11 月 27 日，教育部在《关于做好 2016 届全国普通高等学校毕业生就业创业工作的通知》中要求，从 2016 年起所有高校都要设置创新创业教育课程，对全体学生开发开设创新创业教育必修课和选修课，纳入学分管理。对有创业意愿的学生，开设创业指导及实训类课程。对已经开展创业实践的学生，开展企业经营管理类培训。

2018 年 9 月 17 日，教育部发布的《关于加快建设高水平本科教育全面提高人才培养能力的意见》（教高〔2018〕2 号）提出，推动创新创业教育与专业教育、思想政治教育紧密结合，深化创新创业课程体系、教学方法、实践训练、队伍建设等关键领域改革。强化创新创业实践，搭建大学生创新创业与社会需求对接平台。加强创新创业示范高校建设，强化创新创业导师培训，发挥"互联网+"大赛引领推动作用，提升创新创业教育水平。

2019 年 9 月 29 日，教育部发布的《关于深化本科教育教学改革全面提高人才培养质量的意见》（教高〔2019〕6 号）提出，挖掘和充实各类课程、各个环节的创新创业教育资源，强化创新创业协同育人，建好创新创业示范高校和万名优秀创新创业导师人才库。

2021 年 9 月 22 日，国务院办公厅印发的《关于进一步支持大学生创新创业的指导意见》（国办发〔2021〕35 号）提出，以习近平新时代中国特色社会主义思想为指导，深入贯彻落实党的十九大和十九届二中、三中、四中、五中全会精神，全面贯彻党的教育方针，落实立德树人根本任务，立足新发展阶段、贯彻新发展理念、构建新发展格局，坚持创新引领创业、创业带动就业，支持在校大学生提升创新创业能力，支持高校毕业生创业就业，提升人力资源素质，促进大学生全面发展，实现大学生更加充分更高质量就业。深化高校创新创业教育改革，健全课堂教学、自主学习、结合实践、指导帮扶、文化引领融为一体的高校创新创业教育体系，增强大学生的创新精神、创业意识和创新创业能力。建立以创新创业为导向的新型人才培养模式，健全校校、校企、校地、校所协同的创新创业人才培养机制，打造一批创新创业教育特色示范课程。

近年来，国内各高校认真贯彻落实国家政策部署，开设创新创业课程，构建各自的创新创业教育体系，不断深化创新创业教育改革，加快创新创业人才培养步伐，探索了许多成功的做法，积累了许多宝贵的经验。然而，以往创新创业教育往往只重视创业技能知识的传授，忽视了思想政治教育的引导作用和精神激励作用，缺乏与思想政治教育的结合。

### 7.1.2 课程思政背景

课程思政是指将高校思想政治教育融入课程教学和改革的各环节、各方面，实现立德树人、润物无声，即寻求各科教学中专业知识与思想政治教育内容之间的关联性，并在课程开展的过程中，将思想政治教育的相关内容融汇于学科教学当中，通过学科渗透的方式达到思想政治教育的目的。高校思想政治教育承担着培养中国特色社会主义合格建设者和可靠接班人的重要使命，最大限度地发挥课堂教学的育人主渠道作用，是提升大学生思想政治教育实效性的关键抓手。

2014 年，习近平在第二十三次全国高等学校党的建设工作会议上指出，办好中国特色社会主义大学，要坚持立德树人，把培育和践行社会主义核心价值观融入教书育人全过程。在这一背景下，上海市委、市政府于 2014 年 11 月印发实施《上海市教育综合改革方案（2014—2020 年）》，在高校探索将马克思主义理论贯穿教学和研究的全过程，深入发掘各类课程的思想政治教育资源，促进各类课程与思想政治理论课同向同行、协同育人，课程思政的实施路径初具雏形，各试点高校建设各类课程的协同育人机制也初见成效。

2016 年 12 月，习近平在全国高校思想政治工作会议上发表重要讲话。他强调要坚持把立德树人作为中心环节，把思想政治工作贯穿教育教学全过程，实现全程育人、全方位育人，努力开创我国高等教育事业发展新局面。要用好课堂教学这个主渠道，思想政治理论课要坚持在改进中加强，提升思想政治教育亲和力和针对性，满足学生成长发展需求和期待，其他各门课都要守好一段渠、种好责任田，使各类课程与思想政治理论课同向同行，形成协同效应。

这是党中央在新形势下针对思想政治理论课提出的具有重大指导意义的原则和方针，也对明确高校思想政治理论课和其他课程之间的关系提出了新的具体要求。

2017 年 9 月 24 日，中共中央办公厅、国务院办公厅印发的《关于深化教育体制机制改革的意见》指出，要健全立德树人系统化落实机制，对健全全员育人、全过程育人、全方位育人的体制机制，充分发掘各门课程中的德育内涵，加强德育课程、思政课程建设等提出明确要求。同年 10 月，党的十九大报告指出，要全面贯彻党的教育方针，落实立德树人根本任务，发展素质教育，推进教育公平，培养德智体美全面发展的社会主义建设者和接班人。同年 12 月，教育部印发的《高校思想政治工作质量提升工程实施纲要》指出，要构建课程育人质量提升体系。大力推动以"课程思政"为目标的课堂教学改革，优化课程设置，修订专业教材，完善教学设计，加强教学管理，梳理各门专业课程所蕴含的思想政治教育元素和所承载的思想政治教育功能，融入课堂教学各环节，实现思想政治教育与知识体系教育的有机统一。

2019 年，习近平总书记主持召开学校思想政治理论课教师座谈会并发表重要讲话，从党和国家事业长远发展的战略高度出发，深刻阐明学校思想政治理论课的重要意义，就如何办好新时代思想政治理论课做出部署、提出要求，为做好新时代学校思想政治工作、培养担当民族复兴大任的时代新人提供了重要遵循。他强调，推动思想政治理论课改革创新，要不断增强思想政治理论课的思想性、理论性和亲和力、针对性，并提出"八个统一"的具体要求，为思想政治理论课的改革创新指明了方向，也对高校思想政治教育工作的创新发展提出了更高的要求。

2019 年 8 月，中共中央办公厅、国务院办公厅印发的《关于深化新时代学校思想政治理论课改革创新的若干意见》指出，整体推进高校课程思政和中小学学科德育。深度挖掘高校各学科门类专业课程和中小学语文、历史、地理、体育、艺术等所有课程蕴含的思想政治教育资源，解决好各类课程与思政课相互配合的问题，发挥所有课程育人功能，构建全面覆盖、类型丰富、层次递进、相互支撑的课程体系，使各类课程与思政课同向同行，形成协同效应。建成一批课程思政示范高校，推出一批课程思政示范课程，选树一批课程思政教学名师和团队，建设一批高校课程思政教学研究示范中心。

2020 年 5 月 28 日，教育部印发《高等学校课程思政建设指导纲要》（教高〔2020〕3 号），明确了课程思政的建设目标和内容重点，对不同类别课程的教学设计和不同类别专业课的教学内容提出了基本要求。《高等学校课程思政建设指导纲要》是高校全面推进课程思政建设、健全质量评价机制、加强组织保障的重要指导。

在这样的背景下，课程思政的发展既是顺应课程改革的要求，也是提高高校思政教育实效性的积极探索。

### 7.1.3 创新创业教育与思政教育融合

#### 1. 课程思政在创新创业教育中的意义

新时代创新创业教育如何围绕立德树人的根本任务，全面、系统、科学地将社会主义核心价值观融入创新创业教育课堂教学、课程体系建设、创新创业实践等各领域、全过程，实现价值引领与知识传授的有机统一，实现课程思政与创新创业教育的有机融合，依然任重而道远。

在课程思政理念下，探索高校创新创业教育，有利于形成协同育人效应。好的创新创业教育要加强与思想政治理论课的有机结合，突出思想政治的指导作用与教育功能。

课程思政在创新创业教育中具有如下作用：

（1）课程思政对创新创业人才培养有价值引领作用

创新发展离不开创新人才，高等教育的目标是培养创新人才，实现对大学生的精神塑造和价值引领，是创新创业教育的目标。课堂是价值引领的主战场，课外创新创业实践是价值引领的实现和推进。

（2）课程思政对创新创业意识的培养和转变有促进作用

近些年大学生就业难已成为一个急需解决的社会问题。随着经济社会的不断发展，经济结构的不断变化，社会需要高素质的人才，而高等教育人才培养中对创新创业观念意识的提升却未得到足够的重视。课程思政与创新创业教育的融合，可以打通学生学习观、就业观中的意识症结。

（3）课程思政对学生认知水平和认知能力具有提升作用

在创新创业人才培养过程中，教师应发挥育人功能，在教学实践过程中有目的地引导学生发现问题，研究解决问题的思路、方法，培养学生的认识能力、理解能力和判断能力。

创新创业教育是普通高等学校的重要任务。首先，创新创业教育注重培养学生的创新思维、创新精神与主动适应未来社会发展需求的自主能动性，其主要目标是使青年大学生提升包括创业技能在内的创新创业综合素养，为推动我国经济高速平稳发展打下良好的人才基础。其次，创新创业教育应该向当代大学生传达包括理想信念、社会公德、艰苦奋斗、团结协作、诚实守信等在内的优良创业品质。此外，通过创新创业本身，让学生认识到创新创业在经济社会发展中所起到的重要作用和意义。

#### 2. 创新创业课程践行课程思政理念的可行性

创新创业教育旨在引导大学生培养创新思维与创业意识，掌握创新创业知识和技能，锻炼创新创业实践动手能力，为大学生的全面发展奠定坚实基础。思想政治教育旨在引导大学生树立正确的世界观、人生观和价值观，培养全面发展、德才兼备的社会主义建设者和接班人。在创新创业课程教学中，应用课程思政理念是可行的。

（1）教育目标具有一致性

大学生创新创业教育的教学目标包括知识、能力和素质三个层面。这其中有诸多方面与高校思想政治教育的目标是一致的。例如，《关于深化高等学校创新创业教育改革的实施意见》中指出，全面贯彻党的教育方针，落实立德树人根本任务。坚持育人为本，提高培养质量。促进学生全面发展，提升人力资本素质，努力造就大众创业、万众创新的生力军。该论述进一步为创新创业教育素质目标的达成指明了方向，即创新创业教育培养的同样是德智体美劳全面发展的社会主义建设者和接班人。两者目标的一致性有利于创新创业教育课程思政的开展。在创新创业教育的各个环节可以很自然地引入理想信念、传统文化、家国情怀、法治精神、时政教育、"四史"教育等相关主题。这些主题的嵌入不仅不会模糊课程原有的教学目标，相反能够形成一条课程思政教育主线，通过这条主线升华大学生创新创业教育教学目标，激励学生学有所思、学以致用。

（2）教学内容具有互补性

大学生创新创业教育具有鲜明的实践性特征，其最终目的是创新创业实践，这是大学生创业教育的真正意义。实践性特征决定了对大学生的创新创业教育不能仅仅停留在课堂上对创新创业政策法规和理论知识的讲授，而是要更多地融入实践中，引导学生在实践中检验、校正、深化对理论知识的掌握。在这一过程中，学生会遇到一些理论知识触及不到的问题，如个人发展方向的取舍、人际关系的处理、遭遇困难与挫折的情绪管理、生活学业与创业的关系协调等，对这类涉及价值选择、社会认知、人际交往、生活情感等问题的处理将取决于学生抱有何种世界观与价值观，这些世界观的成色与价值观的取向，将最终决定大学生创新创业活动的质量与成败。因此，有必要在创新创业教育过程中强化对大学生世界观、价值观的构建和引导。思想政治教育在这方面积累了丰富的教学实践经验和教学理论素材，可以为创新创业教育借鉴使用。例如，当前创新创业教育中存在的价值目标模糊的问题，有些学生将创新创业教育偏颇地理解为教人赚钱的课程，渴望从课程中寻找商机和"捷径"，而一旦遇到困难和阻碍便会产生消极、退缩的情绪。面对这种功利心态，为了矫正学生的创新创业价值观、培养学生崇高的理想信念，可以借助已经非常成熟的社会主义核心价值观教育的相关教学资源和教育经验为创新创业教育把好价值方向。

## 7.2 创新创业课程融入思想政治教育的路径
### ——以"创新创业教育与实践"为例

### 7.2.1 "创新创业教育与实践"课程

"创新创业教育与实践"课程是云南师范大学为全校本科生开设的通识必修课程，授课对象为大学二年级学生，理论课程学时 16，实践课程学时 16，本节以理论课程为例进行介绍。理论课程以创业过程为结构脉络，从创业与职业生涯发展、创业机会、创业资源、创业计划书的撰写，以及企业组织形式和创新创业职业规划之自我评估等几个方面进行全面讲解。通过对知识点的生动讲解及典型创业案例的分析，培养学生相应的能力。课程采用线上线下混合式教学模式，课前学生观看相应知识点的学习视频，课中教师引导学生思考并通过实践加深知识点的理解，课后完成作业巩固知识点。

通过理论课程教学，学生应在知识、能力和素质三个方面达到以下目标：掌握开展创业活动所需的基础知识；具备必要的创业能力；帮助学生树立科学的创业观。

### 1. 教学方法

在课程教学过程中主要采用以下教学方法。

（1）讲授法

弥补网络学习学生与教师沟通不足、学生对知识掌握不够充分的问题，进一步为学生答疑解惑，强化重难点知识，为后续的教学活动做准备。

（2）案例教学法

让学生更好地理解教学重难点，通过小组分析、分享和教师总结帮助学生加深知识记忆。

（3）项目教学法

贯穿整个教学过程，通过创业项目从无到有，从残缺到完整，锻炼学生对知识的应用能力和创业实践能力。

（4）讨论教学法

讨论法是课程使用频率很高的一种教学方法，大部分围绕小组创业项目展开，如设计吐槽大会让学生探寻创业机会，精益画布设计帮助掌握商业模式设计。讨论活动可以让学生主动思考、发现问题和解决问题，并发掘学生的潜能。

（5）展示法

学生对小组协作任务进行展示，其他学生提出建议帮助展示小组拓宽思路和完善项目。这个环节可以让学生集中注意力并积极参与课堂，同时，学生的表达能力、胆量和思维能力都可以得到很好的锻炼。

### 2. 教学设计

（1）教学与课程思政融合

教学中强调课程思政，激发学生创新意识和培养创业能力。例如，结合创新创业理论与案例，强调创业中政策资源的重要性，感受国家对创业的支持；分析优秀创业人物的精神，感染并激励学生为人生发展而努力奋斗。

（2）线上线下混合教学模式

教学过程中，以线上学习任务的形式督促学生自学网课，课堂采用丰富的互动教学方法调动学生学习积极性，课后小组协作完成学习任务。

（3）教学过程设计

教学过程秉承以学生为中心，可持续改进的理念，分为课前、课中、课后三个环节。

课前：学生线上自主学习网课"'玩'创未来"，掌握基础理论知识。

课中：本着让学生动手、用脑、走心的原则，融合思政教育，借助智慧教学工具和丰富的教具，采用探究式教学、小组讨论、展示法等多种教学方式，突破教学重难点，打造以学生为主体的课堂。

课后：通过小组作业、市场调研、文献检索和营销体验等方式，让学生在课外实践活动中领悟创业知识，检验学习方法，发现问题，分析问题，从而巩固课堂内容，拓展课堂知识。

### 3. 考核方式

课程采用过程性评价、表现性评价和终结性评价结合的方式进行考核。过程性评价考核学生的考勤、课堂表现、小组表现、网课学习、作业完成等，在过程中督促学生自主学习、积极参与课堂，让课堂"动"起来。表现性评价主要考核小组项目完成情况，根据小组路演表现进行评价。终结性评价以创业计划书的形式进行，着重考查学生对创业知识的综合应用能力。

## 7.2.2 课程思政教育内容

在课程思政指引下，结合"创新创业教育与实践"课程教学内容，深入挖掘思政元素，可从家国情怀、法治观念、社会责任、工匠精神和团队协作等方面出发，将思政内容融入"创新创业教育与实践"课程不同章节知识点的讲解传授中，从而夯实课程育人效果。

（1）家国情怀

家国情怀是一个人对于自己的国家和人民在内心持有且散发出来的一种深情大爱。自从全国高校陆续响应国家号召，不断地对创新创业教育课程进行灵活性开设以来，国家专门出台了一系列的政策措施，就是为了能够保障大学生顺利进行创业就业。

在教学中，让学生了解国家创业政策、各行业发展最新进展及时事热点等，把家国情怀自然渗入课程内容，可以让学生关心国家的未来，为祖国创新，为祖国创业，加快推进创新型国家建设。作为一名大学生，应深刻理解个人命运与国家发展是紧密联系在一起的，应该扛起肩上的责任与担当，立足实际，从自我做起，做好力所能及的事情，为国家、为社会尽绵薄之力。

（2）法治观念

法律意识是社会公民对于社会当前阶段所实行的法律、法治及法制三方面所流露出来的一种深层次的情感认知和价值认同。对于当代大学生来说，要想走出一条成功的创新创业道路，掌握相关的法律知识、提高创业的法律思维和风险意识尤为重要。在新企业的开办部分，教师需要充分帮助学生进一步掌握与创新创业活动有关的法律知识，让学生能够自由进行讨论发言，从而对学生的法律意识与法律思维起到极大的增强作用。

（3）社会责任

社会责任感主要是指每个人对他人的关怀和义务。通过不断地发展与长期的实践，当前人们对"责任"的理解主要包含自我责任和社会责任，其中社会责任的内涵丰富，涵盖了他人、家庭、国家、集体、全人类五个层级。大学生是否具备社会责任感，不仅关系着创业教育能否成功、创业能否成功，更关系着国家和民族的未来。

教学过程中，要明确大学生创业教育的价值导向，不仅要立足于当下，更要着眼于国家未来的发展。因此，教师在创业教育课程理念上不仅要教育大学生谋生的技能，更要引导大学生树立正确的价值观，在创业动机、创业目标和创业责任上以先进榜样为示范，切实让大学生做到敢于担当、勇于负责。在教学内容上，要强化公益创业，适时穿插青年红色筑梦之旅项目作为教学案例，将公益、责任等融入创业教育内容，引领广大学生在学习过程中践行社会责任、增强责任意识。将公益创业与精准扶贫相结合，积极发挥大学生优势带动地方经济发展，提高动手能力和实践意识，有利于将理论创业教育"落地生根"并"开花结果"。

（4）工匠精神

工匠精神有广义和狭义之分。从狭义角度讲，工匠精神是指以手工劳动者为基本身份的生命体征的直接反映。从广义角度讲，工匠既涵盖体力劳动者，又包括脑力劳动者。可以将广义的工匠精神定义为付出体力劳动、手工劳动或脑力劳动的各阶层劳动者所呈现出的整体生命体征。因此，概括而言，传统的工匠精神是指劳动者在具体的岗位上开展工作所呈现出的敬业意识、专注精神、严谨作风、踏实品格等。

创新创业教育更重要的使命是在学生心中种下一颗乐于创新、敢于创业的"火种"，因此，在教学手段和教育资源的选择上应更重视榜样效应的发挥。教学过程中，可选用近年来涌现出的很多值得大学生认识和学习的"新时代匠人"，如全国道德模范陆建新、普通工人中的"大国工匠"张永忠、齐鲁工匠崔明强等。这些"新时代匠人"身上的闪光点和正能量往往比单调、枯燥的知识和技能学习更能激发学生的创新创业意识，有助于其深刻理解创新创业教育的精神内涵。"创新创业教育与实践"课程在讲述成功创业者的特质时，可以引入华为总裁任正非的创业故事：任正非80年代从退伍走向打工，又因打工不顺利走向创业，进入通信市场后，才发现通信市场狭窄、技术要求严苛、竞争异常激烈的现实，他靠着一步一个脚印的工匠精神，带领团队自主研发交换机，靠不停看、不停想、不停问、不停探索，走出了一条华为之路。让学生根据故事围绕成功创业者的工匠精神进行讨论，启发学生朝着专业、专注、精益求精的创新型人才努力。

（5）团队协作

团队协作这一概念自古以来都处于兵家策略中的重要地位，一场战争的胜败很大程度上由团队决定，而合作绝不仅仅在军事战争中有所运用，团队精神在当代社会贯穿生活工作的方方面面。在提倡携手共进、合作共赢的今天，人人都要具备合作意识，团队内部各有所长，只有协作才能最大限度发挥个体效力。团队创建、团队管理是创新创业教育课程内容不可或缺的关键性内容，也是现阶段课程思政教育当中占据重要地位的内容。

在教学设计上，建议采用分组的方式展开教学活动。第一堂课分组、团队破冰，后续的教学过程中频繁穿插小组讨论、协作和展示，让学生以团队为单位，寻找、识别创业机会，分析创业风险，设计商业模式，讨论创业资源，测算创业启动资金，最终完成创业计划书。这样的教学设计，可以调动学生参与热情度和积极性，同时锻炼学生的团队协作能力。"创新创业教育与实践"课程在教学中也是要求学生以团队协作的形式完成创业项目任务，期末形成小组创业项目路演 PPT 和创业计划书，课堂项目路演。这样的教学能够在很大程度上对学生的团队协作精神起到锻炼的效果，对其今后的成长道路以及发展都是百利而无一害的。

## 本 章 小 结

创业课程首先是思政课程。

课程思政是指将高校思想政治教育融入课程教学和改革的各环节、各方面，实现立德树人、润物无声，即寻求各科教学中专业知识与思想政治教育内容之间的关联性，并在课程开展的过程中，将思想政治教育的相关内容融汇于学科教学当中，通过学科渗透的方式达到思想政治教育的目的。

在课程思政理念下，探索高校创新创业教育，有利于形成协同育人效应。

课程思政在创新创业教育中具有如下作用：①课程思政对创新创业人才培养有价值引领作用；②课程思政对创新创业意识的培养和转变有促进作用；③课程思政对学生认知水平和认知能力具有提升作用。

创新创业课程践行课程思政理念的可行性：①教育目标具有一致性；②教育内容具有互补性。

创新创业课程思政教育内容：家国情怀、法治观念、社会责任、工匠精神、团队协作。

### 讨论案例

#### 不忘初心，乡村助农创业"鸡"先锋

罗小庆，女，来自江西于都的一个小山村，是得到政府多年帮扶的贫困家庭的孩子。2015 年她考入南昌师范学院生物系，对创新创业懵懂无知。

她的父亲喂养的 100 多只土鸡苗，遭遇禽流感、护理不当等问题，家中遭受巨大损失。学校了解情况后，提供 5 000 元帮扶资金和科研成果支持，帮扶她的父亲喂养土鸡，增加收入。从此，罗小庆的内心，一颗助农的种子萌了芽，她想让更多人能够通过自己的劳动，喂养青年鸡，创造财富。

2017 年 3 月，在南昌师范学院支持下，"一线生鸡 金凤筑梦"大学生扶贫助农创新创业项目正式成立，罗小庆和团队成员第一次来到吉水县桑园村试点。面对当地人的质疑和不信任，在当地扶贫办的协调帮助下，团队成功对接 4 家农户，每户先养了 60 只青年鸡，当年鸡的成活率高达 99%，人均收入增加 3 000 多元。这次的小试牛刀，让全村的人看到了希望，他们积极配合土鸡喂养培训、分发鸡苗等工作。三年的时间，罗小庆团队将帮扶模式复制到多个村，帮扶人数达到 2 672 人，帮扶青年鸡 3.2 万羽，增收金额 367.66 万元，其中 1 020 人达到脱贫标准。

2018 年，罗小庆第一次参加创新创业大赛。暑假期间，她和团队成员一起留校打磨项目，在教师的指导下，"一线生鸡 金凤筑梦"大学生扶贫创业项目在第四届江西省"互

联网+"大学生创新创业大赛青年红色筑梦之旅赛道获得银奖，得到国赛资格，获得第四届中国"互联网+"大学生创新创业大赛青年红色筑梦之旅赛道铜奖。2019年再创佳绩，该创业项目获得第五届中国"互联网+"大学生创新创业大赛青年红色筑梦之旅赛道铜奖，江西省金奖。

2018 年，罗小庆作为公司法人，与团队成员成立了江西久姿贸易有限公司。2019年7月，刚毕业的她在进贤县二塘乡新兴焦家租赁一块100亩的山林，采用"公司+农户"的经营模式，打造一个种养结合、休闲娱乐的"一线生鸡"基地，为当地村民提供就业机会。

"作之不止，乃成君子"，坚持不懈是罗小庆对大家的承诺，坚守在乡村第一线，用年轻的臂膀肩负起时代的责任与使命，用一生去努力，用青春告白，为这一片红色土地的建设拼搏，让青春在奉献中焕发绚丽光彩，书写青春无悔的篇章。

（资料来源：作者根据网络资料整理.）

**讨论问题：**
1）试讨论罗小庆有什么创业精神。
2）试讨论该案例的思政教育内容。

# 课 后 习 题

## 1. 单项选择题

（1）在课程思政理念下，探索高校创新创业教育，有利于形成（　　）效应。

    A. 协同育人    B. 叠加    C. 聚合    D. 示范

（2）创业课程首先是（　　）。

    A. 基础教育课程    B. 通识课程    C. 思政课程    D. 创新创业课程

## 2. 多项选择题

（1）关于创新创业教育与思想政治教育，下列说法正确的是（　　）。

    A. 二者的教育目标具有一致性    B. 二者的教育内容具有互补性

    C. 二者的教育目标具有互补性    D. 二者的教育内容具有一致性

（2）课程思政在创新创业教育中的作用，以下说法中正确的是（　　）。

    A. 课程思政对创新创业人才培养有价值引领作用

    B. 课程思政对创新创业意识的培养和转变有促进作用

    C. 课程思政对学生认知水平和认知能力具有提升作用

    D. 课程思政对创新创业教育毫无意义

（3）创新创业课程思政教育内容包括（　　）。

    A. 家国情怀    B. 法治观念    C. 社会责任

    D. 工匠精神    E. 团队协作

### 3. 讨论题

创新创业课程思政教育内容包括哪几方面？如何在教学内容中体现？

## 参 考 文 献

高德毅，宗爱东，2017. 从思政课程到课程思政：从战略高度构建高校思想政治教育课程体系[J]. 中国高等教育（1）：43-46.

雷茜，廖巍，李增蓉，2019. 高校思政教育和大学生就业创业教育的融合研究[J]. 淮南职业技术学院学报，19（6）：29-30.

李柏红，2019. 新时代课程思政视域下高校创新创业课程建设分析[J]. 现代教育（10）：39-40.

李岩，侯菡苔，霍云艳，2020. 创新创业人才培养中"课程思政"的作用研究[J]. 中国商论（19）：180-182.

孙梅，2021. 新时代大学生创业教育与社会责任感培育协同机制研究[J]. 当代教育实践与教学研究（10）：193-194.

谭晓爽，2018. 课程思政的价值内涵与实践路径探析[J]. 思想政治工作研究（4）：44-45.

唐卫民，许多，2020. 日本一流学科建设的经验与启示：以早稻田大学为例[J]. 辽宁工程技术大学学报（社会科学版），22（1）：60-64.

杨瑞平，吴秋生，王晓亮，2019. 慕课下《中级财务会计》研究性教学改革模式研究[J]. 会计之友（12）：156-160.

袁渊，邵楠，项文姬，2020. 工匠精神视域下大学生创新创业能力的培养[J]. 教育观察（6）：25-26.

张玲娜，2020. 社会主义核心价值观引领"课程思政"建设研究：以创新创业教育为例[J]. 北京联合大学学报（社会科学版），34（4）：28-33.